आस्था और सौन्दर्य

आस्था और सौन्दर्य

डॉ. रामविलास शर्मा

राजकमल प्रकाशन

ISBN : 978-81-267-0365-4

मूल्य : 895

पहला (किताब महल, इलाहाबाद) **संस्करण :** 1961
दूसरा परिवर्द्धित (राजकमल प्रकाशन) **संस्करण :** 1990
छठा संस्करण : 2019
This book is printed on **Print on Demand** Technology : 2025

प्रकाशक : राजकमल प्रकाशन प्रा. लि.
1-बी, नेताजी सुभाष मार्ग, दरियागंज
नई दिल्ली-110 002

शाखाएँ : अशोक राजपथ, साइंस कॉलेज के सामने, पटना-800 006
पहली मंजिल, दरबारी बिल्डिंग, महात्मा गांधी मार्ग, प्रयागराज-211 001
1, अनमोल सोराबजी सन्तुक लेन, धोबी तलाव, मरीन लाइंस, मुम्बई-400 002
वेबसाइट : www.rajkamalprakashan.com
ई-मेल : info@rajkamalprakashan.com

AASTHA AUR SAUNDARYA
Criticism by Dr. Ramvilas Sharma

दूसरे संस्करण की भूमिका

इस संकलन के तीन निबन्ध—'अनास्था और अयथार्थ का साहित्य', 'अनास्थावादी प्रतिमानों की परम्परा' और 'अनास्थावादी खंडित कला'—'मार्क्सवाद और प्रगतिशील साहित्य' नाम की पुस्तक में मैंने शामिल कर लिये थे। वे यहाँ नहीं हैं। पहले संस्करण की शेष सामग्री ज्यों-की-त्यों यहाँ दी जा रही है। दो निबन्ध जोड़े गए हैं : एक है गिरिजाकुमार माथुर पर, दूसरा फ्रांस की राज्यक्रान्ति पर।

'आस्था और सौन्दर्य' के निबन्धों की सांस्कृतिक पृष्ठभूमि का संक्षिप्त ब्यौरा पहले संस्करण की भूमिका में दे दिया गया है। इसमें जिस आन्तरिक संघर्ष का उल्लेख है, वह काफी पुराना है और उसकी शुरुआत स्वाधीनता-प्राप्ति से पहले हो चुकी थी। मई, 1947 के 'हंस' में गिरिजाकुमार माथुर पर मेरा लेख छपा था। इस संकलन में 'आधुनिक हिन्दी कविता : विकास की दिशा' का पहला भाग यह लेख है। इसके आरम्भ में उन 'संशयात्माओं' का उल्लेख है जो समझते हैं कि राजनीतिक विषयों पर उच्चकोटि की कविता नहीं लिखी जा सकती। साहित्य को अन्तर्मुखी बनाओ, उसे सामाजिक संघर्ष से दूर रखो, यह प्रचार मई, 1947 से पहले आरम्भ हो चुका था।

'नई कविता और अस्तित्ववाद' में कई जगह मैंने गिरिजाकुमार माथुर की आलोचना की है। इस आलोचना के बारे में कई मित्रों ने कहा, गिरिजाकुमार की प्रगतिशीलता पहले तो उछाली गई, अब एकदम नकार दी गई है। गिरिजाकुमार की प्रगतिशीलता पर मैंने मई, 1947 में जो कुछ कहा था, पाठक उसे यहाँ पढ़ सकते हैं। उसके साथ 'नई कविता और अस्तित्ववाद' के दूसरे निबन्ध में गिरिजाकुमार के बारे में कही हुई इन बातों की मिलान कर लें :

"केदार का यथार्थबोध जैसे अवध-सीमांत के गाँवों से बँधा हुआ था, वैसे ही गिरिजाकुमार का यथार्थबोध विंध्या के टीलों और पठारों से सम्बद्ध था। इसके साथ अब उनकी राजनीतिक चेतना में निखार आया था...। नरेन्द्र शर्मा के बाद गिरिजाकुमार माथुर ने बड़ी समर्थ राजनीतिक कविताएँ लिखी थीं जो अपनी चित्रमयता में अद्वितीय थीं।"

'नई कविता और अस्तित्ववाद' में एक निबन्ध है : "छायावादोत्तर नई छायावादी कविता'। इसमें एक वाक्य है : "'उच्छृंखल' से लेकर 'जो बँध न सका' तक—तीस

वर्षों की दीर्घ अवधि में—गिरिजाकुमार ने जो राग साधा है, वह देह-रस वाला राग है।" पुस्तक में कही हुई और सब बातों को अलग हटाकर इस वाक्य को निरपेक्ष सत्य के रूप में न ग्रहण करना चाहिए। मई, 1947 वाले लेख में भी ऐसा ही एक वाक्य है : "गिरिजाकुमार ने अपना कवि-जीवन प्रेम और सौन्दर्य के स्वप्नों से आरम्भ किया था, अब भी वह प्रेम और सौन्दर्य के कवि हैं।" इसे भी सन्दर्भ से अलग हटाकर न देखना चाहिए।

स्वाधीनता-प्राप्ति के बाद अनेक कवियों के दृष्टिकोण में परिवर्तन हुआ। दूसरों की अपेक्षा गिरिजाकुमार माथुर के दृष्टिकोण में यह परिवर्तन विलम्ब से हुआ। परिवर्तन हुआ, इसमें सन्देह नहीं है : क्यों हुआ, इस पर बहस हो सकती है। मई, 1947 में मुझे उनकी जो सीमाएँ दिखाई देती थीं, वे इस प्रकार हैं : "उपमाओं की चित्रमयता के बावजूद ऐसा मालूम होता है कि कवि का कल्पना-क्षेत्र अभी सीमित है। उसने अपने आसपास के जीवन-संघर्ष को देखा है; जनता के एक विशाल समुदाय की हलचल से बेखबर है। उसकी कल्पना में अधिक रक्तमांस भरने की गुंजाइश है और जरूरत भी। जिस क्रम से गिरिजाकुमार की कविता-धारा बढ़ती गई है, उस क्रम को अक्षुण्ण बनाने के लिए जरूरी है कि राह के घेरों को वह तोड़ दें।" ये घेरे तो उन्हीं को तोड़ने थे। वे उन्हें नहीं तोड़ पाए, यह उनके विचलन का मुख्य कारण है।

जो दूसरा निबन्ध मैंने इस संस्करण में जोड़ा है, वह 'फ्रांस की राज्यक्रान्ति और मानवजाति के सांस्कृतिक विकास की समस्या' है। फ्रांस की राज्यक्रान्ति 1789 में हुई : दो सौ साल बाद 1989 में उसकी सालगिरह संसार के अनेक देशों में मनाई गई। प्रश्न है : क्या मानव-जाति के सांस्कृतिक विकास के लिए क्रान्ति आवश्यक है? फ्रांस ही नहीं, क्या रूस की समाजवादी क्रान्ति इस सांस्कृतिक विकास के लिए आवश्यक थी? इस प्रश्न के उत्तर, जैसे समझ में आए, मेरे लेख में हैं। फ्रांसीसी राज्यक्रान्ति ने समस्त यूरोप के चिन्तन को प्रभावित किया, यह तथ्य निर्विवाद है। बानगी के तौर पर लेख में अंग्रेज कवियों के नये दृष्टिकोण की चर्चा है। यह दृष्टिकोण उपनिवेशवाद का विरोधी, भारतीय स्वाधीनता का समर्थक था। चार्टिस्ट आन्दोलन के नेताओं ने यह दृष्टिकोण अपनाया और 1857 में घोर कठिनाइयों का सामना करते हुए उन्होंने हमारे स्वाधीनता-संग्राम का समर्थन किया। इंग्लैंड में जो उपनिवेशवाद के समर्थक थे, वे फ्रांसीसी राज्यक्रान्ति के विरोधी थे, इस क्रान्ति से प्रभावित अंग्रेजी कविता के विरोधी थे। वे हिन्दी की नई कविता के आचार्यों के गुरु थे। हमारे लिए यह गर्व की बात है कि 1857 में इंजीनियर मोहम्मद अली खाँ जैसे लोग इस देश में थे, वे फ्रांस की राज्यक्रान्ति के इतिहास से परिचित थे, वे उसकी प्रेरणा स्वीकार करते थे और सचेत रूप से देश को अंग्रेजों के चंगुल से छुड़ाने का प्रयत्न कर रहे थे। 1789 की फांसीसी क्रान्ति और 1905 की रूसी क्रान्ति—इनकी कुछ विशेषताएँ 1857 के गदर में हैं। गदर की चर्चा लेख के दूसरे

भाग में है। जो लोग इंग्लैंड की रोमांटिक कविता का मानवतावादी पक्ष स्वीकार नहीं करते, वे 1857 के गदर को स्वाधीनता-संग्राम नहीं मानते, हिन्दी साहित्य पर उसका प्रभाव स्वीकार नहीं करते, वे छायावादी साहित्य का मानवतावादी पक्ष भी स्वीकार नहीं करते।

बीसवीं सदी में रूसी क्रान्ति, दूसरे महायुद्ध के बाद चीन, वियतनाम, क्यूबा, अंगोला, इथिओपिया, निकारागुआ आदि की क्रान्तियाँ साम्राज्यवाद की विश्व-व्यवस्था को बदलने का प्रयत्न हैं। यह प्रक्रिया संसार की वस्तुगत परिस्थितियों से उत्पन्न हुई है, उसे रोका नहीं जा सकता। उसे उलटकर विरोधी दिशा में चलाना किसी के बस में नहीं है। संक्षेप में, लेख के तीसरे भाग में संसार की वर्तमान परिस्थितियों की चर्चा है।

हमारे देश में विभिन्न प्रान्तों में जो साम्राज्य-विरोधी सांस्कृतिक जागरण आरम्भ हुआ, वह अन्य देशों की राज्यक्रान्तियों के विवेचन को समेटे हुए था। हिन्दी में इसके एक प्रतिनिधि थे महावीर प्रसाद द्विवेदी के घनिष्ठ सहयोगी माधव राव सप्रे। मई, 1913 की 'सरस्वती' में उनका लेख छपा था : 'फ्रांस की राज्यक्रान्ति'। लेख देवीप्रसाद वर्मा द्वारा सम्पादित 'माधव राव सप्रे : इतिहास चिन्तन' ('विश्व भारती प्रकाशन', नागपुर) में संकलित है। लेख के आरम्भ में उन अंग्रेज विद्वानों के नाम बताए गए हैं जिनके ग्रंथों की सामग्री का उपयोग किया गया है। यह सूचना ब्रिटिश अधिकारियों के लिए है कि वे लेख में राज्य-द्रोह के तत्त्व न ढूँढ़ें। पर सप्रे जी का ध्यान पराधीन भारत पर है, वह राज्यक्रान्ति का विवेचन इस भारत की तत्कालीन समस्या के समाधान के लिए कर रहे हैं। कहते हैं : "इसमें कोई सन्देह नहीं कि इतिहास में भूतकाल की घटनाओं से, वर्तमान समय में, नतीजा निकालने का काम बहुत सावधानी, चतुरता और दक्षता से किया जाना चाहिए।" ('इतिहास चिन्तन', पृ. 43) उन्होंने स्वयं तो चतुराई से काम लिया ही है—क्रान्ति के दौरान बहुत-से लोग मारे गए, इसकी निन्दा की है—वह यह भी चाहते थे कि पाठक चतुराई से काम लें और 'वर्तमान समय' के लिए आवश्यक नतीजे निकाल लें। यह काम बहुत कठिन नहीं था।

क्रान्ति से पहले फ्रांस की दशा यह थी : "एक वर्ग में वे बड़े सरदार, जमींदार, रईस, धर्माधिकारी इत्यादि लोग थे जो समझते थे कि हमको देश की सम्पत्ति के उपयोग करने का स्वाभाविक हक है...। दूसरे वर्ग में सर्वसाधारण लोग थे, जो हकदार वर्ग के अधीन रहकर किसी-न-किसी प्रकार अपना पेट भरते थे।" दो वर्ग अलग-अलग, इन वर्गों की टक्कर, इस टक्कर का प्रतिफलन है क्रान्ति। भारत में अंग्रेज और थोड़े-से उनके सहयोगी जमींदार रईस सारी सम्पदा हथियाए बैठे थे और जनता भूखों मर रही थी, लेख का हर पाठक यह बात समझ सकता था।

क्रान्ति में लेखकों की भूमिका यह थी : "अठारहवीं सदी में, स्वतंत्र विचार के कुछ लेखकों ने हकदार लोगों के हकों की सारी पोल खोल दी।"

(उप., पृ. 45) खास तौर से रूसो ने लिखा कि "सारे मनुष्य समान हैं—छोटे-बड़े का भेद कृत्रिम है।" ('फ्रांस की राज्य-क्रान्ति.') ऊँच-नीच के भेदवाले समाज के लिए यह सन्देश महत्त्वपूर्ण था। क्रान्ति के दौरान जो लोग मारे गए, वे विदेशी आक्रमण की परिस्थितियों में मारे गए। "फ्रांस पर चढ़ाई करने के लिए जर्मनी की रियासतों के साथ इटली, स्पेन, आस्ट्रिया, रूस, इंग्लैंड इत्यादि यूरोप के सभी देश तैयारी करने लगे। इस सम्मिलित शक्ति का सामना करना सहज काम न था।" (उप., पृ. 53) देश की उचित रक्षा-व्यवस्था के लिए "अफसरों तथा उनके अधीनस्थ लोगों को यह विश्वास होना चाहिए कि यदि हम सरकार की आज्ञा न मानेंगे तो हमारी हानि होगी।" (उप.) बहुतों की हानि हुई, "तथापि उससे यह फल प्राप्त हुआ कि लोग गुप्त रीति से राजा, हकदार वर्ग या विदेशियों का पक्षपात करने से डरने लगे।" (उप., पृ. 54) सप्रे जी ने 'आतंक' को इतिहास के सही परिपेक्ष में देखा है।

क्रान्ति की एक बड़ी उपलब्धि यह थी कि उसने क्रान्तिकारी चिन्तन की अमोघ शक्ति प्रदर्शित की। मनुष्य को उसके स्वाभाविक अधिकार मिलने चाहिए, यह धारणा आम लोगों तक पहुँची। "यह इन्हीं नूतन विचारों अथवा भावों का प्रभाव है कि लोग अपने देश की प्राचीन राजसत्ता तथा हकदार वर्गों की प्रचंड शक्ति के विरुद्ध सफलतापूर्वक लड़ सके। और इन्हीं नूतन विचारों की बदौलत वे लोग यूरोप की सम्मिलित सेना को पीछे हटाकर अपने देश की रक्षा कर सके। तात्पर्य यह कि, जिन विचारों अथवा भावों से मनुष्य जाति का (किसी विशेष व्यक्ति, वर्ग या श्रेणी का नहीं) कल्याण और हित होता है, उन विचारों या भावों में अद्‌भुत सामर्थ्य होता है—उनमें विलक्षण कार्य-क्षमता होती है।" (उप., पृ. 55-56)

मानवजाति का सांस्कृतिक विकास ऐसे ही भावों और विचारों से होता है। उन्हें फैलाने का काम लेखक करते हैं, इस तरह देश की जनता का साथ देकर वे क्रान्ति का मार्ग प्रशस्त करते हैं। मानवजाति के सांस्कृतिक विकास से क्रान्ति का सम्बन्ध सूत्र रूप में सप्रे जी के लेख से स्पष्ट हो जाता है।

श्याम बिहारी राय ने 'आस्था और सौन्दर्य' की अपनी प्रति की फोटो कॉपी करा के मुझे दी और गिरिजाकुमार माथुर ने अपने ऊपर लिखे हुए मेरे पुराने लेख की प्रतिलिपि मुझे दी, इसके लिए मैं इन दोनों सज्जनों का आभारी हूँ।

—रामविलास शर्मा

नई दिल्ली,
1 दिसम्बर, 1989

पहले संस्करण की भूमिका

कुछ दिन हुए, 'हंस' के सम्पादकों ने पत्र का प्रकाशन पुन: आरम्भ करते हुए अपनी विज्ञप्ति में कहा था : "प्राय: सभी सामाजिक, नैतिक, सांस्कृतिक मान-मूल्य आज टूटने और बनने की प्रक्रिया में हैं।" 'हंस' में लिखने का निमंत्रण देते हुए श्री बालकृष्ण राव ने अपने 11 जून, 1956 के पत्र में लिखा था : "कुंठाओं और कटुताओं की घुटन में, पुरानी मान्यताओं के ध्वंसावशेष के बीच खड़ा हुआ आज का साहित्यकार किसके सहारे, किसके लिए लिख रहा है?"

प्रस्तुत निबन्ध संग्रह में आस्था और कुंठा, मूल्यों के विघटन और निर्माण की समस्याओं का विवेचन किया गया है। जो लोग समझते हैं कि साहित्यकार का मुख्य दर्शन सन्देहवाद होना चाहिए, उसे किसी मूल्य में आस्था न रखनी चाहिए, वे यथार्थ-जगत की सत्ता को भी अस्वीकार करते हैं और इस प्रकार मानव संस्कृति के अर्जित मूल्यों को ठुकराने के लिए एक दार्शनिक तर्क ढूँढ़ लाते हैं। प्रथम निबन्ध 'यथार्थ जगत और साहित्य' में सन्देहवादी और अज्ञेयवादी दृष्टिकोण का खंडन करते हुए यथार्थ जगत और साहित्य के अभिन्न सम्बन्ध की पुष्टि की गई है। कलाकार जिस सौन्दर्य की सृष्टि करता है, वह समाज-निरपेक्ष किसी व्यक्ति की कल्पना की उपज नहीं है वरन् सामाजिक जीवन और सामाजिक विकास से उसका घनिष्ठ सम्बन्ध होता है। कलात्मक सौन्दर्य आर्थिक सम्बन्धों का प्रतिबिम्ब नहीं है; समाजतंत्र से उसका सम्बन्ध पेचीदा है। इस सम्बन्ध की व्याख्या दूसरे निबन्ध में है। तीसरे निबन्ध में यूनानी आलोचक लोंगिनुस की उदात्त-सम्बन्धी विचारधारा की चर्चा, भारतीय काव्यशास्त्र की रमणीयता से उसकी तुलना, उच्च सामाजिक जीवन और श्रेष्ठ कृतित्व के सम्बन्ध का उल्लेख है। लोंगिनुस के समय में भी अनेक अनास्थावादी लेखक कुंठा और घुटन का साहित्य रचने लगे थे। लोंगिनुस ने उनकी तीव्र आलोचना की है जो हमारी पीढ़ी के लेखकों के लिए शिक्षाप्रद होगी। चौथे निबन्ध में भाववादी दार्शनिक हेगल द्वारा कलाओं के वर्गीकरण, माध्यम के अनुसार उनकी श्रेष्ठता, निकृष्टता निश्चित करने के प्रयास और बहुमुखी कलात्मक जीवन और सांस्कृतिक विकास की आवश्यकता का विवेचन किया गया है। इस प्रकार इन चार निबन्धों में आस्था और सौन्दर्य, यथार्थ-जगत और साहित्य के सम्बन्ध की सैद्धांतिक व्याख्या की गई है।

इसमें बाद के सात निबन्धों में अनेक साहित्यकारों की कृतियों का विश्लेषण करके उन नैतिक मूल्यों की ओर ध्यान दिलाया गया है जिनके बिना उनका साहित्य अपना स्थायी कलात्मक सौन्दर्य न प्राप्त कर सकता। कालिदास और शेक्सपियर जैसे विश्वप्रसिद्ध साहित्यकार इन नैतिक मूल्यों से परे नहीं हैं; उनका काव्य-सौन्दर्य सामाजिक जीवन से तटस्थ रहकर नहीं रचा गया। प्रेमचन्द ने नये युग में पुराने मानवतावाद को नये स्तर पर विकसित किया। आज का हिन्दी कथा-साहित्य बहुत कुछ प्रेमचन्द की परम्परा को अपनाकर आगे बढ़ रहा है।

चार निबन्धों में (बारह से पन्द्रह तक) अनास्थावादी साहित्य का खंडन है। इस तरह का साहित्य रचनेवाले हिन्दी के अनेक कवि हैं जिन्हें निराला और प्रसाद का साहित्य बचकाना लगता है जो अपने साहित्य की परम्परा से विच्छिन्न होकर मौलिकता के नाम पर पाश्चात्य साहित्य की पतनशील धाराओं से अपना सम्बन्ध जोड़ते हैं। इन्हीं में 'जिवागो' उपन्यास के लेखक पास्तरनाक हैं जो अपने देश की साहित्यिक विरासत को वैसे ही ठुकरा चुके हैं, जैसे हिन्दी के कुंठावादी कवि छायावादी काव्य को ठुकराते हैं। अन्तिम तीन निबन्धों में आज के भारतीय साहित्य और हिन्दी कविता के विकास की मुख्य दिशा की ओर संकेत है। श्री बनारसीदास चतुर्वेदी ने जो शहीद-संस्मरण प्रकाशित कराए हैं, वे साहित्यकारों के लिए भी प्रेरणादायक हैं। इन संस्मरणों में हम देखते हैं कि हमारे देश के वीरों ने अपने प्राणों की बाजी लगाकर देश के भविष्य में, विश्व-मानवता और भारतीय जनता की शक्ति में अपनी आस्था प्रमाणित की थी। ऐसे देश में कुंठा और अनास्था के लिए जगह नहीं है।

अनास्था, कुंठा और घुटन की भावधारा क्षणिक है। इसका आधार हमारे सामाजिक जीवन में कम है, विदेश की सांस्कृतिक धाराओं में अधिक है। इसलिए हमें विश्वास है कि हिन्दी साहित्य की भगीरथी इस कर्दम को बहाकर एक ओर फेंक देगी और अपने गौरवशाली इतिहास के अनुरूप ही जीवनदायी निर्मल जल से भरी हुई प्रवाहित होगी। आशा है, वर्तमान साहित्य की गतिविधि में रुचि रखनेवाले पाठकों को आस्था और अनास्था के महत्त्वपूर्ण प्रश्न से सम्बधित इस संग्रह में यत्किंचित् विचारणीय सामग्री प्राप्त होगी।

आगरा

—रामविलास शर्मा

विष्यानुक्रम

1

यथार्थ जगत और साहित्य

साहित्य और यथार्थ जगत के सम्बन्ध पर विचार करना इसलिए आवश्यक होता है कि यूरोप और अमरीका के अनेक साहित्यकार यथार्थ जगत के अस्तित्व या महत्त्व को अस्वीकार करके अपने मानस से साहित्य-सृष्टि करने का दावा करते हैं। इसके लिए वे भाववादी दर्शन की विभिन्न विचारधाराओं का सहारा लेते हैं। इस सबका प्रभाव हिन्दी साहित्य पर भी पड़ रहा है और अनेक हिन्दी लेखक भारतेन्दु से लेकर प्रेमचन्द तक के साहित्य-विकास को बढ़ाने के बदले उसे किसी-न-किसी रूप में अस्वीकार करते हैं और विदेश की उन भावधाराओं को ग्रहण करते हैं जिनमें लेखक के अहम् की तुलना में समग्र संसार नगण्य ठहरता है।

प्लेटो, बर्कले, हेगल—यूरोप के इन भाववादी दार्शनिकों का प्रभाव वहाँ समाप्त नहीं हो गया। समाप्त होना तो दूर, आधुनिक भौतिकशास्त्र (फिजिक्स) की प्रगति से कुछ वैज्ञानिकों ने भी यह परिणाम निकाला है कि बाह्य जगत का अस्तित्व नहीं है। हाइजेनबर्ग और प्लांक के अनुसंधानों ने विज्ञान में सन्देहवाद या अज्ञेयवाद को प्रश्रय दिया। पहले पदार्थ और शक्ति (मैटर और एनर्जी) में अन्तर माना जाता था। अब पता चला कि पदार्थ की गति लहरों के रूप में होती है।

प्रत्येक लहर (वेवलेंथ) का सम्बन्ध शक्ति (एनर्जी) के एक निश्चित माप से रहता है। शक्ति के इस माप को क्वांटम कहते हैं। यह क्वांटम केवल लहर की माप (वेवलेंथ) पर निर्भर रहता है। क्वांटम के बारे में धारणा यह है कि वह प्रति सेकेंड रेडिएशन के स्पन्दनों के अनुपात में होता है।

सन्देहवाद के उत्पन्न होने का कारण यह है कि प्रकृति में कण और लहर की पुरानी धाराओं के बदले हमें ऐसे पदार्थ के दर्शन होते हैं जो कण और लहर, दोनों हैं। यदि कण की स्थिति का ही पता लगाना हो तो पुरानी पद्धति से पता लगा लिया जाए। किन्तु जब वह कण लहर भी है तब स्थिति का पता कैसे लगे?

साथ ही यथार्थ जगत में हस्तक्षेप किए बिना उसे जानना सम्भव नहीं होता और हस्तक्षेप करते ही उसकी यथार्थता दूषित हो जाती है। इस सम्बन्ध में मॉरिस कॉर्नफोर्थ आदि मार्क्सवादी विचारकों का कहना है कि पुरानी नाप-जोख की पद्धति

से यह कठिनाई उत्पन्न होती है। इससे परिणाम यह नहीं निकलता कि हम यथार्थ जगत को जान नहीं सकते वरन् यह निकलता है कि उसे जानने की पुरानी पद्धति बदलना आवश्यक है। (देखिए, मार्क्सिस्ट क्वार्टरली, जुलाई, 1954 में आर्थर सडैबी और मॉरिस कॉर्नफोर्थ का लेख 'क्वांटम भौतिकशास्त्र की दार्शनिक समस्याएँ')

बर्ट्रेंड रसेल जैसे दार्शनिक दर्शनशास्त्र का मुख्य कार्य तार्किक विश्लेषण समझते हैं। उनके लिए सारे भ्रमों की जड़ भाषा का असंगत प्रयोग है। इस भ्रम को दूर करने का परिणाम यह होता है कि संसार ही भ्रम सिद्ध हो जाता है। विशुद्ध चेतना का करनेवाले अनेक दार्शनिक बाह्य जगत के अस्तित्व से इनकार करते हैं।

लोग बात करते हैं अस्तित्ववाद की लेकिन इनकार करते हैं बाह्य जगत के अस्तित्व से। अस्तित्ववाद को प्रभावित करनेवाले किर्कगार्ड का कहना था : "सत्य केवल आत्मगत होता है" (Truth is subjectivity)। इस प्रकार वस्तुगत सत्य को अस्वीकार कर दिया गया। फिलिप मैरे जैसे अस्तित्ववादी नीत्शे को भी अस्तित्ववादी मानते हैं। "नीत्शे किर्कगार्ड के बारे में कुछ न जानता था किन्तु व्यक्ति की चिन्ता, निर्णय और भावना पर बल देने के कारण वह अस्तित्ववादी था।" नीत्शे के इस अस्तित्ववाद ने जर्मनी में युद्धकामी शक्तियों को प्रोत्साहन दिया जिससे दो बार विश्व-युद्ध हुआ। विश्व-युद्ध के मूल कारण आर्थिक और राजनीतिक थे। इन कारणों का ही एक परिणाम नीत्शे का व्यक्तिवाद था जिसने युद्ध-प्रचार में सहायता दी।

बीसवीं सदी में पूँजीवाद का विकृत दर्शन व्यक्तिवाद पर निर्भर है। साधारणत: वह मानवप्रगति का विरोध करता है; विशेष परिस्थितियों में वह युद्ध-प्रचार में सहायक भी हो जाता है।

कैथोलिक और नास्तिक, दोनों प्रकार के अस्तित्ववादियों का सामान्य गुण बतलाते हुए सार्त्र ने लिखा है : "उनका विश्वास है कि तत्त्व के पहले अस्तित्व है; दूसरे शब्दों में हमें शुरुआत आत्मगत पक्ष से करनी चाहिए।" यह आत्मगत पक्ष क्या है? 'प्रत्येक मनुष्य एक सार्वजनीन धारणा, मानव-सम्बन्धी धारणा का विशेष उदाहरण है।' इससे यह न समझना चाहिए कि विशेष मानव की तुलना में सामान्य मानवता महत्त्वपूर्ण है। आशावादी विचारकों से अपनी भिन्नता विज्ञापित करते हुए सार्त्र ने लिखा है : "सत्य इसके सिवा और कुछ नहीं है कि मैं सोचता हूँ इसलिए हूँ। यह उस चेतना का निरपेक्ष सत्य है जो अपने को प्राप्त करती है। अपने को प्राप्त करने के इस क्षण के बाहर मनुष्य के सम्बन्ध में जो भी सिद्धान्त प्रतिपादित किया जाता है, वह सत्य का हनन करता है।" सार्त्र के अनुसार, यह सिद्धान्त मानव-गौरव के अनुकूल है क्योंकि इससे मनुष्य पदार्थ नहीं बन जाता। "सभी तरह के भौतिकवाद विचारक को बाध्य करते हैं कि वह सभी मनुष्यों को—अपने को भी—पदार्थ समझे अर्थात् उसे पूर्वनिश्चित प्रतिक्रियाओं का परिणाम समझे जो मेज, कुर्सी या पत्थर के गुणसमूहों और संघटनों से भिन्न नहीं है।"

नैतिक क्षेत्र में अच्छे-बुरे का निर्णय भी व्यक्ति ही करता है; जिस समाज का वह सदस्य है, उसे कुछ कहने का अधिकार नहीं है। "यदि मैं किसी काम को अच्छा समझता हूँ तो वह मैं ही हूँ जो उसके अच्छे-बुरे होने का निर्णय करता हूँ।" इस प्रकार मनुष्य परम असामाजिक प्राणी ठहरता है। साहित्य में साधारणीकरण की गुंजाइश ही नहीं रहती। सार्त्र की इस व्यक्तिवादी विचारधारा का असर अज्ञेय, धर्मवीर भारती प्रभृति आत्मोपलब्धि में तल्लीन निरपेक्ष व्यक्तित्ववाले सज्जनों पर देखा जा सकता है।

सार्त्र ने अपनी विचारधारा को सभी तरह के भौतिकवाद से भिन्न ठीक ही बतलाया है। अस्तित्ववाद पुराने भाववाद—चेतना को सत्य और संसार को मिथ्या समझनेवाली विचारधारा—का ही एक रूप है। भाववाद के अनेक रूप अपना सबसे बड़ा शत्रु समझते हैं वैज्ञानिक भौतिकवाद को। भाववादियों के अनुसार वैज्ञानिक भौतिकवाद में आस्था रखनेवाले लोग मनुष्य में आस्था खो देते हैं। आस्था का प्रश्न हल करना है तो समाजनिरपेक्ष अहम् में विश्वास करो। कला और साहित्य को उसी का विस्फोट मानो। कुछ अन्य मित्र जो संसार को मिथ्या नहीं कहते, वैज्ञानिक भौतिकवाद को दर्शन ही नहीं मानते। उनकी समझ में वैज्ञानिक भौतिकवाद जगत के स्वरूप की व्याख्या नहीं करता, न वह ज्ञान की समस्या हल करता है। प्रतीति में भ्रम भी तो होता है; फिर कैसे जानें, कौन-सी प्रतीति भ्रम है और कौन-सी वास्तविक ज्ञान? वैज्ञानिक भौतिकवाद व्यवहार पर बल देता है। इसे कुछ विद्वान शुद्ध चेतना का अपमान समझते हैं। ज्ञान का साक्ष्य चेतना के अन्दर ही होना चाहिए; बाहर हुआ तो फिर दार्शनिकता कहाँ रही!

वैज्ञानिक भौतिकवाद के अनुसार : मनुष्य प्रकृति की उपज है और विचार चेतना मानव-मस्तिष्क की उपज। मस्तिष्कहीन विचार और चेतना का अस्तित्व केवल कल्पना की वस्तु है। भौतिकता से परे चेतना का निवास नहीं है। जिस पदार्थ का गुण चेतना है, उसमें विद्युत-प्रहारों द्वारा हस्तक्षेप करके चेतना के अनेक अंगों को नष्ट किया जा सकता है। सिर में चोट लगने से स्मृति का नष्ट होना साधारण अनुभव-क्षेत्र की बात है।

चेतना मस्तिष्क में निहित पदार्थ का गुण है, प्रकृति के एक अंश का गुण है, इसलिए वास्तविक विचार केवल चिन्तन द्वारा अपने भीतर से उत्पन्न नहीं किए जा सकते। सही विचार के लिए मानव-चेतना और बाह्य जगत का सम्पर्क आवश्यक होता है। इस कारण ज्ञान का आधार मनुष्य का प्रत्यक्ष अनुभव है। अपने व्यवहार से ही मनुष्य अपना ज्ञान समृद्ध करता है। ज्ञान से वह व्यवहार-क्षेत्र में आगे बढ़ता है। इस आगे बढ़ने के नये अनुभव से वह अपने ज्ञान को फिर से समृद्ध करता है। इस प्रकार व्यवहार-क्षेत्र के विकास के कारण मनुष्य का ज्ञान नित विकसित होता रहता है। वैज्ञानिक भौतिकवादी के लिए व्यवहार-क्षेत्र से संन्यास

केवल आत्मचिन्तन से पूर्ण ज्ञान की प्राप्ति नहीं होती। "जो लोग समझते हैं कि आँख मूँदकर ध्यान या समाधि लगाने से भूत, भविष्य, वर्तमान—तीनों काल की बातें सूझने लगती हैं, उन्हें इस पर ध्यान देना चाहिए।" ये शब्द रामचन्द्र शुक्ल ने 'विश्व-प्रपंच' की एक पाद-टिप्पणी में लिखे थे। जिन मूल वाक्यों पर उन्होंने टिप्पणी लिखी थी, वे ये हैं : "अत: बिना इस प्रकार के बाह्य निरीक्षण के केवल आत्म-निरीक्षण द्वारा निश्चित मनोव्यापार-सम्बन्धिनी बातें पक्की नहीं समझी जा सकतीं। पर बाह्य निरीक्षण की पूर्णता के लिए शरीर-विज्ञान, अंगविच्छेद शास्त्र, शरीराणु-विज्ञान, गर्भ-विज्ञान और जीव-विज्ञान इत्यादि का यथावत् ज्ञान होना चाहिए।" बाह्य निरीक्षण आवश्यक है। केवल आत्म-निरीक्षण द्वारा मनोव्यापार-सम्बन्धी—अर्थात् चेतना सम्बन्धी बातें पक्की नहीं समझी जा सकतीं। आँख मूँदकर ध्यान लगाने और भूत, भविष्य, वर्तमान के ज्ञान का दावा करनेवालों के हाथ आत्म-प्रवंचना ही लगती है।

वैज्ञानिक भौतिकवाद व्यवहार, अनुभव और प्रयोग से परे इलहाम द्वारा ज्ञान-प्राप्ति का दावा नहीं करता। जो दार्शनिक व्यवहार से दूर रहकर विशुद्ध चिन्तन से पूर्ण ज्ञान प्राप्त करना चाहते हैं या ऐसा ज्ञान प्राप्त करने का दावा करते हैं, वे अवश्य या तो स्वयं पैगंबर होंगे या किसी पैगंबर के सहारे उन्हें यह गुप्त ज्ञान प्राप्त हुआ होगा। उनके ज्ञान में उन्हीं की आस्था हो सकती है जो श्रद्धालु भक्त हैं; इलहाम की बातों को सन्देह से देखनेवाले, व्यवहार द्वारा ज्ञान-अज्ञान का भेद करनेवाले वैज्ञानिकों को उस पर विश्वास नहीं हो सकता। भाववादी दर्शन ज्ञान की पूर्ण व्यवस्था देने का दावा करते हैं। भौतिकवादी दर्शन पूर्ण होने का दावा नहीं कर सकता क्योंकि वह ज्ञान को विकासमान समझता है। विश्व क्या है, पदार्थ का मूल रूप क्या है, जीव-अजीव का सम्बन्ध कैसा है?—इन प्रश्नों के बारे में भौतिकवादी दर्शन विज्ञान से ऊपर उठकर शुद्ध चिन्तन के बल पर, निर्णयात्मक उत्तर नहीं देता। विश्व के प्रति उसका दृष्टिकोण, उसके तर्क और चिन्तन की पद्धति वैज्ञानिक अनुभवों पर निर्भर है और इसलिए वह वैज्ञानिक प्रगति में सहायक होती है।

इंग्लैंड के बेकन और लॉक जैसे चिन्तकों ने अनुभव और व्यवहार को ज्ञान का आधार और उसकी कसौटी माना था। फ्रांस के भौतिकवादियों ने इस विचारधारा को विकसित किया था। वैज्ञानिक भौतिकवाद ने हेगल की द्वंद्वात्मक पद्धति और फ्रांस के भौतिकवाद से बहुत कुछ लिया। किन्तु उसने ज्ञान और व्यवहार का सम्बन्ध नये ढंग से जोड़ा। मार्क्स ने कहा कि दार्शनिकों ने अभी तक तरह-तरह से संसार की व्याख्या ही की है; लेकिन मुख्य बात है, उसे बदलने की।

वैज्ञानिक भौतिकवाद का जन्म संसार को समझने और उसे बदलने के लिए, मानव जीवन को सुखी बनाने के लिए हुआ। इसका कारण यह था कि इतिहास

में एक नई घटना घट चुकी थी। यह घटना थी मजदूर-वर्ग का जन्म। यह वर्ग अपने जन्म से ही संसार को बदलने के स्वप्न देखने लगा था। मार्क्स ने उस स्वप्न को साकार करने की वैज्ञानिक पद्धति निकाली। व्यवहार और परिवर्तन पर इस प्रकार बल देने का यह अर्थ नहीं है कि वैज्ञानिक भौतिकवाद चिन्तन को, बौद्धिक क्रिया को नगण्य समझता है। नहीं, बुद्धि को व्यवहार-जगत से सम्बद्ध करके वह बौद्धिक क्रिया को सार्थक करता है। वैज्ञानिक जे.डी. बर्नाल के शब्दों में : "सावधानी से विश्लेषण; विभिन्न तथ्यों का बिलगाव; कारणों का अनुसरण करते हुए परिणाम तक पहुँचना; प्रयोग पर निर्भर होना—इन सब बातों को मार्क्सवाद ने अपना लिया है और इनसे उसे पुष्ट वैज्ञानिक आधार मिला है।" ('मॉडर्न क्वार्टरली', खंड-2, संख्या-3, 1948)

वैज्ञानिक भौतिकवाद की चिन्तन-पद्धति अपनानेवाले लेखक तथ्य-कथन से सन्तुष्ट नहीं रह सकते। तथ्य-कथन मार्क्सवाद से पहले भौतिकवाद की विशेषता थी। मार्क्सवाद भौतिक जगत का दृढ़ आधार स्वीकार करते हुए मनुष्य की विचारधारा, उसके भाव-जगत, सामाजिक जीवन आदि का परस्पर सम्बन्ध बतलाता और उनका विश्लेषण करता है। भाववाद की तरह विश्व की एकता का सिद्धान्त वैज्ञानिक भौतिकवाद में भी है। यह एकता अध्यात्मवादियों की परोक्ष चेतना की एकता से भिन्न है। विश्व की एकता का आधार उसकी भौतिकता है, न कि "मैं सोचता हूँ, इसलिए हूँ"—यह अहंवादी चिन्तन। "हमारे अनुभव-क्षेत्र का विस्तार करने में विज्ञान ने दिखलाया है कि विराट के प्रत्येक स्तर, व्यवस्था या ऊहापोह के हर स्तर के अपने नियम होते हैं। हमारे सहज ज्ञान के नियम विश्व के एक छोटे-से भाग के ही नियम हैं यद्यपि यही भाग हमारे लिए सबसे महत्त्वपूर्ण है या अब तक रहा है।" ('बर्नाल', उप.)

विराट विश्व के विभिन्न स्तरों को स्वीकार करके, विभिन्न स्तरों के नियमों की सापेक्षता स्वीकार करके वैज्ञानिक भौतिकवाद ज्ञान के प्रसार का मार्ग प्रशस्त करता है। एक स्तर के ज्ञान की सापेक्षता देखकर वह सन्देहवाद या अज्ञेयवाद के चक्कर में नहीं पड़ जाता।

आधुनिक युग में भाववाद और भौतिकवाद का संघर्ष तीव्र हो गया है। सन् 1920 में ही शुक्ल जी ने लिखा था कि पौराणिक गाथाएँ भाववादियों की रक्षा नहीं कर सकतीं। "अब जिन्हें मैदान में जाना हो, वे नाना विज्ञानों से तथ्य संग्रह करके सीधे उस सीमा पर जाएँ जहाँ दो पक्ष अड़े हुए हैं—एक ओर आत्मवादी, दूसरी ओर अनात्मवादी; एक ओर जड़वादी, दूसरी ओर नित्य चैतन्यवादी।" इन दो विचारधाराओं का सम्बन्ध पूँजीवाद और समाजवाद की दो भिन्न सामाजिक व्यवस्थाओं से है, यह तथ्य स्पष्ट होता जा रहा है। वैज्ञानिक भौतिकवाद समाजवाद के लिए संघर्ष करती हुई जनता का पथ-निर्देशक दर्शन है। उसका दृष्टिकोण

और पद्धति अपनाकर मनुष्य वैज्ञानिक प्रगति ही नहीं कर रहा है वरन् समाज को भी बदल रहा है। वास्तविक जड़वादी वे हैं जो न समाज को बदलने का प्रयत्न करते हैं, न विज्ञान द्वारा विश्व के अनेक रहस्यों का उद्घाटन करने में प्रवृत्त होते हैं। उनके लिए परम सत्य मन, वचन, कर्म—सभी के परे है; 'मूँदहु आँख कतहुँ कछु नाहीं!'

भाववादी और भौतिकवादी दर्शनों के परस्पर विरोध के समान विश्व-साहित्य में आज दो प्रवृत्तियों का परस्पर भेद और संघर्ष बढ़ रहा है। उनमें एक है यथार्थवाद की धारा, जो ज्ञात अथवा अज्ञात रूप में भौतिकवादी दर्शन को अपनाती है; दूसरी है व्यक्तिवादी धारा जो नाना रूप और नाम धारण करके प्रकट होती है—कहीं एब्स्ट्रैक्ट आर्ट, कहीं सुर्रियलिज्म, कहीं प्रयोगवाद—जिसका सम्बन्ध प्रच्छन्न या प्रकट रूप में भाववाद से होता है। क्रोचे के अभिव्यंजनावाद का खंडन करते हुए शुक्ल जी ने एक यथार्थवाद-विरोधी प्रवृत्ति का ही खंडन किया था।

19वीं सदी के अन्त में फ्रांस ने जिस 'आधुनिक' कला को जन्म दिया, उसकी विशेषता थी : वस्तुहीनता। चित्र ऐसे बनाए जाएँ जिनमें रेखाएँ हों, कोण हों, रंग हों, प्रतीक हों, केवल वस्तु न हो। यदि वस्तु हुई, किसी बाह्य पदार्थ का चित्रण किया गया तो कल्पना की निरपेक्ष स्वाधीनता खंडित न हो गई! रूस में 1905 की क्रान्ति की विफलता के बाद कला और साहित्य के क्षेत्र में इस तरह की आधुनिकता खूब फली-फूली। 1917 की क्रान्ति के बाद भी अनेक लेखक इस आधुनिकता को अपनाकर सर्वहारा वर्ग के लिए ऐसी क्रान्तिकारी कला की सृष्टि करने लगे कि मजदूर उसकी ओर आँख भी न उठाते थे। फादयेव, फुर्मानोव, शोलोखोव आदि लेखकों ने गोर्की के पदचिह्नों का अनुसरण करते हुए सोवियत साहित्य को इस अराजकतावादी परिस्थिति से बाहर निकाला। यही 'आधुनिकता' फ्रांस, अमरीका, ब्रिटेन आदि देशों के साहित्य में अमरबेल की तरह फैली हुई है और उसके प्रयोगवादी पल्लव हिन्दी साहित्य में भी विकास कर रहे हैं।

आज विश्व-पूँजीवाद संकट और ह्रास की दशा में है। पूँजीवाद के समर्थक अब उसका नाम लेने में भी शरमाते हैं। इसलिए उसे नये-नये नामों से अलंकृत करके वे अपना वास्तविक रूप छिपाते हैं। इस पूँजीवादी व्यवस्था में—मुनाफे, बेकारी, शोषण, उपनिवेशवाद, हथियारबन्दी और युद्धों की व्यवस्था में—व्यक्ति की स्वाधीनता का सच्चा रूप देखनेवाले सज्जन यथार्थ का सामना करने का साहस नहीं करते। साहस करें तो 'फ्री वर्ल्ड' की सभी न्यामतें आँखों के सामने आकर सही तसवीर पेश कर दें। इसलिए यथार्थ जगत से मुँह मोड़ो! अन्तर्जगत से रेखाएँ और त्रिकोण बनाओ, खंडित गद्य के टुकड़ों में अर्थ की लय भरो, अहं के विस्फोट से कुंठा, निराशा और घुटन का धुआँ निकालो। इस आधुनिकता के हामी व्यक्तित्व की तलाश में निकलते हैं। किन्तु इनकी दस कविताओं को एक

साथ पढ़िए तो पता न चलेगा कि वे एक की लिखी हैं या दस की! रचना में महत्त्वपूर्ण विषयवस्तु के अभाव में उस पर रचयिता के महान व्यक्तित्व की छाप भी नहीं रहती। इसके विपरीत प्रेमचन्द, लू शुन, गोर्की, शोलोखोव आदि लेखक यथार्थवादी साहित्य की ऐसी विभूतियाँ हैं जिनके व्यक्तित्व का प्रकाश दूर से ही दिखाई देता है।

आधुनिकतावादी उपन्यासों के नायक वैज्ञानिक से अधिक मनोवैज्ञानिक होते हैं, वे कर्म-जगत से संन्यास लेकर कल्पना-जगत में चिन्तन को ही अपना मुख्य कर्म समझते हैं। पूँजीवादी समाज की नैतिकता में आस्था रखनेवाले भद्र जन वैसे ही श्रम से घृणा करते हैं। इसलिए उनकी संस्कृति श्रम का बहिष्कार करती है। श्रम करना बहिष्कृत मजदूरों का काम है। उनकी सेवा के बल पर विशुद्ध चिन्तन द्वारा निष्क्रिय 'हीरो' की रचना करना इन कलाकारों का काम है! जब 'हीरो' ही निष्क्रिय होगा, तब सामाजिक संघर्ष के चित्रण का सवाल कहाँ से उठेगा? आपने सामाजिक संघर्ष का चित्रण किया तो सतही साहित्य रचा, यथार्थ के बाह्य रूपों में ही फँसकर रह गए, व्यक्ति के मनोजगत की गहराइयों में पैठे ही नहीं, इत्यादि। इसलिए सामाजिक संघर्ष से पराङ्मुख परम सत्य की मनोवैज्ञानिक पैठ देखना हो तो पढ़िए 'नदी के द्वीप' या 'डाक्टर ज़िवागो!'

यथार्थवाद के बारे में तरह-तरह की भ्रान्तियाँ हैं। 'एनसाइक्लोपीडिया ब्रिटैनिका' के अनुसार यथार्थवादी लेखक वह है जो सुन्दर वस्तुओं पर लिखना पसन्द नहीं करता वरन् उनके बदले गन्दी-घिनौनी चीजों का ही वर्णन करता है, वह टाइप के बदले व्यक्तियों का चित्रण करता है और यथातथ्य चित्रण में विश्वास करता है।

पूँजीवादी समाज में गन्दगी की कमी नहीं है। कुछ लोगों ने उसका चित्रण किया है और इससे यह परिणाम निकाला गया कि यथार्थवाद का उद्‌देश्य गन्दगी का चित्रण करना ही है। पूँजीवादी समाज की तीव्र आलोचना करनेवाले डिकेंस जैसे लेखकों ने मानव-गुणों का भी चित्रण किया है, मानव-क्षमता में आस्था दृढ़ की है। हिन्दी में कुछ वर्ष पूर्व यौन-सम्बन्धों के नग्न वर्णन को यथार्थवाद की संज्ञा दी जाती थी किन्तु अस्वस्थ काम-चेतना का चित्रण यथार्थ के एक ही पहलू का चित्रण है। इसके अलावा वह जिस पतनशील दृष्टिकोण से किया जाता है, उससे विकृति से संघर्ष करने के बदले पाठक के मन में आसक्ति उत्पन्न होती है। ऐसे अश्लील चित्रण को यथार्थवादी चित्रण नहीं कहा जा सकता।

शिपले द्वारा सम्पादित 'विश्व-साहित्यकोश' में यथार्थवादी लेखक उसे कहा गया है जो वस्तुगत, 'फोटोग्रैफिक' कलाहीन चित्रण करता है और रचना में अपनी भावना या विचारों को नहीं आने देता। यथार्थवादी साहित्य की विशेषताओं में एक यह भी बताई गई है कि उसमें स्थानों और व्यक्तियों का विस्तृत विवरण दिया जाता है, भले ही वे मुख्य विषयवस्तु की दृष्टि से कितने ही तुच्छ क्यों न हों!

इस तरह के साहित्य को यथार्थवादी के बदले प्रकृतिवादी या यथातथ्यवादी कहना अधिक उचित होगा। साहित्य में फोटोग्रैफिक चित्रण असम्भव है। (वैसे फोटोग्राफी करनेवाला भी व्यक्ति ही होता है और उसका कार्य भी पूर्ण रूप से वस्तुगत नहीं होता।) यथार्थ के चित्रण में विषयवस्तु का निर्वाचन, कुछ तत्त्वों का चित्रण, कुछ की उपेक्षा—यह साहित्य का मूल नियम है। फ्रांस के वे कथाकार जो अपने को प्रकृतवादी कहते थे या जो इस नाम से विख्यात हुए, समाज का तटस्थ होकर चित्रण करनेवाले प्राणी न थे। इसके विपरीत फ्रांस में प्रकृतवाद उस समय साहित्य की एक क्रान्तिकारी धारा थी जो निहित स्वार्थों का विरोध करती थी। अपने निम्न रूप में यह धारा तथ्य-कथन, अनावश्यक विवरण, गन्दगी के चित्रण तक अपने को सीमित रखती थी। किन्तु अपने उदात्त रूप में वह समाज की तीव्र आलोचना करनेवाले यथार्थवाद का रूप ले लेती थी।

यथार्थवाद के बारे में बहुत-सी आपत्तियाँ उन लोगों की होती हैं जिनका दृष्टिकोण पुराने तर्कशास्त्र पर निर्भर होता है, जो भौतिक या मानसिक व्यापारों का परस्पर सम्बन्ध नहीं देखते, जो किसी प्रक्रिया का अध्ययन करते समय उसके एक ही पक्ष को देखते हैं, उसके विरोधी लगनेवाले पक्ष को छोड़ देते हैं। इस तरह एकांगी विश्लेषण कभी-कभी उन लोगों के यहाँ भी मिलता है जो द्वंद्वात्मक पद्धति अपनाते हैं। इसमें दोष उस पद्धति का नहीं है, दोष उनके विश्लेषण का है। वे प्रश्न करते हैं : व्यक्ति और समाज—इनमें किसका चित्रण करें? वास्तव में यह प्रश्न ही गलत है। समाज से बाहर व्यक्ति का अस्तित्व नहीं है और व्यक्ति का चित्रण किए बिना समाज का चित्रण करना असम्भव है। कभी रूस के कुछ अराजकतावादी लेखकों ने व्यक्ति को छोड़कर जनसमूह का चित्रण करने की कोशिश की थी लेकिन शीघ्र ही यह प्रवृत्ति खत्म हो गई। व्यक्ति का चित्रण यथार्थवाद के विरोधी भी करते हैं। वे उसे सामाजिक संघर्ष, समाज के वर्ग-सम्बन्धों से दूर रखकर देखते हैं। वे चेतना की गहराइयों का चित्रण करने के नाम पर उसकी मानसिक विकृतियों का चित्रण करते हैं और इन विकृतियों का कारण समाज में न देखकर उसके निरपेक्ष मानस में ढूँढ़ते हैं। उनकी कला—विशेष रूप से असम्बद्ध मूर्तिविधान वाली कविता और रेखाओं और त्रिकोणों वाली चित्रकला—वास्तविक जगत के तारतम्य को चित्रित न करके मनगढ़ंत प्रतीकों में ऐसा सम्बन्ध स्थापित करती है जो बस, रचयिता महोदय या उनके कुछ मित्रों को ही मालूम रहता है। इसके विपरीत यथार्थवादी कला में व्यक्ति सामाजिक जीवन के सन्दर्भ में चित्रित किया जाता है : वह समाज-निरपेक्ष इकाई न होकर एक साथ ही व्यक्ति और टाइप, दोनों होता है, जैसे होरी पिछड़े किसान का टाइप है, साथ ही अपनी व्यक्तिगत विशेषताओं के कारण जीता-जागता व्यक्ति भी है, यांत्रिक प्रतीक नहीं। और यह बिलकुल आवश्यक नहीं है कि सामाजिक संघर्ष का चित्रण करते हुए

हम व्यक्ति में भावजगत, उसके मानसिक संघर्ष का चित्रण न करें। वास्तव में प्रत्येक यथार्थवादी साहित्यकार दोनों का ही चित्रण करता है।

यथार्थ चित्रण और कल्पना—इन दोनों में भी परस्पर विरोध नहीं है। मनुष्य आज जो कुछ है, वह अपने समस्त पूर्व विकास का परिणाम है। इसमें उसका प्राग्मानवीय प्राणिरूप में विकास भी शामिल है। उसका इन्द्रियबोध, उसकी कल्पना—सभी यथार्थवाद के अन्तर्गत आते हैं। यथार्थवादी लेखक कल्पना द्वारा टाइप रचता है, अपने अनुभव की सामग्री से काम की चीजें चुनता और सजाता है और उनमें ऐसी कल्पित घटनाएँ, पात्र आदि जोड़ता है जो ऐतिहासिक रूप से सत्य न होकर भी यथार्थ के अनुरूप होते हैं। इसके विपरीत पलायनवादियों की कल्पना संसार से भागने और सुनहले स्वप्न देखने—या कल्पित पीड़ा के कारण आँसू बहाने—में चरितार्थ होती है।

आदर्श और यथार्थ—इनमें भी अनिवार्य विरोध नहीं है। यथार्थ चित्रण वास्तविक जगत के हमारे ज्ञान पर निर्भर होता है। यदि यह जगत गतिशील है और हम उस गति की दिशा का ज्ञान है या हम उस दिशा के महत्त्व को समझते हैं जिसकी ओर हम उसे अग्रसर करना चाहते हैं, तो यह आदर्श हमारे यथार्थवाद में निहित होगा। भारतेन्दु से लेकर प्रेमचन्द तक का हिन्दी साहित्य स्वाधीनता और समाज-सुधार के आदर्श से अनुप्राणित रहा है क्योंकि वास्तविक जगत की प्रतीति में पराधीनता की अनुभूति शामिल थी और इस प्रतीति के फलस्वरूप स्वाधीनता के आदर्श को प्राप्त करने की भावना भी विद्यमान थी। इसी कारण इस साहित्य में जड़ मानवता नहीं, एक आदर्श की ओर गतिशील मानवता के आदर्श होते हैं। गोर्की से लेकर शोलोखोव तक के रूसी साहित्य में उस मानवता का चित्रण है जिसने गृहयुद्ध में साम्राज्यवादियों के हस्तक्षेप का मुकाबला किया, गृहयुद्ध से ध्वस्त एक पिछड़े हुए देश में समाजवाद की रचना की; फासिस्ट आक्रमण को विफल करके, फिर अपने देश का निर्माण किया और जो विकास की गति के सभी मापदंड पीछे छोड़कर आज साम्यवादी व्यवस्था के निर्माण में लगी हुई है। यह सोवियत संघ का सारा साहित्य—कुछ अपवादों को छोड़कर—समाजवादी निर्माण के आदर्श से अनुप्राणित रहा है। उसकी 'एकरसता', 'उथलेपन', लेखक के 'रेजीमेंटेशन' का यही रहस्य है।

इसी कारण भारत में समाजवादी व्यवस्था न होने पर भी लेखक की 'स्वाधीनता' को लेकर चीख-पुकार शुरू हो गई है। लेखक के सामाजिक उत्तरदायित्व की बात चलते ही कुछ मित्र स्वाधीनता-हरण का राग अलापने लगते हैं मानो भारतेन्दु, बालकृष्ण भट्ट, बालमुकुन्द गुप्त, महावीर प्रसाद द्विवेदी, प्रेमचन्द, प्रसाद, निराला, पंत, मैथिलीशरण गुप्त आदि लेखक सामाजिक उत्तरदायित्व की भावना से अछूते रहे हों! इन सभी की उत्तरदायित्व-सम्बन्धी भावना एक नहीं रही लेकिन समाज-निरपेक्ष व्यक्ति की कला-सृष्टि में भी उनका विश्वास नहीं रहा।

इस सम्बन्ध में श्री नन्ददुलारे वाजपेयी ने लिखा है : "हम देखते हैं कि स्वातंत्र्य की नई पुकार साहित्य की सीमा में कुछ ऐसे तथ्यों को रखने के लिए की जा रही है जो अतिशय असामाजिक होने के कारण बहुजन समाज में स्वीकृत नहीं हैं। स्वीकृत न होने पर भी यदि वे तथ्य उपयोगी या आवश्यक प्रमाणित किए जा सकें; तो भी एक बात है। परन्तु जिस दिशा से यह स्वातंत्र्य की आवाज उठी है, वहाँ आवश्यकता और उपयोग जैसे तथ्यों का प्रश्न नहीं उठता। वहाँ तो जो कुछ चाहें, उसे कहने और लिखने के स्वातंत्र्य की ही माँग है। प्रत्येक स्वातंत्र्य के साथ उतनी ही मात्रा में दायित्व की भावना रहा करती है। पर यह नया स्वातंत्र्य दायित्व की भावना से नितान्त अछूता है।" (डॉ. सर हरिसिंह गौर स्मारक ग्रंथ में 'समाज और साहित्य' शीर्षक निबन्ध)

वाजपेयी जी ने इन 'स्वाधीनता-प्रेमी' लेखकों की असामाजिकता का उल्लेख करके उनकी अनुत्तरदायी चीख-पुकार की ओर सही संकेत किया है। इनकी स्वाधीनता उस स्वाधीनता से बहुत दूर है जिसके लिए भारतीय जनता ने संघर्ष किया है। न यह स्वाधीनता गरीबी और शोषण से मुक्त होने की कामना को पास फटकने देती है, यद्यपि यह कामना अधिकांश भारतीय जनता के हृदय में है। इस सम्प्रदाय के लेखकों की मुक्ति जनता की भावनाओं से, सामाजिक उत्तरदायित्व से मुक्त होने में है, भले ही फिर अमरीका-पोषित 'कांग्रेस फॉर कल्चरल फ्रीडम' का झंडा उठाने का दायित्व ही सँभालना पड़े।

जो लेखक समाज को गतिशील मानता है, समाज की गति के लक्ष्य को पहचानता है, जो उसके क्रान्तिकारी और अग्रगामी तत्त्वों से सहानुभूति रखता है, वह यथार्थवादी चित्रण में इस गति, दिशा और लक्ष्य का उल्लेख अवश्य करेगा, वह विभिन्न वर्गों, व्यक्तियों आदि का ऐतिहासिक महत्त्व आँकते हुए प्रगति के सन्दर्भ में ही उनका चित्रण करेगा। इसलिए उसका चित्रण केवल तथ्य-कथन होगा—यह सोचना भ्रम है।

लेकिन यथार्थ चित्रण की आवश्यकता ही क्या है? चित्रण चाहे यथार्थ जगत का हो, चाहे काल्पनिक जगत का, चाहे दोनों का मिलाकर हो, मुख्य बात तो यह है कि उसमें भाव होने चाहिए, उससे रस-निष्पत्ति होनी चाहिए, उससे आनन्द मिलना चाहिए। यथार्थ और काल्पनिक का विवाद छेड़ा ही क्यों जाए?

मनुष्य का रसबोध भी परिवर्तनशील है यद्यपि यह परिवर्तन आर्थिक और राजनीतिक परिवर्तनों के समान शीघ्र नहीं होता, न उनकी तरह ऊपर से देखने से स्पष्ट हो जाता है। पौराणिक गाथाओं को लीजिए। एक समय यूनान, भारत तथा अन्य देशों में असाधारण चमत्कारों से पूर्ण इन गाथाओं की धूम थी। फिर क्रमशः साहित्यकार इन्हें अपनी विषयवस्तु के लिए अस्वीकार करने लगे। गद्य से उनका प्रायः बहिष्कार हो गया, पद्य में पहले की अपेक्षा उनका स्थान संकुचित

हो गया। पहले पौराणिक गाथाओं से इतना मोह क्यों था? यह मोह मनुष्य के ज्ञान पर निर्भर था। विश्व की प्रतीति में यथार्थ परिचय के साथ काल्पनिक चमत्कारों का सम्मिश्रण अधिक था। "इतिहास से प्रकट है कि आदि में सब देशों के बीच प्रकृति की भिन्न-भिन्न शक्तियों और विभूतियों या उनके भिन्न-भिन्न अधीश्वरों की भावना हुई और बहुदेवोपासना प्रचलित हुई।" ('विश्वप्रपंच की भूमिका') जब मनुष्य का ज्ञान इस पौराणिकता से आगे बढ़ा तो उसे पहले के चमत्कारों में सरसता की कमी अनुभव होने लगी और उसने अपनी नवीन विश्व-प्रतीति के आधार पर रसबोध विकसित किया।

राजाओं, नवाबों, सामन्तों के दरबारों के कवियों ने सौन्दर्यबोध का एक रास्ता अपनाया, संतों ने दूसरा। दरबारी कवियों ने अपनी विषयवस्तु बहुत कुछ संस्कृत से उधार ली। भाषा और छन्द को सँवारने में बड़ा परिश्रम किया। भावना की गहराई के बदले उन्होंने बौद्धिक चमत्कार अधिक दिखाया। इसी कारण आगे चलकर समस्या-पूर्ति और नायिका-भेद की परम्परा का विरोध हुआ। संत जनजीवन के निकट थे; उन्होंने जनता के मनोभावों का अधिक गहराई से चित्रण किया। साथ ही उनमें वैराग्य की भावना भी मिलती है जो हमें अब अच्छी नहीं लगती। इस तरह की और बहुत-सी मिसालें दी जा सकती हैं। इससे सिद्ध होता है कि मनुष्य का रसबोध, उसका भावजगत उसकी विश्व-प्रतीति से सम्बद्ध होता है और सामाजिक जीवन परिवर्तित होने के साथ उसकी रसवृत्ति और भावनाओं में भी धीरे-धीरे परिवर्तन होता है।

वास्तविक जगत से सामाजिक जीवन और सामयिक संघर्षों से दूर रहना साहित्य में ह्रास का लक्षण है। इस तरह का ह्रास दरबारी काव्य-परम्परा के अनेक अनुप्रास-प्रेमियों और रूढ़िवादी पद्यकारों में देखा जा सकता है। इसी तरह ईरानी कविता के घिसे-पिटे प्रतीक लेकर बहुत-से उर्दू कवियों ने अपनी नकली दुनिया रची थी। इस तरह के कृत्रिम भावजगत में रहनेवाले प्राणियों का मनोबल क्षीण हो जाता है। वे न समाज की दशा सुधार सकते हैं, न देश की स्वाधीनता की रक्षा कर सकते हैं। यह सब हम अपने अनुभव से देख चुके हैं। इसी प्रकार आजकल के प्रयोगवादियों ने अपनी एक कृत्रिम दुनिया बना रखी है और स्वाधीनता के नाम पर यथार्थ जीवन, समाज की महत्त्वपूर्ण समस्याओं से आँखें चुराते हैं। देश के विकास की नाजुक घड़ी में उनका कर्तव्य रह गया है—नवयुवकों को उलझाना और उनका मनोबल क्षीण करना। पिछले साठ-सत्तर वर्षों में हमारे साहित्य की परिधि विस्तृत हुई है। उसमें नये-नये विषयों का समावेश हुआ है, व्यंजना की नई पद्धतियों और शैलियों का चलन हुआ है। उसने जीवन के अनेक नये पक्षों का चित्रण किया है जो पहले के साहित्य में सम्भव न था। अपने सामाजिक विकास-क्रम में परिस्थितियों के साथ मनुष्य स्वयं भी बहुत कुछ बदलता है। इस कारण साहित्य में भी परिवर्तन

होते हैं। किन्तु साहित्य की नई मंजिल तक मनुष्य अपने समूचे पिछले विकास को समेटकर पहुँचता है।

विकास और परम्परा—इन दोनों का सम्बन्ध विच्छिन्न और अविच्छिन्न, दोनों प्रकार का है। एक ओर तो पौराणिक चमत्कार, कृत्रिम भावजगत, भाषा के साथ खेल—यह सब छोड़कर हम प्रतीति, चिन्तन, भावना और अभिव्यंजना के नये तरीके अपनाते हैं; दूसरी ओर हम अनुभव करते हैं कि पौराणिक गाथाओं में अयथार्थ कल्पना के बावजूद कवियों ने अप्रत्यक्ष रूप से अपने समकालीन मानव जीवन का चित्रण किया है। देवताओं अथवा अवतारी पुरुषों के रूप में उन्होंने बहुत कुछ अनजान में अपने समाज का चित्र प्रस्तुत कर दिया है। ज्ञान का स्तर बदलने पर भी पुराने कवियों का इन्द्रियबोध—रूप, रस, गंध आदि गुणोंवाले जगत की अनुभूति—प्रकृति को देखकर उनका विस्मय, उत्सुकता, प्रेम आदि भाव उनके अनेक उदात्त मानवीय गुण और विचार—ये सब ज्ञान का स्तर बदलने के बाद भी हमारे लिए मूल्यवान रहते हैं। इस प्रकार परम्परा के अनेक तत्त्वों से हमारा नाता कभी नहीं टूटता और टूटता है तो लाभ से अधिक हानि ही होती है।

यथार्थवाद को सीमित अर्थ में लेना अनुचित है। उसमें सामाजिक समस्याओं के चित्रण के अलावा प्रकृति-चित्रण भी हो सकता है; संघर्ष के चित्रण के अलावा प्रेम के मुक्तक भी लिखे जा सकते हैं। मनुष्य के सौन्दर्यबोध में जो परिवर्तन होते हैं, वे प्रत्यक्ष रूप में यथार्थ-चित्रण से असम्बद्ध होते हुए भी कम महत्त्वपूर्ण नहीं होते। उदाहरण के लिए निराला जी के काव्य में शब्दों की नई शक्ति, प्रतीकों की नई गरिमा, भावाभिव्यंजन में नये उदात्त तत्त्वों के दर्शन होते हैं। इस नये सौन्दर्यबोध के कारण 'जुही की कली' या 'जागो फिर एक बार', 'भारत-भारती' से कम नहीं, अधिक महत्त्वपूर्ण हैं। इसी प्रकार कीट्स की सघन इन्द्रियबोधवाली रचनाएँ और शैली के दुखभरे प्रेम-सम्बन्धी गीत स्टील और एडीसन के निबन्धों से अधिक महत्त्वपूर्ण हैं। साहित्य का विकास दो परस्पर सम्बद्ध स्तरों पर होता है। एक है विश्व-प्रतीति का स्तर, सामाजिक जीवन के हमारे ज्ञान का स्तर, और दूसरा है, भावजगत, इन्द्रियबोध, हमारे सौन्दर्यबोध का स्तर। इनमें सन्तुलन कायम रखना आवश्यक होता है। इस सन्तुलन को भुलाकर न तो उच्चकोटि का साहित्य रचा जा सकता है, न यथार्थवाद का सही विवेचन किया जा सकता है।

यहीं साहित्य तथा वर्गों और राजनीति के सम्बन्ध का प्रश्न भी उठता है। वर्गों का अपना राजनीतिक दृष्टिकोण होता है, करुणा और शृंगार आदि के क्षेत्र में भी उनके बहुत कुछ अपने भाव होते हैं, कभी-कभी रूप-रस-गन्ध के क्षेत्र में भी स्वस्थ और अस्वस्थ रस-वृत्तियों का भेद देखा जाता है। फिर भी साहित्य के उन तत्त्वों को परखना आवश्यक होगा जहाँ यह भेद अधिक है अथवा जहाँ यह भेद कम है या नहीं के बराबर है। विचारों के क्षेत्र में यह भेद सबसे अधिक होता

है; भावों में उससे कम : इन्द्रियबोध में—जिसमें चित्र-सौन्दर्य, छन्द-संगीत आदि भी शामिल हैं—यह अन्तर प्राय: नहीं रह जाता। इसी कारण ताजमहल शाहजहाँ से लेकर ख्रुश्चेव तक को सुन्दर लगा है। इसी तरह साहित्य और राजनीति का सम्बन्ध है। न तो यह कहना सही है कि साहित्य राजनीति से स्वतंत्र है—प्रेमचन्द ने अपने व्यवहार से सिद्ध कर दिया कि साहित्य देश के राजनीतिक उत्थान का साधन बन सकता है—न यह कहना सही है कि सभी साहित्य को राजनीतिक उद्देश्य की पूर्ति के लिए लिखा जाना चाहिए। इस तरह तो उस तमाम साहित्य का लिखा जाना बन्द करना होगा जिसका सम्बन्ध राजनीति से नहीं है। यहाँ दो बातों पर ध्यान देना आवश्यक है। पहली बात साहित्य के रूपों से सम्बन्धित है। उपन्यास में जिस तरह विभिन्न पात्रों और घटनाओं द्वारा सामाजिक संघर्ष या प्रगति का चित्रण किया जाता है, उस तरह गीतों और मुक्तकों में नहीं किया जा सकता। इसी तरह व्यंग्यपूर्ण नाटकों और कविताओं में समाज की स्वामियों का चित्रण होगा और उसे एकांगी न कहा जा सकेगा क्योंकि यह आवश्यक नहीं है कि हास्यरस की कविता या नाटक में मानव के उदात्त गुणों का भी चित्रण हो। साहित्य का रूप विषयवस्तु की सीमाएँ निश्चित करता है। इसलिए हर तरह के साहित्य में एक-सी विषयवस्तु की माँग न करनी चाहिए। दूसरी बात है साहित्य के प्रभाव से सम्बन्धित। साहित्य तत्कालीन सामाजिक जीवन में भाग लेने, उसकी समस्याएँ हल करने आदि की प्रेरणा देता है; साथ ही उसका व्यापक प्रभाव मनुष्य के संस्कारों के निर्माण में देखा जा सकता है। देश के स्वाधीन हो जाने पर भी प्रेमचन्द का महत्त्व कम नहीं हुआ। गोर्की के बाद रूस के मजदूरों की दशा में आमूल परिवर्तन हुआ है; फिर भी उसका उपन्यास 'माँ' आज भी चाव से पढ़ा जाना है। इसका कारण यह है कि प्रेमचन्द और गोर्की हमारे संस्कारों को प्रभावित करते हैं। साहित्य के इस व्यापक प्रभाव को भुला देना उतना ही भ्रामक है जितना यह माँग करना कि साहित्य को राजनीति से दूर रखा जाए।

चिन्तन की सही द्वंद्ववादी पद्धति अपनाने से सामयिक प्रभाव और व्यापकता, विकास और परम्परा, व्यक्ति और विरोधी तत्त्वों का विश्लेषण किया जा सकता है और उनके परस्पर भेद और सम्बन्ध को हम समझ सकते हैं। इसका अर्थ यह नहीं कि वैज्ञानिक भौतिकवाद और अध्यात्मवाद का भी समन्वय: किया जा सकता है, समाज-विरोधी साहित्य को सौन्दर्यबोध के नाम से प्रगतिशील कहा जा सकता है। इस तरह के समन्वय की बात हिन्दी में की जाती है। वैज्ञानिक भौतिकवाद को एकांगी कहकर कभी अध्यात्मवाद से, कभी अमरीकी दार्शनिकों के भाववाद से उसके समन्वय पर बल दिया जाता है। पहले तो इस तरह का समन्वय सम्भव नहीं है; दूसरे, समन्वय करने पर बहुधा वैज्ञानिक भौतिकवाद के बदले अध्यात्मवाद ही बच रहता है। ऊपर जिन विरोधी लगनेवाले तत्त्वों के सम्बन्ध और भेद का उल्लेख

किया गया है, वह वास्तविक है। यह भेद और सम्बन्ध जीवन से उत्पन्न होता है, कल्पना से नहीं। इसलिए उपर्युक्त विवेचन को समन्वयवाद न समझना चाहिए। यहाँ मेरा उद्देश्य यथार्थवाद की व्यापकता सिद्ध करना है। उसमें मानवीय स्नेह, प्रकृति-प्रेम, गोचर सौन्दर्यबोध, साहित्य का कलात्मक रूप—सभी शामिल हैं और इनका होना साहित्य और मानव जीवन के लिए आवश्यक है।

व्यक्तिवादी विचारधारा क्षीण होकर निर्जीव, विकृत, अस्वस्थ, यथार्थ-विरोधी रचनाओं की सृष्टि कर रही है। यथार्थवादी विचारधारा मनुष्य के सर्वांगीण विकास के उद्देश्य से ऐसी रचनाएँ करने की ओर प्रवृत्त है जिससे हमारी सामाजिक चेतना प्रखर हो, और हमारी सौन्दर्यबोध की वृत्तियाँ भी सन्तुष्ट हों। आधुनिक हिन्दी साहित्य की मूल धारा भी हमें इसी ओर बढ़ने की प्रेरणा देती है।

2

सौन्दर्य की वस्तुगत सत्ता और सामाजिक विकास

सौन्दर्यशास्त्र का उद्देश्य सौन्दर्य तथा उसकी अनुभूति की व्याख्या करना है। साधारणत: सौन्दर्यशास्त्र के विद्वान जिस सौन्दर्य का विवेचन करते हैं, वह साहित्य तथा अन्य ललित कलाओं का सौन्दर्य होता है। प्रकृति और मानव जीवन के सौन्दर्य की व्याख्या किए बिना कलात्मक सौन्दर्य का विवेचन करना सम्भव नहीं है। इसलिए वस्तुत: सौन्दर्यशास्त्र का विषय उस व्यापक सौन्दर्य की व्याख्या है जो प्रकृति, मानव जीवन तथा कलाओं में विद्यमान है। सौन्दर्यशास्त्र दर्शन का एक अंग है। ज्ञान को कर्म से पृथक् करके देखनेवाले दार्शनिक सौन्दर्यशास्त्र को भी निष्क्रिय ज्ञान की वस्तु बना लेते हैं; उनकी समझ में सौन्दर्य की अनुभूति अथवा सुन्दर वस्तुओं की रचना से सौन्दर्यशास्त्र का कोई सम्बन्ध नहीं है। उदाहरण के लिए ई.एफ. कैरिट ने 'सौन्दर्यशास्त्र की भूमिका' (E.F. Carritt : 'An Introduction to Aesthetics') में लिखा है : "तब सौन्दर्यशास्त्र हमारे लिए क्या कर सकता है? वह हमारे सौन्दर्य से प्राप्त आनन्द को बढ़ा नहीं सकता और मेरी समझ में उसे इस बात की छूट न देनी चाहिए कि वह हमारे इस आनन्द को विभिन्न वस्तुओं की ओर प्रेरित करे किन्तु उन्हें समझने में वह हमारी सहायता कर सकता है। शेष सभी दर्शन के समान उसका उद्देश्य उत्सुकता को शान्त करना है और यदि ऐसे विषयों के प्रति हमारी उत्सुकता नहीं है तो उसमें हमें कुछ भी सन्तोष न मिलेगा।" उत्सुकता के बिना ज्ञान प्राप्त नहीं हो सकता किन्तु मानव-कर्म से ज्ञान का घनिष्ठ सम्बन्ध है। यही नहीं कि कर्म के बिना ज्ञान की प्राप्ति सम्भव नहीं है, यह भी सत्य है कि ज्ञान की परिणति मानव-कर्म में होती है। अनेक सौन्दर्यशास्त्रियों का सम्बन्ध ललित कलाओं से नहीं के बराबर होता है; इसलिए सुन्दर कृतियों से बहिष्कृत उनका सौन्दर्यशास्त्र महा असुन्दर होता है। कलाकारों से भिन्न सौन्दर्यशास्त्री दार्शनिकों के बारे में कौलिंगवुड ने 'कला के सिद्धान्त' (R.G. Collingwood : 'The Principles of Art') में लिखा है : "वे बेसिर-पैर की बातें न करें, इससे तो सुरक्षित रहते हैं लेकिन इसका निश्चय नहीं है कि वे जिसके बारे में बातें करेंगे, उसे जानेंगे भी। इसलिए उनकी सिद्धान्त-चर्चा, अपने में चाहे जितनी योग्यतापूर्ण हो, वस्तुस्थिति का आधार कमजोर

होने से दूषित हो सकती है।" इस दोष की सम्भावना सौन्दर्यशास्त्रियों में ही नहीं, उन सभी दार्शनिकों में रहती हैं जो कर्ममय जीवन से दूर रहते हैं और दर्शन को उससे अलग करके देखते हैं। इससे निष्कर्ष यह निकला कि सौन्दर्यशास्त्र और मानव जीवन का गहरा सम्बन्ध है। सौन्दर्यशास्त्र का विवेच्य विषय साहित्य तथा अन्य ललित कलाओं के अतिरिक्त प्रकृति और मानव जीवन का सौन्दर्य भी है। सौन्दर्य और उसकी अनुभूति का विवेचन उत्सुकता की शान्ति के लिए ही नहीं है; उसका उद्देश्य हमारी सौन्दर्य-चेतना को उत्तरोत्तर विकसित करना, मानव जीवन और उसके सामाजिक तथा प्राकृतिक परिवेश को और भी सुन्दर बनाना है।

सौन्दर्य किसे कहते हैं? प्रकृति, मानव जीवन तथा ललित कलाओं के आनन्ददायक गुण का नाम सौन्दर्य है। इस स्थापना पर आपत्ति यह की जाती है कि कला में कुरूप और असुन्दर को भी स्थान मिलता है; दुःखान्त नाटक देखकर हमें वास्तव में दुःख होता है; साहित्य में बीभत्स का भी चित्रण होता है; उसे सुन्दर कैसे कहा जा सकता है? इस आपत्ति का उत्तर यह है कि कला में कुरूप और असुन्दर विवादी स्वरों के समान हैं जो राग के रूप को निखारते हैं। बीभत्स का चित्रण देखकर हम उससे प्रेम नहीं करने लगते; हम उस कला से प्रेम करते हैं जो हमें बीभत्स से घृणा करना सिखाती है। बीभत्स से घृणा करना सुन्दर कार्य है या असुन्दर? जिसे हम कुरूप, असुन्दर और बीभत्स कहते हैं, कला में उसकी परिणति सौन्दर्य में होती है। दुःखान्त नाटकों में हम दूसरों का दुःख देखकर द्रवित होते हैं। हमारी सहानुभूति अपने तक, अथवा परिवार और मित्रों तक सीमित न रहकर एक व्यापक रूप ले लेती है। मानव-करुणा के इस प्रसार को हम सुन्दर कहेंगे या असुन्दर? सहानुभूति की इस व्यापकता से हमें प्रसन्न होना चाहिए या अप्रसन्न? दुःखान्त नाटकों अथवा करुण रस के साहित्य से हमें दुःख की अनुभूति होती है किन्तु दुःख अमिश्रित और निरपेक्ष नहीं होता। उस दुःख में वह आनन्द निहित होता है जो करुणा के प्रसार से हमें प्राप्त होता है। इसके सिवा इस तरह के साहित्य में हम बहुधा मनुष्य को विषम परिस्थितियों से वीरतापूर्ण संघर्ष करते हुए पाते हैं। संघर्ष का यह उदात्त भाव दुःख की अनुभूति को सीमित कर देता है। वीर मनुष्यों का यह संघर्ष हमें अपनी परिस्थितियों के प्रति सजग करता है, उनकी पराजय भी प्रबुद्ध दर्शकों तथा पाठकों के लिए चुनौती का काम करती है। उनकी वेदना हमारे लिए प्रेरणा बन जाती है। आनन्द को इस व्यापक रूप में लें, उसे इन्द्रियजन्य सुख का पर्यायवाची ही न मान लें तो हमें करुण और बीभत्स के चित्रण में सौन्दर्य के अभाव की प्रतीति न होगी।

सौन्दर्य क्या है?—इस प्रश्न के साथ एक दूसरा प्रश्न जुड़ा हुआ है : सौन्दर्य कहाँ है—दर्शक, श्रोता, या पाठक के मन में अथवा उससे भिन्न सुन्दर वस्तु में? कैरिट का कहना है कि मनुष्य उस वस्तु को सुन्दर कहता है जो उसके लिए उन भावनाओं को व्यक्त करती है जिनके योग्य वह अपने स्वभाव और पिछले इतिहास

से बना है। उसके मत से "सौन्दर्य गोचर वस्तुओं में नहीं होता वरन् उनके महत्त्व पर निर्भर होता है और भिन्न-भिन्न पुरुषों के लिए उनका महत्त्व भी भिन्न होगा, सम्भवत: बहुत ही भिन्न कोटि के लोगों के लिए यह महत्त्व भिन्न कोटि का होगा।" भाववादी (आइडियलिस्ट) दार्शनिकों के तर्क इस स्थापना के अनुरूप होते हैं। उनके लिए सौन्दर्य की सत्ता वस्तुगत न होकर आत्मगत होती है। इस तरह के दार्शनिकों को लक्ष्य करके आचार्य रामचन्द्र शुक्ल ने लिखा था : "सौन्दर्य बाहर की कोई वस्तु नहीं है, मन के भीतर की वस्तु है। यूरोपीय कला-समीक्षा की यह एक बड़ी ऊँची उड़ान या बड़ी दूर की कौड़ी समझी गई है। पर वास्तव में यह भाषा के गड़बड़झाले के सिवा और कुछ नहीं है। जैसे वीरकर्म से पृथक् वीरत्व कोई पदार्थ नहीं, वैसे ही सुन्दर वस्तु से पृथक् सौन्दर्य कोई पदार्थ नहीं।" शुक्ल जी ने इन वाक्यों में भाववादी और वस्तुवादी दर्शनों का अन्तर स्पष्ट कर दिया है। उन्होंने भाववादी मान्यता का खंडन किया है, वस्तुवादी मान्यता का समर्थन किया है।

प्रचलित धारणा यह है कि यूरोप भौतिकवादी है और भारत अध्यात्मवादी। भारत और यूरोप के दर्शन का तुलनात्मक अध्ययन करने से यह धारणा खंडित हो जाती है। न तो अध्यात्मवाद पर भारत का एकाधिकार है, न भौतिकवाद पर यूरोप का। कुल मिलाकर यूरोप के विचारकों पर भाववादी दर्शन का प्रभाव यहाँ की अपेक्षा गहरा है। प्लेटो से लेकर हेगल तक यूरोप के अनेक प्रमुख दार्शनिक यह सिद्ध करने का प्रयत्न करते रहे हैं कि सौन्दर्य की सत्ता सुन्दर वस्तु से पृथक् है। प्लेटो के लिए संसार की सुन्दर वस्तुएँ परोक्ष सौन्दर्यसत्ता का प्रतिबिम्ब मात्र हैं; कला इस प्रतिबिम्ब का भी प्रतिबिम्ब है, इसलिए दार्शनिक सत्य की तुलना में क्षुद्र है और आदर्श समाज-व्यवस्था से कलाकारों को बहिष्कृत रखना चाहिए। प्लेटो के समान ही हेगल के लिए कला एक निरपेक्ष विचार व्यंजित करती है। महामहोपाध्याय रामावतार शर्मा ने यूरोपीय दर्शन में दिखलाया है कि हेगल ने कला को ज्ञान और धर्म से निम्न स्तर का माना है। निरपेक्ष सत्ता की प्राप्ति में कला पहली सीढ़ी है, उसके बाद धर्म मनुष्य की सहायता करता है। "जिसकी छायामात्र कला और धर्म ने दिखलाई थी, वह साक्षात् ज्ञानावस्था में आ पहुँचता है, सब भेद नष्ट हो जाते हैं और स्वनियत स्वप्रमितिक ज्ञान ही केवल सब रूप को धारण करता हुआ देख पड़ता है।" रामावतार शास्त्री की इस व्याख्या से पाठक देखेंगे कि हेगल की विचारधारा और भारतीय भाववाद में कितना साम्य है।

आधुनिक काल में यूरोप और अमरीका में प्रमुख विचारधारा उन लोगों की है जो सौन्दर्य का उद्‌भव, विकास और परिणति, सब कुछ व्यक्ति के मन में मानते हैं। इन्हीं का एक प्रतिनिधि आचार्य क्रोचे था जिसकी विस्तृत आलोचना शुक्ल जी ने 'काव्य में अभिव्यंजनावाद' नाम के निबन्ध में की थी। इस तरह के विचारकों के लिए व्यक्ति का मन एक निरपेक्ष सत्ता बन जाता है। हेगल के लिए इस भौतिक

जगत से निरपेक्ष विचार का सम्बन्ध भी था, इनके लिए व्यक्ति का मन भौतिक जगत से विच्छिन्न हो जाता है। कला के क्षेत्र में उनकी सबसे बड़ी कठिनाई यह है कि मूर्त जगत के रूपों को किसी-न-किसी प्रकार अपनाए बिना वे सौन्दर्य की अभिव्यंजना कर नहीं पाते। कलाशास्त्रियों के एक गिरोह का कहना है कि कलाकार के लिए सामाजिक जीवन अथवा संसार के अन्य रूपों को चित्रों आदि में अंकित करना आवश्यक नहीं है। सौन्दर्य की सूक्ष्म आत्मा मूर्त रूपों से परे है। इसलिए चित्रकला के नाम पर वे ज्यामिति की रेखाएँ प्रस्तुत करते हैं और उन सूक्ष्म रेखाओं द्वारा अपने निरपेक्ष मन का सौन्दर्य व्यंजित करते हैं। कलाकार के कर्म और उसकी विचारधारा—कला और सौन्दर्यशास्त्र—का घनिष्ठ सम्बन्ध यहाँ स्पष्ट दिखाई देता है। यूरोप और अमरीका का चरम व्यक्तिवाद अनेक कलाकारों को उस तक खींच ले गया है जहाँ कला अपनी सारी विशेषताएँ खो बैठती है। इसी व्यक्तिवाद से प्रभावित हिन्दी के अनेक कवि हैं जिनका मन सभी तरह की सामाजिकता से मुक्त हो गया है; छिन्न लय, प्रच्छन्न अर्थ, विच्छिन्न शब्दावली से अलंकृत रचनाओं में अपनी कुंठा, घुटन और व्यक्तित्व के विघटन के चित्रण में ही इन्हें कला और सौन्दर्य की इति दिखलाई पड़ती है। इस कवि-कर्म के मूल में यह धारणा है कि सौन्दर्य, रस, भावना आदि का एकमात्र और निरपेक्ष स्रोत व्यक्ति का मन है।

व्यक्ति के मन में सौन्दर्य की सत्ता माननेवालों का मुख्य तर्क यह है : एक ही वस्तु भिन्न-भिन्न व्यक्तियों को सुन्दर अथवा असुन्दर लगती है। हमें अपने देश के पहाड़ बहुत सुन्दर लगते हैं; दूसरों के लिए वे साधारण पर्वत मात्र हैं। माँ को अपना बच्चा बहुत सुन्दर लगता है; दूसरों के लिए वह अन्य साधारण बच्चों जैसा ही है। सौन्दर्य की अनुभूति इतनी व्यक्तिगत है कि शेक्सपियर या तुलसीदास को पढ़नेवाले दो व्यक्तियों की प्रतिक्रिया एक-सी नहीं हो सकती है।

इस तरह के तर्कों में पहला दोष यह है कि उनमें इन्द्रियबोध और भावों को एक ही वस्तु मान लिया गया है। दूसरा दोष यह है कि भावों और इन्द्रियबोध की व्यापकता को अस्वीकार किया गया है। यदि हमें अपने ही देश के पर्वत अच्छे लगें तो दूसरे देशों के पर्वतों को हम कभी भी सुन्दर न कहें। यदि किसी को ऐल्प्स और हिमालय, दोनों सुन्दर लगते हैं, तो इससे यही सिद्ध होगा कि व्यक्तिगत सम्बन्धों के अतिरिक्त भी सौन्दर्यानुभूति की कोई सामान्य भूमि है। यदि पर्वतों का रूप साधारणत: लोगों को प्रिय हो, यदि वे अपने देश के अतिरिक्त अन्य देशों के प्राकृतिक सौन्दर्य पर भी मुग्ध हो सकते हों; और वे मुग्ध होते हैं, तो इससे इन्द्रियबोध की सार्वजनीनता सिद्ध होती है। इस इन्द्रियबोध के साथ प्राकृतिक सौन्दर्य के उपासक के मन में मनुष्य और प्रकृति के साहचर्य से उत्पन्न अनेक प्रकार के भाव भी उदय हो सकते हैं। इन भावों की सत्ता मनुष्य के मन में होगी, किन्तु जिस गोचर सौन्दर्य से ये भाव उत्पन्न होते हैं, उनकी सत्ता तो प्रकृति में ही है।

सबसे पहले इस गोचर सौन्दर्य की बाह्य सत्ता स्वीकार करनी चाहिए। मनुष्य के इन्द्रियबोध का संसार बहुत विशाल है; उसमें एक से अधिक वर्गों और देशों के लोग भाग लेते हैं। ललित कलाओं की सार्वजनीन लोकप्रियता का बहुत बड़ा कारण इन्द्रियबोध की व्यापकता है। रूप, रस, गंध, स्पर्श आदि की अनुभूति में मनुष्य एक दूसरे से उतने पृथक् नहीं हैं जितने भावों और विचारों के संसार में। यह इन्द्रियबोध एक बाह्य, प्रत्यक्ष जगत का अनुभव है; इन्द्रियों से इस जगत का बोध होता है; इन्द्रियाँ उसकी सृष्टि नहीं करतीं। इसलिए इन्द्रियों से जिस सौन्दर्य की अनुभूति होती है, बाह्य जगत में उसकी वस्तुगत सत्ता है। इन्द्रियाँ सौन्दर्य की परख का साधन हैं, उसका कारण नहीं—जहाँ तक बाह्य जगत के इन्द्रियबोध का सम्बन्ध है।

इस इन्द्रियबोध के साथ मनुष्य का भावजगत है। अपने सामाजिक विकास के साथ मनुष्य ने इस भावजगत को परिष्कृत और समृद्ध किया है। व्यक्ति और समाज अन्योन्याश्रित हैं; व्यक्ति के बिना समाज की कल्पना नहीं की जा सकती, समाज के बिना व्यक्ति—एक सामाजिक प्राणी के रूप में—असम्भव है। भावजगत व्यक्ति के मन में ही होता है किन्तु उसका परिष्कृत और समृद्ध रूप सामाजिक विकास और सामाजिक जीवन से ही सम्भव हुआ है। भावजगत का आधार व्यक्तिगत और सामाजिक—दोनों ही कोटि की अनुभूतियाँ हैं। इन दोनों ही कोटि की अनुभूतियों का आधार मनुष्य का सामाजिक जीवन है। यह वस्तुगत आधार होने से ही हम एक दूसरे के अनुभव को जानते-पहचानते हैं; भिन्नता के होते हुए भी इस वस्तुगत आधार के कारण हम एक दूसरे के निकट आते हैं। भारतीय काव्यशास्त्र ने साधारणीकरण के सिद्धान्त द्वारा इस भावजगत की सामान्य अनुभूति-भूमि की ओर संकेत किया, यह उसकी बहुत बड़ी विशेषता है। शुक्ल जी ने उस प्राचीन स्थापना को नवीन रूप देते हुए बहुत ही स्पष्ट शब्दों में लिखा था : "सच्चा कवि वही है जिसे लोकहृदय की पहचान हो, जो अनेक विशेषताओं और विचित्रताओं के बीच मनुष्य-जाति के सामान्य हृदय को देख सके। इसी लोक-हृदय में हृदय के लीन होने की दशा का नाम रसदशा है।"

यूरोप के व्यक्तिवादी विचारक और उनका अनुकरण करनेवाले भारतीय लेखक इस सामान्य हृदय की स्थापना को अस्वीकार करते हैं। उन्नीसवीं शताब्दी के उत्तरार्द्ध में फ्रांस के व्यक्तिवादियों ने अपने मन में गहरे पैठकर जो हीरे-मोती निकाले थे, उन्हीं की आभा रूस और इंग्लैंड के पतनशील कवियों और कलाकारों में देखी गई। आज टी.एस. इलियट और उनके भारतीय शिष्यों में गहरी समानता दिखाई देती है। परम्परा के पालन का नारा पुराना पड़ गया है, उसकी जगह प्रयोग और व्यक्ति की स्वाधीनता ने ले ली है। नारे बदल गए हैं लेकिन जिस कुंठा, घुटन और विघटन के गीत इलियट ने गाए थे, वे अनेक प्रयोगशील कवियों को आज भी प्रिय हैं। व्यक्ति के निरपेक्ष मन से एक ही तरह के हीरे-मोती क्यों निकलते हैं? इन

चरम व्यक्तिवादियों, शुद्ध कलावादियों, सामाजिक दायित्व को बार-बार अस्वीकार करनेवाले इन कवियों की अनुभूति में मौलिक अन्तर क्यों नहीं होता? इसलिए नहीं होता कि व्यक्ति की स्वाधीनता की निरन्तर घोषणा करने पर भी इन कलाकारों का मन नितान्त पराधीन है। वे एक सामाजिक परिवेश, उससे भी अधिक सांस्कृतिक परिवेश के दास बन गए हैं। वह सामाजिक दायित्व से अलग रहकर, मुक्ति पाने की आकांक्षा करके भी, मुक्त नहीं हो पाए। उन्होंने दायित्व और मुक्ति का परस्पर सम्बन्ध नहीं समझा; सामाजिक दायित्व के निर्वाह द्वारा ही उनका विकास, अत: मुक्ति, सम्भव है, यह न मानकर वे एक समाज-विरोधी भावधारा के दास बने हुए हैं। यह मार्ग उनके आत्मघात का मार्ग है।

चरम व्यक्तिवादी भी अपने कर्म से व्यक्ति के मन की निरपेक्षता सिद्ध नहीं कर पाते। इसका कारण, शुक्ल जी के शब्दों में यह है : "मनुष्य लोकबद्ध प्राणी है। उसका अपनी सत्ता का ज्ञान तक लोकबद्ध है।" इस लोक में अनेक वर्ग, देश, जाति के भेद हैं; ये भेद भी कालचक्र में परिवर्तित होते रहते हैं। लोक स्थायी और जड़ इकाई नहीं है; वह गतिशील और विकासमान है। इसलिए मनुष्य की सौन्दर्यानुभूति में समानता के साथ भिन्नता भी होती है; यह अनुभूति सापेक्ष रूप में स्थायी होने के साथ परिष्कृत और विकसित भी होती है।

मनुष्य अपने भावजगत की रचना स्वयं करता है किन्तु वह इस कार्य को देशकाल की किन्हीं परिस्थितियों में ही सम्पन्न करता है और ये परिस्थितियाँ उसकी इच्छा पर निर्भर नहीं होतीं। भावों की व्यक्तिगत अनुभूति के कारण उसके लिए उनकी वस्तुगत सत्ता को स्वीकार करना कठिन होता है। बाह्य जगत का इन्द्रियबोध और मनुष्य के मन का भावजगत एक ही यथार्थ के दो पक्ष हैं जो एक दूसरे से पूर्णत: स्वतंत्र न होकर परस्पर सम्बद्ध हैं। आधुनिक मनोविज्ञान ने मानव-चेतना के बारे में जो भी खोज की है, उससे भी यह परिणाम निकलता है कि यह चेतना जितने स्तरों पर अथवा जितने रूपों में कार्य करती है और जिन नियमों से परिचालित होती है, उन्हें बहुधा मनुष्य स्वयं नहीं जानता। कलाकृति का वस्तुगत सौन्दर्य और भी असन्दिग्ध है। कवि घोषित करता है एक उद्देश्य, उसकी रचना का आन्तरिक तत्त्व कुछ दूसरा ही बन जाता है। मिल्टन ने अपना प्रसिद्ध महाकाव्य 'पैरेडाइज लॉस्ट' इस घोषित उद्देश्य से लिखा कि वह आदम और हव्वा की कहानी में ईश्वर के व्यवहार को न्यायपूर्ण ठहराएगा। महाकाव्य का आन्तरिक तत्त्व मिल्टन के संघर्षमय जीवन और इंग्लैंड के नवजागरण युग का प्रतिबिम्ब बन गया; यह कार्य मिल्टन के न चाहने पर भी कार्य-रचना के वस्तुगत कारणों द्वारा सम्भव हुआ। जीवन की तरह कला के क्षेत्र में भी बहुधा मनुष्य करना कुछ चाहता है, होता कुछ और है। जीवन की तरह कला के क्षेत्र में भी वह परिस्थितियों, कला के उपकरणों पर पूरी तरह हावी नहीं हो पाता, उसकी व्यक्तिगत इच्छाओं और कलात्मक सृष्टि के वस्तुगत

नियमों में सदा मेल नहीं हो पाता। इसलिए उसके कार्य का फल उसकी इच्छाओं से भिन्न अथवा उनसे विपरीत भी होता है।

मनुष्य के ज्ञान से उसकी भावानुभूति का गहरा सम्बन्ध है। जिन वस्तुओं से उसका परिचय ही न होगा, उनसे प्रभावित होना उसके लिए सम्भव न होगा। विज्ञान और कलात्मक सौन्दर्य एक दूसरे के विरोधी न होकर परस्पर सहायक हैं। विश्व से मनुष्य का परिचय निरन्तर बढ़ रहा है। परिचय का क्षेत्र विस्तृत हो रहा है, साथ ही उस विस्तार की गम्भीरता भी बढ़ रही है। मनुष्य वस्तुगत संसार का अंग है, उस संसार का मानवीय ज्ञान निरन्तर बढ़ रहा है और इस प्रगति की कोई सीमा नहीं है। इस ज्ञान के प्रसार के साथ-साथ, यांत्रिक रूप से, मनुष्य के भावजगत का प्रसार नहीं होता किन्तु उस प्रसार की सम्भावना अवश्य उत्पन्न होती है।

कलाकृति से जो सौन्दर्यबोध उत्पन्न होता है, वह भी दर्शक, पाठक या श्रोता के ज्ञान पर निर्भर होता है। कलाकृति का सम्यक् ज्ञान न होने पर वह उस पर अपने भाव आरोपित करता है और समझता है कि सौन्दर्य कलाकृति में नहीं, उसके मन में है। इससे सिद्ध यह होता है कि उसकी सौन्दर्यानुभूति में अवास्तविकता का अंश मिला हुआ है। इससे कलाकृति के सौन्दर्य की वस्तुगत सत्ता असिद्ध नहीं होती। इटली के कवि दांते पर अपने निबन्ध में इलियट ने इटालियन भाषा के न समझ पाने पर या कम समझ पाने पर भी दांते की कविता पढ़कर प्रसन्न होने की बात लिखी है। इसका कारण दांते की रचना में इलियट के अपने भावों का आरोपण हो सकता है। इससे यह सिद्ध नहीं होता कि काव्य-सौन्दर्य इलियट के मन में है, न कि दांते के काव्य में।

इंग्लैंड के प्रसिद्ध मार्क्सवादी लेखक कॉडवेल ने 'सौन्दर्य' पर अपने निबन्ध में सौन्दर्य क्या है, इस प्रश्न के सिलसिले में लिखा है : "सबसे सीधा उत्तर यह है कि सभी वस्तुओं (कॉडवेल का तात्पर्य सुन्दर वस्तुओं से है) से मनुष्य का सामान्य सम्बन्ध है; इसलिए सौन्दर्य मनुष्य में है। मनुष्य की एक दशा का नाम सौन्दर्य है। पूँजीवादी सौन्दर्यशास्त्री के लिए समस्या का यह बहुत सीधा समाधान इतना स्पष्ट मालूम होता है कि अन्य व्यक्ति कुछ और सोचे तो उसका धैर्य छूट जाता है।" कॉडवेल ने इस तरह के सौन्दर्यशास्त्रियों में इंग्लैंड के विचारक आई.ए. रिचार्ड्स और सी.के. ऑग्डेन की गणना की है और उनके आत्मगत सौन्दर्यवाद की आलोचना की है। किन्तु कॉडवेल के लिए सौन्दर्य की वस्तुगत सत्ता भी नहीं है; वे उसे वस्तु और मानव-मन का परस्पर सम्बन्ध मानते हैं। मानव-मन से स्वतंत्र सौन्दर्य को वह भाववादी दार्शनिकों की कल्पना, सौन्दर्य-सम्बन्धी निराकार भावना मानते हैं।

वास्तव में निराकर आदर्श सौन्दर्य की कल्पना करनेवाले भाववादी दार्शनिक वास्तविक जगत में उसकी वस्तुगत सत्ता से इनकार करते हैं। वे वस्तु के गुण को वस्तु से अलग करके देखते हैं। सौन्दर्य की वस्तुगत सत्ता का अर्थ है, सौन्दर्य नाम

के गुण को वस्तु से अलग करके न देखना। कॉडवेल ने आगे लिखा है : "सौन्दर्य सामाजिक है। वह वस्तुगत है क्योंकि उसका अस्तित्व मुझसे अलग समाज में है।" जहाँ तक मनुष्य के भावजगत का सम्बन्ध है, उसका सौन्दर्य सामाजिक है। किन्तु प्रकृति का सौन्दर्य? उसकी अनुभूति सामाजिक है किन्तु वह सौन्दर्य, जहाँ तक वह वास्तव में प्रकृति का सौन्दर्य है, सामाजिक न होकर प्राकृतिक है। कॉडवेल के चिन्तन में वस्तुगत सौन्दर्य और उसकी सामाजिक अनुभूति को मिला दिया गया है।

क्या मनुष्य से पहले भी प्रकृति सुन्दर थी? क्या जिस प्रकृति को मनुष्य ने नहीं देखा, वह भी सुन्दर हो सकती है? इस प्रश्न का उत्तर इस बात पर निर्भर है कि सुन्दर से हमारा तात्पर्य प्रकृति के गुणों से है अथवा उस पर आरोपित अपने भावों से? यदि तात्पर्य गुणों से है तो उसकी सृष्टि मनुष्य नहीं करता; वह अपने विकास-क्रम में केवल उन्हें पहचानना सीखता है। प्रकृति का यह सौन्दर्य अर्थात् उसके गुण मनुष्य के अभाव में भी विद्यमान रहते हैं। यदि तात्पर्य भावारोपण से है तो मनुष्य प्राकृतिक सौन्दर्य न देखकर अपने स्वभाव और इच्छाओं के अनुरूप सौन्दर्य की कल्पना मात्र करता है; प्राकृतिक सौन्दर्य से इस कल्पना का कोई सम्बन्ध नहीं है।

सामाजिक विकास के सन्दर्भ में सौन्दर्यबोध की परीक्षा करने पर एक समस्या यह उत्पन्न होती है : क्या मनुष्य नामधारी जीव ने अपना मानवीय सामाजिक जीवन आरम्भ करने से पहले भी कोई सौन्दर्य-सम्बन्धी संस्कार अर्जित किए थे? क्या सौन्दर्यबोध का सम्बन्ध सामाजिक जीवन से भिन्न मनुष्य के प्राणिगत जीवन से भी अथवा सौन्दर्यशास्त्र का सम्बन्ध समाजशास्त्र के अतिरिक्त जीवविज्ञान से भी है?

सौन्दर्य के सम्बन्ध में डार्विन ने लिखा था कि सुन्दर पंखोंवाले नर पक्षी अपने रंगीन पंखों के प्रदर्शन से मादा पक्षियों को रिझाते हैं। इसी तरह ऋतु-विशेष में वे अपने संगीत से उन्हें आकर्षित करते हैं। इन तथ्यों की ओर संकेत करके डार्विन ने लिखा था : "यदि मादा पक्षी अपने नर साथियों के सुन्दर रंगों, आभूषणों और स्वर के आकर्षण को पहचानने में असमर्थ हों तो उनके सामने अपने आकर्षण प्रदर्शित करने में उनकी जो चिन्ता और श्रम प्रकट होते हैं, वे सब व्यर्थ जाएँ, और यह स्वीकार करना असम्भव है। मेरी समझ में कुछ चमकीले रंग और कुछ स्वर, संगति (Harmony) होने पर, क्यों आनन्द देते हैं, इसकी व्याख्या वैसे ही नहीं हो सकती, जैसे इस बात की कि कुछ गंध और रस (Flavours) रुचिकर होते हैं। लेकिन यह निश्चित है कि उन्हीं रंगों और स्वरों को हम पसन्द करते हैं और बहुत-से निम्न जीव भी।"

मनुष्य का सौन्दर्यबोध उसके सामाजिक जीवन का ही परिणाम नहीं है, उससे भी पहले वह उसके प्राग्मानवीय विकास का परिणाम है। पक्षियों में कुछ तो रंगों और स्वरों के आकर्षण से परिचित होते हैं, कुछ नहीं। जो परिचित होते हैं, वे सौन्दर्यबोध की दृष्टि से इतर पक्षियों की तुलना में अधिक विकसित स्तर के प्राणी हैं। मार्क्सवादी साहित्य में कभी-कभी सौन्दर्यबोध को आर्थिक जीवन का प्रतिबिम्ब

मान लिया जाता है। सौन्दर्यबोध आर्थिक जीवन से प्रभावित होता है किन्तु वह उसका प्रतिबिम्ब नहीं है।

डार्विन से उपर्युक्त कोटि के वाक्य उद्धृत करने के बाद रूसी विचारक प्लेखानोव ने 'कला और सामाजिक जीवन' में लिखा था : "और इस तरह डार्विन द्वारा उद्धृत तथ्यों से जैसे निम्न जीवों की, वैसे मनुष्य की भी, सौन्दर्यानुभूति की क्षमता प्रमाणित होती है और यह तथ्य प्रमाणित होता है कि कभी-कभी हमारी सौन्दर्य-सम्बन्धी रुचि से मेल खाती है। लेकिन समस्या रुचि के उद्‌गम की है; उसकी व्याख्या इन तथ्यों से नहीं होती।" यदि मनुष्य की सौन्दर्य-सम्बन्धी रुचि निम्न जीवों की रुचि से मेल खाती है, यदि निम्न जीवों में भी इस रुचि का अस्तित्व प्रमाणित होता है, तो यह स्वीकार करना होगा कि इस रुचि का उद्‌गम सामाजिक जीवन में होना अनिवार्य नहीं है। मनुष्य का इन्द्रियबोध, इस इन्द्रियबोध का परिष्कार, इन्द्रियबोध के साथ उसके भावजगत का उद्‌भव और उसका सौन्दर्यबोध—इन सबके मूल उपकरण सामाजिक जीवन आरम्भ होने से पहले उसके पास प्रस्तुत रहते हैं। समाजशास्त्र सौन्दर्यबोध के विकास, भिन्न वर्गों, जातियों और युगों में उसकी भिन्नता की व्याख्या कर सकता है, वह उसके उद्‌गम की व्याख्या नहीं कर सकता। उद्‌गम की व्याख्या के लिए समाजशास्त्र के अतिरिक्त जीवविज्ञान की सहायता आवश्यक है। उद्‌गम ही नहीं, एक ही समाज, एक ही वर्ग, एक ही परिवार, एक ही वातावरण में रहनेवाले लोगों की सौन्दर्य-सम्बन्धी रुचि की भिन्नता की व्याख्या करने के लिए समाजशास्त्र के अतिरिक्त जीवविज्ञान की सहायता लेनी पड़ेगी।

मार्क्सवादी साहित्य में आर्थिक व्यवस्था को आधार तथा कला, साहित्य, संस्कृति आदि को उस पर निर्मित इमारत माना जाता है। आर्थिक व्यवस्था बदलने पर ऊपर की इमारत भी बदल जाती है। 'अर्थशास्त्र की आलोचना को एक देन' में मार्क्स ने विचारधारा के अन्तर्गत मनुष्य के सौन्दर्यबोध को भी गिना है। मार्क्सवादी साहित्य में कला, साहित्य और संस्कृति को मनुष्य की विचारधारा के रूपों (ideological forms) में गिना जाता है।

कला का सम्बन्ध विचारों के साथ मनुष्य के इन्द्रियबोध और उसके भावों से भी है। विचारों की व्यंजना भाषा के बिना नहीं हो सकती। तब वे ललित कलाएँ, जिनमें भाषा का प्रयोग नहीं होता, विचारधारा के रूपों में कैसे गिनी जा सकती हैं? साहित्य भी शुद्ध विचारधारा का रूप नहीं है; उसका भावों और इन्द्रियबोध से घनिष्ठ सम्बन्ध है। इससे स्पष्ट है कि ललित कलाओं को विचारधारा के रूपों में गिनना सही नहीं है।

मार्क्स और एंगेल्स की रचनाओं में मनुष्य के विचारों को उसके भौतिक जीवन का प्रतिबिम्ब कहा गया है। विचार प्रतिबिम्ब हों तो मानव-मस्तिष्क दर्पण मात्र सिद्ध होगा। किन्तु क्या मनुष्य की चेतना दर्पण मात्र है?

मनुष्य के विचार उसकी सामाजिक स्थिति को प्रतिबिम्बित करते हैं, इसीलिए वर्गों के भिन्न दृष्टिकोण, उनकी भिन्न विचारधाराएँ होती हैं। किन्तु मानव-चेतना में यह क्षमता है कि वह इस सामाजिक स्थिति से ऊपर उठ सके, चिन्तन की भौतिक सीमाओं से ऊपर उठकर अपेक्षाकृत स्वतंत्र स्तर पर विकसित हो सके। सम्पत्तिशाली वर्गों में उत्पन्न होनेवाले, किन्तु सम्पत्तिहीन श्रमिक वर्ग की मुक्ति के लिए संघर्ष करनेवाले मार्क्स, एंगेल्स और लेनिन का जीवन मानव-चेतना की इस क्षमता को सिद्ध करता है। प्रकृति का द्वंद्ववाद पुस्तक में एंगेल्स ने पूँजीवाद के अभ्युदय और यूरोप के नवजागरण युग के बारे में लिखा था : "जिन लोगों ने पूँजीपतियों के आधुनिक शासन की नींव डाली थी, उनमें पूँजीवादी सीमाओं जैसी कोई चीज नहीं थी।" (The men who founded the modern rule of the bourgeoisie had anything but burgeois limitations.) या तो पूँजीवादी शासन की नींव डालनेवाले स्वयं पूँजीवादी नहीं थे, या पूँजीवादी होते हुए भी वे अपने आर्थिक जीवन की सीमाओं से ऊपर उठ सके। एंगेल्स के वाक्य से इस धारणा का खंडन होता है कि मनुष्य के विचार उसके भौतिक जीवन का प्रतिबिम्ब मात्र हैं; इसके विपरीत इस वाक्य से तथा यूरोप के नवजागरण युग के एंगेल्स द्वारा दिये हुए विवरण से मानव-चेतना की रचनात्मक क्षमता के बारे में धारणा पुष्ट होती है। 'अर्थशास्त्र की आलोचना को एक देन' में मार्क्स ने प्राचीन यूनान की कला के बारे में लिखा था : "यह एक जानी-मानी बात है कि समाज के साधारण विकास से कला के उच्चतम विकास के कुछ युगों का कोई प्रत्यक्ष सम्बन्ध नहीं है, न उसके (समाज के) संगठन के मूल ढाँचे और भौतिक आधार से उनका प्रत्यक्ष सम्बन्ध है। आधुनिक जातियों की, अथवा शेक्सपियर की भी, तुलना में यूनानियों का उदाहरण देखिए।" यदि यूनान की कला के भौतिक परिवेश से उसका प्रत्यक्ष सम्बन्ध नहीं है तो हम कला को भौतिक जीवन का प्रतिबिम्ब कैसे कह सकते हैं?

इससे कला की समाज-निरपेक्षता सिद्ध नहीं होती; भौतिक जीवन से उसकी सापेक्ष स्वाधीनता ही प्रमाणित होती है। कला की विषयवस्तु न वेदान्तियों का ब्रह्म है, न हेगल का निरपेक्ष विचार। मनुष्य का इन्द्रियबोध, उसके भाव, उसके विचार, उसका सौन्दर्यबोध कला की विषयवस्तु हैं। सामाजिक विकास की परिस्थितियों से कला की विषयवस्तु प्रभावित होती है, एक सीमा तक नियमित होती है किन्तु वह आर्थिक जीवन का प्रतिबिम्ब मात्र नहीं है। इसीलिए विभिन्न युगों, विभिन्न जातियों और विभिन्न वर्गों के सौन्दर्यबोध में भिन्नता के साथ समानता भी होती है, इसलिए अनुकूल सामाजिक परिस्थितियों के होते हुए भी यह आवश्यक नहीं है कि उच्च कोटि की कला का निर्माण भी हो जाए।

मार्क्सवादी विचारक रैल्फ फैक्स का मत था कि कला को भौतिक जीवन का प्रत्यक्ष प्रतिबिम्ब मानना मार्क्सवाद की स्थापना है ही नहीं। उनके अनुसार, मार्क्स

यह न मानते थे कि जब पूँजीवाद सामन्तवाद की जगह ले लेता है, तब पूँजीवादी कला तुरन्त सामन्तवादी कला की जगह ले लेती है, न वह यह मानते थे कि "चूँकि उत्पादन का पूँजीवादी तरीका सामन्ती तरीके से अधिक प्रगतिशील है, इसलिए पूँजीवादी कला सामन्ती कला से सदा ऊँचे स्तर की होनी चाहिए।" पूँजीवादी उत्पादन-पद्धति के सामन्ती पद्धति से अधिक प्रगतिशील होने पर भी यदि पूँजीवादी कला सामन्ती कला से अनिवार्यत: ऊँचे स्तर की नहीं होती, तो इससे कला की सापेक्ष स्वाधीनता ही प्रमाणित होती है। मूल समस्या फिर सामने आती है; मनुष्य की चेतना और उसके विचार सामाजिक परिवेश का प्रतिबिम्ब हैं, या उस परिवेश में अपेक्षाकृत स्वतंत्र होने की क्षमता भी उनमें है। इसका उत्तर यही हो सकता है कि वे अपेक्षाकृत स्वतंत्र भी हैं।

व्यवहार में मार्क्सवादी विचारक साहित्य और कला के राजनीतिक उद्देश्य पर जोर देते हैं। यह जोर अंशत: सही है किन्तु साहित्य और कला के सभी रूपों से हम एक ही माँग नहीं कर सकते। गोर्की का 'माँ' जैसा उपन्यास राजनीतिक उद्देश्य की पूर्ति करे, यह उचित है; किन्तु 'मृत्यु और लड़की' पर उसकी प्रेम-सम्बन्धी कविता भी उसी उद्देश्य की पूर्ति करे, यह आवश्यक नहीं है। गोर्की की कविता से यह परिणाम निकालना कि सभी साहित्य राजनीतिक उद्देश्यविहीन होना चहिए, उतना ही गलत है, जितना कि उसके उपन्यास से यह परिणाम निकालना कि सभी साहित्य राजनीतिक उद्देश्ययुक्त होना चाहिए। साहित्य के रूपों की विविधता को ध्यान में रखकर ही उनकी विषयवस्तु के औचित्य के बारे में मत स्थिर किया जा सकता है।

अस्तु, सौन्दर्य की वस्तुगत सत्ता है। यह सत्ता प्रकृति में है, मानव जीवन और मनुष्य की चेतना में है। सौन्दर्य इन्द्रियबोध तक सीमित नहीं है, उसकी सत्ता मनुष्य के भावजगत और उसके विचारों में भी है। कला के माध्यम के अनुरूप उसकी विषयवस्तु में इन्द्रियबोध, भावों और विचारों का अनुपात निश्चित होता है। साहित्य से भिन्न चित्र, संगीत आदि ललित कलाओं में इन्द्रियबोध और भाव होंगे, विचार नहीं। कोई भी ललित कला शुद्ध विचारधारा के अन्तर्गत नहीं आती, साहित्य भी नहीं आता। साहित्य विचारशून्य नहीं होता किन्तु शुद्ध विचारों से साहित्य का निर्माण नहीं होता। विचारों के साथ इन्द्रियबोध और भाव अनिवार्य रूप से आवश्यक हैं। विभिन्न वर्गों के विचारों में ही नहीं, उनके भावों और इन्द्रियबोध में भी अन्तर होता है। हिन्दी के अनेक प्रयोगशील कवियों के उपमान उनके अस्वस्थ इन्द्रियबोध और भावों की ओर संकेत करते हैं। फिर भी कला का सार्वजनीन आधार मनुष्य का इन्द्रियबोध और उसके भाव हैं। इनका उद्गम मनुष्य के सामाजिक जीवन से भी पहले है। स्वर और रंगों के प्रति आकर्षण तथा प्रेम, घृणा आदि के भाव पशु-पक्षियों में भी मिलते हैं। सामाजिक विकास-क्रम में इन्द्रियबोध और भाव परिष्कृत और समृद्ध

होते हैं, नये प्रकार के भावों और इन्द्रियबोध का जन्म भी होता है किन्तु मनुष्य का सौन्दर्यबोध मूल रूप में सामाजिक विकास की देन नहीं है।

सौन्दर्यबोध एक संश्लिष्ट इकाई है। सौन्दर्य प्रकृति में है, मनुष्य के मन में भी। उसकी अनुभूति व्यक्तिगत होती है, समाजगत भी। व्यक्ति समाज का अंग है इसलिए न तो समाज-निरपेक्ष व्यक्ति की सत्ता होती है, न समाज-निरपेक्ष सौन्दर्यानुभूति की सम्भावना होती है। कला के विभिन्न रूपों में इन्द्रियबोध, भावों और विचारों का भिन्न अनुपात रहता है। सामाजिक विकास से सम्बद्ध कला के अनेक तत्त्व जहाँ आर्थिक जीवन पर निर्भर होते हैं, उनका एक स्पष्ट वर्ग-आधार होता है। वे आर्थिक व्यवस्था के बदलने पर या कुछ समय बाद परिवर्तित हो जाते हैं, वहाँ अनेक तत्त्व अपेक्षाकृत स्थायी होते हैं। वर्गों से परे और बेहुत कुछ अपरिवर्तनशील होते हैं। इन अपेक्षाकृत स्थायी तत्त्वों का सम्बन्ध मनुष्य के भावों और उसके इन्द्रियबोध से अधिक होता है। सौन्दर्य की वस्तुगत सत्ता होती है, इसलिए शुद्ध सौन्दर्य नाम की कोई चीज नहीं होती। शुक्ल जी के शब्दों में : सुन्दर वस्तु से अलग सौन्दर्य नहीं होता। सौन्दर्य की इस वस्तुगत सत्ता, सामाजिक विकास से उसके सापेक्ष सम्बन्ध, कला और साहित्य के रूपों के अनुसार उनकी विषयवस्तु की विविधता को ध्यान में रखकर ही हम सौन्दर्यशास्त्र का सही विवेचन कर सकते हैं और सौन्दर्य-सम्बन्धी अनेक समस्याओं का उचित समाधान प्राप्त कर सकते हैं।

3

काव्य में उदात्त तत्त्व और रमणीयता

अफलातून और अरस्तू के बाद पाश्चात्य काव्यशास्त्र में लोंगिनुस (अथवा लांजाइनस) का अत्यन्त महत्त्वपूर्ण स्थान है। सामान्यत: हिन्दी साहित्य और विशेषत: हिन्दी आलोचना के विकास के लिए यह आवश्यक है कि पाश्चात्य विचारकों के मुख्य ग्रंथ हिन्दी पाठकों को सुलभ हों जिससे वे अपने साहित्यशास्त्र का तुलनात्मक विवेचन कर सकें। इसलिए लोंगिनुस के निबन्ध का हिन्दी अनुवाद* स्वागत योग्य है।

लोंगिनुस के इस निबन्ध में होमर आदि कवियों से उद्धरण देकर उदात्त तत्त्व का विवेचन किया गया है। साथ ही देमोस्थेनेस आदि वक्तृत्वकला-विशारदों को भी आदर्श रूप में प्रस्तुत किया गया है। प्राचीन काल में गद्य और काव्य अथवा वक्तृत्वकला और काव्यकला का घनिष्ठ सम्बन्ध अवश्य था, पर दोनों एक ही वस्तु नहीं थीं। लोंगिनुस कहता है : "इस विषय में भाषणशास्त्र के लेखकों की व्याख्याओं से मुझे सन्तोष नहीं।" (पृ. 64) फिर वह अपनी व्याख्या प्रस्तुत करता है। आगे चलकर कहता है : "संचयन, रूप-परिवर्तन तथा सार नामक अलंकार सार्वजनिक वक्तृता के उत्तम साधन हैं।" (पृ. 83) वक्तृत्वकला और शिल्पकला का भेद करते हुए वह कहता है : "मूर्तियों में मानव की अनुरूपता ही आवश्यक होती है, पर भाषण में, जैसाकि मैंने कहा, हम ऐसे गण की अपेक्षा करते हैं जो मानवोपरि हो।" (पृ. 102) इससे स्पष्ट है कि लोंगिनुस के लिए उदात्त तत्त्व काव्य की ही निधि नहीं है; उसका क्षेत्र व्यापक है। कवि और वक्ता की भिन्नता और समानता का उल्लेख करते हुए वह कहता है : "कल्पना-चित्र का वक्ता के लिए एक उपयोग है और कवि के लिए दूसरा। जहाँ काव्य के क्षेत्र में कल्पना-चित्र का उद्देश्य होता है प्रत्यक्ष वर्णन करना, किन्तु आवेगों और भावनाओं को तो दोनों ही उद्बुद्ध करते हैं।" (पृ. 69) इस कारण हिन्दी अनुवाद में निबन्ध का शीर्षक 'काव्य में उदात्त तत्त्व' मूल निबन्ध के विषय की ओर ठीक संकेत नहीं करता।

* काव्य में उदात्त तत्त्व [लोंगिनुस (लोंजाइनस) के काव्य-सिद्धान्तों का विवेचन और 'पेरि इप्सुस' का हिन्दी अनुवाद] भूमिका लेखक : डॉ. नगेन्द्र, अनुवादक : डॉ. नगेन्द्र और नेमिचन्द्र जैन, राजपाल एंड संस, दिल्ली, मूल्य : साढ़े तीन रुपये।

लोंगिनुस की रचना उस युग की है जिसमें सामन्ती दरबार और उनके राजकवि और आश्रित आचार्य अपने लक्षण ग्रंथों की रचना करने लगे थे। उनकी तर्कपद्धति उस जड़ दृष्टिकोण को अपना रही थी जो स्कोलैस्टिक तर्कशास्त्र की विशेषता बना। इस दृष्टिकोण के अनुसार : संसार स्थिर है, समाज स्थिर है, साहित्य के मानदंड स्थिर हैं, साहित्य के विभिन्न अंग-विचार, भाव, भाषा अलंकार आदि—सब एक दूसरे से भिन्न और अपरिवर्तनशील नियमों में बँधे हुए हैं। लोंगिनुस की विचारधारा इस जड़ तर्कजाल को छिन्न-भिन्न कर देती है। उसे प्रथम रोमांटिक आलोचक कहा गया है। कुछ लोग उसे रीतिवादी अथवा क्लैसिसिस्ट (शास्त्रानुवर्ती) विचारक मानते हैं। अफलातून (या प्लेटो) ने उसे प्रभावित किया, यह सभी मानते हैं। हिन्दी वक्रोक्ति जीवित की भूमिका में डॉ. नगेन्द्र ने यह मत प्रकट किया : "यूनानी रोमी आचार्यों में वक्तृत्व का सबसे प्रबल समर्थन लांजाइनस ने किया है, परन्तु यह समर्थन अप्रत्यक्ष रूप में ही किया गया है।...उदात्त की परिकल्पना में वक्तृत्व का प्रवेश अनिवार्य रूप से हो जाता है।" (पृ. 22) रीतिवादी, रोमांटिक अथवा शुद्ध कलावादी दृष्टिकोण से लोंगिनुस का महत्त्व नहीं समझा जा सकता है। 'काव्य में उदात्त तत्त्व' की भूमिका पढ़ने पर लगता है कि जड़ दृष्टिकोण को बदले बिना लोंगिनुस के सिद्धान्तों को सही-सही प्रस्तुत करना भी कठिन हो जाता है।

लोंगिनुस अफलातून से प्रभावित था। काव्य और वक्तृता में वह सहज भावोद्रेक का महत्त्व समझता था। साथ ही वह अरस्तू तथा अन्य यूनानी दार्शनिकों की द्वंद्वात्मक विचार-पद्धति से भी परिचित था। इस द्वंद्वात्मक पद्धति के बल पर ही लोंगिनुस ऐसे निष्कर्षों तक पहुँचा है जो एक ओर तो दरबारी कवियों के चमत्कार का खंडन करते हैं, दूसरी ओर वर्तमान युग के नाना रूपों में प्रकट होनेवाले व्यक्तिवादी कलादर्शन का भी ध्वंस कर देते हैं।

लोंगिनुस के निबन्ध का मुख्य प्रतिपाद्य विषय क्या है? 'भारतीय काव्यशास्त्र' की भूमिका में डॉ. नगेन्द्र ने इस विषय में लिखा था : "काव्य के मूलभूत सिद्धान्तों का विवेचन ही उन्हें अभीष्ट रहा है—उन्हीं के प्रसंग में लांजाइनस ने शैली पर भी अपने विचार व्यक्त किए हैं।" (पृ. 110) इस कथन के अनुसार : लोंगिनुस के निबन्ध में काव्य के मूलभूत सिद्धान्तों का विवेचन मुख्य है; शैली का विवेचन प्रसंगवश आ गया है और गौण है।

'काव्य में उदात्त तत्त्व' की भूमिका में नगेन्द्र जी ने दूसरा मत प्रकट किया है : "इसमें उदात्त कला की प्रेरक भावनाओं और धारणाओं का विश्लेषण नहीं वरन् उदात्त शैली के आधार-तत्त्वों का विवेचन प्रधान है।" (पृ. 9) इस कथन के अनुसार शैली-विवेचन मुख्य है; काव्य के मूल सिद्धान्तों का विवेचन गौण है।

लोंगिनुस के निबन्ध का मुख्य प्रतिपाद्य विषय क्या है? शैली-विवेचन मुख्य है या काव्य के मूल सिद्धान्तों का विवेचन?—इस साधारण-से प्रश्न पर डॉ. नगेन्द्र

जैसे आचार्य के दो मतों का प्रकट होना भी लोंगिनुस के निबन्ध के असाधारण महत्त्व का प्रमाण है।

लोंगिनुस विचार, भाव और भाषा पर एक साथ विचार करता है। "विचार और पद-विन्यास अधिकतर एक-दूसरे के आश्रय से विकसित होते हैं।" (पृ. ९०) जब वह भाषा पर विचार करता है, तब भाव और विचार उसकी दृष्टि से ओझल नहीं होते; जब वह भावों और विचारों का विवेचन करता है, तब भाषा का भी ध्यान रखता है।

यह उदात्त तत्त्व है क्या? रस, ध्वनि, अलंकार गुण—इनमें से कोई एक है या इनमें से अनेक से मिलकर बना हुआ तत्त्व है या इनसे भिन्न कोई अद्‌भुत तत्त्व है? डॉ. नगेन्द्र ने उसे विभाव, भाव और शैली, तीनों माना है। 'विभाव रूप में' वह अनन्त विस्तार, असाधारण शक्ति आदि गुणों से सम्पन्न काव्य का 'विषय' है। भावरूप में वह उल्लास और विस्मय से पुष्ट आत्मा की प्रबल अनुभूति है। शैली के रूप में उसके आधार तत्त्व हैं : उत्कृष्ट भाषा, गरिमामय रचना-विधान, भव्य योजना, आदि।

लोंगिनुस के अनुसार : "उदात्त तत्त्व उपयुक्त क्षण में बिजली की भाँति कौंध समस्त विषयवस्तु को छिन्न-भिन्न करता हुआ वक्ता की शक्ति के सम्पूर्ण वैभव को एक ही बार में उजागर कर देता है।" काव्य अथवा वक्तृता के एक विशेष गुण का नाम उदात्त है। उसकी विशेषता पाठक और श्रोता पर उसके प्रभाव से पहचानी जाती है। वह चेतना में एक प्रकार का गुणात्मक परिवर्तन उत्पन्न कर देता है जो वक्ता अथवा कवि की शक्ति को एकबारगी उजागर कर देता है। लोंगिनुस का आदर्श वक्ता देमोस्थेनेस "अपने श्रोताओं को पूर्णत: अपने साथ बहा ले जाता है।" यह गुण काव्य अथवा वक्तृता में अनेक तत्त्वों के सामंजस्य से उत्पन्न होता है किन्तु उन तत्त्वों को अलग-अलग अपनी भिन्नता में उदात्त की संज्ञा नहीं दी जा सकती।

विषयवस्तु पर विचार करते हुए लोंगिनुस ने असाधारणता और विस्मय का उल्लेख अवश्य किया है किन्तु ये विस्मयकारी वस्तुएँ यथार्थ जगत की हैं, कल्पना-प्रसूत नहीं। अपने द्वंद्ववादी चिन्तन के कारण लोंगिनुस का दृष्टिकोण यथार्थवाद का विरोधी न होकर उसका समर्थक है। होमर के दूसरे काव्य 'ओद्युस्सेइआ' (ओडिसी) में कवि की प्रतिभा के क्षीण होने का उल्लेख करते हुए उसने कहा है : "इस समस्त काव्य में यथार्थ की अपेक्षा कल्पना की ही प्रधानता है।" (पृ. 60) अन्यत्र उसने यह मत प्रकट किया है : "भाषण सम्बन्धी अप्रस्तुत विधान का सबसे उत्तम गुण है यथार्थता और सत्यता।" (पृ. 72) उदात्त की असाधारणता का आधार साधारण जीवन ही है। लोंगिनुस कहता है : "यह तो तुम जानते ही हो कि जो बात मनुष्य के विषय में सही है, वही उदात्त के विषय में भी है।" (पृ. 51) डॉ. नगेन्द्र ने अपने रीतिवादी दृष्टिकोण के कारण अपनी भूमिका में यथार्थ जीवन-सम्बन्धी लोंगिनुस के इन विचारों को भुला दिया है। असाधारणता पर अत्यधिक बल देने से उसका विवेचन एकांगी हो गया है।

यह ध्यान देने की बात है कि लोंगिनुस ने जहाँ काव्य-वस्तु के लिए विराट की ओर संकेत किया है, वहाँ उसका उद्देश्य कवि के संकुचित अहंवाद का खंडन करना है। वह मनुष्य और पशुओं का भेद बतलाते हुए कहता है कि प्रकृति "हमें जीवन के क्षेत्र में और इस विराट विश्व में प्रविष्ट करती है, मानो किसी बड़ी सभा में प्रविष्ट कर रही हो—इस उद्देश्य से कि हम इस विराट पूर्णता का दर्शन करें और गौरव के उत्कट अभिलाषी बनें।" (पृ. 100) लोंगिनुस के उदात्त की असाधारणता उसके मानववाद से सम्बद्ध है; वह व्यक्ति को अपनी अहंवादी भावनाओं से बाहर निकलकर विश्व-दर्शन की प्रेरणा देता है। डॉ. नगेन्द्र ने स्वभावत: इस अहंवाद-विरोधी दृष्टिकोण की भी उपेक्षा की है। लोंगिनुस के सिद्धान्तों की व्याख्या यों की है मानो केवल विस्मय और चमत्कार के लिए यह विराट के पीछे भागा जाता हो!

लोंगिनुस उन थोड़े-से आलोचकों में है जो काव्य में विचारों का महत्त्व भी स्वीकार करते हैं। विचारों को बौद्धिक और भावों को अबौद्धिक, हृदयगत माना जाता है। काव्य का सम्बन्ध हृदय से है। फिर उसमें विचारों का महत्त्व क्या? 'भारतीय काव्यशास्त्र' की भूमिका में डॉ. नगेन्द्र ने बौद्धिकता को काव्य-रचना के लिए घातक मानते हुए लिखा है : "सृजन की अन्त:प्रेरणा के अभाव में इस युग के साहित्य पर बौद्धिकता का प्रभाव गहरा होता गया।" (पृ. 459) लोंगिनुस मन की ऊर्जा की चर्चा करते हुए कहता है : "यद्यपि यह गुण अर्जित न होकर स्वभावगत होता है, यथासम्भव अपनी आत्मा में उदात्त विचारों का पोषण करना चाहिए और उसे भव्य प्रेरणाओं से परिपूरित रखना चाहिए।" (पृ. 55) यहाँ भी अपने द्वंद्वात्मक दृष्टिकोण से लोंगिनुस भावों और विचारों को सम्बद्ध करके देखता है, दोनों को आवश्यक समझता है, केवल भावों और आत्मा की अनुभूति की बात नहीं करता (जैसे डॉ. नगेन्द्र ने अपनी भूमिका में की है)।

लोंगिनुस के मत से भावों और विचारों, दोनों ही में गरिमा होनी चाहिए। इस गरिमा के अनुरूप शब्द-योजना होने पर उदात्त गुण उत्पन्न होता है। यह गरिमा कल्पना से, केवल काव्यशास्त्र के अध्ययन से, उत्पन्न नहीं होती। लोंगिनुस उच्चकोटि की रचना के लिए समर्थ व्यक्तित्व की माँग करता है। "यह सम्भव नहीं है कि जीवन-भर क्षुद्र उद्देश्यों तथा विचारों में ग्रस्त व्यक्ति कोई स्तुत्य एवं अमर रचना कर सके।" (पृ. 55) सामाजिक जीवन से पराङ्मुख नाना प्रकार के व्यक्तिवादियों को यह वाक्य फूटी आँखों भी न सुहाएगा। इसी का खंडन करने के लिए वे विराट शब्दावली समन्वित विशाल शास्त्र-ग्रंथों की रचना करते हैं। इधर यह यूनानी विचारक कहता है, "महान शब्द उन्हीं के मुख से नि:सृत होते हैं जिनके विचार गम्भीर और गहन हों। यही कारण है कि मनस्वियों को भव्य वाणी सहज प्राप्त होती है।" (पृ. 55)

लोंगिनुस ने जिन अलंकारों की चर्चा की है, वे उदात्त गुण की उत्पत्ति में सहायक-भर होते हैं। मुख्य वस्तु वक्ता और कवि की मनस्विता है। "जिस प्रकार सूर्य के प्रखर आलोक में सभी दीपक बुझ जाते हैं, उसी प्रकार 'उदात्त' के सर्वव्यापी

ऐश्वर्य में नहाकर सभी आलंकारिक चमत्कार दृष्टि से ओझल हो जाते हैं।" (पृ. 77) अलंकारों के प्रति यह धारणा दरबारी काव्य-परम्परा के विरुद्ध है। उससे मिलती-जुलती स्थापनाएँ हमें आचार्य शुक्ल में मिलती हैं।

नगेन्द्र जी ने भूमिका में एकाधिक बार लिखा है कि लोंगिनुस ने अलंकारों का मनोवैज्ञानिक विवेचन किया है। उस विवेचन में मनोवैज्ञानिक क्या है, इसकी व्याख्या कहीं नहीं की। उस विवेचन को उन्होंने 'उच्छ्वासपूर्ण' भी कहा है। यह स्पष्ट नहीं है कि जो विवेचन उच्छ्वासपूर्ण है, वह मनोवैज्ञानिक कैसे है? सम्भव है, इस तरह की व्याख्या का आधार ही कोई उच्छ्वासपूर्ण मनोविज्ञान हो!

नि:सदेह लोंगिनुस का दृष्टिकोण वैज्ञानिक है क्योंकि वह विरोधी और भिन्न तत्त्वों की एकता पहचानता है। कवि की प्रतिभा नैसर्गिक होती है या श्रम-साध्य? लोंगिनुस के लिए निसर्ग या प्रकृति व्यवस्था-विहीन नहीं है। वह 'निपट वेग और ज्ञानहीन औद्धत्य' का विरोध करता है। प्रेरणा के साथ नियंत्रण की आवश्यकता स्वीकार करता है। वह प्राचीन कवियों से सीखने, उनकी रचनाओं को कसौटी बनाने की बात करता है। यूरोप के रीतिवादियों की तरह उनके अनुकरण की बात नहीं करता। वह काव्य के किसी तत्त्व को—भाव, विचार या अलंकार को—अपने में पूर्ण और निरपेक्ष न मानकर उसे प्रस्तुत विषय के सन्दर्भ में परखता है। किसी की शपथ खाकर वक्ता प्रभाव उत्पन्न करते हैं, "किन्तु अकस्मात् ही किसी की सौगन्ध खाना इतना उदात्त नहीं है, उदात्तता तो स्थान, ढंग, परिस्थिति और उद्‌देश्य के ऊपर निर्भर करती है।" (पृ. 75) वह काव्य के दोषों का विवेचन काव्य के समग्र प्रभाव को देखते हुए करता है और साहसपूर्वक निर्दोषता मात्र को काव्य का महान गुण नहीं मानता। वह काव्य की विषयवस्तु और रूप को अन्योन्याश्रित और सम्बद्ध देखता है। वह एक साधारण पंक्ति उद्धृत करता है : "मेरा जीवन दु:खों से भर चुका है, अब और के लिए अवकाश नहीं।" इस पर टिप्पणी करता है : "यह उक्ति बहुत ही साधारण है किन्तु पंक्ति-रचना की उपयुक्तता के कारण यह उदात्त बन गई है।" यहाँ विस्मयकारी विराट की कल्पना नहीं की गई, फिर भी पंक्ति का उदात्त गुण स्वीकार किया गया है। वह एतना ज्वालामुखी के विस्फोट को काव्य-विषय मानता है, तो "पाताललोक में अजक्स (अऐक्स) का मौन, शब्दों की अपेक्षा, कहीं अधिक महान और उदात्त है"—यह स्वीकार करता है। जोर से बड़ी-बड़ी बातें करना उसके लिए उदात्त का लक्षण नहीं है। कसौटी यह है कि रचना मानव-आत्मा की गरिमा को किस हद तक प्रकट करती है। उसकी आलोचना में कविसुलभ आदेश है। वह महाकवियों का प्रबल समर्थक है और इस बात से व्यथित है कि उसके युग में उस कोटि के कवियों का अभाव है। वह सतर्क बुद्धि से अपने युग की समाज-व्यवस्था और उसकी संस्कृति का विश्लेषण करता है। इस द्वंद्वात्मक पद्धति के कारण ही लोंगिनुस की गणना यूरोप के श्रेष्ठ आलोचकों में होती है।

लोंगिनुस दरबारी कविता की चमत्कारप्रियता का घोर शत्रु है। वह अतिशयोक्तिपूर्ण शब्दक्रीड़ा की तीव्र निन्दा करता है। वह स्वाभाविकता का पक्षपाती है; वागाडम्बर से भी उसे घृणा है। वह व्यंग्य करते हुए लिखता है : "किसी ने ठीक ही कहा है कि जलोदर रोग से पीड़ित मनुष्य की अपेक्षा अधिक शुष्कता और कहीं नहीं पाई जाती।" वह ऊपर से उदात्त दिखाई पड़नेवाली कला के प्रति पाठक को सावधान करता है। दरबारी कवियों की वाह-वाह वाली महफिलों के बारे में उसने लिखा है : "वास्तव में कभी-कभी तो श्रोता पंक्ति का अन्त पहले से ही जानने के कारण वक्ता के साथ-साथ अपने पैर पटकने लगते हैं और नृत्य की भाँति पहले से ही कदम उठाने लगते हैं।" कहना न होगा कि इस तरह की उक्तियाँ हमारे मुशायरों और कवि-सम्मेलनों के अनेक कवियों के ध्यान देने योग्य हैं।

घिसे-पिटे चमत्कारवाद से निकलने पर कवि अपने व्यक्तिगत दुःख-सुख के बल पर नवीनता की खोज करने चलते हैं। लोंगिनुस उनका भी विरोध करता है : "प्राय: बहुत-से मनुष्य मानो मदमत्त होकर ऐसे भाव-प्रदर्शन में बहक जाते हैं जो विषय की प्रकृति से उत्पन्न न होकर सर्वथा वैयक्तिक और क्लान्तिकर होता है।" ऐसी वैयक्तिक और क्लान्तिकर रचनाओं से आजकल हिन्दी साहित्य काफी समृद्ध हो रहा है। "साहित्य में इस प्रकार की कुरूप और परोपजीवी प्रवृत्तियाँ केवल एक ही कारण से उत्पन्न होती हैं और वह है विचारों की अभिव्यक्ति में नवीनता की खोज, जिसके पीछे आजकल वह लोग बुरी तरह पागल हैं।" इस तरह के वाक्य 'नई कविता' की कैसी सटीक व्याख्या करते हैं, यह सहृदय पाठक सहज ही समझ सकते हैं।

डॉ. नगेन्द्र ने भारतीय साहित्य में 'उदात्त की परिकल्पना' के उदाहरण-स्वरूप 'गीता' में भगवान के विराट रूप की कल्पना का उल्लेख किया है, समास-बहुला टवर्गप्रधान गौड़ी रीति की चर्चा की है और अन्त में निष्कर्ष यह निकाला है : "उदात्त की कल्पना तो हमारे यहाँ थी किन्तु विधान नहीं है। मैं इसे भारतीय काव्यशास्त्र का एक अभाव ही मानता हूँ क्योंकि औदात्य काव्यकला के गौरव का मानदंड है।" यदि यह निष्कर्ष सही है तो भारतीय काव्यशास्त्र को अधूरा और एकांगी मानना होगा क्योंकि उसमें काव्यकला के गौरव के मानदंड का ही विधान नहीं है।

'भूमिका' के अन्त में एक निष्कर्ष और है। डॉ. नगेन्द्र के अनुसार : लोंगिनुस ने उदात्त और ऊर्जा पर ही बल दिया है, 'काव्य के अन्य पक्ष'—जैसे मधुर और शान्त—उपेक्षित हो गए। लोंगिनुस ने शोक, दया और भय को इसी तर्क से हीनतर भाव माना है, मानो प्राणों की द्रुति का कोई मूल्य ही न हो! चित्त की विभिन्न दशाओं की आनन्दमय परिणति की परिकल्पना से युक्त भारतीय रस-सिद्धान्त की पूर्णता इसमें कहाँ?" इस निष्कर्ष को पढ़कर लगता है कि गौरव के मानदंड के अभाव में भी रस-सिद्धान्त पूर्ण है और इस मानदंड को सुरक्षित रखकर भी लोंगिनुस का उदात्त खंडित और अपूर्ण है।

लोंगिनुस के अनुसार : "सच्चे औदात्य से हमारी आत्मा जैसे अपने-आप ही ऊपर उठकर गर्व से उच्चाकाश में विचरण करने लगती है तथा हर्ष और उल्लास से परिपूर्ण हो उठती है।" भारतीय आचार्यों ने जिस लोकोत्तर आह्लाद की चर्चा की है (रमणीयता लोकोत्तराह्लादजनक ज्ञानगोचरता), वह क्या लोंगिनुस के हर्ष और उल्लास से मूलत: भिन्न है?

लोंगिनुस के अनुसार : "वास्तव में महान रचना वही है जो बार-बार कसौटी पर कसी जाने पर भी सदा खरी उतरे, जिससे प्रभावित न होना कठिन ही नहीं, लगभग असम्भव हो जाए और जिसकी स्मृति इतनी प्रबल और गहरी हो कि मिटाए न मिटे।"

क्षणे-क्षणे यन्नवतामुपैति तदैव रूपं रमणीयताया:

—इस उक्ति से लोंगिनुस का कथन किस तरह भिन्न है? हिन्दी आलोचना में शुक्ल जी ने रस का सम्बन्ध लोक-हृदय से जोड़ा था। यदि इसी कारण उन्हें कोई भारतीय साहित्यशास्त्र से बाहर न निकाल दे तो उनकी उक्ति से लोंगिनुस के निम्न वाक्यों की तुलना संगत होगी : "साधारणत: औदात्य के उन उदाहरणों को ही श्रेष्ठ और सच्चा मानना चाहिए जो सब व्यक्तियों को सर्वदा आनन्द दे सकें?"

इस प्रकार लोंगिनुस द्वारा प्रतिपादित उदात्त-सम्बन्धी सिद्धान्त भारतीय काव्यशास्त्र में भी हैं, दोनों की तुलना करने पर किसी को हठात् अधूरा और एकांगी कहना अनुचित होगा। लोंगिनुस ने विशेष बल दिया है काव्यशक्ति और उसके विस्मयकारी प्रभाव पर और यथासम्भव उसने उस प्रभाव के कारणों का अनुसंधान किया है।

ऊपर दिये हुए उद्धरण में डॉ. नगेन्द्र ने लोंगिनुस पर ऊर्जा का पक्षपात करने, मधुर और शान्त की उपेक्षा करने तथा शोक, दया और भय को हीनतर मानने का आरोप लगाया है।

लोंगिनुस ने नाटककार एउरिपिदेस के बारे में लिखा है : "स्वभाव में औदात्य का अभाव होते हुए भी वह अनेक प्रसंगों में अपनी प्रतिभा से करुणा के उच्चतम शिखरों को छू लेता है।" इससे तो यही साबित होता है कि करुणा के उच्चशिखर उदात्त के विरोधी नहीं, वरन् उसके लिए आवश्यक हैं।

इस मानवीय करुणा के प्रभाव से ही लोंगिनुस अपने समाज की तीव्र आलोचना करता है। "धन के प्रेम ने (जिस रोग से हम सभी बुरी तरह ग्रस्त हैं!) और विषयभोग के प्रेम ने हमें अपना दास बना लिया है।...धन का प्रेम ऐसा रोग है जो मनुष्य को क्षुद्र बनाता है और विषयभोग का प्रेम उसे निकृष्ट बनाता है।" उसने धनी जनों की स्वार्थपरता से खीझकर लिखा है : "शायद हमारे जैसे इनसानों के लिए स्वाधीन होने की अपेक्षा पराधीन रहना ही अधिक श्रेयस्कर है क्योंकि यदि हमारी तृष्णाएँ पिंजड़े से निकले हुए पशुओं की भाँति अनियंत्रित रूप में हमारे पड़ोसियों पर टूट पड़ें तो सारा संसार पाप की अग्नि में जल उठेगा।" इससे स्पष्ट ही यह आशय है कि हमें

मनुष्य के समान स्वाधीन जीवन बिताना चाहिए। पशुओं के समान स्वाधीन होकर हिंसक बनने से तो पिंजड़े में रहना अच्छा है। 'शायद हमारे जैसे इनसानों' के टुकड़े में लेखक का व्यंग्य स्पष्ट है। डॉ. नगेन्द्र ने उपर्युक्त धारणाओं के विवेचन में यह सत्य देखा है : "साहित्यिक प्रतिभा का उत्थान-पतन जनतंत्र या राजतंत्र पर निर्भर न रहकर चारित्र्य पर—नैतिक आचार-विचार पर ही निर्भर करता है।"

फिर वही प्रश्न सामने आता है, लोंगिनुस के प्रतिपाद्य में कौन-सी वस्तु मुख्य है, कौन-सी गौण? उसके लिए सामाजिक जीवन नीति और राजनीति में विभक्त नहीं है। जैसी नीति है, वैसी ही राजनीति है और साहित्य इन दोनों से परे न होकर उससे सम्बद्ध है।

लोंगिनुस ने दरबारी साहित्यशास्त्र का खंडन किया, आलोचना में उसने द्वंद्वात्मक चिन्तन-पद्धति अपनाई, उसने काव्य और वक्तृत्वकला के विभिन्न तत्त्वों के योग से उत्पन्न होनेवाले विस्मयकारी प्रभाव का विश्लेषण किया, उसका निबन्ध रीतिवादी साहित्यशास्त्रियों और नवीनता के व्यक्तिवादी अनुसंधानकर्ताओं—दोनों के लिए माननीय है। किन्तु संकुचित कलावादी या रीतिवादी दृष्टिकोण से उसके सिद्धान्तों की व्याख्या नहीं की जा सकती। उसकी अनेक स्थापनाएँ भारतीय साहित्यशास्त्र से मिलती-जुलती हैं। वैज्ञानिक दृष्टिकोण के अभाव में भारतीय साहित्यशास्त्र की वन्दना तो की जा सकती है, उसकी सही व्याख्या नहीं की जा सकती। शब्दाडम्बर और भावाडम्बर पर कवियों का ही इजारा नहीं है। आलोचक भी 'शैली पक्ष की अप्रत्यक्ष विवक्षा' जैसी शब्दावली से पाठक को आतंकित कर देते हैं। बालेयता नामक दोष की व्याख्या करते हुए लोंगिनुस ने मानो हिन्दी के अभिनव शास्त्रकारों को ही लक्ष्य करके लिखा है : "स्पष्ट ही यह दोष विद्या-जड़ व्यक्ति के विचारों में निहित रहता है जिनका आरम्भ पांडित्यपूर्ण तुच्छता और अन्त निष्प्राण वाचालता में होता है।"

ऐसे दूरदर्शी आलोचक के निबन्ध का हिन्दी अनुवाद प्रकाशित करने पर मैं डॉ. नगेन्द्र और श्री नेमिचन्द्र जैन को साधुवाद देता हूँ।

4

कला का माध्यम और सांस्कृतिक विकास

कला के माध्यम और उसकी विषयवस्तु का परस्पर सम्बन्ध क्या है? स्थापत्य और शिल्प-कलाओं का माध्यम चित्र और संगीत-कलाओं के माध्यम से अधिक स्थूल है, इसलिए क्या वे निम्न स्तर की हैं? काव्य का माध्यम इससे अधिक सूक्ष्म है, क्या इसलिए वह ललित कलाओं में सर्वश्रेष्ठ है?

इन समस्याओं पर भाववादी (आइडियलिस्ट) दृष्टिकोण से विचार करनेवालों में जर्मन दार्शनिक हेगल अन्यतम था। अन्य भाववादियों की तरह उसके लिए ऐन्द्रियता अभिशाप है। मूर्तरूप के बिना कला का अस्तित्व असम्भव है, इसलिए कला के मूर्त रूप और उसके सूक्ष्म विचारतत्त्व में सदैव एक अन्तर्विरोध निहित रहता है। आध्यात्मिक वास्तविकता को ग्रहण करने की श्रेष्ठ पद्धति उसे कला के ऐन्द्रिय रूपों में उतारना है। हेगल के लिए इस कार्य की श्रेष्ठ पद्धति चिन्तन है। यूनान के भाववादी विचारक प्लेटो की तरह हेगल कला मात्र को अध्यात्म-सत्ता के ग्रहण के लिए अपूर्ण और हीन साधन मानता है। इस हीन साधन की उपादेयता इतनी ही है कि वह हमें उस अध्यात्म-सत्ता की ओर उन्मुख करता है। कलाओं का निम्न या उच्च होना इस पर निर्भर है कि वे उस सत्ता की ओर हमें कितना उन्मुख करती हैं। मानवीय चेतना अपनी वास्तविकता का ज्ञान करने के लिए जिन मंजिलों से गुजरती है; उन्हीं के अनुरूप विभिन्न कलाएँ हैं।

स्थापत्य कला का माध्यम सबसे स्थूल होता है। मनुष्य जड़ पदार्थों को इस तरह संगठित करता है कि चेतना उन्हें कला के बाह्य जगत के रूप में स्वीकार करती है। हेगल के अनुसार : स्थापत्य-कला में संगीत (Symmetry) के सम्बन्ध प्रदर्शित होते हैं लेकिन वह विचार-तत्त्व को प्रत्यक्ष नहीं कर सकती। विचार-तत्त्व इस कला से परे रहता है; दोनों का सम्बन्ध जोड़ा भी जाता है तो वह मन से जोड़ा हुआ बौद्धिक सम्बन्ध होता है, कला के रूप में निहित सहज सम्बन्ध नहीं। इस बौद्धिक सम्बन्ध में प्राकृतिक पदार्थ परिवर्तित नहीं होते; उन पर विचार-तत्त्व का आरोप किया जाता है। हेगल ने इस सम्बन्ध को प्रतीकवाद कहा है। उसके लिए स्थापत्य कला की विशेषता उसकी प्रतीकात्मकता है।

मानव-चेतना अपनी सत्ता के पूर्ण ज्ञान की ओर बढ़ती हुई जिस सीढ़ी पर पहले कदम रखती है, वह हेगल की प्रतीकवादी स्थापत्य कला है। मानव-समाज के इतिहास में स्थापत्य कला का जन्म चित्र और संगीत कलाओं से पहले नहीं होता। मनुष्य अपनी आदिम समाज-व्यवस्था का आरम्भ नृत्य और संगीत से करता है। इनके लिए उत्पादन के साधनों को विकसित करना, कला के नये उपकरणों का आविष्कार करना अनिवार्य नहीं। किसी बाह्य उपकरण की सहायता के बिना भी शरीर के अंगों और कंठ से मनुष्य नृत्य और संगीत आरम्भ कर सकता है। निवास-निर्माण की क्षमता कला के रूप में बहुत देर से विकसित होती है। मनुष्य गुफाओं में रहते हुए भी चित्रकारी आरम्भ कर देता है किन्तु कलात्मक गृहनिर्माण—चाहे अपने लिए हो, चाहे देवता के लिए—उसके बाद की मंजिल से आरम्भ होता है। इसलिए ऐतिहासिक विकास की दृष्टि से चेतन का हेगल-कृत प्रतीक-सोपान अनैतिहासिक और अवैज्ञानिक है।

हेगल के सौ वर्ष बाद यूरोप के अनेक कलाकारों ने स्थापत्य को कलाओं की जननी के रूप में स्वीकार किया। उन्होंने चित्रकला में रंग-रूप और भाव-व्यंजना को गौण माना; ज्यामिति के प्रयोगों की तरह पटभूमि को रेखाओं द्वारा विभिन्न आकारों में बाँधकर उन्होंने अवयवों की संगति के आधार पर कलात्मक पूर्णता के सृजन का प्रयास किया। परिणाम यह हुआ कि उनके हाथ न चित्रकला का सौन्दर्य लगा, न स्थापत्य का। हेगल की तरह ये भी भाववादी थे; अन्तर इतना ही था कि वे स्थापत्य को प्रथम नहीं, अन्तिम सोपान मानते थे।

स्थापत्य कला में दो विरोधी तत्त्वों की एकता बहुत अच्छी तरह देखी जाती है। एक ओर यह कला अत्यन्त स्थूल है, इतनी स्थूल कि अध्यात्मवादी का मस्तिष्क भी उसका बहुत ठोस अनुभव कर सकता है। दूसरी ओर वह इतनी सूक्ष्म है कि वस्तुओं के प्रतिबिम्ब के बदले वह पदार्थों के आकार, उनकी संगीत और संगठन द्वारा सौन्दर्य की सृष्टि करती है। यूनानी विचारक कहते थे कि कला प्रकृति अथवा जीवन का प्रतिबिम्ब है। यह स्थापत्य कला किन वस्तुओं का प्रतिबिम्ब है? क्या यह कला मनुष्य के रचना सामर्थ्य की मौलिकता घोषित नहीं करती? प्रत्येक कला वस्तुओं के प्रतिबिम्बों, मनुष्य के अनुभवों, उसके इन्द्रियबोध, भावों अथवा विचारों को संगठित करती है। इस संगठन के बिना कला का अस्तित्व सम्भव नहीं है। स्थापत्य पदार्थों के संगठन अथवा निर्माण की विशेष कला है। निर्माण के नियमों का यहाँ इतना महत्त्व है कि अन्य तत्त्व गौण हो जाते हैं। इस दृष्टि से स्थापत्यकला के ये नियम न्यूनाधिक सभी कलाओं पर लागू होते हैं। मनुष्य की निर्माण-सम्बन्धी सौन्दर्य-चेतना को जिस तरह स्थापत्यकला मूर्त रूप दे सकती है, उस तरह और कोई कला नहीं दे सकती। इस प्रकार यह कला न श्रेष्ठ है, न निकृष्ट है; अपने क्षेत्र में उसका सार्वभौम प्रभुत्व है। वह मनुष्य के सौन्दर्यबोध

की पूर्णता के लिए आवश्यक है—निम्नतम सोपान के रूप में नहीं, वरन् अन्य कलाओं के साथ सामंजस्य स्थापित करते हुए, सामाजिक जीवन को सर्वांगीण रूप में सुन्दर बनाने के लिए।

हेगल के लिए मानव-चेतना का दूसरा सोपान है : शिल्पकला। यहाँ शरीर और आत्मा की एकता प्रत्यक्ष होती है। विचार-तत्त्व को अपने अनुकूल रूप मिलता है। विचार-तत्त्व को बौद्धिक रूप में स्थापत्य के जड़ पदार्थों से बाँधकर यहाँ प्रतीकवाद की सृष्टि नहीं की जाती। मनुष्य का शरीर चेतना का उचित निवास-स्थान है। शरीर में जो दोष होते हैं, उन्हें दूर करके कलाकार उसे भव्य रूप देता है और इस तरह सूक्ष्म विचारतत्त्व को शिल्प द्वारा प्रकट करता है। किन्तु हेगल के अनुसार : शिल्पकला भी अपूर्ण है। चेतना अनन्त है; इसलिए शिल्पकला में—जिसे हेगल प्रतीकवाद से भिन्न क्लासिकल कला मानता है—चेतना की अपनी विशेषता अभिव्यंजित नहीं होती।

अनेक भाववादी विचारकों की तरह हेगल के चिन्तन पर भी धार्मिक दुराग्रहों की छाप है। यूनानियों के अनेक देवता थे, ईसाइयों का एक देवता है। यह देवता मनुष्य की अन्तर्मुखी चेतना को अधिक प्रकट करता है। इस प्रकार ईसाई धर्म कला के लिए यूनानियों की बहुदेवोपासना की अपेक्षा हितकर सिद्ध हुआ। एशिया की कला में उसे भोंडा प्रतीकवाद दिखाई देता है। इन धारणाओं का कारण यह है कि हेगल के लिए कला विचार-तत्त्व को व्यक्त करने का साधन है और पूर्ण विचार-तत्त्व ईश्वर का ही दूसरा नाम है। यह ईश्वर भी स्वभावत: अनुयायी के धर्म में ही अपनी पूर्णता प्रकट करता है।

यूनान, भारत और यूरोप में मूर्तियों को उपासना के लिए प्रतीक रूप में स्वीकृत किया गया। इसलिए यह कहना उचित नहीं कि प्रतीकवाद स्थापत्य कला की ही विशेषता है। काव्य में भी प्रतीकवादी हो सकता है, अन्य कलाओं की तो बात ही क्या! शिल्पकला भी प्रतीकवाद हो सकती है। उसे स्थापत्य कला से भिन्न, विशेष रूप से क्लासिकल, नहीं माना जा सकता।

क्लासिकल शब्द का साधारण अर्थ है : रूप और विषयवस्तु का सामंजस्य करनेवाली, कल्पना और विचारतत्त्व में सन्तुलन स्थापित करनेवाली, नियमों का पालन करनेवाली, स्थायित्व प्राप्त करनेवाली कला। हेगल ने क्लासिकल शब्द का व्यवहार करते हुए रूप और विषयवस्तु के सामंजस्यवाला अर्थ ग्रहण किया है। किन्तु इस अर्थ में शिल्पकला के लिए क्लासिकल क्यों हो? इस तरह का सामंजस्य प्रत्येक कला में सम्भव है। इसलिए हेगल द्वारा शिल्पकला के लिए क्लासिकल-शब्द का विशेष प्रयोग भ्रामक है। इस प्रयोग का कारण यह है कि हेगल के अनुसार : सभी कलाओं की अभिव्यंजना का विषय विचारतत्त्व है। निम्न कलाएँ उस तत्त्व की ओर उन्मुख मात्र होती हैं, उससे प्रतीक-सम्बन्ध जोड़ती हैं; शिल्पकला रूप और

विचारतत्त्व का सामंजस्य स्थापित करती है, किन्तु चेतना की मौलिक विशेषता को वह भी प्रकट नहीं कर पाती।

हेगल ने स्वीकार किया है कि शिल्पकला की यह विशेषता है कि वह आकार को देश (स्पेस)-गत तीन पार्श्वों (dimensions) में अंकित कर सकती है। शिल्पकला जिस प्रकार मानव अथवा अन्य—यथार्थ किंवा कल्पित—जीवों के घनत्व को, रूप के अतिरिक्त उनके सर्वांगीण आकार सौन्दर्य को व्यंजित कर सकती है, उस प्रकार चित्रकला नहीं कर सकती। यही उसकी विशेषता है जहाँ वह सब कलाओं से श्रेष्ठ है। इसलिए चित्र, संगीत और काव्य कलाओं को रोमांटिक मानकर उनकी तुलना में शिल्पकला को निकृष्ट नहीं ठहराया जा सकता।

हेगल ने चित्र, संगीत और काव्य-कलाओं को रोमांटिक कहा है और उन्हें क्लासिकल शिल्पकला से श्रेष्ठ बतलाया है। उसका तर्क यह है कि शिल्पकला विचारतत्त्व की विविधता चित्रित नहीं कर सकती। उसे चित्रित करने के लिए और भी सूक्ष्म माध्यमवाली कलाएँ आवश्यक होती हैं। चित्रकला रंगों के सूक्ष्मतर ऐंद्रिय माध्यम पर निर्भर रहती है। इसलिए वह देशगत ऐन्द्रियता से अपेक्षाकृत मुक्त रहती है। संगीत में देशगत ऐन्द्रियता का प्राय: अभाव रहता है। उसका माध्यम नाद है जो रंगों से अधिक सूक्ष्म है; इसलिए वह विचारतत्त्व को भौतिकता में डूबने से बचाती है। काव्यकला सबसे अधिक आध्यात्मिक है। यहाँ शब्द का श्रव्य गुण चेतना के लिए संकेत मात्र है। काव्यगत देशकाल की सत्ता मनुष्य की कल्पना में होती है।

हेगल ने ललित कलाओं के सामान्य गुणों की ओर संकेत करते हुए उन सभी में कवि-कल्पना का उल्लेख किया है। इस सामान्य गुण के अतिरिक्त उसने उन विशेषताओं का उल्लेख नहीं किया जिनसे प्रत्येक कला अपने क्षेत्र में प्रभुत्व-सम्पन्न होती है, जिन विशेषताओं को दूसरी कलाएँ नहीं अपना सकतीं और यदि अपना सकती हैं, तो केवल गौण रूप में। काव्य के सोपान तक पहुँचकर कला अपनी सीमा पार कर जाती है और उसका अभाव—अथवा उससे उच्चतर सोपान का आविर्भाव—हो जाता है। कला विचारतत्त्व को ऐन्द्रिय माध्यम द्वारा व्यक्त न करके कवि-कल्पना के क्षेत्र से आगे बढ़कर चिन्तन के गद्य क्षेत्र में पहुँच जाती है। इस प्रकार हेगल के अनुसार, कला की चरम परिणति उसके अभाव में होती है। जैसे कुछ भारतीय विचारकों के लिए रस की परिणति ब्रह्मज्ञान में होती है, वैसे ही हेगल के लिए कलात्मक सौन्दर्य की परिणति चिन्तन के गद्य में होती है। यह कला के प्रति भाववादी दर्शन के अभाववादी दृष्टिकोण का परिणाम है। माध्यम इतना सूक्ष्म हुआ कि कला ही अन्तर्धान हो गई।

हेगल के कला-सम्बन्धी चिन्तन में द्वंद्वात्मक तर्कपद्धति के तत्त्व विद्यमान हैं। उसके लिए कलाएँ जड़ और स्थिर न होकर गतिशील और विकासमान हैं, परस्पर विच्छिन्न न होकर वे सामान्य गुणों द्वारा सम्बद्ध हैं, रूप और विषयवस्तु

में विषयवस्तु की नियामक भूमिका है और उसकी न्यूनताएँ रूप में भी झलकती हैं। किन्तु हेगल के इस द्वंद्वात्मक चिन्तन का आदिबिन्दु विचार-तत्त्व है। इसलिए विकास का लक्ष्य किसी अदृश्य परम तत्त्व की सिद्धि हो जाता है; कलाएँ अपने ऐंद्रिय अथवा मानव-कृत गुणों के कारण परस्पर सम्बद्ध न होकर उस परम तत्त्व की ओर अभिमुख होने और उसे आंशिक रूप से अभिव्यंजित करने के कारण सम्बद्ध होती हैं। रूप और विषयवस्तु में विषयवस्तु नियामक होती है, विचारतत्त्व के कारण; ऐन्द्रिय रूप विचारतत्त्व के दास के समान है। वह ऐसा दास है जो अपने स्वामी को मुक्त नहीं होने देता। काव्य में जब कला इस दास से मुक्त होती है तब उसके गद्य में परिणत होने की घड़ी आ पहुँचती है। इस प्रकार सौन्दर्यशास्त्र में हेगल की द्वंद्वात्मक तर्क-पद्धति अपूर्ण है और दोषपूर्ण भी!

हेगल के उपर्युक्त विवेचन में मूल समस्या रूप और विषयवस्तु की है। यह सही है कि विषयवस्तु नियामक है, उसकी आवश्यकताओं के अनुसार रूप निर्मित होता है किन्तु यह भी सही है कि रूप विषयवस्तु का नियमन भी करता है। कलाकृति में किस कोटि का अनुभव अथवा सौन्दर्यबोध निहित हो, यह उसके रूप और माध्यम पर भी निर्भर है। स्थापत्य और संगीत में चाहे जितना साम्य हो, स्थापत्य संगीत की भूमिका पूरी नहीं कर सकता। साहित्य के क्षेत्र में उपन्यास जिस तरह सामाजिक समस्याओं का चित्रण कर सकते हैं, उस तरह गीत नहीं; और जब करेंगे तब उनकी परिणति चिन्तन के गद्य में हो जाएगी। रूप और विषयवस्तु के सम्बन्ध में भ्रान्ति भाववादी विचारकों में ही नहीं मिलती। कभी-कभी हमें समाजवादी लेखकों में इस तरह के विचार मिलते हैं : कला में मानव-श्रम का चित्रण होना चाहिए अथवा कलात्मक कार्यवाही को समाजवादी निर्माण का अभिन्न अंग बन जाना चाहिए। यदि कोई चित्रकार किसी प्राकृतिक दृश्य का चित्र आँकता है तो उससे समाजवाद की रचना में कितनी सहायता मिल सकती है? उतनी ही, जितनी अजन्ता के चित्रों से। इसलिए प्रत्येक कला से एक ही विषयवस्तु की माँग करना अनुचित है।

हेगल के लिए कला का माध्यम, उसका ऐन्द्रिय रूप कलात्मक सौन्दर्य का अभिन्न अंग नहीं है। वह उससे विच्छिन्न, विचारतत्त्व का वाहन मात्र है। किन्तु किसी भी कलाकृति के रूप में थोड़ा भी परिवर्तन कीजिए, उसके सौन्दर्य-तत्त्व में अन्तर आ जाएगा। निराला जी ने 'जुही की कली' की पंक्ति 'निद्रालस बंकिम विशाल नेत्र मूँदे रही' को पहले लिखा था : 'निद्रालस बाँके विशाल नेत्र मूँदे रही'। विचारतत्त्व दोनों पंक्तियों में भले ही एक हो, सौन्दर्यतत्व का अन्तर स्पष्ट है। कला के क्षेत्र में 'गिरा अरथ जल बीचि सम' की तरह रूप और विषयवस्तु 'कहियत भिन्न न भिन्न' हैं। एक ओर कुछ कलाकार रूप में कला का शाश्वत सौन्दर्य देखकर उसे विषयवस्तु से मुक्त करने का प्रयास करते हैं; उनकी कलाकृतियाँ नितान्त

कुरूप होती हैं जिन्हें सुरूप सिद्ध करने के लिए गद्य-क्षेत्र में भगीरथ प्रयास करना पड़ता है। दूसरी ओर कुछ भौतिकवादी विचारक विषयवस्तु को स्वतंत्र मानकर कहते हैं, इस विचार को कलात्मक रूप देना आवश्यक है। अनेक चिन्तनशील लेखकों की रचनाओं में हम पढ़ते हैं : अमुक कवि अथवा कथाकार के पास विचार तो हैं किन्तु उसने उन्हें कलात्मक रूप नहीं दिया। कलात्मक रूप कोई परिधान नहीं है जो विचारों को पहना दिया जाए। वह विषयवस्तु का अभिन्न अंग होता है। जीवन और प्रकृति को समझने और चित्रित करने में वैज्ञानिक विचारधारा से सहायता मिलती है किन्तु उस विचारधारा को चित्रमय और संगीत से अलंकृत करके कलाकृति नहीं बनाया जा सकता। कलात्मक सौन्दर्य अलंकार नहीं है, जिसे हम किसी भी विचारतत्त्व को पहना दें। कुछ भौतिकवादी लेखकों के लिए विचारधारा की वही भूमिका है जो हेगल के लिए विचारतत्त्व की है। दोनों ही कलात्मक सौन्दर्य को गौण मानकर उसका अलंकारवत् उपयोग करने की बात कहते हैं। यदि कला के स्वभाव के प्रतिकूल हम रूप को विचारधारा का दास बनाकर रखते हैं तो यह अभौतिकवादी, अवैज्ञानिक कार्य ही माना जाएगा। उसका परिणाम कला के लिए हानिकारक होगा।

कलाशास्त्र ऐसा शास्त्र है जहाँ गोचर जगत के बिना काम नहीं चलता। उसका माध्यम सदैव ऐद्रिय होता है। काव्य में यह माध्यम अधिक सूक्ष्म होता है किन्तु अतीन्द्रिय नहीं होता। भाषा एक ऐन्द्रिय माध्यम है। हेगल का यह तर्क उचित नहीं है कि काव्य में शब्दों को संकेत रूप में ही लिया जाता है, उनका नाद-सौन्दर्य उपेक्षणीय होता है। नाद-सौन्दर्य से कविता का घनिष्ठ सम्बन्ध है और यह सौन्दर्य विभिन्न शब्दों तक सीमित न रहकर छन्द में भी प्रकट होता है। कला के माध्यम की ऐन्द्रियता देशकाल की सीमाओं से बँधा हुआ वह आकाश है जिसमें मनुष्य के भाव-विहग उड़ान भरते हैं। यह ऐन्द्रियता उस भौतिक जगत का प्रतीक है जिसके बाहर विचारतत्त्व अथवा विचारधारा किसी का भी अस्तित्व नहीं है।

ललित कलाओं में कौन निम्न है, कौन उच्च है, इसका निर्णय करने से अधिक महत्त्वपूर्ण कार्य यह है कि हम सामाजिक जीवन में उन सभी के सामंजस्य, उपयोग और विकास का प्रयत्न करें। कलाएँ परस्पर: सम्बद्ध हैं, इसलिए एक दूसरे को प्रभावित करती हैं। यदि विज्ञान और दर्शन उन्हें प्रभावित कर सकते हैं और करते हैं तो उनका एक दूसरे को प्रभावित करना सहज बोधगम्य है। कला के लिए महान युग वे रहे हैं जब मनुष्य ने जीवन की बहुमुखी कार्यवाही में भाग लिया है, जब उसका सौन्दर्यबोध एक ही कला तक सीमित नहीं रहा। भारतीय सामन्तवाद के अनेक युगों में स्थापत्य, शिल्प, चित्र और काव्य ने समान रूप से अथवा न्यूनाधिक किन्तु एक साथ उन्नति की थी। यूरोप के नवजागरण-काल (रिनेसांस) में विशेष कर इटली में, विभिन्न कलाओं का एक साथ विकास देखा जा सकता है।

आजकल अपने देश में, लगता है, हेगल की बात सच मानकर, हम मानव-चेतना के अन्तिम सोपान पर पहुँच गए हैं; इसलिए कलात्मक कार्यवाही में यदि साहित्य 90 प्रतिशत भाग लेता है तो अन्य सभी कलाओं का काम 10 प्रतिशत से ही चल जाता है! इस दस प्रतिशत में भी कहीं स्थापत्य कला आधी अंग्रेजी है तो चित्रकला आधी फ्रांसीसी और संगीत कला—सीलोन रेडियो के फिल्मी रूप में—बहुत कुछ अमरीकी! भौतिकता से परे हम परम विचारतत्त्व में ऐसे निमग्न हैं कि कलात्मक जीवन के अभावों को भी भूल गए हैं।

जर्मन लेखक एकरमन ने हेगल के देशवासी महाकवि गेटे के वार्तालाप संकलित करके प्रकाशित किए थे। उसके अनुसार गेटे ने प्राचीन यूनानियों के बारे में कहा था :

"हम प्राचीन यूनानियों के दु:खान्त नाटकों की प्रशंसा करते हैं। किन्तु वस्तुस्थिति को ठीक-ठीक आँकने के लिए अलग-अलग लेखकों के बदले उस युग और जाति की प्रशंसा करनी चाहिए जिनमें उनकी रचनाएँ सम्भव हुईं। यद्यपि ये जातियों एक दूसरे में थोड़ा-बहुत भिन्न हैं और यद्यपि एक कवि दूसरे से महान और अधिक कलात्मक पूर्णतावाला दिखाई देता है, फिर भी सबको एक साथ देखें तो उन सभी में एक ही निश्चित विशेषता दिखाई देती है : भव्यता, औचित्य, दृढ़ता, मानवीय पूर्णता, उच्च कोटि की बुद्धिमत्ता, उदात्त चिन्तन, विशुद्ध ओजपूर्ण सहज ज्ञान इत्यादि। किन्तु जब हम इन गुणों को उन नाटकों में ही नहीं देखते जो हम तक चले आए हैं वरन् मुक्तक रचनाओं और महाकाव्यों में भी देखते हैं—दार्शनिकों, वक्ताओं, इतिहासकारों में और उतने ही उच्च स्तर पर उन मूर्त कलाकृतियों में देखते हैं जो हम तक पहुँची हैं—तो हमें यह विश्वास हो जाना चाहिए कि इस तरह के गुण न केवल व्यक्तियों में थे वरन् वे जाति और समूचे युग के सार्वजनीन गुण थे।"

कवि गेटे के इन सारगर्भित वाक्यों से हम समझ सकते हैं कि कला, साहित्य, दर्शन और विज्ञान का कितना गहरा सम्बन्ध है। बहुत कम ऐसे देश हैं जो प्राचीन यूनानियों के इस सर्वांगीण विकास की तुलना में ठहर सकें। इस विकास में ललित कलाओं ने एक दूसरे को प्रभावित किया। उन्होंने दर्शन और वैज्ञानिक चिन्तन से प्रभावित होने के साथ स्वयं भी उन्हें प्रभावित किया। ये सब कलाएँ एक जाति की सम्पत्ति थीं; प्राचीन यूनान का कलात्मक वैभव कुछ गिने-चुने व्यक्तियों के अलग-थलग प्रयोगों का परिणाम न था।

वर्तमान भारत में इस तरह के बहुमुखी कलात्मक विकास की आवश्यकता है। यह विकास विदेशी कला से भले प्रभावित हो, उसकी आधारभूमि भारतीय होनी चाहिए। मौलिक प्रयोगों में भी भारतीयता हो सकती है। वह प्रयोग क्या, जो दूसरों की नकल हो? प्राचीन यूनान की तरह विभिन्न कलाओं का सामंजस्य भारतीय

सौन्दर्यबोध की विशेषता रही है। हेगल द्वारा निम्न और उच्च कोटि में कलाओं के वर्गीकरण के बदले यहाँ का आदर्श यह रहा है कि शिल्प और चित्रों से सजे हुए भवनों में नृत्य और संगीत के साथ काव्य का आस्वाद सुलभ हो। शुभ काव्य के लिए भरत ने कहा था :

मृदुललितपदाढ्यं गूढ़शब्दार्थहीनं
जनपदसुखबोध्यं युक्तिमन्नृत्ययोज्यम्।
बहुकृतरसमार्गं संधिसंधानयुक्तं
स भवति शुभ काव्यं नाटकप्रेक्षकाणाम्।

यहाँ काव्य, अभिनय, नृत्य और संगीत का सह-अस्तित्व देखा जा सकता है। ये कलाएँ एक दूसरे की पूरक हैं; उनका सह-अस्तित्व सौन्दर्यबोध को समृद्ध करता है, कलाजन्य आनन्द में बाधक नहीं होता। ललित कलाओं के परस्पर सम्बन्धों पर विचार करते हुए हेगल की अपेक्षा इस दृष्टिकोण को अपनाना अधिक युक्तिसंगत होगा।

5

साहित्य के स्थायी मूल्यों की समस्या : कालिदास

साहित्य के स्थायी मूल्यों की छानबीन करते हुए कालिदास की चर्चा करना स्वाभाविक है। वह भारतीय साहित्य के सबसे स्थायी कवि हैं। शताब्दियों से सहृदय काव्य-मर्मज्ञ उन्हें कविकुलगुरु कहते आए हैं। जिस समाज-व्यवस्था में उनका जन्म हुआ था, वह नष्ट हो चुकी है या नष्टप्राय है; फिर भी उनका काव्य-सौष्ठव न तो नष्ट हुआ है, न भविष्य में नष्ट होता दिखाई देता है। क्या इससे यह सिद्ध नहीं होता कि यह काव्य-सौष्ठव समाज-निरपेक्ष है? वह ऐसे शाश्वत सौन्दर्य की व्यंजना है जो देश-काल की सीमाओं के परे है? क्या कालिदास की काव्य-महिमा इस बात के लिए प्रबल तर्क नहीं है कि साहित्यकार को सामाजिक उथल-पुथल से दूर रहकर सौन्दर्य की एकान्त साधना करनी चाहिए?

[1]

कालिदास जिस समाज-व्यवस्था से परिचित हैं और जिसे वह अपने साहित्य में प्रतिबिम्बित करते हैं, वह चार वर्णों में विभाजित है। इसमें श्रेष्ठ वर्ण ब्राह्मणों का है जो सभी के पूज्य हैं। क्षत्रिय सभी की रक्षा करनेवाले हैं। वैश्य व्यापार आदि कार्य करते हैं और शूद्र दूसरों की सेवा करते हैं। अपनी रक्षा के लिए प्रजा एक निश्चित कर राजा को देती है। यह व्यवस्था इतनी रूढ़ हो चुकी है कि वर्ण का निश्चय कर्म से नहीं, जन्म से होता है। शम्बूक जन्म से शूद्र था, इसलिए उसे तप करने का अधिकार न था। उसके 'अपचार' से एक ब्राह्मण का पुत्र अकाल ही मृत्यु को प्राप्त हुआ, इसलिए तप करते हुए शम्बूक का सिर काटकर राम ने उस ब्राह्मण के लड़के को जिला दिया। ('रघुवंश', सर्ग 15) दुष्यन्त अपने पुत्र के हाथ में चक्रवर्तियों के लक्षण देखते ही पहचान जाते हैं कि वह किसी राजा का पुत्र है और चक्रवर्ती बनने के लिए पैदा हुआ है। सुदक्षिणा के गर्भ में लोकपालों के अंश विद्यमान हैं, इसलिए उसके पुत्र को चक्रवर्ती होना ही चाहिए। ('रघुवंश', सर्ग 3) राजा लोग दो काम करते हैं—भोग और युद्ध। दोनों से छुट्टी मिलने पर योग साधते हैं। यद्यपि वे प्रकृति-रंजक, प्रजा को प्रसन्न रखनेवाले हैं, फिर भी यह पृथ्वी उनके भोग के

लिए है। रघु ने अज को पृथ्वी ऐसे सौंप दी, जैसे वह दूसरी इन्दुमती हो! (रघुवंश, सर्ग 8) सीता को बनवास देने के बाद राम ने पृथ्वी का ही भोग किया। (उप., सर्ग 15) दुष्यन्त प्रतिज्ञा करते हैं कि अनेक रानियों के रहते हुए उनके यहाँ दो ही की प्रतिष्ठा होगी—एक तो पृथ्वी की, दूसरी शकुन्तला की। प्राचीन कवियों ने पृथ्वी को माता और अपने को उसका पुत्र कहा था। अब वह भोग की वस्तु बन गई है। कवि राजाओं के चाटुकार बन गए हैं। सरस्वती यह देखकर सिर धुनने और पछताने के बदले चारणों के कंठ में बैठकर रघु की स्तुति करती हैं। ('रघुवंश', सर्ग)

समाज-व्यवस्था के प्रति कालिदास उदासीन नहीं हैं। उनका एक निश्चित दृष्टिकोण है जो प्रचलित समाज-व्यवस्था का पोषक है। यह व्यवस्था अभ्युदयशील न होकर काफी रूढ़ हो गई है। उसकी गहरी छाप कालिदास के काव्य पर है। यह छाप उनके काव्योत्कर्ष में सहायक न होकर एक बाधा बन गई है। कालिदास और उनके अनेक—सम्भवत: अधिकांश—सामयिक काव्य-प्रेमियों की सहृदयता को यह देखकर धक्का न लगा होगा कि पृथ्वी नारी के समान भोग्या है, सरस्वती राजाओं की स्तुति करती है और शूद्र के तप करने पर उसका सिर काट लिया जाता है। उस समय की सामाजिक परिस्थितियाँ ऐसी ही थीं, यह कहा जा सकता है। तब कालिदास की रचनाओं में इस तरह के प्रसंग साहित्य के स्थायी तत्त्व हैं या अस्थायी? यदि स्थायी हैं तो आज के कवि—साधारण कवि नहीं, रवीन्द्रनाथ, भारती, निराला जैसे कवि—उन पर क्यों रचनाएँ नहीं करते? यही नहीं, कालिदास के दृष्टिकोण से विरोधी विचारधारा अपनाकर वे महान कृतियाँ कैसे दे सके हैं? यदि अस्थायी हैं तो स्वीकार करना होगा कि कालिदास-साहित्य के सभी तत्त्व समान रूप से अस्थायी नहीं हैं; कुछ उनमें अस्थायी भी हैं और वे हमारे लिए अनुकरणीय नहीं हैं।

पृथ्वी भोगने के लिए युद्ध करना आवश्यक है। 'रामायण' और 'महाभारत' में युद्ध अन्याय के प्रतिकार के लिए था; राम, कृष्ण, अर्जुन आदि वीर इसलिए आदर्श पात्रों के रूप में चित्रित किए गए थे। लेकिन कालिदास के रघुवंशी राजा यश के लिए विजय प्राप्त करने चलते हैं। (रघु., सर्ग 1) युद्ध आदि के वर्णन में अतिरंजित चित्रों और कल्पना-चमत्कार का बाहुल्य रहता है। रघु जब दिग्विजय के लिए चलते हैं तो सबसे आगे उनका प्रताप चलता है, उसके बाद सेना का कोलाहल, उसके बाद धूल और सबसे पीछे सेना। (रघु., सर्ग 4) इन्दुमती के साथ लौटते हुए अज अपने विरोधियों से युद्ध करते हैं, तब एक योद्धा सिर कटने पर देवता हो गया, विमान पर चढ़कर स्वर्ग पहुँच गया और वहाँ से सुरांगना के साथ समरभूमि में देखने लगा कि उसका धड़ अब भी नाच रहा है। (रघु., सर्ग 7) दो योद्धा एक साथ मारे जाकर स्वर्ग पहुँच गए और वहाँ एक ही अप्सरा के पीछे झगड़ा भी करने लगे। (उप.) 'कुमारसम्भव' में योद्धा हाथियों पर ऐसे बाण चलाते हैं कि हाथियों के सिर पहले गिरते हैं, बाण पीछे। (सर्ग 16) जिन योद्धाओं को हाथियों ने उछाल दिया, उनके प्राण ऊपर ही स्वर्ग

चले गए, शरीर नीचे आ गिरा। (उप.) दो योद्धाओं ने एक-दूसरे का सिर काट दिया, स्वर्ग पहुँचकर वे अपने धड़ों का नाच भी देखने लगे। (उप.) कालिदास की महान प्रतिभा भी उनके युद्ध-वर्णन को प्रभावशाली नहीं बना सकी। युद्ध-वर्णन में उन्होंने परम्परा का निर्वाह-मात्र किया है। उनकी चमत्कार-प्रदर्शन की शैली उनकी प्रकृति-वर्णन की सहज शैली से एकदम भिन्न है। युग-विशेष की रूढ़ि का अनुसरण-भर उन्होंने किया है; उत्साह और तन्मयता का अभाव स्पष्ट है। यह भी उनके काव्य का स्थायी तत्त्व नहीं है, वरन् राजाश्रय-प्राप्त कविता की रूढ़ि से उत्पन्न दोष है।

युद्ध के बाद दूसरा और अधिक महत्त्वपूर्ण कार्य सुखभोग है। सुख का अर्थ है नारी। कालिदास के अधिकांश राजा अनेक पत्नियोंवाले हैं; पतिव्रत-धर्म स्त्रियों के लिए है; पुरुष पत्नीव्रत से प्राय: मुक्त हैं। पुरुष भोक्ता है, नारी भोग्या है। इसलिए भोक्ता के लिए कोई बन्धन नहीं है। विवाहिता पत्नियों के अतिरिक्त प्रमोद-नृत्य के लिए वारयोषिताएँ हैं (रघु., सर्ग 3); यक्ष का सन्देश ले जानेवाला मेष पण्यस्त्रियों के साथ विहार करनेवालों के उद्दाम यौवन की जानकारी प्राप्त करता हुआ जाता है :

य: पण्यस्त्री रतिपरिमलोद्नारिभिर्नागराणा—
मुद्दामानि प्रथयति शिलावेश्मभिर्यौवनानि।

और भी :

वेश्यास्त्वत्तो नखपद सुखान् प्राप्य वर्षागबिंदू-
नामोक्ष्यंते त्वयि मधुकरश्रेणिदीर्घान कटाक्षान्।

वेश्यावृत्ति इस नागर-संस्कृति का अभिन्न अंग है। उसके बिना उनके उद्दाम यौवन का संगीत अधूरा रहेगा। ये पण्यस्त्रियाँ थीं; पैसे के लिए उनका शरीर बिकता था। सहृदय रसिकों के दुर्भाग्य से साहित्य का यह स्थायी तत्त्व भी अब मिटता जा रहा है।

भोग के उत्कर्ष के लिए मद्यपान आवश्यक तत्त्व के रूप में ग्रहण किया गया है। रघु के सैनिक मदिरा के साथ शत्रु का यश पी जाते हैं। अज को देखनेवाली स्त्रियों में मुँह से आसवगंध निकालनेवाली देवियाँ भी हैं; अज इन्दुमती के लिए विलाप करते हुए याद करते हैं कि उसने अज के अधपिए मधु को पिया था; वसन्त में अंगनाएँ स्मरसखा मधु का सेवन करती हैं। (रघु., सर्ग 9) यह कहना कठिन है कि कालिदास के समाज में (या उनकी कल्पना में) कौन अधिक पीता था—स्त्रियाँ या पुरुष। कालिदास ने मदविह्वल रमणियों का उल्लेख अधिक किया है। रति-विलाप करते हुए इस बात पर क्षोभ प्रकट करती है कि अरुणनेत्र घुमाती और बोलने में अटपटाती प्रमदाओं का मद्यपान काम के बिना व्यर्थ जाएगा। 'मालविकाग्निमित्र' में इरावती कहती है : लोगों की उक्ति है कि मद्यपान से स्त्रियों की शोभा विशेष रूप से बढ़ जाती है। इसलिए भगवान शंकर ने अनंगदीपन मद अम्बिका को भी

पिला दिया; रति-विलाप की महिलाओं की तरह 'घूर्णमाननयनं स्खलत्कथ', उनकी भी वैसी ही दशा हो गई। मद्यपान की अतिशयता भोगवाद की अतिशयता की ही सूचक है। मद्यपान और वेश्यावृत्ति में कौन श्रेष्ठ है और कौन निम्न है, इसका निर्णय पाठक करें, किन्तु यदि घूर्णमान नयनोंवाली प्रमदाओं का वर्णन कवि न करे तो क्या इसे साहित्य के एक स्थायी तत्त्व का अभाव माना जाएगा?

नारी भोग की वस्तु है, इसलिए श्रृंगार रस के सिद्ध कवि द्वारा नर-नारी के परस्पर-सम्बन्ध का वर्णन स्वाभाविक ही है। छहों ऋतुओं की सृष्टि इसीलिए हुई है कि भोगियों का रस-व्यापार एकरस न हो, विभिन्न प्रकृति-परिवेशों में सरस बना रहे। गर्मी में 'नितम्बबिम्बैः' तथा 'स्तनैः', 'स्त्रियो निदाघं शमयंति कामिनाम्'। ('ऋतुसंहार', सर्ग 1) वर्षा का तो कहना ही क्या! बिजली चमकते ही अपराधी प्रियों को भी देवियाँ क्षमा कर देती हैं। गुफाओं में विहार करते हुए किंपुरुषों और उनकी प्रेमिकाओं के लिए बादल पर्दे का काम करते हैं। ('कुमारसम्भव', सर्ग 1) यदि वर्षा की बूँदें नहीं हैं तो सुरतग्लानि दूर करने के लिए शिप्रावात है। (मेघदूत) कालिदास के कामीजन श्रृंगार रस में ऐसे डूबते हैं कि सिर उठाने का नाम नहीं लेते। उनके आदर्श भोगी भगवान् शंकर हैं जो आदर्श योगी भी हैं।

समदिवस निशीथं संगिनस्तस्त्रशंभोः
शतमगमदृतूनां साग्रमेका निशेव।
न तु सुरत सुखेभ्यश्छिन्न तृष्णो बभूव
ज्वलन इव समुद्रातंर्गतस्तज्जलौघैः॥ [उप., सर्ग 8]

दिन-रात भोग करते हुए सौ वर्ष एक रात की तरह बिता देने पर भी बड़वानल की तरह सुरत-सुख से वह छिन्नतृष्ण ही रहे।

शिव जी तो योगी थे; उनके लिए सबकुछ सम्भव था। लेकिन शिव जी के इस मार्ग पर चलनेवाले रघुवंशी राजा अग्निवर्ण की बुरी दशा हुई। वह रमणियों से भरी हुई पानशाला में वैसे ही जाते थे, जैसे कमलिनियों के बीच हाथी जाता है। रमणियाँ उनका जूठा मद पीती थीं, वह रमणियों का। अन्त में उन्हें क्षय रोग हो गया; वे दूसरों का सहारा लेकर चलने लगे। अन्त में पुत्र का मुँह देखे बिना ही चल बसे। कालिदास ने भोगवाद का यह परिणाम दिखाया, यह अच्छा किया। किन्तु यह उन्होंने 'रघुवंश' में दिखाया है, उसके अन्तिम सर्ग में। 'रघुवंश' को उनकी अन्तिम रचना माना जाता है। यदि यह सत्य है तो अग्निवर्ण का अन्त कालिदास की अन्य रचनाओं में वर्णित भोगवाद पर अच्छी टिप्पणी है। यह रोग उस समाज-व्यवस्था में लग चुका था जिनमें एक अवकाशभोगी वर्ग दूसरों की अर्जित सम्पत्ति के बल पर भोग (और योग) के सिवा दूसरी बात सोच ही न सकता था। उस रोग का जो परिणाम हुआ, उसे भारतीय इतिहास का हर विद्यार्थी अच्छी तरह जानता है।

इम भोग के साथ योग का संसार है। योग के चमत्कार से असम्भव बातें भी सभव हो जाती हैं। गुरु वशिष्ठ ने ध्यान लगाया और उन्हें मालूम हो गया कि दिलीप के पुत्र क्यों नहीं होता। कार्तवीर्य नाम के योगी युद्ध करने चलते थे तो उनके हजार हाथ निकल आते थे, इसलिए कोई राजा उनका सामना न कर सकता था। (रघु., सर्ग 6) एक महर्षि ऐसे थे जो हिरनों के साथ रहते थे और घास खाते थे (दर्भांकरमात्रवृत्तिः) और इस 'तप' से इन्द्र को भय हो गया था। जिस शम्बूक ने तप करके वर्ण-व्यवस्था का उल्लंघन किया था, वह वृक्ष की डाल पर उलटा लटका हुआ था और उसके मुँह के नीचे आग जल रही थी। इस तरह के तप का अधिकार ब्राह्मणों के लिए सुरक्षित था। शरीर को इस तरह कष्ट देने से आध्यात्मिक उन्नति होती थी। कहाँ उपनिषदों का रहस्य-चिन्तन और कहाँ यह उलटे लटकने की क्रिया! कालिदास की सामाजिक विचारधारा—राजा, प्रजा आदि के सम्बन्ध में—वाल्मीकि और व्यास से पिछड़ी हुई है, उसी तरह योग के विषय में उनका दृष्टिकोण उपनिषदों की तुलना में पिछड़ा हुआ है। आगे चलकर तुलसीदास ने इसी चमत्कारवाद का प्रबल विरोध करके अपना भक्ति-मार्ग प्रतिष्ठित किया था।

पशुबलि का अलग चलन था। निःसन्देह कालिदास को जीवमात्र से प्रेम था। उनके तपोवनों में पहुँचते ही राजा अपना धनुष अलग रख देते हैं। लेकिन धार्मिक रूढ़ि के रूप में उन्हें पशुबलि स्वीकार थी। जिस धीवर को दुष्यन्त की अँगूठी मिली थी, वह उन श्रोत्रियों का हवाला देता है जो पशुहत्या के दारुण कर्म में प्रवृत्त होते हैं।

कालिदास के समाज की विशेष धार्मिक उपज पुराण थे। पुराणों से महाकवि ने अपने काव्य-सौन्दर्य की ही बहुत-सी सामग्री नहीं ली, उनसे उन्होंने कुछ ऐसी बातें भी ली हैं जो जहाँ-तहाँ काव्य को पुराण बना देती हैं और इससे काव्य-सौन्दर्य घट जाता है। 'रघुवंश' में देवताओं द्वारा विष्णु की स्तुति, 'कुमारसम्भव' में ब्रह्मा की स्तुति आदि ऐसे ही प्रसंग हैं। 'रघुवंश' के अठारहवें सर्ग में कवि ने राजाओं के नाम गिनाकर पुराणों की तरह वंशावली लिख डाली है। पुराणवाद ने यहाँ उनके काव्योत्कर्ष को प्रायः नष्ट ही कर दिया है। कालिदास का कलात्मक दृष्टिकोण एक कुशल चित्रकार का है। साधारणतः वह पुराणों से ऐसे तत्त्व लेते हैं जो सौन्दर्यबोध को निखारनेवाले होते हैं। लेकिन रूढ़ियों का पालन करते हुए उन्होंने छह दिन के षडानन से युद्ध ही नहीं कराया, ब्रह्मा के चार मुखों द्वारा षडानन के छह मुखों का चुंबन भी कराया है :

धनप्रमोदाश्रुतरंगिताक्षैर्मुखैश्चतुर्भिः प्रचुरप्रसादैः।
अथो अचुंबद्विधिरादिवृद्धः षडाननं षट्सु शिरःसुचित्रम्॥

वैसे तो ब्रहमा के लिए सबकुछ सम्भव है लेकिन देवताओं का जितना ही मानवीकरण हो, उतना ही वे काव्य के लिए उपयोगी होते हैं। अद्भुत रस का प्रसंग होता तो चित्र

ठीक रहता। इस विचित्र व्यापार का कारण अनेक पौराणिक रूढ़ियों को स्वीकार कर लेना है जिससे काव्यकला की क्षति हुई है।

पौराणिक रूढ़ियों के अतिरिक्त कालिदास ने अनेक काव्यगत रूढ़ियों का अनुसरण भी किया है। उनके युद्ध-वर्णन का उल्लेख ऊपर हो चुका है। उनके अतिरंजित आलंकारिक वर्णन इसी रूढ़िवाद के अन्तर्गत आते हैं। शुक्ल जी ने रीतिकालीन कवियों के जिस चमत्कारवाद का विरोध किया था, उसके बीज कालिदास में विद्यमान हैं। उनमें इस तरह का कल्पना-विलास मिलता है—हंस, तारे, कुमुद आदि देखकर लगता है कि ये रघु का यश हैं। शिव जी ने पार्वती जी की आँखों में लगाने के लिए अपने तीसरे नेत्र से ही काजल पार लिया। शिव जी के पुत्र षडानन अपना हाथ शिव जी के सिर पर बहती हुई गंगा में डाल देते हैं और जब ठंड लगती है तब उनके तीसरे नेत्र से उसे सेंक लेते हैं।

कालिदास की काव्य-कला का अध्ययन उनके समय की समाज-व्यवस्था से अलग करके नहीं किया जा सकता। उस व्यवस्था को भुलाकर एक महान कवि में उपर्युक्त चमत्कारवाद की व्याख्या करना कठिन हो जाएगा। कालिदास के समय में वह समाज-व्यवस्था पूरी तरह परिपक्व हो चुकी है, इतनी कि उसमें ह्रास के चिह्न स्पष्ट दिखाई देने लगे हैं। इस व्यवस्था ने महाकवि की चेतना को सीमित कर दिया है। राजाओं के सम्बन्ध में उनके विचार उनके चरित्र-चित्रण पर प्रभाव डालते हैं। वाल्मीकि की तरह वह अपने आदर्श पात्रों के मानवत्व की घोषणा नहीं करते : 'दैव सम्पादितो दोषो मानुषेण मया जित:'। जो शिव के समान देवता हैं, षडानन के समान देव-पुत्र हैं, राम के समान अवतार हैं, उनके चमत्कारों का तो कहना ही क्या, दुष्यन्त जैसे राजा भी इन्द्र की सहायता करने पहुँच जाते हैं। राम को विजय-प्राप्ति के लिए भगीरथ-प्रयत्न करना पड़ा था; वाल्मीकि के राम मानसिक अन्तर्द्वंद्व से अपरिचित नहीं हैं। कालिदास के राजा बड़ी सरलता से विजय पा जाते हैं। उनमें 'रामायण' और 'महाभारत' के वीरों की प्रयत्नशीलता का अभाव है। युद्ध में अनेक चमत्कार दिखानेवाले ये राजा वास्तव में निष्क्रिय लगते हैं। उनकी सक्रियता प्राय: भोग्या नारी को देखकर जाग्रत होती है; उनकी मुख्य मानसिक व्यथा विरहजन्य होती है। स्त्रियाँ और भी निष्क्रिय हैं। ओष्ठ रँगने और भ्रू संचालन में वे पटु होती हैं। नखक्षतों की पीड़ा वे जानती हैं। वात्स्यायन की प्रयोगशाला की सजीव मानव-मूर्तियाँ हैं। उनमें प्राचीन महाकाव्यों की वीर नारियों के-से दर्प और संघर्ष की क्षमता नहीं है। कालिदास के समाज में नारी का व्यक्तित्व दबा दिया गया है। वीर नारियों का स्थान वेश्याओं और अभिसारिकाओं ने ले लिया है। अन्य नारियाँ अधिकतर प्रेमिकामात्र रह गई हैं। चरित्र-चित्रण में कविकुलगुरु आदिकवि से बहुत पीछे हैं और इसका कारण उस समय के सामाजिक वातावरण से उनकी कला का गहरा सम्बन्ध है।

सामन्तों की आश्रय-प्राप्त कविता चमत्कार-प्रधान हो चुकी है। कालिदास की अद्‌भुत उत्प्रेक्षाओं में ही यह चमत्कारवाद नहीं दिखाई देता, उनके साधारण कथा-प्रवाह में भी यह प्रयत्न दिखाई देता है कि हर छन्द में कोई विशेष आलंकारिक चमत्कार उत्पन्न किया जाए। इस कारण उनके कथा-वर्णन में वह ओजपूर्ण प्रवाह नहीं है जो वाल्मीकि की विशेषता है। उनकी कविता सुन्दर है लेकिन उसमें उस गरिमा का अभाव है जो व्यास की विशेषता है, जो मनुष्य की चेतना को भावना के एक उच्च धरातल पर ले जाती है। चरित्र-चित्रण की दृष्टि से उनका काव्य-जगत सीमित है; इसलिए उन्होंने मनुष्य के जिस भावजगत का उद्‌घाटन किया है, वह तुलसीदास की तुलना में सीमित है। शृंगार-रस के अतिरिक्त वे जिस रस को छूते हैं, उसमें उन्हें अपेक्षाकृत कम सफलता मिलती है। इसलिए पंडितों ने शृंगार को रसराज घोषित करके उनके सीमित भावजगत को एकमात्र भावजगत बना दिया। वाल्मीकि और तुलसी के साथ न्याय करने के लिए कालिदास की इन ऐतिहासिक सीमाओं को याद रखना आवश्यक है। निस्सन्देह प्राचीन समाज-व्यवस्था से उन्होंने बहुत-कुछ पाया; किन्तु यह भी सही है कि इस व्यवस्था की, उसकी धार्मिक और साहित्यिक रूढ़ियों की गहरी छाप उनके काव्य पर है और वह सदा उसके उत्कर्ष में सहायक नहीं हुई।

[2]

कालिदास का काव्य-साहित्य एक ओर पूर्ण विकसित प्राचीन समाज-व्यवस्था का प्रतिबिम्ब है, दूसरी ओर वह उसकी ह्रासोन्मुखी प्रवृत्तियों और निर्जीव रूढ़ियों की प्रतिक्रिया भी है। वर्गयुक्त समाज के अनेक महान साहित्यकारों की तरह कालिदास में भी अनेक प्रकार के अन्तर्विरोध हैं। ये अन्तर्विरोध उनके धार्मिक और दार्शनिक विचारों में, उनके राजनीतिक और सामाजिक विचारों में, उनके सौन्दर्यबोध और भावजगत में सर्वत्र न्यूनाधिक मात्रा में मिलते हैं। इसीलिए कालिदास को सामन्ती व्यवस्था का चारण समझना बहुत बड़ा भ्रम है, किसी सामन्त-विशेष का चारण समझना और भी बड़ा भ्रम है। कालिदास का साहित्य उस काल की समाज-व्यवस्था को प्रतिबिम्बित करता है, साथ ही उसका बहुत बड़ा भाग उस व्यवस्था से मुक्त होकर एक कल्पनालोक की सृष्टि भी करता है। इसलिए कालिदास में जो कुछ भी मिले, उस सभी को हम उस युग का सामाजिक यथार्थ नहीं मान सकते।

कालिदास ने अनेक राजाओं के वैभव का वर्णन किया है, किन्तु इन सभी के चित्र यथार्थ जीवन से नहीं लिये गए। अनेक पात्र आदर्श राजाओं के रूप में कल्पित किए गए हैं। राजा दिलीप के कारागारों में कोई भी बन्दी न था जिसे वह पुत्र-जन्मोत्सव पर छोड़ते। राम लोभपराङ्‌मुख थे, इसलिए प्रजा अर्थवान हो गई। कालिदास ने रघुवंशी राजाओं को आसमुद्रक्षितीश कहा है। समग्र देश की एकता

और उस पर एक ही चक्रवर्ती सम्राट् का शासन उनका आदर्श था। देश के सामने उन्होंने यथार्थ चित्रण के बदले एक आदर्श चित्र ही रखा था। दुष्यन्त यह घोषणा कराते हैं कि राज्य में जिसका कुटुम्बी न रहे, वह दुष्यन्त को अपना कुटुम्बी समझे। एक ओर राजा के लिए पृथ्वी भोग का साधन है, दूसरी ओर वह प्रजा का साधारण कुटुम्बी भी है।

कालिदास ने राजाओं के वैभव का वर्णन किया है, किन्तु मानो इससे सन्तोष न होने पर वह बराबर प्रकृति की ओर भागते हैं या कल्पना-लोक रचते हैं। यह आकस्मिक बात नहीं है कि दुष्यन्त और शकुन्तला का प्रेम नगर के बदले तपोवन में होता है। शिव और पार्वती के प्रेम की भूमि गंधमादन आदि अनेक पर्वत हैं। अलका विलास और वैभव का कल्पना-लोक है। वहाँ के फर्श मणियों से बने हुए हैं। यज्ञों के हर्म्य-स्थल सितमणिमय हैं। यक्षमालाएँ कनकसिकता फेंककर मणियों को छिपाती हैं और फिर उन्हें ढूँढ़ने का खेल खेलती हैं। अपने दुकूल खींचे जाने पर जब वे रत्नप्रदीपों पर चूर्ण फेंकती हैं तो वे बुझते नहीं हैं। उनकी सुरतजनित अंगग्लानि दूर करने के लिए चन्द्रकान्त मणियों से जलबिन्दु टपकते हैं। उन्हें अपनी सारी श्रृंगार-सामग्री कल्पवृक्ष से प्राप्त हो जाती है। यक्ष के घर की वापी में स्वर्ण-कमल खिलते हैं। उसके उद्यान में इन्द्रनाल -मंडित क्रीड़ाशैल है और वह 'कनक कदली वेष्टन प्रेक्षणीय' है। इस तरह के कल्पनिक वर्णन कालिदास में अन्यत्र भी है। आजकल की आलोचना की शब्दावली में हम कहेंगे कि कालिदास रोमांटिक कवि हैं। श्री भगवतशरण उपाध्याय ने 'मेघदूत' के लिए लिखा है : 'It my stand to proclaim the inauguration of a romantic era in Sanskrit poetry.' ('India in Kalidasa', पृ. 285)। संस्कृत काव्यजगत् में रोमांटिक युग का आरम्भ कब हुआ, यह कहना कठिन है। असन्दिग्ध बात यह है कि कालिदास एक महान रोमांटिक कवि हैं और विश्व के प्रथम रोमांटिक कवियों में से हैं। उनकी रोमांटिक वृत्ति नर-नारी के प्रेम के वर्णन में, प्रकृति-चित्रण में, उनके सूक्ष्म इन्द्रियबोध में और पौराणिक गाथाओं के सौन्दर्यवादी उपयोग में सर्वत्र दिखाई देती है।

कालिदास की समाज-व्यवस्था के भोगवाद का उल्लेख ऊपर किया जा चुका है। यूरोप में 16वीं सदी से पहले जो काव्य लिखा गया, उसमें प्रेम की जगह अधिकतर वासना की प्रतिष्ठा है। यूरोप के प्राचीन (यूनानी) साहित्य की चर्चा करते हुए वैज्ञानिक समाजवाद के संस्थापक एंगेल्स ने राज्यसत्ता और व्यक्तिगत सम्पत्ति के उद्भव पर लिखे हुए अपने प्रसिद्ध ग्रंथ में यह मत प्रकट किया है कि यूनानियों के लिए भोग का इतना महत्त्व था कि उन्हें इसकी भी चिन्ता न रहती थी कि जिससे वे भोग कर रहे हैं, वह नारी है या नर। उनका संकेत यूनान में खुलेआम पुरुषों में प्रचलित अप्राकृतिक व्यभिचार की ओर था। यूरोप में नवजागरण (रिनेसांस) के प्रथम कवि इटली के दांते ने व्यक्तिगत प्रेम को उच्च साहित्य में प्रतिष्ठित किया।

उनसे अनेक शताब्दियों पहले महाकवि कालिदास ने भारतीय काव्य में व्यक्तिगत प्रेम की प्रतिष्ठा की थी। व्यक्तिगत प्रेम से तात्पर्य उस प्रेम से है जो एक पुरुष और एक नारी के बीच अक्षुण्ण रहता है। पुरुष के लिए अनेक तरुणियाँ अपने यौवन और सौन्दर्य के कारण भोग्य नहीं होतीं, वरन् उसका हृदय केवल एक से प्रेम करता है।

कालिदास के नायक बहुधा अनेक पत्नियोंवाले होते हैं, किन्तु प्रेमी के रूप में वे एक से ही हार्दिक स्नेह करते हैं। दिलीप की अनेक पत्नियाँ हैं लेकिन वह प्रेमी सुदक्षिणा के हैं। यही हाल दुष्यन्त का है। लेकिन इनसे भिन्न उनके अन्य प्रेमी पात्र हैं जो एकपत्नीव्रती हैं। यक्ष की अलका में विलास की सभी सामग्रियाँ हैं, लेकिन वासना के कलुष से घिरे होने पर भी वह केवल अपनी प्रिया से स्नेह करता है और वह प्रिया भी अलका के विलासमय वातावरण में पूर्वी क्षितिज पर हिमांशु की शेष कलामात्र-सी शय्या पर पड़ी रहती है। इसी प्रकार शिव और पार्वती का प्रेम है। इन्दुमती के लिए अज की उक्ति साहित्य के इतिहास में अद्भुत है :

गृहिणी सचिव: सखी मिथ: प्रिय शिष्या ललिते कनाविधौ।
करुणा विमुखेन मृत्युना हरता त्वां कद किं न मे हृतम्॥

यूरोप में प्रेम के सबसे बड़े गायक शेली तक में पत्नी तो क्या, किसी प्रेमिका के लिए भी ऐसी उत्कट प्रेम-व्यंजना नहीं है। यूरोप की अधिकांश मध्यकालीन कविता में विवाह-सम्बन्ध से बाहर अवैध प्रेम का कीर्तन है। केवल मिल्टन ने अपने महाकाव्य 'पैराडाइज लॉस्ट' में विवाहित प्रेम का अभिनन्दन किया है। जब तक विवाह का आधार कुल, गोत्र और सम्पत्ति हैं, तब तक विवाह के साथ प्रेम का अस्तित्व दुर्लभ होता है, काव्य में दुर्लभ ही रहा है। किन्तु भारत में नारी के लिए अपना प्रेमी चुनने का आदर्श रहा है—कम-से-कम काव्य में वह आदर्श बना रहा है—इसलिए विवाह और प्रेम में कोई आधारभूत विरोध नहीं रहा।

इन्दुमती ने अज को पिता के कहने से नहीं, स्वेच्छा से स्वीकार किया था। स्त्रियाँ कहती हैं कि स्वयंवर के बिना इन्दुमती को आत्मतुल्य कान्त कैसे मिलता! इसीलिए वह गृहिणी, सचिव, सखी, शिष्या सभी-कुछ है। उसके न रहने से अज के लिए संसार सूना हो गया है। नारी स्वयं पति चुनती है, इसलिए कालिदास ने अनेक बार विवाह से पहले पुरुष और स्त्री के प्रेम का चित्रण किया है। इन्दुमती ने अज को देखते ही उन्हें अपनी दृष्टि से वर लिया। अन्य रोमांटिक कवियों की तरह कालिदास में भी प्रथम दर्शन से ही प्रेम का अभ्युदय होता है। इन्दुमती की तरह शकुन्तला दुष्यन्त को देखते ही उन पर मोहित हो जाती है। कालिदास ने इस प्रथम दर्शन से उत्पन्न प्रेम का वर्णन ही नहीं किया, दीर्घ साहचर्य के बाद स्थिर रहनेवाले प्रेम की अभिव्यंजना भी की है। यक्ष और उसकी पत्नी, दोनों ही विरह की आग में जलते हैं। शकुन्तला और दुष्यन्त, दोनों ही बिछोह में कष्ट पाते हैं। अज

अपनी पत्नी को सदा के लिए खो बैठने पर करुण विलाप करते हैं। प्रेम नर-नारी में असमानता का भेद नहीं करता। विरही पुरुष भी होता है, नारी भी। यह कहना कि भारतीय साहित्य नारी के विरह का ही वर्णन करता है, कालिदास को भारतीय साहित्य की परिधि से बाहर निकाल देना होगा।

अज का कहना है कि वह शाब्दिक रूप से क्षितिपति थे, उनका वास्तविक प्रेम इन्दुमती से था। कालिदास के राजा शाब्दिक रूप से राजा हैं; अपने वास्तविक रूप में वे प्रेमी हैं। उनके राज्य-संचालन आदि का वर्णन कवि ने रूढ़ि का पालन करने के लिए किया है। उसका वास्तविक लक्ष्य उन्हें प्रेमी रूप में चित्रित करना है। फिर यक्ष और शिव तो सामन्त नहीं हैं। नारद ने भविष्यवाणी की थी कि पार्वती शिव की एकमात्र पत्नी और उनके आधे शरीर की स्वामिनी बनेंगी :

समादिदेशैकवधूं भवित्रीं प्रेम्णा शरीरार्धहरां हरस्य।

पार्वती की सखियों ने उन्हें आशीर्वाद दिया : 'अखंडित प्रेम लभस्व।' आदर्श प्रेम अखंडित ही होता है। यक्ष के लिए उसकी पत्नी 'जीवितं मे द्वितीयं' है। अनेक स्थलों में कालिदास ने संकेत किया है कि मानव-प्रेम इस जन्म से पहले और उसके बाद भी स्थिर रहता है। अज अपना शरीर छोड़ने पर स्वर्ग में इन्दुमती से फिर मिलते हैं। काम के भस्म हो जाने पर भी रति उसे पुन: प्राप्त कर लेती है। पार्वती ने पूर्वजन्म में सती रूप में शिव से प्रेम किया था। सहस्त्रों राजाओं में इन्दुमती ने अज को ही चुना, इसका कारण पूर्वजन्म की पहचान है। इस तरह के कथा-प्रसंगों में प्रेम की रहस्यवादी व्यंजना का संकेत मिलता है।

यह अनिवार्य था कि प्रेमी कवि कालिदास कहीं-न-कहीं रूढ़ियों से टकराते। उन्होंने भरसक रूढ़ियों की रक्षा की है, फिर भी शाप देनेवाले दुर्वासाओं से वह सदा अपने प्रेमीजनों की रक्षा नहीं कर सके। यक्ष अपने प्रेम के कारण स्वाधिकार-प्रमत्त हो जाता है; शकुन्तला अनन्यमनसा दुष्यन्त का ध्यान करती हुई दुर्वासा का सत्कार नहीं कर पाती। यही नहीं, उसने गुप्त प्रेम किया है, दुष्यन्त से गन्धर्व-विवाह किया है। इस पर बाद में उसे ताने भी सुनने पड़ते हैं। स्पष्ट है कि कालिदास की सहानुभूति शकुन्तला के प्रति है, न कि दुर्वासा के प्रति। किन्तु दुर्वासा के शाप के कारण अभिशप्त यक्ष की तरह दुष्यन्त और शकुन्तला, दोनों को यातना सहनी पड़ती है। शाप पानेवाली देवियाँ बहुधा अप्सराओं की कन्याएँ हैं। शकुन्तला मेनका की कन्या है; उसके पिता कौशिक गोत्र के एक राजा थे। किन्तु शकुन्तला कौशिक-मेनका के विधिवत् पाणिग्रहण का परिणाम न थी। क्या इस तरह की अविवाहित अप्सराओं की सन्तान से राजा को विवाह करना चाहिए? कालिदास का उत्तर विवाह के पक्ष में है। 'विक्रमोर्वशीय' में पुरूरवा की प्रेयसी उर्वशी है। उर्वशी भी शापवश लता बन जाती है, क्योंकि वह स्त्रियों के लिए निषिद्ध वन में चली गई थी। अज की प्रिय

पत्नी इन्दुमती पूर्वजन्म में अप्सरा थी, जिसे ऋषि ने शाप देकर मनुष्यलोक में जन्म लेने के लिए बाध्य किया था। अप्सराओं या अप्सराओं की कन्या के प्रति यह प्रेम क्या महाकवि के जीवन की किसी विशेष घटना की ओर इंगित करता है? इतना निश्चित है कि इस तरह का प्रेम साधारण रूढ़ियों से दूर है।

यौवन और सौन्दर्य से कालिदास के प्रेम का घनिष्ठ सम्बन्ध है। भोगवाद के अतिरिक्त उनमें भरे-पूरे जीवन की आनन्द-कामना है। जैसे रंग भरने से चित्र खिल उठता है, वैसे ही यौवनागम से नारी का सौन्दर्य निखर जाता है। ('कुमारसम्भव', सर्ग 1) कोयल स्त्रियों को मान तजने की सीख देती है क्योंकि यौवन चला जाने पर फिर नहीं आता। ('रघुवंश', सर्ग 9) मिल्टन ने ईव की सुन्दरता का वर्णन करते हुए लिखा है कि शैतान उन्हें देखकर ठगा-सा रह गया और एक क्षण के लिए दूसरों का अमंगल करने की वृत्ति भूल गया। कालिदास ने भी उस रूप का वर्णन किया है जिससे मनुष्य चमत्कृत होकर पापवृत्ति भूल जाए। उमा का सौन्दर्य 'पापवृत्तये न' था। ('कुमारसम्भव', सर्ग 5) शारीरिक सौन्दर्य के वर्णन में कालिदास जहाँ विभिन्न अंगों की अलग-अलग सुन्दरता की चर्चा करते हैं, वहाँ समग्र रूप का आभास देने के लिए वह उसे अपार्थिव कल्पनालोक की वस्तु बना देते हैं। शिव उमा के लिए कहते हैं : 'त्रिलोक सौन्दर्य मिवोदितं वपुः।' उमा के शरीर में मानो तीनों लोकों का सौन्दर्य उदय हो गया था। यक्ष की पत्नी 'युवतिविषये सृष्टि राद्येव धातुः' है। विधाता ने अपनी प्रथम कृति के रूप में उसी को सँवारा था।

शकुन्तला को देखकर दुष्यन्त की समझ में आता है कि उद्यानलता और वनलता में क्या अन्तर है। शकुन्तला का सौन्दर्य वनलता का-सा है। उसका वपु अव्याज मनोहर है। वल्कल पहने हुए भी वह मनोज्ञ मालूम होती है। वह अनाघ्रात पुष्प है, अलून किसलय है, अनाविद्ध रत्न है, अनास्वादित नव मधु है, उसका अनघ रूप पुण्यों का अखंड फल है। प्रेमी की रूप-तल्लीनता उसे आत्मविभोर कर देती है। अन्य कवियों की भाँति कालिदास ने भी प्रकृति में नारीत्व का आरोप किया है। प्राकृतिक उपमानों से नारी की तुलना करते हुए वह रूपजन्य आनन्दातिरेक की व्यंजना भी करते हैं। आभरण पहने हुए उमा नक्षत्रमंडित त्रियामा जैसी लगती हैं। रेशमी वस्त्र पहने हुए उमा 'क्षीरोद वेलेव सफेनपुंजा' लगती हैं। नारी के प्रसाधनों में प्राकृतिक वस्तुओं का महत्त्व ही अधिक है। उमा को देखकर जब शिव पहली बार विचलित हुए थे, उस समय वह कर्णिकार और साधारण पल्लवों से शृंगार किए हुए थीं। चन्द्रमा की किरणें देखकर शिव कहते हैं कि वे जौ के अंकुरों के समान हैं और उनसे उमा के लिए कर्णपूर रचना हो सकती है। रोमांटिक शृंगार-भावना की यह चरम परिणति है।

अन्यत्र महाकवि ने तमाल के प्रवाल को अवतंस बनाकर सीता के 'यवांक रापांडुकपोल' को और भी सुन्दर बना दिया है। इस तरह के उपमान असाधारण रूप

से सुन्दर तो हैं ही, उनसे कवि के सूक्ष्म इन्द्रियबोध का भी पता चलता है। रूप, स्पर्श और गंध का एक साथ सम्मिश्रण 'प्रवालमादाय सुगंधि यस्य' में मिलता है। उनके लिए रूप जड़ मूर्ति की तरह प्राणहीन न होकर स्पन्दनशील है। वह अपने उपमानों द्वारा मानो उसका सजीव स्पन्दन ही प्रकट कर देते हैं। अंग्रेज कवि कीट्स के सौन्दर्यबोध की उचित और यथेष्ट प्रशंसा की गई है। किन्तु कीट्स के लिए मूर्त रूप उस तरह जीवित और स्पन्दनशील नहीं है, जैसे महाकवि कालिदास के लिए। मनुष्य के विचार बदल जाते हैं, उसके भावजगत में भी यथेष्ट परिवर्तन होते हैं, किन्तु उसका इन्द्रियबोध इनसे अधिक व्यापक होता है। इन्द्रियबोध के क्षेत्र में यह सदा सम्भव है कि सामाजिक विकास की दृष्टि से एक पिछड़ी हुई व्यवस्था का कवि शताब्दियों तक अपनी कोटि के रचनाकार के अभाव में अनामिका को सार्थक करता रहे। जौ के अंकुर कालिदास के प्रिय उपमान हैं। उनसे स्पर्श-मार्दव नेत्र-सुखद रंग और जीवन-क्रिया—तीनों ही अभिव्यंजित हैं। कालिदास के लिए सप्राण प्रकृति और चेतन मनुष्य में घनिष्ठ सम्बन्ध है। उर्वशी शापवश लता हो जाती है और पुरूरवा जब उन्मत्त की-सी दशा में उसे भेंटता है, तो वह लता उर्वशी-रूप में परिवर्तित हो जाती है। कालिदास का हृदय प्रकृति की जीवन-क्रिया से तन्मय हो जाता है। प्राकृतिक परिवेश में प्रेमीजन मिलते हैं, उनके प्रेम का सहज स्फुरण लता-विटपों के मिलन जैसा लगता है। शकुन्तला की प्रिय नवमालिका ने बालसहकार से स्वयंवर कर लिया है। जिस समय उमा ने शिव को किंचित्परिलुप्तधैर्य अपनी ओर निहारते देखा, उस समय स्फुरद् बालकदंब के समान अपने अंगों से भाव प्रकट किए। यह प्रेम जीवन की वह स्वाभाविक क्रिया है जहाँ मनुष्य की संवेदना, भावना और विचार एक ही राग में झंकृत हो उठते हैं।

कालिदास के सौन्दर्यबोध का मूलाधार उनका जीवन-प्रेम है। यह जीवन मनुष्य, पशु और वनस्पति में सर्वत्र है। इसका यह अर्थ नहीं कि वे विश्व में किसी अगोचर चेतना के दर्शन करते हैं। उनके लिए यह जीवन घोर गोचर है; वह इन्द्रियबोध से अभिन्न है, उससे परे नहीं। विलास और वैभव का यह कवि धरती के इतना निकट है जितना कोई भौतिकवादी कवि नहीं हुआ। उसे वर्षा के बाद धरती से उठनेवाली सोंधी सुगन्ध अत्यन्त प्रिय है। गर्मी के अन्त में वर्षा होने पर हाथी बार-बार तालों की मिट्टी सूँघते हैं; (रघु., सर्ग 3) वर्षा के कारण धरती से जो वाष्प निकली, उससे कदली की खिली हुई लाल कलियाँ विवाह के समय हवन का धुआँ लगने से सीता की लाल आँखों जैसी हो जाती हैं। (उप., सर्ग 12) यक्ष के सखा मेघ के सहायकों में धरती से उठती हुई गंध सूँघनेवाले हाथी भी हैं। देवगिरि की ओर जाते हुए मेघ को जो पवन थपकियाँ देगा, वह उसके निस्पन्द से उच्छ्वसित वसुधागन्ध-सम्पर्क रम्य है। मेघ यक्ष के हृदयोच्छ्वास के साथ वसुधा का गंधोच्छ्वास भी लेकर अलका की ओर जाता है।

यह गंधोच्छ्वास भारत की ही धरती का है। 'मेघदूत' में भारत के ग्राम-नगरों और प्रकृति के प्रति अपूर्व अनुराग प्रकट किया गया है। इन्दुमती के स्वयंवर में राजाओं के परिचय के बहाने भारत के सभी भागों की प्रकृति का परिचय दिया गया है। कालिदास के मानववाद में देशभक्ति के बीज विद्यमान हैं।

जीवन का जो उभार प्रकृति में दिखाई देता है, वही मानवमात्र में यौवन बनकर झलकता है। जो पवन भरी बालों से झुके हुए धान के पौधों को हिलाता है, वही नवयुवकों के हृदय चंचल करता है। ('ऋतुसंहार', सर्ग 3) पृथ्वी जैसे अपने गर्भ में बीज छिपाए रहती है, वैसे ही अग्निवर्ण की रानी अपने गर्भ में नया जीवन छिपाए रहती है। मानव और प्रकृति में जीवन-विकास की यह रहस्यमय क्रिया कालिदास को समान रूप से आकर्षित करती है। पाश्चात्य साहित्य में गर्भवती नारी को यह महत्त्व प्राप्त नहीं हुआ जो उसे भारतीय साहित्य में प्राप्त है। प्रभात शशि युक्त शर्वरी के समान लोध्रपांडु मुखवाली सुदक्षिणा सुन्दर हैं। दशरथ की रानियाँ दानों से भरी हुई नाज की बालों के समान पीली पड़कर भी सुन्दर हैं। नाज की भरी बालों के उपमान में केवल रंग की ओर संकेत नहीं है, वरन् उस स्वाभाविक जीवन-क्रिया की ओर भी संकेत है, जो प्रकृति और मानव के लिए समान है। रूप, रस, गंध, स्पर्श का सुख जीवन का ही सुख है। यह कालिदास की महत्ता है कि वह इस इन्द्रियबोध के साथ मूलत: जीवन के प्रति अनुराग प्रकट करते हैं। वनस्पति-जगत और पशुओं के प्रति जैसी सुकुमार सहानुभूति 'अभिज्ञान-शाकुन्तल' के चौथे अंक में प्रकट हुई है, वह अन्यत्र दुर्लभ है और उसका कारण प्रकृतिव्यापी जीवन के प्रति कवि का असीम अनुराग है। वसिष्ठ के आश्रम में मृग उटज द्वार रोककर खड़े हो जाते हैं, क्योंकि उन्हें भी ऋषियों की सन्तान की तरह नीवार में भाग मिलता है। (रघु., सर्ग 1) कालिदास को तपोवन अत्यन्त प्रिय हैं, क्योंकि यहाँ सभी जीव वीतभय हो गए हैं। (रघु., सर्ग 14) जिस हरिण पर दुष्यन्त बाण चलाना चाहते हैं, उसके और राजा के बीच तपस्वी आकर खड़े हो जाते हैं। यही नहीं, जिस हरिण पर दशरथ बाण चलाना चाहते हैं, उसके और राजा के बीच हरिणी आकर खड़ी हो जाती है। न केवल जीवन के स्पन्दन वरन् प्रेम के स्पन्दन से भी पशु-जगत वंचित नहीं है। इसलिए जब शकुन्तला आश्रम से चलने लगती है, तब उसका पुत्रतुल्य पाला हुआ मृग आकर उसकी राह रोककर खड़ा हो जाता है। कालिदास की करुणा मानव ही नहीं, जीवमात्र को अपने अन्दर समेट लेती है। इस करुणा का स्रोत दया नहीं है; इसका स्रोत व्यापक जीवन के प्रति गम्भीर अनुराग है। पाश्चात्य रोमांटिक कवियों में रूप-रस-गंधमय मानवीय और प्राकृतिक सौन्दर्य के प्रति अतिशय अनुराग है और कभी-कभी उसके साथ अतीन्द्रिय, अगोचर विश्वव्यापी चेतना की उद्‌भावना भी है। कालिदास के लिए रूप-रस-गंधमय सौन्दर्य निर्जीव नहीं है; न वह अतीन्द्रिय चेतना की ओर ही काल्पनिक उड़ान भरते हैं। वह सूक्ष्म इन्द्रियबोध और मार्मिक

करुणा से समृद्ध जीवन के अद्वितीय कवि हैं। इस दृष्टि से उनकी रोमांटिक भावधारा एक अन्य और उच्च स्तर की है। गोचर जगत के समृद्ध जीवन के प्रति यह सघन अनुराग अवश्य ही साहित्य का स्थायी तत्त्व है।

[3]

यहाँ कालिदास के जीवन-दर्शन का प्रश्न हमारे सामने आता है। प्रसिद्ध विद्वान डॉ. वासुदेवशरण अग्रवाल का मत है कि 'शिव के स्वरूप का यथार्थ ज्ञान ही कालिदास के दर्शन और साधना का ज्ञान है'। (मेघदूत : एक अध्ययन) उनका कहना है कि पार्वती सुषुम्ना नाड़ी का नाम है। मेरुदंड हिमालय है जिसके भीतर सुषुम्ना है। शिव जी ने मदन को भस्म किया, तदुपरान्त उमा की तपस्या से सुषुम्ना नाड़ी द्वारा योग की साधना से शिव और पार्वती का विवाह हुआ, अर्थात् व्यक्ति की चिदात्मक शक्ति जो अधोमुखी थी, वह अन्तर्मुखी होकर सहस्रदल में स्थित पर-बिन्दु शिव से संयुक्त हो जाती है, फिर विषयों से उसे कोई भय नहीं रहता।

यहाँ कई शंकाएँ उत्पन्न होती हैं। पार्वती अर्थात् सुषुम्ना से विवाह होने के पहले ही 'कुमारसम्भव' के तीसरे सर्ग में शिव जी अक्षर ब्रह्म को अपनी आत्मा के अन्दर देख चुके हैं। इसलिए जहाँ तक शिव का सम्बन्ध है, उन्हें कुंडलिनी जगाने की आवश्यकता नहीं है। यदि सुषुम्ना का कल्याण करना है तो शिव जी किंचित्परिलुप्तधैर्य होकर उनके (पार्वती के) बिम्बफलाधरोष्ठों को क्यों निहारने लगते हैं? और जब अपने विचलित होने का ज्ञान होता है तब 'स्त्री सन्निकर्ष परिहर्तुमिच्छन्' सुषुम्ना का साथ छोड़कर अन्तर्धान होने की आवश्यकता क्यों उत्पन्न होती है? काम को एक बार भस्म कर देने पर उसे फिर जिलाने की आवश्यकता क्या थी? जब विवाह पक्का हो गया, तब 'अद्रिसुता समागमेत्सुक:' (पार्वती-परिणयोत्सुक:—मल्लिनाथ) शिव के लिए तीन दिन काटना भी कठिन हो गया। इस पर महाकवि कहते हैं कि इस तरह के भाव यदि शिव को स्पर्श करते हैं, तब अन्य जन 'अवश' (इन्द्रियपरतंत्रम्—मल्लिनाथ) हो जाएँ तो आश्चर्य क्या? पार्वती जी ने शिव को पाने के लिए तपस्या अवश्य की थी। शिव जी ने उन्हें शिष्या भी बना लिया, किन्तु वह योगाभ्यास में शिष्या न थीं वरन् :

शिष्यांत निधुवनोपदेशिन: शंकरस्य रहसि प्रपन्नया।
शिक्षितं युवतिनैपुणं तया यत्तदेव गुरुदक्षिणीकृतम्॥

'निधुवनोपदेशिन:' का अर्थ है : 'सुरतोपदेष्टु:'। ऐसे गुरु से पार्वती जी ने जो शिक्षा पाई थी, वह 'युवतिनैपुणम्' दक्षिणा के रूप में उन्हें अर्पित कर दी। हो सकता है, योग की बातें सुरत शब्दावली में समझाई गई हों, किन्तु आगे चलकर कालिदास कहते हैं :

एवमिन्द्रियसुखस्य वर्त्मन: सेवनादनुगृहीतमन्मथ:।

इन्द्रियसुख के मार्ग के सेवन से मन्मथ अनुगृहीत हुआ। इन्द्रियसुख का अर्थ अतीन्द्रिय आनन्द हो, मन्मथ का अर्थ सच्चिदानन्द ब्रह्म हो, तभी डॉ. अग्रवाल की व्याख्या ठीक मानी जाएगी।

डॉ. अग्रवाल ने 'मेघदूत' के सम्बन्ध में नम्रता के साथ लिखा है : "यह भी सत्य है कि कालिदास के समान उस ग्रंथ का गम्भीर किन्तु प्रमोदपूर्ण पारायण आज तक कोई नहीं कर सका।" इसका कारण यह है : "काव्य में कान्ता-सम्मित उपदेश दिया जाता है। इसीलिए 'मेघदूत' के अध्यात्म-ज्ञान का ऊपर से कुछ पता नहीं चलता।" कवि ने स्थान-स्थान पर जो स्कन्द, शिव और कैलास का उल्लेख किया है : "इन सब बातों में एक ही अध्यात्मभाव दृष्टिगोचर होता है, जिसके द्वारा काम का कल्मष दूर होगा और वह शिव का सान्निध्य प्राप्त कर अन्ततः अध्यात्म में विपरिणमित हो जाएगा।" ऐसा लगता है कि यक्ष ने अपना सन्देश अपनी 'प्रिया के प्राणों को सहारा देने की इच्छा से' (डॉ. अग्रवाल की टीका) नहीं भेजा, वरन् कामरूप मेघ को अध्यात्मवाद सिखाने के लिए उसे 'कान्तासम्मित' उपदेश दिया है। मेघ महाकाल के मन्दिर में पहुँचेगा। उस पवित्र धाम के उपवन को "कमलों पराग से सुगन्धित एवं जलक्रीड़ा करती हुई युवतियों के स्नानीय द्रव्यों से सुरभित गन्धवती हवाएँ झकोर रही होंगी।" इन हवाओं से अपना तन-मन शुद्ध करके वह संध्यकालीन आरती के समय धीर-गम्भीर गर्जन करेगा, तब उसे अपनी भक्ति का पूरा फल मिलेगा। वह इस प्रकार : "वहाँ प्रदोषनृत्य के समय पैरों की ठुमकन से जिनकी कटि-किंकिणी बज उठती हैं और रत्नों की चमक से झिलमिल मूठोंवाली चौरियाँ डुलाने से जिनके हाथ थक जाते हैं, ऐसी वेश्याओं के ऊपर जब तुम सावन के बुंदाकड़े (वर्षाग्रबिंदून) बरसाकर उनके नखक्षतों को सुख दोगे, तब वे भी भौरों-सी चंचल पुतलियों से तुम्हारे ऊपर अपने लम्बे चितवन चलाएँगी।" (डॉ. अग्रवाल की टीका) यह फल पाकर वह रात में मिलने जाती हुई अभिसारिकाओं के लिए बिजली से प्रकाश कर देगा। महाकाल के दर्शन कराने बाद ही यक्ष मेष को यह परम ज्ञान का तत्त्व बतलाता है :

ज्ञातस्वादो विवृतजघनां को विहातुं समर्थः।

यह जानकर कि अलका में कुबेर के मित्र शिव बसते हैं, काम अपना धनुष चढ़ाने से डरता है, लेकिन "कामी जनों को जीतने का उसका मनोरथ तो नागरी स्त्रियों की लीलाओं से ही पूरा हो जाता है, जब वे भौंहें तिरछी करके अपने कटाक्ष छोड़ती हैं तो कामीजनों में अचूक निशाने पर बैठते हैं।" इस प्रकार शिव-सान्निध्य से मदन-व्यापार में जरा भी बाधा नहीं पड़ती। अन्त में काम-कल्मष धुल जाने पर मेघ के लिए यक्ष जिस अध्यात्म-विधि में विपरिणमित होने की कल्पना करता है, वह 'मेघदूत' की अन्तिम पंक्ति यह है :

माभूदेवं क्षणमपि च ते विद्युता विप्रयोगः।

"हे जलधर, तुम्हें अपनी प्रियतमा विद्युत से क्षण-भर के लिए मेरे जैसा वियोग न सहना पड़े।" प्रिया से सुखद संयोग की अवस्था ब्रह्मानन्द तुल्य हो सकती है, किन्तु साक्षात ब्रह्मानन्द नहीं।

कालिदास अद्वैत सत्ता में विश्वास करते हैं, किन्तु यह सत्ता गोचर संसार का तिरस्कार नहीं करती। 'अभिज्ञान शाकुन्तल' के आरम्भ में कालिदास ने जिन शिव की वन्दना की है, वह जल, अग्नि, पृथ्वी, वायु, आकाश आदि आठ प्रत्यक्ष रूपों में सभी को दिखाई देते हैं। इसलिए वह विशुद्ध अप्रत्यक्ष सत्ता नहीं है।

द्रव: संघातकठिन: स्थूल: सूक्ष्मो लघुर्गुरु:।
व्यक्तो व्यक्तेतरश्चासि प्राकाम्यं ते विभूतिषु॥ ['कुमार.', सर्ग 2]

वह द्रव भी हैं, संघात कठिन भी (अशिव उपलाकार मंगल द्रवित जल नीहार—निराला); वह स्थूल भी हैं, सूक्ष्म भी; वह व्यक्त भी हैं, अव्यक्त भी। कालिदास के लिए प्रकृति और पुरुष की सम्मिलित इकाई है :

त्वामामनंति प्रकृतिं पुरुषार्थप्रवर्तिनीम्।
तद्दर्शिनिमुदासीनं त्वमेव पुरुषं विन्दु:॥ [उप.]

शिव भोज्य और भोक्ता, दोनों हैं, इसलिए महाकवि वर्तमान युग के अनेक अद्वैतवादियों की तरह जड़-चेतना के द्वैत से पीड़ित नहीं हैं। आधुनिक कवियों में उनके दार्शनिक दृष्टिकोण के सच्चे उत्तराधिकारी आनन्दवादी जयशंकर प्रसाद थे, जिन्होंने लिखा था : "एक तत्त्व की ही प्रधानता, कहो उसे जड़ या चेतन।" 'कुमारसम्भव' के पाँचवें सर्ग में कवि ने शिव को विश्वमूर्ति कहा है और मल्लिनाथ ने 'विश्व मूर्तिर्यस्य' कहकर उसकी व्याख्या की है। 'यह विश्व ही शिव की मूर्ति है' (चित का विराट् वपु मंगलप्रसाद)।

कालिदास का यह दार्शनिक दृष्टिकोण साहित्य के लिए महत्त्वपूर्ण है। वह विश्व को शिवरूप मानते हैं, इसलिए उनकी सहानुभूति का क्षेत्र व्यापक है। वह मानव-जीवन को क्षणभंगुर और संसार को नाशवान कहकर वैराग्य का उपदेश नहीं देते। अनेक राजाओं को बुढ़ापे में वैरागी बनाकर उन्होंने एक रूढ़ि का अनुसरण-मात्र किया है। शिव-साधना गृहस्थ-धर्म में भी सम्भव है। वह रहस्यवादियों की तरह परोक्ष सत्ता के गीत नहीं गाते; वह प्रकृति और मानव का प्राण-स्पन्दन सुनते हैं और इस जीवन को अपनी कला का आधार बनाते हैं। इस अद्वैतवाद के कारण वह पौराणिक गाथाओं का काव्योचित उपयोग करते हैं और पुराणवादियों की तरह सैकड़ों देवताओं में अन्धविश्वास उत्पन्न नहीं करते। उनके लिए गंगा भी 'शंभोरंभोमयी मूर्ति:' (शंभु की ही जलमयी मूर्ति) हैं और ब्रह्मा-विष्णु-महेश—'एकैव मूर्तिर्बिभिदे त्रिधा सा'—एक ही मूर्ति के तीन भेद हैं। इस कारण वह धार्मिक आग्रहों से मुक्त पूर्ण कवि हैं।

अपने दार्शनिक दृष्टिकोण के कारण कालिदास ने पौराणिक गाथाओं की रूढ़ियों से बचते हुए साधारणत: उनका कलात्मक उपयोग किया है। यक्ष, किन्नर, गन्धर्व, देवता, अप्सराएँ आदि उनके काव्य का वैसे ही अभिन्न अंग हैं, जैसे यूनान की देवगाथाएँ वहाँ के प्राचीन काव्य का अंग थीं। इसके साथ ही उन्होंने अशोक और बकुल के फूलने आदि की किंवदंतियों का भी कलात्मक उपयोग किया है। सुन्दरियाँ मदिरा की कुल्ली करती थीं तो बकुल फूल उठते थे। जहाँ शिव तप कर रहे थे, वहाँ काम के आने पर सुन्दरियों के नूपुरसज्जित चरणों की अपेक्षा किए बिना ही अशोक खिल उठा। इसी तरह सुन्दरी के मुख को कमल समझकर भौंरा उसके पास आएगा ही (चाहे वह मुख पार्वती का हो, चाहे शकुन्तला का), यह भी कालिदास के सौन्दर्यशास्त्र का एक सूत्र है। प्रचलित विश्वासों के अतिरिक्त कालिदास प्रकृति में मानवत्व का आरोप करके स्वयं नई रोचक गाथाएँ (myth) गढ़ लेते हैं। 'मेघदूत' इसका श्रेष्ठ निदर्शन है। कालिदास का युग उस काल के बहुत बाद का है, जब मनुष्य ने भ्रम को सत्य मानकर प्रकृति-सम्बन्धी अनेक चित्रमय उद्‌भावनाएँ की थीं। कालिदास रोमांटिक इसीलिए हैं कि वह उस बीते युग का स्वप्न देखते हैं। युग के अनुकूल महाकवि में एक तीक्ष्ण बौद्धिकता के दर्शन भी होते हैं। जिस चन्द्रमा का कलंक देखकर अनेक कवियों ने कल्पना-चमत्कार दिखलाया था, उसके बारे में कालिदास को ज्ञान है कि चन्द्रमा पर पृथ्वी की छाया पड़ती है। "छाया हि भूमे: शशिनो मलत्वे निरूपिता शुद्धिमत: प्रजाभि: "। ('रघु.', सर्ग 14) बाल चन्द्रमा जब बड़ा होता है, तब वह सूर्य का तेज पाकर ही बड़ा होता है : "पुपोष वृद्धि हरिदश्वदीधितेरनप्रवेशादिव बालचन्द्रमा: "। (उप., सर्ग 3) इस प्रखर बौद्धिकता के कारण कालिदास की लोकोत्तर कल्पना के साथ यथार्थवादी प्रवृत्ति का मिश्रण हो गया है। सेंधा नमक चाटते हुए घोड़े (रघु., सर्ग 5), शुष्क कर्दमवाले सर को खोदते हुए सूर्य की किरणों से व्यथित वराहयूथ ('ऋतुसंहार', सर्ग 1), मुँह से लार और फेन निकालते हुए तृषाकुल महिषीकुल (उप.), वर्षा का पहला गँदला पानी जो कीटरजस्तृणन्वित है (उप., सर्ग 2), सभी औषधियों को व्यर्थ करनेवाला सन्निपात ('कुमार.', सर्ग 2)—ये सब भी उनके काव्य में हैं।

कालिदास की उपमाएँ प्रसिद्ध हैं। उनमें संसार की विभिन्न वस्तुओं का साम्य देखने के लिए वह सहज क्षमता विद्यमान है जिसके बिना कोई कवि नहीं हो सकता। उनके अधिकांश उपमान उनके सूक्ष्म इन्द्रियबोध और सौन्दर्यग्राहिका वृत्ति के परिचायक हैं। जहाँ-तहाँ उन्होंने बड़े साहस से मौलिक उपमानों का प्रयोग भी किया है। अज के शोक के बारे में लिखा है :

"तस्य प्रसह्य हृदयं किल शोकशंकु: प्लक्षप्ररोह इव सौधतलं बिभेद।" ('रघु.', सर्ग 8) जैसे प्लक्षप्ररोह सौधतल भेदकर नीचे-निकल जाते हैं, वैसे ही शोक ने अज के हृदय को बेध दिया था। अज की विजय से प्रसन्न इन्दुमती के मुख के लिए लिखा है कि नि:श्वासवाष्प के दूर होने से जैसे दर्पण चमकने लगता है, वैसे

ही उसका मुख प्रसन्न हुआ। स्नान की हुई पार्वती ऐसी लगती हैं, जैसे पर्जन्य जल से अभिषिक्त प्रफुल्लकाशा वसुधा हो! उनके अधिकांश उपमान प्रकृति से लिये गए हैं जिससे यही परिणाम निकलता है कि नगर से अधिक उन्हें प्रकृति ही प्रिय है।

कालिदास का काव्योत्कर्ष उपमाओं तक सीमित नहीं है। उनकी कला का शृंगार उनकी सुकुमार संवेदनाएँ हैं। ये संवेदनाएँ वस्तुओं का रूप ही ग्रहण नहीं करतीं, वरन् उनके जीवन का स्पन्दन भी सुनती हैं। उनकी सहानुभूति जगह-जगह सामन्ती व्यवस्था और सामन्ती काव्य-परम्परा की रूढ़ियों का खंडन करती चलती है। नारी का सम्मान करने में वह वाल्मीकि की परम्परा का अनुसरण करते हैं। दुष्यन्त के पास गर्भवती शकुन्तला को छोड़कर जाते हुए शारद्वत का कहना है कि पति की प्रभुता सर्वतोमुखी है; वह चाहे पत्नी को छोड़े चाहे, ग्रहण करे और शारंगरवा उसे पति के घर में दासी बनकर रहने की सलाह देते हैं। शकुन्तला क्रोध से दुष्यन्त को फटकारती है : "अनार्य, दूसरों को अपने जैसा समझते हो? तृणों से ढके हुए कुएँ की तरह कौन तुम्हारे सिवा धर्म का ढोंग करेगा?" और भी : "तुमने मुझे स्वच्छन्दचारिणी बना डाला, सो ठीक किया। मैं पुरुवंश का विश्वास करके तुम जैसे व्यक्ति के हाथ पड़ गई, जिसके मुँह में मधु है और हृदय में विष है।" यहाँ कालिदास ने 'महाभारत' की रोष-भरी शकुन्तला की थोड़ी-सी झाँकी दी है।

गर्भवती सीता को जब लक्ष्मण वन में छोड़कर चलना चाहते हैं तब वह राम को राजा के रूप में स्मरण करती हैं : 'वाच्यस्त्वया मद्वचनात्स राजा।' इससे बड़ी फटकार राम के लिए और क्या हो सकती थी? यह स्वाभाविक था कि रोती हुई सीता को ढाढ़स बँधाने वही महाकवि आते जिन्होंने विलाप करते हुए क्रौंच पक्षी को देखकर पहला श्लोक रचा था। 'शोक: श्लोकत्वमागत:' को स्मरण करते हुए कालिदास ने यह अनुपम छन्द लिखा है :

तामभ्यगच्छद्रुदितानुसारी कवि: कुशेध्माहरणा यात:।
निषादविद्धांडजदर्शनोत्थ: श्लोकत्वमापद्यत यस्य शोक:॥

'पुराणमित्येव न साधु सर्वं'—यह उक्ति वाल्मीकि के लिए नहीं है। किसी संचित पुण्यफल की भाँति सौन्दर्यवादी कालिदास के हृदय में आदि कवि के लिए श्रद्धा बची हुई है। मानो वाल्मीकि से होड़ करते हुए कालिदास ने उनसे कहलाया है :

उत्खातलोकत्रयकंटकेपि सत्यप्रतिज्ञेप्यविकत्थनेपि।
त्वां प्रत्यकस्मात्कलुषप्रवृत्तावस्त्येव मन्युर्भरताग्रजे मे॥

राम ने तीनों लोकों के कंटक रावण का नाश किया; वह सत्य-प्रतिज्ञ हैं और आत्मप्रशंसा भी नहीं करते। फिर भी तुम्हारे प्रति अकारण निन्दा-व्यापार में प्रवृत्त होनेवाले राम पर मैं क्रोध करता हूँ।

वाल्मीकि ही राम पर क्रोध कर सकते थे और कालिदास ही उसके बारे में यों लिख सकते थे।

वनवास ही नहीं, उससे पहले भी कालिदास की भक्ति राम से अधिक सीता में है। लंका से लौटने पर माताएँ अशीर्वाद देती हैं :

उत्तिष्ठ वत्से ननु सानुजोसौ वृत्तेन भर्ताशुचिना तवैव।
कृच्छं महत्तीर्ण इति प्रियार्हां तामूचतुस्ते प्रियमप्यमिथ्या॥

उन्होंने सीता से उठने को कहा और बोलीं—निश्चय ही भाई के साथ यह भर्ता तुम्हारे ही शुद्ध व्रत के कारण भारी संकट से पार हुए हैं। इस पर कालिदास की टिप्पणी है कि यह बात प्रिय भी थी और सत्य भी!

नारी-सौन्दर्य के प्रशंसक कालिदास मातृत्व की वन्दना करते हैं। पार्वती को पाकर मेना और भी शोभित हुईं। जब पार्वती ने अपने पुत्र को गोद में लिया तब वात्सल्य रस की अतिशयता से उनके स्तनों से दूध बह चला। अनेक स्थलों पर महाकवि ने सन्तान के प्रति इस ममत्व की अभिव्यंजना की है। इस प्रकार सौन्दर्यवादी कवि मानवता की उच्चभूमि तक पहुँचते हैं। इस भूमि में प्रवाहित उनकी करुणा साहित्य का स्थायी तत्त्व है।

साहित्य किन्हीं विशेष सामाजिक परिस्थितियों में ही रचा जाता है। इन परिस्थितियों की छाप उस पर पड़ती है। किन्तु साहित्य किसी समाज-व्यवस्था का यांत्रिक प्रतिबिम्ब नहीं होता। सामाजिक परिस्थितियाँ साहित्य रचने के उपकरण प्रस्तुत करती हैं, लेकिन इन वस्तुगत परिस्थितियों के साथ साहित्यकार का आत्मगत प्रयास भी आवश्यक होता है। यह बिलकुल सम्भव है कि उपकरण श्रेष्ठ हों किन्तु उनका समुचित उपयोग करनेवाले कवि का अभाव रहे। एक ही समाज और एक ही वर्ग के व्यक्तियों की मेधा, सहृदयता, जीवन-दर्शन की क्षमता में भेद होता है। यह भेद बहुत-कुछ साहित्य का उत्कर्ष निश्चित करता है। अपने युग को प्रतिबिम्बित करने में कालिदास निष्क्रिय नहीं हैं। उनकी अपनी मेधा, सहृदयता, जीवन-दर्शन की क्षमता अपना पूर्ण चमत्कार दिखलाती है। इसी कारण उस युग का और उस समाज-व्यवस्था का कोई भी कवि कालिदास को नहीं पाता। वाल्मीकि और व्यास ही इसके अपवाद हैं। उनकी तुलना में कालिदास का काव्यजगत् संकुचित है। वह उदात्त चरित्र-निर्माण में अक्षम हैं। यद्यपि उन्होंने नाटक रचे हैं, फिर भी उनकी प्रतिभा मुख्यत: एक सौन्दर्योपासक 'लिरिक' कवि की है। मानव-जीवन के सर्वांगीण चित्रण के बिना कोई भी व्यास और वाल्मीकि की बराबरी नहीं कर सकता। मनुष्य का अपना अनुभव जितना समृद्ध होता है, उतना ही समृद्ध वह साहित्य भी चाहता है। कालिदास की रोमांटिक कल्पना, उनका सूक्ष्म सौन्दर्य-दर्शन हमारे लिए काफी नहीं है। तुलसीदास ने मध्यकालीन समाज के साधारणजनों की जिस व्यवस्था

को पहचाना है और उसे वाणी दी है, उससे कालिदास स्वभावत: अपरिचित थे। 'महाभारत' और 'रामायण' में मनुष्य की विजय में जो उद्दाम आशा प्रकट की गई है, करुणा के साथ अन्यायी को दंड देने के लिए जो संघर्ष-प्रियता व्यंजित हुई है, श्रृंगार के अतिरिक्त मनुष्य जगत का जो विविध और गम्भीर चित्रण हुआ है, वह कालिदास के लिए सुलभ नहीं है।

वह एक युग-विशेष के कवि हैं और उसकी अनेक विशेषताएँ आज हमें प्रिय नहीं हैं। नर-नारी के यौन-सम्बन्धों के वर्णन में उनकी रुचि बहुत जगह हमें कुरुचिपूर्ण मालूम होती है। वैसे तो यह मानव का (और पशुओं का भी) सार्वजनीन व्यापार है जो सनातन काल से अभी तक तो चलता ही आया है (आगे आणविक शक्ति के प्रकोप से मनुष्य उसके अयोग्य हो जाए, वह दूसरी बात है), किन्तु साहित्य का उत्कर्ष सार्वजनीन व्यापार के वर्णन से ही सम्भव नहीं होता। अपने सामाजिक विकास-क्रम में मनुष्य की साहित्यिक रुचि का भी परिष्कार होता चलता है। यह क्रम सामाजिक विकास से सम्भव होता है, किन्तु उसका सीधा परिणाम नहीं है। इसलिए नहीं है कि मनुष्य का इन्द्रियबोध उसे अपने जीवन के साथ मिला है, उसके आर्थिक सम्बन्धों की भित्ति पर उसकी रचना नहीं हुई। उसका भावजगत भी आर्थिक सम्बन्धों के बदलने के साथ तुरन्त और पूर्ण रूप से नहीं बदल जाता। इसका कारण यह है कि मनुष्य के भावों का सम्बन्ध प्रकृति से है, परिवार के लोगों से है, गाँव और नगर के मित्रों आदि से है। परिवार के सम्बन्ध बहुत-कुछ आर्थिक विकास से निश्चित होते हैं, किन्तु वे उसका प्रतिबिम्ब नहीं हैं। सौन्दर्येच्छा, यौन-प्रेम, सन्तान के प्रति स्नेह पशुओं में भी मिलता है; मानव समाज में वह सब विकसित होता है, कभी-कभी ह्रास की दिशा में भी चलता है जिससे मनुष्य पशुओं से नीचे गिर जाता है।

कालिदास के समय की अनेक धार्मिक, साहित्यिक और सामाजिक रूढ़ियाँ अब निरर्थक हो गई हैं। उन पर आधारित काव्यांश भी निर्जीव हो गया है। भोगवाद के लिए कवि का आग्रह सार्वजनीन होते हुए भी अनेक स्थलों पर अपरिष्कृत लगता है। यह सब होने पर भी वह महाकवि के रूप में उचित ही प्रतिष्ठित हैं। उनकी सौन्दर्यवृत्ति कण्व के तपोवन, शिव के कैलास और यक्ष की अलका से ही सन्तुष्ट होती है। उद्यानलताओं के बदले वह वनलताओं के सौन्दर्य पर अपने को उत्सर्ग कर देते हैं। वह रूप-रस-गंध-स्पर्शमय प्रकृति और मानव के समृद्ध जीवन के गायक हैं। प्रकृति और प्राणिमात्र के जीवन-स्पन्दन साहित्य के स्थायी तत्त्व हैं। उमा का सौन्दर्य, वाल्मीकि का सात्त्विक क्रोध, इन्दुमती के लिए अज का शोक, भारत की धरती से कवि का प्रेम—ये सभी साहित्य के स्थायी तत्त्व हैं। इन्हें कवियों ने तुरन्त नहीं पा लिया; इन्हें पाने के लिए उन्हें सामाजिक और सांस्कृतिक विकास का लम्बा मार्ग तय करना पड़ा था। कालिदास ने उन मानव-मूल्यों को सहेजा और अनेक दिशाओं में उन्हें अधिक विकसित किया।

कालिदास के भोगवाद को रीतिकालीन कवियों ने अपनाया, किन्तु वे उसकी छाया ही छू सके। कालिदास के सूक्ष्म सौन्दर्यबोध को आज तक कोई नहीं पा सका। किन्तु साहित्य के मूल्यवान तत्त्व समाज-निरपेक्ष नहीं हैं। हम उन्हें अपने सामाजिक विकास-क्रम में ही पाते हैं। आर्थिक और राजनीतिक सम्बन्धों के अनुरूप मनुष्य के बहुत-से विचार बदल जाते हैं, किन्तु उसका इन्द्रियबोध और भावजगत परिवर्तनशील होते हुए भी आर्थिक और राजनीतिक सम्बन्धों की प्रतिच्छवि नहीं है। राजा-प्रजा के सम्बन्ध में, धार्मिक कर्मकांड और वर्ण-व्यवस्था के सम्बन्ध में कालिदास के भाव और विचार साधारणत: हमें आकृष्ट नहीं करते। किन्तु उनकी यह कल्पना कि राज्य में कोई बन्दी नहीं है, राजा के निर्लोभी होने से प्रजा अर्थवान होती है, उनके भावुक हृदय का परिचय देती है और उसमें बाद को आनेवाले कवियों के लोक-प्रेम के बीज हम देखते हैं। नारी के प्रति उनकी सम्मान-भावना, मातृत्व का आदर, जीवनमात्र से सहानुभूति, इस देश की प्रकृति से अगाध स्नेह, अपनी समग्र चेतना से व्यापक विश्व-जीवन का स्पन्दन सुनने की शक्ति, उनकी आत्मविभोर गेयता, भाषा पर असाधारण अधिकार और उनकी चरित्रगत नम्रता जो उनकी कला के पीछे छिपी हुई है—ये सभी बातें आज भी अभिनन्दनीय हैं, अनुकरणीय भी। यही कारण है कि रवीन्द्रनाथ पर कालिदास का गहरा प्रभाव है और 'तुलसीदास' लिखते समय निराला महाकवि के अध्ययन में डूबे हुए थे।

कालिदास के काव्य-साहित्य के ये सब तत्त्व स्थायी ही नहीं हैं, वे आधुनिक भारतीय साहित्य में अन्तर्धारा की भाँति प्रवाहित भी हैं।

6

नैतिक मूल्यों की समस्या : शेक्सपियर के दुःखान्त नाटक

शेक्सपियर ने उस युग में जन्म लिया था जो यूरोप में पुनर्जागरण (रिनैसांस) के नाम से प्रसिद्ध है। वास्तव में यह नवजागरण का युग था जब यूरोप में नई जातियों का अभ्युदय हुआ; पुराने सामन्ती सम्बन्धों के बदले समाज में नये मानव-सम्बन्ध कायम हुए। यह पूँजीवाद का अभ्युदयकाल था। अंग्रेजों में नई जातीय चेतना फैली; उन्होंने अपनी भाषा और साहित्य का अभूतपूर्व विकास किया। अंग्रेज आलोचक टिलयार्ड ने मध्यकालीन इंग्लैंड और इस नवजागरण के युग में अनेक समानताएँ दिखलाई हैं। फिर भी इस प्रचलित धारणा की सचाई खंडित नहीं होती कि यह नवीन युग मध्यकालीन परम्परा से मूलतः भिन्न था। ब्रैडले ने ठीक लिखा है कि शेक्सपियर के नाटक परलोक-चिन्तन से भिन्न मनुष्य के लौकिक जीवन को केन्द्र बनाकर रचे गए हैं। शेक्सपियर के सम्बन्ध में यह स्वीकृत दृष्टिकोण इस बात का प्रमाण है कि यह नया युग मध्यकालीन परम्परा से भिन्न था और यह भी कि इस नये इहलोकवादी दृष्टिकोण के प्रतिनिधि कलाकार शेक्सपियर हैं।

शेक्सपियर नये युग के प्रतिनिधि साहित्यकार थे; साथ ही वे प्राचीन सांस्कृतिक परम्परा के मूल्यवान नैतिक तत्त्वों के रक्षक भी थे। उनके साहित्य में इंग्लैंड की लोकसंस्कृति को ही नया जीवनदान नहीं मिला वरन् यूनान की प्राचीन संस्कृति की अमिट छाप भी उस साहित्य पर है। शेक्सपियर के लिए प्रसिद्ध है कि उनकी प्रतिभा प्रकृति की सहज देन थी; उन्हें लैटिन बहुत कम आती थी और ग्रीक उससे भी कम। इस प्रचलित धारणा के कारण शेक्सपियर और यूनानी नाटककारों के साम्य पर कम ध्यान दिया गया है। साधारणतः यूनानी नाटकों के लिए कहा जाता है कि उनमें मनुष्य कर्म करने में स्वतंत्र न होकर नियति के हाथों में खेलता है। शेक्सपियर में मनुष्य कर्म करने में स्वतंत्र है और इसलिए अपने कर्मों से अपना भाग्य स्वयं रचता है। इस धारणा में आंशिक सत्य अवश्य है किन्तु यह सत्य आंशिक ही है।

पाँचवीं सदी ईसा पूर्व में इस्किलस ने प्रोमीथियस के सम्बन्ध में अपने नाटक रचे थे। 'परतंत्र प्रोमीथियस' में नाटक की समस्या किसी रक्त-सम्बन्धी की हत्या अथवा परिवार के किसी निकट सम्बन्धी से अवैध प्रेम नहीं है। इस तरह की समस्याएँ

अनेक यूनानी नाटकों में मिलती हैं जिनका कारण रक्त-सम्बन्ध पर आधारित प्राचीन समाज से नई व्यवस्था की ओर संक्रमण था। इस्किलस के प्रोमीथियस की यातना का कारण उसका मानव-प्रेम है। उसने देवताओं के अधिपति की अवज्ञा करके मनुष्य की सहायता की है। उसके अभिमान को तोड़ने के लिए अनेक प्रयत्न किए जाते हैं किन्तु वह अपनी आस्था पर अडिग रहता है। उसके हृदय में मानव-जाति के लिए अपार करुणा है, यद्यपि देवताओं के अधिपति के हृदय में उसके लिए करुणा नहीं है। उसने मनुष्य के हृदय में आशा का बीज बो दिया है और इसे वह अपनी बहुत बड़ी सफलता मानता है। उसने जो कुछ किया, वह नियति के कारण नहीं वरन् "स्वेच्छा से, अपनी आँखों से भावी परिणाम को देखते हुए"। प्रोमीथियस मानव-कल्याण के लिए अत्याचारी देवाधिपति से लड़नेवाला वीर है।

वीर के सम्बन्ध में यह धारणा शेक्सपियर की भी है। उन्नीसवीं सदी के उत्तरार्द्ध में वैज्ञानिक समाजवाद के विकास के साथ यह नई धारणा प्रचलित हुई कि इतिहास के निर्माता साधारण जन हैं। किन्तु इस्किलस और शेक्सपियर, दोनों ही के युगों में इस धारणा से साहित्यकार परिचित न थे। यही कारण है कि शेक्सपियर के नाटकों में इतिहास के निर्माता साधारण जन नहीं हैं वरन् कुछ विशेष गुणोंवाले वीर हैं। शेक्सपियर ने 'जूलियस सीजर' में ब्रूटस को ऐसे ही वीर के रूप में चित्रित किया है। ब्रूट्स के शत्रु भी उसकी मृत्यु के बाद स्वीकार करते हैं कि उसने जो कुछ किया, वह सार्वजनिक हित के लिए ही किया। उसके शत्रु अधिक चतुर हैं, साथ ही वे सिद्धान्तहीन स्वार्थसेवी भी हैं। ब्रूट्स को सत्ता की आकांक्षा नहीं है, उन्हें है। वह अपने आदर्श पर अडिग रहता है और विजय के लिए अनैतिक उपायों से काम लेना अस्वीकार करता है। इसलिए वह पराजित होता है किन्तु उसकी यह पराजय ही उसकी विजय है। उसकी मृत्यु उसके प्रतिद्वंद्वियों को नीचा दिखाती है। अन्य नाटकों में शेक्सपियर ने लोकहित की समस्या को इसी रूप में नहीं लिया किन्तु इस समस्या के प्रति उसके अनेक नायक सचेत अवश्य हैं। हैमलेट की प्रसिद्ध उक्ति है कि समय अव्यवस्थित हो गया है किन्तु वह उसे व्यवस्थित करने में अपने को अक्षम पाता है। 'कोरिओलानस' और 'जूलियस सीजर' में शेक्सपियर ने जनता को राजनीतिक क्षेत्र में चंचल, असावधान और दूसरों के कहने में आ जानेवाली दिखलाया है। जनता शिक्षित होकर अपने ऊपर स्वयं शासन करने लगे, यह अत्यन्त कठिन कर्म है। आज भी यह लक्ष्य पूरी तरह सिद्ध नहीं हुआ। शेक्सपियर ने यथार्थ चित्रण ही किया है। फिर भी यह उल्लेखनीय है कि उनके नाटकों के खलनायक जनता से त्रस्त रहते हैं और अपने प्रतिद्वंद्वियों को जनता से दूर रखने का प्रयत्न करते हैं। हैमलेट के शत्रु क्लॉडियस ने अपने भाई की हत्या की है और उसकी पत्नी से विवाह कर लिया है। हैमलेट से उसे भय है और वह उसे विदेश भेजने की योजना बनाता है। वह हैमलेट को देश में खुले घूमने की छूट नहीं देना चाहता

क्योंकि 'चंचल-चित्त जनता उसे प्यार करती है'। 'किंग लियर' में अन्धा ग्लॉस्टर जहाँ-तहाँ घूमकर लियर की क्रूर लड़कियों के प्रति जनता का रोष जाग्रत करता है। रीगन कहती है : "हमने बड़ी मूर्खता की जो ग्लॉस्टर की आँखें निकालने के बाद उसे जीता रहने दिया। जहाँ भी वह जाता है, वह सभी को हमारे विरुद्ध आन्दोलित कर देता है।"

शेक्सपियर ने इस्किलस की तरह ऐसे वीर चित्रित किए जिनके हृदय में मनुष्य के लिए करुणा है। इससे भी अधिक यह कि प्रोमीथियस की तरह वे आँखें खोलकर स्वेच्छा से कार्य करनेवाले वीर हैं, किसी नियति के हाथ में कठपुतलियाँ नहीं। किन्तु शेक्सपियर में नियतिवाद का नितान्त अभाव नहीं है। 'मैकबेथ' में दैवी अथवा अर्द्धदैवी शक्तियों को मैकबेथ का भविष्य पहले ही मालूम है। यद्यपि मैकबेथ कार्य करने में स्वतंत्र है, फिर भी यह स्पष्ट है कि एक प्रकार से उसका भाग्य पहले ही निश्चित हो चुका है। अनेक नाटकों में प्राकृतिक उथल-पुथल मानो यह संकेत करती है कि मानव-जीवन की घटनाएँ उस उथल-पुथल से भी प्रभावित हैं। इसके अतिरिक्त शेक्सपियर के अनेक पात्र अपनी उक्तियों से बराबर नियति की याद दिलाते हैं। ईसाई धर्म द्वारा प्रचारित पाप-पुण्य की भावना और स्वर्ग-नरक की धारणा से यह नियतिवाद बिलकुल भिन्न है। वह यूनानी नाटककारों के नियतिवाद का ही नया संस्करण है। देवता क्रूर हैं और वे अपने विनोद के लिए मनुष्य को पीड़ा देते हैं, इस धारणा को शेक्सपियर ने अपने पात्रों द्वारा व्यक्त कराया है। फिर भी कुल मिलाकर यूनानी नाटकों की अपेक्षा शेक्सपियर में नियतिवाद कम है; अपने नाटकों में स्वतंत्र कर्ता मानव के चित्र को शेक्सपियर ने अधिक विकसित और परिष्कृत किया है।

यूनानी नाटकों में निकट के रक्त-सम्बन्धी की हत्या बहुत बड़े पाप के रूप में चित्रित की गई है। शेक्सपियर के युग में इस तरह का पाप कोई मुख्य सामाजिक समस्या न थी; फिर भी यूनानी नाटकों के प्रभाव से उनके नाटकों में यह समस्या भी जहाँ-तहाँ उभरकर आई है। उदाहरण के लिए 'हैमलेट' में क्लौडियस अपने भाई का हत्यारा है। किसी यूनानी नाटक के पात्र की तरह उसे अपना जीवन अभिशप्त दिखाई देता है। वह ईश्वर से प्रार्थना करना चाहता है लेकिन उसके हाथ नहीं उठते। मैकबेथ डंकन की हत्या करता है जो राजा होने के अतिरिक्त उसका रक्त-सम्बन्धी है। क्लॉडियस को लगता है कि उसके हाथों से भाई का रक्त छूट नहीं सकता; उसी तरह मैकबेथ को लगता है कि समुद्र का जल भले लाल हो जाए, उसके हाथों का रक्त छूट नहीं सकता। मैकबेथ अनेक हत्याएँ करता है लेकिन उसे घोर पश्चात्ताप होता है डंकन की हत्या से ही। इसका मुख्य कारण यह मालूम होता है कि यह एक रक्त-सम्बन्धी की हत्या है। मैकबेथ का पश्चात्ताप उन यूनानी वीरों की याद दिलाता है जो जान या अनजान में इस तरह की हत्या

करके पश्चात्ताप करते हैं। 'किंग लियर' में इस तरह के रक्त-सम्बन्धी की हत्या तो नहीं है किन्तु एडमंड अपने पिता ग्लॉस्टर और रीगन तथा गेनेरिल अपने पिता लियर की मृत्यु चाहती अवश्य हैं।

यूरीपिदिस के नाटक 'अलसेस्टिस' की कथा सावित्री-सत्यवान की कथा से मिलती-जुलती है। अलसेस्टिस स्वेच्छा से मृत्यु को वरण करके अपने पति को प्राणदान दिलाती है। हरकुलिस मृत्यु से युद्ध करके अलसेस्टिस को वापस लाकर उसे पति को सौंप देता है। एंगेल्स ने जिस व्यक्तिगत प्रेम को यूरोप के नवजागरण का एक महान नैतिक मूल्य माना था, उसकी चरम अभिव्यक्ति यूरीपिदिस के इस मर्मस्पर्शी नाटक में हुई है। अलसेस्टिस के पति के विलाप पढ़कर 'रघुवंश' में इन्दुमती के लिए अज का विलाप याद आ जाता है। शेक्सपियर की पोर्शिया, ओफीलिया, डेस्डिमोना आदि नारी-पात्र उसी उत्कट प्रेम की अभिव्यंजना करती हैं जिसकी साकार प्रतिमा अलसेस्टिस है। इनके विपरीत इस्किलस की क्लितेमनेस्त्रा है जो अपने पति की हत्या करती है और यूरीपिदिस की मीदिआ है जो अपने पति से प्रतिशोध लेने के लिए अपने पुत्रों की हत्या करती है। इनकी छाया लेडी मैकबेथ पर पड़ी है जो हत्या के लिए अपने पति को उकसाती है, यद्यपि उसका-सा मानसिक उद्वेग क्लितेमनेस्त्रा और मीदिआ में नहीं है। यूनानी नाटककारों की इन रक्तरंजिता देवियों में एक तरह की गरिमा है जो शेक्सपियर ने लेडी मैकबेथ-जैसे पात्रों को प्रदान की है।

इन सबसे यही सिद्ध होता है कि शेक्सपियर ने यूरोप की प्राचीन सांस्कृतिक परम्परा के अनेक तत्त्व ग्रहण किए हैं। फिर भी उनके दु:खान्त नाटकों की समस्याएँ और उनके चित्रण की पद्धति एक नये युग की देन है। 'ओथेलो' में शेक्सपियर ने प्रेम और ईर्ष्या की समस्या ली है जिसका दायरा 'हैमलेट' या 'किंग लियर' की अपेक्षा संकुचित है। ओथेलो ने अपने से भिन्न वर्ण की नारी डेस्डिमोना से विवाह किया है। इआगो उसके हृदय में सन्देह और ईर्ष्या की आग प्रज्वलित कर देता है और वह क्षुब्ध होकर डेस्टिमोना की हत्या कर डालता है। इआगो—ओथेलो से अधिक—इस नाटक को अपने युग की प्रतिनिधि रचना बनाता है। इआगो में मेधा है, आत्मविश्वास और आत्मनियंत्रण है, नैतिक मूल्यों के प्रति पूर्ण उदासीनता है, दूसरों को ठगने या पीड़ा देने में उसे कलात्मक आनन्द प्राप्त होता है। इस तरह के नैतिकता-शून्य, पूर्ण रूप से नृशंस पात्र यूरोप के नवजागरण की विशेषता थे। स्वार्थ-साधना के लिए नैतिक भावनाओं का पूर्ण त्याग अनेक विचारकों का खुला सिद्धान्त था। उपनिवेश बनानेवाले दस्यु और दासों के निर्दय व्यापारी नित्यप्रति इस सिद्धान्त को व्यवहार में लाते थे। 'ओथेलो' में जहाँ नर-नारी के पवित्र प्रेम की भव्यता का चित्र है, वहाँ इआगो की इस अनैतिक नृशंसता का समर्थ चित्रण भी है जिसमें मानो पूँजीवाद के अभ्युदयकाल का समस्त कलुष संचित कर दिया गया है।

मैकबेथ इआगो की भाँति नैतिक भावना से मुक्त होकर अपनी स्वार्थसिद्धि करना चाहता है किन्तु इसमें सफल नहीं हो पाता। लेडी मैकबेथ उसके सामने जो आदर्श रखती है, वह बहुत कुछ इआगो-जैसा है। मैकबेथ में उसका मानवीय अन्त:करण बार-बार उसे डंकन की हत्या से रोकता है और हत्या के बाद वह घोर पश्चात्ताप से पीड़ित होता है। उसे मृत डंकन से ईर्ष्या होने लगती है कि वह जीवन की समस्त व्यथाओं से मुक्त होकर निश्चिन्त निद्रा का आनन्द ले रहा है। मैकबेथ शेक्सपियर के अन्य दु:खान्त नाटकों के वीरों से काफी भिन्न है। वह अन्य वीरों की तरह निष्पाप नहीं है; वह अपराधी है, फिर भी उसकी नैतिक दुविधा और पश्चात्ताप, उसकी ग्लानि और वेदना के कारण उसके प्रति हमारी सहानुभूति जाग्रत होती है। यहाँ वह नैतिक मूल्य स्पष्ट है जिसके लिए शेक्सपियर ने आकर्षण उत्पन्न किया है। मैकबेथ वीर इसलिए नहीं है कि राज्य के लिए उसने एक रक्त-सम्बन्धी की हत्या की है, वरन् इसलिए कि उसकी नैतिक भावना ने उसे बार-बार ऐसा करने से रोका और आगे चलकर उसके लिए नींद भी दुर्लभ कर दी।

मैकबेथ ने जैसे राज्य के लिए हत्या की, वैसे ही 'हैमलेट' में क्लॉडियस ने राज्य के लिए अपने भाई की हत्या की। नाटक में राज्य-प्राप्ति का उद्‌देश्य गौण है; मुख्य उद्‌देश्य भाई की पत्नी प्राप्त करना है। मैकबेथ की तरह स्वजन की हत्या से उसे भी पश्चात्ताप होता है किन्तु यह नाटक का मुख्य विषय नहीं है। मुख्य विषय हैमलेट के मन पर उसकी माता के व्यवहार की प्रतिक्रिया है। मानव-जीवन और मानव-सम्बन्धों से उसकी आस्था टूट जाती है और वह विक्षिप्त-सा हो जाता है। 'हैमलेट' मानव-सम्बन्धों और नैतिक मूल्यों पर एक विस्तृत टिप्पणी बन जाता है।

अपने पिता के प्रेत से जब हैमलेट को मालूम होता है कि उसकी हत्या की गई है, तो एक ओर अपनी माँ को कोसता है, दूसरी ओर क्लॉडियस को। क्लॉडियस का व्यवहार देखकर वह यह निष्कर्ष निकालता है कि मनुष्य सदा मुस्कराता रहे, फिर भी वह महानीच हो सकता है। हैमलेट कहता है कि यह बात कम-से-कम डेनमार्क के लिए सही है। वचन और कर्म का अन्तर शेक्सपियर के लिए महान अनैतिकता है और इसलिए वह राजा के मुसाहिबों पर व्यंग्य करने का कोई भी अवसर हाथ से नहीं जाने देते। पोलोनिअस राजा का मंत्री है। वह बेहद बातूनी है यद्यपि यह मानता है कि जोरदार बात संक्षेप में ही की जा सकती है। अपने संकुचित अभिजातवर्गीय वातावरण में वह जो भी धारणा बना लेता है, उसे हरिल की लकड़ी की तरह पकड़े रहता है। हैमलेट उसकी लड़की ओफीलिया से प्रेम करता है किन्तु इस प्रेम का उसके लिए कोई मूल्य नहीं है। वह हैमलेट को साधारण कामुक नवयुवक समझकर ओफीलिया पर दबाव डालता है कि उससे सम्बन्ध-विच्छेद कर ले। बाद को हैमलेट के मानसिक विक्षोभ का कारण जानने के लिए वह कहता है : "मैं उसके सामने अपनी लड़की छोड़ दूँगा", मानो कबूतर के सामने चारा डाल रहा हो!

पोलोनियस के मुँह से ईमानदारी का शब्द सुनकर हैमलेट कहता है : "जैसी दुनिया है, उसमें ईमानदार होने का मतलब है, हजार आदमियों में किसी एक को ढूँढ़ निकालना।" वह पोलोनियस में बुद्धि और साहस के अभाव पर व्यंग्य करता है। उसे चेतावनी देता है कि अपनी लड़की को स्वच्छन्द न घूमने दे, वरना मृत पशुओं में कृमिकीटों की तरह वह भी गर्भ धारण कर लेगी। हैमलेट के लिए उसका देश और सारा संसार एक बन्दीगृह के समान है। उसे लगता है कि धरती अनुर्वरा है; नक्षत्रमंडित आकाश दूषित वायुमंडल मात्र है; बुद्धि और कर्म में श्रेष्ठ मानव मिट्टी का पुतला-भर है। उसे न पुरुष की संगति में आनन्द आता है, न नारी संगति में। पोलोनियस अभिनेताओं से उचित व्यवहार करने का आश्वासन देता है तो हैमलेट कहता है : यदि हर व्यक्ति के साथ 'उचित' व्यवहार किया जाए तो कौन है जो दंड से बच सके? उसे जीवन की सार्थकता में ही सन्देह हो जाता है। मनुष्य मृत्यु को वरण करके इस संसार की व्यथाओं से मुक्त क्यों न हो जाए? मनुष्य अपने समय की प्रतारणा क्यों सहे? अत्याचारी का अन्याय, घमंड में भूले हुए पुरुषों की घृणा,सच्चे प्रेम का मूल्य न परखे जाने की वेदना, न्याय-प्राप्ति में बाधा, पदाधिकारियों की अशिष्टता, अयोग्य व्यक्तियों द्वारा धैर्यशाली योग्य व्यक्तियों का अपमान—यह सब वह क्यों सहे, यदि मृत्यु से मनुष्य को सदा के लिए शान्ति मिल सके? मृत्यु के बाद भी शान्ति न मिली तो मनुष्य क्या करेगा? मानो इस भय से हैमलेट आत्महत्या नहीं करता।

हैमलेट साधारण प्रतिशोध की कथा नहीं है। उसके लिए एक और बड़ी समस्या उठ खड़ी हुई है : "यदि मानव-सम्बन्ध इतने गर्हित हैं तो मनुष्य जीकर क्या करे? मानव-जीवन की सार्थकता क्या है?" हैमलेट के पास इस समस्या का समाधान नहीं है किन्तु उसकी शंकाएँ और सन्देह मानव-सम्बन्धों की जघन्यता की तीव्र आलोचना हैं। वह आरम्भ ही में कहता है : "यह स्थूल शरीर ओस-कण की तरह विगलित हो जाए। ईश्वर ने आत्महत्या का निषेध न किया होता तो कितना अच्छा होता!" उसे सांसारिक व्यवहार मिथ्या, नीरस और निरर्थक मालूम होता है। संसार उस उद्यान की तरह है जिसमें जंगली घास-पात छा गए हैं। उसे सभी स्त्रियाँ चंचल और अस्थिर प्रेमवाली लगती हैं। उसके पिता की मृत्यु को एक महीना भी नहीं बीता कि उसकी माता ने क्लॉडियस को वर लिया। पिता के प्रति हैमलेट की भक्ति माता के प्रति उसके हृदय को घृणा से भर देती है। उसे लगता है कि मनुष्य जब पतित होता है तब वह पशुओं को भी पीछे छोड़ देता है। पशु भी अपने प्रिय की मृत्यु के लिए उसकी माँ से अधिक शोक प्रकट करते हैं। अपने एक सॉनेट में शेक्सपियर ने लिखा है, लिली फूल जब सड़ते हैं तब उनकी दुर्गंध सड़ते हुए जंगली घास-पात से भी भयानक मालूम होती है। हैमलेट अपने माता-पिता से स्नेह करता था, उनकी बातों को सत्य मानता था। उनके स्नेह के स्रोत में विष घोल दिया गया है। मानव-सम्बन्धों से उसकी आस्था उठ-सी जाती है।

जिस संसार में हैमलेट रहता है, उसमें पुराने नैतिक मूल्य टूट रहे हैं। शेक्सपियर के दु:खान्त नाटकों का मूल सूत्र यही है। पुराने मूल्य नष्ट हो रहे हैं किन्तु नये मूल्य दृढ़ता से उनका स्थान नहीं ले रहे। मैकबेथ में पुराने सामन्तों की राजभक्ति नहीं हैं, नये जनतंत्र की भावना उसमें जाग्रत नहीं हुई। ओथेलो निर्दोष प्रेम की उत्कट अभिलाषा करता है किन्तु वह स्वयं ईर्ष्यालु होकर अपनी पत्नी के विरुद्ध प्रवाद में विश्वास कर लेता है। ब्रूटस अपने देश को निरंकुश सत्ता से मुक्त करना चाहता है किन्तु उसकी आदर्शप्रियता अव्यावहारिक सिद्ध होती है और इसका मुख्य कारण ब्रूटस का चरित्र नहीं, जनता की अशिक्षा है। मार्क्स ने 1848 में अभ्युदयशील पूँजीपति वर्ग के लिए लिखा था : "जहाँ भी पूँजीपति वर्ग विजयी हुआ है, उसने सभी सामन्ती, पितृसत्ताक और दादापंथी सम्बन्धों को खत्म कर दिया है। उसने निर्दयता से विविध सामन्ती सम्बन्धों को छिन्न-भिन्न कर दिया है जिनसे मनुष्य अपने से 'सहज श्रेष्ठ जनों' से बँधा हुआ था। मनुष्य के बीच उसने नग्न स्वार्थ, निर्मम 'आर्थिक लेन-देन' के अतिरिक्त और कोई सम्बन्ध नहीं रखा। उसने धार्मिक आवेश के स्वर्गिक आनन्द को, मध्ययुगीन मान-सम्मान के उत्साह को तथा कोरी भावुकता को स्वार्थमय धनोपार्जन की योजनाओं के शीत जल में डुबो दिया है।" यह विघटित होता हुआ प्राचीन जगत पूरी तरह शेक्सपियर की रचनाओं में प्रतिबिम्बित हुआ है।

शेक्सपियर के लिए मानव-सम्बन्धों को विषाक्त करनेवाले दो मुख्य कारण हैं : प्रेम के बदले अनियंत्रित भोग-लिप्सा और मनुष्यता के बदले धन की प्रतिष्ठा। अपने एक सॉनेट में सांसारिक व्यवहारों से क्षुब्ध होकर वह मृत्यु की कामना करते हैं। वह देखते हैं कि लोग किसी के प्रति सच्चे रहने की प्रतिज्ञा करके अपनी प्रतिज्ञा तोड़ देते हैं, निर्दोष प्रेम पाप में परिणत हो जाता है, और "अधिकारीवर्ग के कारण कला मौन हो जाती है।" ये बातें हैमलेट ने नहीं, शेक्सपियर ने स्वगत कही हैं जो मानव-मूल्यों के प्रति उनका दृष्टिकोण प्रकट करती हैं। हैमलेट की माता की भोग-लिप्सा जघन्य रूप से उसके सामने आती है। 'ऐंटनी और क्लियोपाट्रा' में वीर ऐंटनी एक चरित्रहीन सुन्दरी के पीछे अपना जीवन नष्ट कर देता है। मैकबेथ की तरह ऐंटनी के पतन में भी उसके प्रति हमारी सहानुभूति रहती है, कारण यह कि ऐंटनी में उसकी वीरता के कुछ अंश अन्त तक बने रहते हैं और वह अपने पतन के प्रति नितान्त अचेत नहीं रहता। हैमलेट को लगता है कि उसके पिता के मरण-संस्कार के लिए भोजन का जो प्रबन्ध किया गया था, वह उसकी माता के नये विवाह के लिए भी काम आया और इस तरह क्लॉडियस ने किफायतशारी से काम लिया। इससे अनियंत्रित भोग-लिप्सा के प्रति हैमलेट की तीव्र घृणा प्रकट होती है। अपनी माता के व्यवहार के प्रति उसकी घृणा उसे निष्क्रिय बना देती है। क्लॉडियस के लिए उसकी घृणा नगण्य है। पिता का प्रेत उसे प्रतिशोध के लिए सजग करता है किन्तु प्रतिशोध से क्या टूटे हुए मानव-मूल्य जुड़ जाएँगे? प्रतिशोध

से हैमलेट की समस्या हल नहीं होती; इसीलिए वह इतना निष्क्रिय दिखाई देता है। कुछ समय के लिए उसे ओफीलिया से भी विरक्ति हो जाती है। वह उसे अविवाहित जीवन बिताने के लिए कहता है क्योंकि विवाहित होने पर वह पापियों को ही जन्म देगी। वह अपनी माँ से कठोर शब्द कहता है और कारण पूछने पर बतलाता है कि उसकी माता ने वह कार्य किया है जिससे विवाह की शपथ जुआरियों की सौगन्ध से अधिक महत्त्व नहीं रखती।

हैमलेट क्लॉडियस के धोखे पोलोनियस का वध कर डालता है। पोलोनियश का पुत्र विद्रोह की तैयारी करने लगता है। जनता उसे 'लॉर्ड' कहने लगती है और "मानो संसार का इतिहास अब आरम्भ हो रहा हो, प्राचीनता को लोग भूल गए हों, आचार-व्यवहार का ज्ञान ही न हो, पुरानी शपथें भुला दी गई हों, लोग चिल्लाते हैं, हम निर्वाचन करते हैं; लायर्टीज राजा होगा।" क्लॉडियस रानी को समझाता है कि राजा में दैवी शक्ति है और लायर्टीज उसका कुछ भी बिगाड़ नहीं सकता। यहाँ भी सामन्ती शपथें, राजा के दैवी अधिकार मिटते दिखाई देते हैं। किन्तु शेक्सपियर को क्षोभ इन विशेषाधिकारों के नाश पर नहीं है; क्षोभ है—सच्चाई, प्रेम और मनुष्यता के ह्रास पर। कब्रिस्तान में हैमलेट अनेक कंकालों को देखता हुआ राजनीतिज्ञों, दरबारियों, लॉर्डों, वकीलों, भूमि क्रय करनेवालों आदि पर व्यंग्य करता है।

हैमलेट की आस्था प्राय: टूट गई है, किन्तु पूरी तरह नहीं। ओफीलिया के लिए उसके हृदय में प्रेम बराबर बना रहा। उसकी मृत्यु के बाद उसके भाई को चुनौती देते हुए वह कहता है : "मैंने ओफीलिया को प्यार किया है। तुम जैसे सहस्रों भाइयों का प्यार उससे होड़ नहीं कर सकता।" पिता के गुणों पर वह मुग्ध है किन्तु पिता के मरने पर संसार गुणशून्य नहीं हो गया। उसे अपने मित्र होरेशिओ से सच्चा स्नेह है। वह उसके मनुष्यत्व की सराहना करता है। जब होरेशिओ विरोध करता है तो हैमलेट आवेश में कहता है : "यह मत समझो कि मैं चाटुकारिता कर रहा हूँ—मीठी-मीठी बातों से उन लोगों के खोखले वैभव को रिझाएँ और उनके सामने अपने घुटने टेके जिनसे द्रव्यप्राप्ति की आशा हो। सुनो! जब मेरा विवेक जाग्रत था और मैं मनुष्यों में विभेद कर सकता था, मैंने तुम्हें वरण कर लिया था। तुम उनमें हो जो सबकुछ सहते हुए मानो कुछ नहीं सहते, जो भाग्य का उत्पीड़न और वरदान समान भाव से ग्रहण करते हैं। वे सौभाग्यशाली हैं जिनमें भावना और विवेक का ऐसा सुन्दर सामंजस्य है कि नियति उन पर उँगलियाँ रखकर मनचाहा राग नहीं छेड़ सकती। मुझे वह व्यक्ति दिखाओ जो इच्छाओं का दास न हो और मैं उसे हृदय से लगाकर रखूँगा, जैसे मैं तुम्हें लगाता हूँ!" यह आदर्श भारतीय महाकाव्यों में विस्तार से चित्रित किया गया है। मनुष्यत्व में शेक्सपियर की आस्था कभी नहीं डिगी, यद्यपि अपने युग के मानव-सम्बन्धों से उन्हें क्षोभ था। वह आस्था भारतीय मानवता की आस्था से मिलती-जुलती है।

'किंग लियर' में मनुष्य की चरम अर्थलिप्सा और क्रूरता का चित्रण किया गया है। लियर की दो लड़कियाँ पिता के प्रति अपने सहज कर्तव्य भूल गई हैं। लियर ने उन्हें अपना राज्य दे दिया है किन्तु वे बहाना करके उसे अपने साथ रखने से इनकार कर देती हैं। बूढ़ा लियर आँधी और वर्षा में निर्वासित मनुष्य जाति को कोसता हुआ घूमता है। ग्लॉस्टर के लड़के एडमंड ने अपने भाई और पिता के साथ ऐसा ही कृतघ्न व्यवहार किया है जिससे वे दर-दर भटकते हैं। दो कथाओं को एक साथ रखकर शेक्सपियर ने इस बात पर बल दिया है कि पारिवारिक सम्बन्धों का टूटना लियर के कुटुम्ब की विशेष घटना नहीं है; यह प्रक्रिया अनेक परिवारों में हो रही है। लियर राजा है, अपनी सबसे छोटी लड़की कॉर्डिलिया को बहुत प्यार करता है। राजमद ने उसे भी दूषित कर दिया है जिससे वह चाटुकारिता और सच्चे स्नेह में भेद नहीं कर सकता। वह कॉर्डिलिया को राज्य का अंश नहीं देता और अपने सच्चे मित्र और सेवक केंट को निर्वासित कर देता है। भाई-भाई के, पुत्र और पुत्रियाँ पिता के प्राण लेने पर तत्पर हैं। बूढ़े ग्लॉस्टर की आँखें निकालकर पैरों तले कुचल दी जाती हैं क्योंकि वह लियर का सहायक है। दो बहनें अर्थलिप्सा के साथ कामलिप्सा के कारण परस्पर संघर्ष करती हैं। उन्हें एक-दूसरे को विष देने में भी संकोच नहीं होता। एडमंड की क्रूरता से कॉर्डिलिया को फाँसी दे दी जाती है; वह उसे बचाना चाहता है तब, जब बहुत विलम्ब हो चुका है।

'किंग लियर' में मनुष्य की स्वार्थपरता का और कृतघ्नता का रोमांचकारी चित्र खींचा गया है। इसे पढ़ने और देखने में साधारण मनुष्य को इतना कष्ट होता है कि इंग्लैंड में यह सबसे कम लोकप्रिय नाटकों में रहा है। लगभग डेढ़ सौ वर्षों तक उसे सुखान्त नाटक बनाकर लोग मंच पर प्रस्तुत करते रहे हैं। ब्रैडले जैसे आलोचक ने भी उसके दुःखमय अन्त को कला और नाटकीयता के विरुद्ध माना है। शेक्सपियर ने जिस क्रूरता का चित्रण किया है, वह यथार्थ थी। रीगन, गोनरिल, एडमंड, कॉर्नवाल आदि नरपिशाच उसी श्रेणी के व्यक्ति हैं जिस श्रेणी के इआगो और शाइलॉक हैं। इस श्रेणी के व्यक्तियों ने इंग्लैंड और अन्य देशों में कौन-से क्रूर कृत्य नहीं किए! इसलिए शेक्सपियर ने जो कुछ चित्रित किया है, वह न तो अयथार्थ है, और न कला और नाटकीयता के विरुद्ध है। आधुनिक आलोचकों ने शेक्सपियर के बारे में एक प्रवाद फैला रखा है कि सामाजिक द्वंद्व से अधिक उसे मनुष्य के अन्तर्द्वंद्व से दिलचस्पी थी। अन्तर्द्वंद्व और बाह्य द्वंद्व के बीच कोई गहरी खाई नहीं है। 'हैमलेट' में यह अन्तर्द्वंद्व सबसे अधिक उभरकर आया है। हैमलेट का क्षोभ, निष्क्रियता, ग्लानि, आक्रोश—सभी उसके चारों ओर विशृंखल होते हुए मानव-सम्बन्धों से जुड़े हुए हैं। हैमलेट के अन्तर्द्वंद्व का कारण सामाजिक द्वंद्व ही है। ओथेलो का अन्तर्द्वंद्व बहुत सीमित है। जब तक उसे अपनी पत्नी पर

सन्देह मात्र रहता है, वह अन्तर्ज्वाला से झुलसता रहता है। जहाँ उसे निश्चय हुआ, वह उसका नाश कर देता है। समाज के लिए विघातक शक्ति के रूप में इआगो इतना उभरकर आता है कि उसकी बाह्य सत्ता को ओथेलो के अन्तर्द्वंद्व में छिपाया नहीं जा सकता। नि:सन्देह ओथेलो स्वयं ईर्ष्यालु है जिससे यही सिद्ध होता है कि वेनिस के नागरिक-जीवन का कलुष एक सीमा तक ओथेलो का मानस भी विषाक्त कर चुका है। 'मैकबेथ' नाटकों के 'वीर' की उस परिभाषा का उल्लंघन करता है जिसके अनुसार वीर सत्पुरुष होता है, केवल किसी भाव या गुण के अति विकसित हो जाने से उसका व्यक्तित्व दोषपूर्ण हो जाता है और इस कारण वह कष्ट भोगता है। वह इआगो, गोनरिल, रीगन और एडमंड की तरह अर्थकामी है। वह पाप करके सत्ता-लाभ करना चाहता है। अन्तर इतना है कि औरों की तरह उसकी नैतिक भावना पूरी तरह नष्ट नहीं हो गई। उसके चरित्र का सौन्दर्य इस नैतिक भावना के जीवित रहने और उसके लिए संघर्ष करने में है। मैकबेथ में क्षोभ है, पश्चात्ताप है, ग्लानि है किन्तु अन्तर्द्वंद्व मुख्यत: डंकन की मृत्यु के पहले और थोड़े समय के लिए ही है।

'किंग लियर' में इस तरह के अन्तर्द्वंद्व का प्राय: अभाव है। लियर ने कॉर्डिलिया के साथ अन्याय किया है। यह स्मृति उसे पीड़ित करती रहती है। कॉर्डिलिया के प्रति लियर के व्यवहार का कारण वह चाटुकारिता का वातावरण है जिसमें लियर का सारा जीवन बीता है। इस प्रकार लियर का अन्याय एक विशद् सामाजिक अन्याय का ही अंश है; लियर का अन्तर्द्वंद्व समाज के बाह्य द्वंद्व का ही एक अंग है।

शेक्सपियर के वीर पात्रों के बारे में प्रचलित थ्योरी यह है कि वे उच्च वंश के राजा, सामन्त, विशिष्ट नागरिक आदि होते हैं; उनका पतन मानो व्यक्ति का पतन न होकर किसी राज्य या समाज का पतन होता है। यह थ्योरी ऊपर से देखने में सही है। शेक्सपियर के वीर पात्र अभिजात वर्ग के हैं किन्तु नाटक की विशेषता यह होती है कि वे अपनी साधारण मनुष्यता के प्रति बहुत सजग रहते हैं। मैकबेथ महत्त्वाकांक्षी सामन्त है; उसके अपराध एक स्वार्थी सामन्त के हैं। इसलिए वह अभिजात वर्ग का हो तो कोई दोष नहीं। किन्तु 'मैकबेथ' में भी यह स्पष्ट है कि उसके भीतर जो नैतिकता जागती और संघर्ष करती है, वह सामन्त वर्ग की नहीं, साधारण जनों की नैतिकता है। कम-से-कम यह नैतिकता ऐसी है जो सभी के लिए काम्य है। ओथेलो ने वेनिस के गौरांग समाज में अपनी वीरता और गुणों के बल पर प्रतिष्ठा पाई है; कुलीनता से उसकी प्रतिष्ठा का कोई सम्बन्ध नहीं है। शेक्सपियर के समाज में कुलीनता का यथेष्ट महत्त्व था और आज के इंग्लैंड में भी बहुत कुछ है। शेक्सपियर ने एक सॉनेट में उन लोगों का उल्लेख किया है जिन्हें अपनी कुलीनता, सम्पत्ति आदि पर गर्व है। अपनी प्रेयसी को सम्बोधन करके उन्होंने लिखा है : "तुम्हारा प्रेम मेरे लिए कुलीनता से बढ़कर है।" गौरांग युवकों को छोड़कर

डेस्डिमोना ने ओथेलो के लिए इसी प्रेम का परिचय दिया था। अभिजात वर्ग की कुलीनता नहीं, मनुष्यता; सम्पत्ति का गर्व नहीं, मानवीय करुणा—नैतिक मूल्यों के प्रति शेक्सपियर का यह दृष्टिकोण है।

आँधी और वर्षा की मार सहता हुआ लियर अपनी बेटियों की कृतघ्नता भूल जाना चाहता है। उसे इतना क्षोभ होता है कि वह प्रकृति और मनुष्य, दोनों के नष्ट हो जाने की कामना करता है। शेक्सपियर के लिए मनुष्य की कृतघ्नता उसकी सबसे बड़ी अनैतिकता है। 'ऐज यू लाइक इट' के एक प्रसिद्ध गीत में शीतवायु को मनुष्य की कृतघ्नता से कम दु:खद कहा गया है। 'टाइमन ऑफ एथेंस' में टाइमन अतिशय उदारता से अपने मित्रों के लिए अपना धन खर्च करता है किन्तु सम्पत्ति स्वाहा हो जाने पर जब महाजन तकाजे करते हैं, तब उसके मित्रों में एक भी उसका साथ नहीं देता। मनुष्य धन का दास बन गया है, निर्धन टाइमन इस सत्य को क्षुब्ध होकर बार-बार दोहराता है। टाइमन के मित्रों से अधिक भयानक लियर की पुत्रियों की कृतघ्नता है क्योंकि वे उसकी पुत्रियाँ हैं। फिर भी अपने दु:ख में लियर अपने विदूषक का दु:ख नहीं भूलता; तूफान से बचने के लिए वह एक झोंपड़ी में शरण लेने को तैयार हो जाता है। उस समय उसे संसार के दुखी गरीबों की याद आती है। वह कहता है : "नंगे-भूखे गरीबो! जहाँ भी तुम इस निर्दय तूफान की मार सहते हो, तुम्हारे भूखे शरीर और फटे कपड़े घर के बिना ऐसी ऋतु में कैसे तुम्हारी रक्षा करते होंगे? आह, मैंने इस ओर बहुत ही कम ध्यान दिया है! धनवानो,अपना उपचार करो! जो ये दुखी अनुभव करते हैं, उसे तुम भी अनुभव करो जिससे अपनी अतिरिक्त सम्पदा तुम इन्हें दे दो और ईश्वर अधिक न्यायपूर्ण सिद्ध हो।" लियर में यह अनुभूति सबकुछ खोकर जाग्रत होती है, जब वह साधारण मनुष्य के सिवा और कुछ नहीं रह जाता।

झोंपड़ी में ग्लॉस्टर का निर्वासित पुत्र एड्गर छिपा हुआ है जो एक दुखी विक्षिप्त भिखारी का जीवन बिता रहा है। उसके पास एक कंबल छोड़कर और कुछ नहीं है। वह अखाद्य खाता हुआ जगह-जगह से प्रताड़ित मारा-मारा घूमता है। लियर उसे देखकर पहचानता है कि कुल-सम्पदाहीन नग्न मनुष्यता क्या होती है। उसे अपना जीवन कृत्रिम लगता है और आवेश में वह अपने वस्त्र उतारने लगता है। लियर आगे चलकर वर्गयुक्त समाज की न्याय-व्यवस्था की टीका करता है। "पाप को सोने से मढ़ दो और न्याय का अस्त्र उससे टकराकर चूर हो जाएगा। उसे चीथड़ों में लपेट दो और तिनके से भी वह ढह जाएगा।" यह पूँजीवादी समाज का अभ्युदय-काल था जिस पर शेक्सपियर की यह तीखी टिप्पणी अनेक पाश्चात्य आलोचकों के गले से नीचे नहीं उतरती। लियर अपने वर्ग से विलग होकर यह मानवीय करुणा प्राप्त करता है। वह बन्दीगृह में कॉर्डिलिया के साथ शान्ति से अन्तिम जीवन बिता देना चाहता है किन्तु नर-राक्षस उसकी यह साध भी पूरी नहीं होने देते।

दु:खान्त नाटकों के लिए कहा जाता है कि उनसे पाठकों में भय और दया के भाव जाग्रत होते हैं। भय कम, दया अधिक और दया के साथ क्रोध और वीर पात्रों के लिए सम्मान का भाव भी दु:खान्त नाटकों की विशेषता है। दु:खान्त नाटक या ट्रैजेडी दु:ख की ही कथा नहीं है; वह दु:ख से मनुष्य के संघर्ष की कथा भी है। दु:ख सहते हुए मनुष्य अपनी धीरता-वीरता आदि गुणों का परिचय देता है। अन्याय और क्रूरता के प्रति जनता का रोष जाग्रत होता है; अन्त में अन्याय विजयी नहीं होता; अन्यायी को अपने किए का फल मिल जाता है। लियर स्वयं कॉर्डिलिया को फाँसी देनेवाले का वध करता है। वह वृद्ध है, शारीरिक और मानसिक रूप से टूट चुका है। फिर भी अन्तिम बार सारी शक्ति लगाकर कॉर्डिलिया के बधिक को दंड देकर मानो उसके प्रति अपने पूर्व अन्याय का प्रतिकार कर डालता है। कॉर्नवाल बूढ़े ग्लॉस्टर की आँखें निकालता है। उस समय एक साधारण सेवक से नहीं रहा जाता; वह तलवार निकालकर अपने 'स्वामी' के विरोध में खड़ा हो जाता है। यद्यपि वह मारा जाता है, फिर भी कॉर्नवाल को इतना घायल कर जाता है कि उसका भी प्राणान्त हो जाए। अर्थलाभ की आशा से बूढ़े और अन्धे ग्लॉस्टर के प्राण लेने के लिए जब आस्वाल्ड बढ़ता है, तब उसकी तलवार की परवाह न करके किसान के वेश में एड्गर अपने डंडे से उसका सिर तोड़ देता है। अन्यायी को दंड मिले—नि:सन्देह शेक्सपियर का विवेक इससे प्रसन्न होता है। उनके नाटक निष्क्रिय सहनशीलता को आकर्षक बनाकर चित्रित नहीं करते। शेक्सपियर की कला का स्रोत उनकी प्रगाढ़ मानवीय सहानुभूति है जो उन्हें अपने समकालीन भारतीय कवि तुलसीदास के निकट लाती है। दोनों के साहित्यिक उपकरण भिन्न हैं, किन्तु हृदय की धड़कन दोनों की मिलती-जुलती है।

ब्रैडले ने मनुष्य जाति पर लियर के आक्रोश का विवेचन करते हुए लिखा है : "किन्तु 'टाइमन' की तरह यहाँ भी गरीब और साधारण जन, प्राय: बिना किसी अपवाद के, हृदय के सच्चे और सरस हैं, दयावान और वफादार हैं।" जो लोग समझते हैं कि शेक्सपियर के लिए सभी मनुष्य समान थे, वे ब्रैडले के इस वाक्य पर गम्भीरता से विचार करें। इसी के साथ एक टिप्पणी में इस अंग्रेज आलोचक ने लिखा है : "इस विषय में शेक्सपियर के भाव, उसके जीवन के इस भाग में, विशेष तीव्र रहे हैं किन्तु वे आजीवन बहुत कुछ एक-से रहे हैं। (तुलना कीजिए 'ऐज यू लाइक इट' में ॲडम) राजनीतिज्ञों के रूप में साधारण जनों के लिए शेक्सपियर के पास सम्मान नहीं है किन्तु उनके हृदय के लिए महान श्रद्धा है।" शेक्सपियर का सामाजिक दृष्टिकोण अभिजात वर्ग का नहीं है; वह दृष्टिकोण ऐवन नदी के किनारे स्ट्रैटफोर्ड के साधारण जनों का है जिनमें शेक्सपियर का जन्म हुआ था। यह सामाजिक दृष्टिकोण जो निर्धन और निम्नजनों के प्रति इतना उदार है, शेक्सपियर की कला के लिए महत्त्वहीन नहीं है। इसी के आधार पर शेक्सपियर ने उस भोगलिप्सा और

अर्थलिप्सा के प्रति घृणा प्रकट की है जो यूरोप की अभ्युदयशील पूँजीवादी संस्कृति की एक विशेषता थी। इसी के आधार पर उसने मनुष्य की सचाई, वीरता, धीरता, न्यायप्रियता आदि के लिए उसके संघर्ष के अद्‍भुत चित्र खींचे हैं। शेक्सपियर की कलात्मक तटस्थता आलोचकों की मनगढ़ंत कहानी है। वह मानव-मूल्यों के संघर्ष में तटस्थ नहीं हैं वरन् सक्रिय रूप से हमारी करुणा या आक्रोश जाग्रत करते हैं। शेक्सपियर की यह विवेकशील करुणा उन्हें विश्व-कलाकार बनाती है।

शेक्सपियर की तटस्थता-सम्बन्धी धारणा का खंडन करते हुए आचार्य रामचन्द्र शुक्ल ने लिखा है :

"डंटन के अनुसार शेक्सपियर की दृष्टि की निरपेक्षता के उदाहरणों में हैमलेट का चरित्र-चित्रण है। पर विचारपूर्वक देखा जाए तो हैमलेट की मनोवृत्ति भी ऐसे व्यक्ति की मनोवृत्ति है जो अपनी माता का घोर विश्वासघात और जघन्य शीलच्युति देख अर्द्ध-विक्षिप्त-सा हो गया हो। परिस्थिति के साथ उसकी बुद्धि का असामंजस्य उसकी बुद्धि-अव्यवस्था का द्योतक है। अत: उसका चरित्र भी एक वर्ग विशेष के चरित्र के भीतर आ जाता है। उसके बहुत-से भाषणों को प्रत्येक सहृदय व्यक्ति अपनाता है। उदाहरण के लिए आत्मग्लानि और क्षोभ से भरे हुए वे वचन जिनके द्वारा वह स्त्री-जाति की भर्त्सना करता है। अत: हमारे देखने में ऐसी मनोवृत्ति का प्रदर्शन, जो किसी दशा में किसी की हो नहीं सकती, केवल ऊपरी मनबहलाव के लिए खड़ा किया हुआ कृत्रिम तमाशा ही होगा। पर डंटन साहब के अनुसार : ऐसी मनोवृत्ति का चित्रण नूतन सृष्टिकारिणी कल्पना का सबसे उज्ज्वल उदाहरण होगा।"[1]

शेक्सपियर की विश्वजनीनता का यही कारण है कि वह निरपेक्ष रहकर कल्पना-कौशल नहीं दिखलाते वरन् उन मूल्यों के प्रति हमारी सहानुभूति जाग्रत करते हैं जिनके बिना मनुष्य अपना मनुष्योचित जीवन पा नहीं सकता।

ब्रैडले का कहना है कि शेक्सपियर में हमें ऐसे संसार के दर्शन होते हैं जो पूर्णता की ओर बढ़ रहा है। उसमें पुण्य के साथ पाप भी उत्पन्न होता है। यह पाप आत्मपीड़न और आत्मक्षय द्वारा ही निर्मल होता है। यह तथ्य ही ट्रैजेडी है।

आत्मपीड़न और आत्मक्षय ही क्यों? प्रत्येक नाटक का हीरो तो पापात्मा नहीं है। हैमलेट के आत्मपीड़न का कारण उसका अपना कोई पाप नहीं है। पाप का नाश होता है, चाहे वह हीरो में हो, चाहे उसके प्रतिद्वंद्वियों में। न्याय हीरो के प्रतिद्वंद्वियों की ओर भी हो सकता है, जैसे 'मैकबेथ' में। पाप का आधार मूलत: मनुष्य के सामाजिक सम्बन्ध हैं जिनमें वह अनियंत्रित भोगलिप्सा और अर्थलिप्सा की ओर बढ़ता है। ब्रैडले के लिए बाह्य द्वंद्व गौण है; ईश्वर और शैतान मनुष्य के हृदय में ही संघर्ष किया करते हैं। यह शेक्सपियर को ईसाई धर्म का चश्मा लगाकर देखना है। साथ ही ब्रैडले ने पाप के लिए मनुष्य को—उसके सम्बन्धों को—दोषी न ठहराकर

---

1 रस-मीमांसा, पृ. 318-19

किसी बाह्य-शक्ति को दोषी ठहराया है। शेक्सपियर के पात्र "अन्धकार में संघर्ष करते हैं और जो शक्ति उनके माध्यम से कार्य करती है, वह उन्हें ऐसी योजना का साधन बनाती है जो उनकी नहीं है।" इस तरह मनुष्य का अन्तर्द्वंद्व भी निरर्थक हो जाता है; क्योंकि वह किसी मानवेतर योजना की पूर्तिमात्र होता है। इसलिए 'किंग लियर' में ब्रैडले के लिए मनुष्य का दु:ख एक अभेद्य रहस्य बन जाता है। यह शेक्सपियर पर नियतिवाद आरोपित करना है जिसका खंडन ब्रैडले ने पहले किया है। यदि शेक्सपियर में मनुष्य मूलत: अपने कर्मों के लिए उत्तरदायी है, कर्म करने में स्वतंत्र है, उसका चरित्र उसके कर्मों का स्रोत है तो किसी मानवेतर शक्ति की योजना का प्रश्न नहीं उठता। शेक्सपियर के नाटक मनुष्य के लौकिक जीवनगाथा हैं।

शेक्सपियर ने यूनानी नाटकों की परम्परा से बहुत कुछ पाया। उसे उन्होंने अपने देश की लोक-संस्कृति के तत्त्वों से जोड़ा। अपने युग में मानव-मूल्यों का विघटन होते देखकर—अथवा धन और भोग के लिए अनेक जनों में किन्हीं प्रिय मूल्यों का ह्रास देखकर—शेक्सपियर ने अपने महान दु:खान्त नाटक रचे। ये नाटक हमारी करुणा का परिष्कार और प्रसार करते हैं। दया और भय के भावों के अतिरिक्त वे अन्याय और बर्बरता के प्रति क्रोध और धीरता-वीरता आदि गुणों के लिए सम्मान-भावना जाग्रत करते हैं। शेक्सपियर समाज के नैतिक संघर्ष में तटस्थ न होकर विश्वजनीन मूल्यों का पक्ष लेते हैं। उनके नाटकों में बाह्य संघर्ष पर भी पूरा बल है; हीरो का अन्तर्द्वंद्व ही सबकुछ नहीं है। इस प्रकार ये नाटक मनुष्य के नैतिक विकास का एक साधन हैं। शेक्सपियर को जो मानव-मूल्य प्रिय थे, उनका महत्त्व आज भी कम नहीं हुआ।

7

आस्था का नवीन स्तर : प्रेमचन्द का मानवतावाद

जहाँ तक मुझे स्मरण है, सन् '36 में निराला जी इस बात की चर्चा किया करते थे कि प्रेमचन्द के निधन पर भारत के किसी राजनीतिक दल ने शोक-प्रस्ताव पास नहीं किया। 1959 में उनकी निधन-तिथि पर राष्ट्रपति ने उनके जन्मस्थान ग्राम लमही में प्रेमचन्द-स्मारक का शिलान्यास किया। यह घटना एक भारी परिवर्तन की सूचक है और इसका श्रेय हिन्दी-भाषी जनता और उसके साहित्यकारों को है। यह नहीं कि देश के राजनीतिज्ञ साहित्य या (उससे बढ़कर) साहित्यकारों का महत्त्व न पहचानते हों। किन्तु यह सत्य है कि हिन्दी साहित्य और साहित्यकारों का महत्त्व उन्होंने अन्य भाषाओं—यथा बंगला—की तुलना में देर से पहचाना है।

प्रेमचन्द-दिवस के सिलसिले में ही श्री अमृतलाल नागर ने महारानी लक्ष्मीबाई कॉलेज, ग्वालियर में एक भाषण दिया। इस निबन्ध में नागर जी ने भारतीय संस्कृति के सन्दर्भ में प्रेमचन्द का महत्त्व हमें समझाया है। नागर जी राष्ट्रीय चेतना, जातीय संस्कृति और हिन्दी भाषा तथा साहित्य के लिए संघर्ष करनेवाले निर्भीक योद्धा हैं। वे प्रेमचन्द का मूल्यांकन करने के अधिकारी विद्वान ही नहीं हैं, स्वयं उस परम्परा की एक बहुत मजबूत कड़ी हैं। उनकी लिखी हुई अनेक बातें विश्वविद्यालय में शिक्षा पाए हुए अलोचकों और विद्वानों के ज्ञान-चक्षु खोलने में सहायक हो सकती हैं। उन्होंने बहुत ही ठीक लिखा है : "संस्कृति शब्द आज धर्म शब्द से पहले जैसा सम्बद्ध नहीं रहा। हम संस्कृति का नाता अब व्यापक रूप से मानवता से जोड़ने लगे हैं। यह एक बड़ा भारी परिवर्तन आ रहा है और अनेक सदियों के कठिन संघर्ष की शक्ति लेकर क्रमशः नित्य-प्रति सशक्त भी होता जा रहा है। यह मानव-धर्म विज्ञान के ठोस धरातल पर पनपकर विश्व-संस्कृति के रूप में अब प्रतिष्ठित होकर ही रहेगा, इसमें तनिक भी सन्देह नहीं।"

संस्कृति की इस व्याख्या को स्वीकार करके ही हम प्राचीन भारतीय संस्कृति का मूल्यांकन कर सकते हैं और उसके सन्दर्भ में प्रेमचन्द का महत्त्व पहचान सकते हैं। संकीर्ण अर्थवाले धर्म के स्थान पर अब मानव-धर्म प्रतिष्ठित हो रहा है और

उसका आधार विश्व, मानव, आत्मा, स्वर्ग, नरक आदि के कल्पित चित्र नहीं हैं, वरन् विज्ञान का ठोस धरातल है।

एक दूसरी बहुत मार्के की बात नागर जी ने विद्वान और कलाकार का भेद बतलाते हुए कला-सृजन के बारे में कही है। अपनी सरस आलंकारिक शब्दावली में उन्होंने कहा है : "पंडित तर्क की सीढ़ियों पर चढ़कर मोक्ष पा जाता है पर कलाकार की स्थिति तो सदा उस पृथ्वी के समान रहती है जो सूर्य-पिंड से कटकर सैकड़ों बरस जलती रही, तरह-तरह की गैसों से भरती रही, फिर पानी बरसात में डूबी रही और फिर धीरे-धीरे बहुत सटकर ऊपरी परतें ठंडी पड़ जाने पर ही वह अपने ऊपर सृष्टि रचने की क्षमता पा सकी। भावनाओं के उतार-चढ़ाव में आग-पानी और आँधियों के कठिन झकोले सहकर ही वह अपनी कला-सृष्टि रच पाता है।" कलाकार की इस क्षमता को विषम परिस्थितियों से जूझनेवाले हिन्दी लेखक से ज्यादा कौन पहचान सकता है? प्रेमचन्द पृथ्वी के समान ही धैर्यशाली कलाकार थे—अन्तर में वह्नि छिपाए, ऊपर से एकदम शीतल!

प्रेमचन्द का ऐतिहासिक महत्त्व यह है कि "उन्होंने भारतीय साहित्य के इतिहास को एक नया मोड़ दिया।" उन्होंने अपने पात्र जन-जीवन से चुने; उन्होंने अपना साहित्य उच्चवर्ग के कुछ शिक्षित जनों के लिए नहीं, समस्त भारतीय जनता के लिए रचा। नागर जी के शब्दों में : "साहित्य के नायक-नायिकाओं की बड़ी लम्बी विरासतवाले तख्ते-ताऊस पर होरी, घीसू, हल्कू, धनिया, सलोनी काकी आदि प्रेमचन्द के दम पर बेझिझक बड़ी शान से बैठे और जमाने का सिर श्रद्धा से उनके आगे नत हो गया।" प्रेमचन्द के मानवतावाद की खूबी यह है कि उन्होंने भारतीय समाज में वर्गों का भेद, उनका संघर्ष, धर्म और संस्कृति के प्रति उनका भिन्न दृष्टिकोण, उनके आचार-व्यवहार की भिन्नता, उनकी शूरता और कायरता आदि गुणों को बड़ी सूक्ष्म दृष्टि से देखा और पहचाना। "उनका महामानव केवल अमीर-गरीब, ऊँच-नीच का भेदभाव मिटाकर हर मानव-हृदय की शक्ति और कमजोरी को ही नहीं पहचान सका वरन् पशुओं के मानस में भी ममता की उसी डोर के सहारे उतरने में वह पूर्णरूपेण समर्थ हुए। प्रेमचन्द लोकमानस के अनोखे पारखी थे और इस रूप में आज भी हमारे गुरु हैं।"

इस सिलसिले में पाठकों को 'गोदान' की वह घटना याद आएगी जिसमें पठान के वेश में मेहता रायसाहब और उनके मित्रों के बीच से मालती का हाथ पकड़कर ले जाना चाहते हैं। किसी में इतना साहस नहीं है कि उस नकली पठान से एक महिला की रक्षा करे। मालती सबको फटकारती है : "आप लोग इतने कायर हैं, यह मैं न समझती थी।" तभी उधर होरी आता है। प्रेमचन्द ने गरीब किसानों के इस अमर प्रतीक के बारे में लिखा है : "वह कायर न था, मरना और मारना, दोनों ही जानता था; मगर पुलिस के हथकंडों के सामने उसकी एक न चलती थी।" उसने

मिस मालती के धनी मित्रों की तरह आगा-पीछा न किया। "उसने झपटकर खान की कमर पकड़ी और ऐसा अड़ंगा मारा कि खान चारों खाने चित जमीन पर आ रहे।" इस तरह की घटनाएँ प्रेमचन्द के उपन्यासों में भरी पड़ी हैं। विभिन्न वर्गों के व्यवहार का भेद चित्रित करके वह उनकी संस्कृति की भिन्नता प्रकट करते हैं। सच्चा देशभक्त गरीब जनता से दृढ़ सहानुभूति रखनेवाला होगा। वह देश की मुक्ति के साथ निर्धनता और शोषण से देश की बहुसंख्यक श्रमिक जनता की मुक्ति भी चाहेगा। इस दृष्टि से विचार करने पर राष्ट्रीय चेतना और समाजवादी विचारधारा परस्पर विरोधी न होकर एक दूसरे की पूरक होती हैं। केवल साम्प्रदायिकता, धार्मिक विद्वेष, अन्ध-राष्ट्रवाद देश के लिए अकल्याणकारी हैं। ये जनता में फूट और भेदभाव दृढ़ करते हैं, शोषकवर्ग को बल देते हैं और जनता की शोषण-मुक्ति में बाधा डालते हैं।

प्रेमचन्द के सिलसिले में नागर जी ने एक और प्रश्न उठाया है जिसका हमारी सांस्कृतिक समस्याओं से गहरा सम्बन्ध है। लिखा है : "मैं आपसे पहले ही निवेदन कर आया हूँ कि प्रेमचन्द हिन्दू थे, समान रूप से हिन्दी-उर्दू के लेखक थे, भारतीय थे और महामानव भी। उनके हिन्दूपन के सम्बन्ध में मुझे केवल एक ही बात कहनी है और यह बात केवल प्रेमचन्द तक सीमित नहीं होती। वह उनके समय के अन्य कथाकारों से लेकर हमारी पीढ़ी तक पर लागू होती है। प्रेमचन्द से लेकर हम और हमारे सहयोगी बन्धु तक हिन्दू धर्म या हिन्दू ढंग के सामाजिक रीति-रिवाजों की कटु से कटु आलोचना करते हैं। हम वैसी ही आलोचना अपने देशी समाज द्वारा माने जानेवाले अन्य धर्मों की नहीं कर पाते; साधारणतया मौन रहते हैं। मेरी अल्प बुद्धि तो यही समझ पाती है कि यह हमारा हिन्दूपन है।"

भारत तो आर्थिक विकास की दृष्टि से एक पिछड़ा हुआ देश है। यूरोप के उन्नत राष्ट्रों में जहाँ सामन्ती बन्धन खत्म हो चुके हैं और विज्ञान ने बहुत प्रगति की है, एक धर्म के लेखक दूसरे धर्मवालों के सामाजिक जीवन का वैसा ही चित्रण नहीं कर पाते, जैसा अपने धर्मवालों का। उदाहरण के लिए यूरोप के ईसाई लेखकों के रचे हुए साहित्य में यहूदियों के चित्रण का अनुसंधान कीजिए और यहूदी तो दूर, प्रोटेस्टेंट लेखकों के साहित्य में रोमन कैथोलिकों के चित्रण की ही छानबीन कीजिए तो भारतीय जनता और उसके साहित्यकारों की धार्मिक सहिष्णुता की दाद देनी होगी। यह सही है कि हमारे समाज में खान-पान, विवाह-सम्बन्ध, रीति-रिवाज आदि में हिन्दू और मुसलमानों में काफी भेद है। यही नहीं, एक धर्म के माननेवालों में ही परस्पर अलगाव और भिन्नता की कमी नहीं है। ऐसी स्थिति में हिन्दू-मुसलमान लेखक समाज-सुधार के उद्देश्य से साहित्य रचते हुए सबसे पहले और अधिक ध्यान अपने धर्मावलम्बियों की ओर ही देते हैं, इसमें आश्चर्य नहीं। आश्चर्य इसमें है कि औपनिवेशिक भारत के अर्द्धसामन्ती समाज में पले हुए

प्रेमचन्द ने अपने धर्मावलम्बियों के अलावा मुसलमानों के सम्बन्ध में भी बहुत कुछ लिखा है और बहुत खुलकर लिखा है। कबीर के बाद किसी ने दोनों धर्मों के अनुयायियों को ऐसी आलोचनात्मक दृष्टि से न देखा था और न प्रेमचन्द के बाद से अब तक—नागर जी समेत—किसी ने मुस्लिम समाज का ऐसा व्यापक और विस्तृत चित्रण किया है।

प्रेमचन्द के लिए धर्म के दो रूप हैं : एक अमीरों का धर्म, दूसरा गरीबों का। गरीबों के धर्म को—चाहे गरीब हिन्दू हों, चाहे मुसलमान—वे अत्यन्त सहानुभूति से देखते हैं। अमीरों के धर्म को वह सन्देह से, कड़ी आलोचनात्मक निगाह से देखते हैं। उसे अपने व्यंग्य का निशाना बनाते हैं। 'ईदगाह' कहानी में अमीरों और गरीबों की ईद पर लिखा है : "वह (अर्थात् गरीबों के बच्चे) क्या जानें कि अब्बाजान क्यों बदहवास चौधरी कायम अली के घर दौड़े जा रहे हैं! उन्हें क्या खबर कि चौधरी आज आँखें बदल लें, तो यह सारी ईद मुहर्रम हो जाए! उनकी अपनी जेबों में तो कुबेर का धन भरा हुआ है। बार-बार जेब से अपना खजाना निकालकर गिनते हैं और खुश होकर फिर रख लेते हैं। महमूद गिनता है, एक-दो, दस, बारह! उसके पास बारह पैसे हैं। मोहसिन के पास एक, दो, तीन, आठ, नौ, पन्द्रह पैसे हैं। इन्हीं अनगिनती पैसों में अनगिनती चीजें लाएँगे—खिलौने, मिठाइयाँ, बिगुल, गेंद और जाने क्या-क्या!" प्रेमचन्द को जहाँ ईद के दिन खजाना गिननेवालों से नफरत है, वहाँ अपनी बूढ़ी माँ के लिए चिमटा लानेवाले हामिद से अपार सहानुभूति है। इसी तरह 'रामलीला' कहानी में वह रामचन्द्र का पार्ट करनेवाले बालक के प्रति कहानी कहनेवाले युवक की श्रद्धा को सहानुभूति से देखते हैं; वेश्या को अशर्फी देनेवाले उसके पिता को घृणा का पात्र समझते हैं।

'सेवासदन' में भोली नाम की वेश्या है। वह मन्दिर में गाने के लिए बुलाई जाती है और उसके घर के सामने मुसलमानों की धार्मिक कथा-वार्ता भी होती है। प्रेमचन्द ने लिखा है : "फिर मौलाना साहब की सवारी आई। उनके चेहरे से प्रतिभा झलक रही थी। वह सजे हुए सिंहासन पर मसनद लगाकर बैठ गए और मौलूद होने लगा।" और भोली वेश्या क्यों बनी थी? वह सुमन से कहती है : "मेरे माँ-बाप ने भी मुझे एक बूढ़े मियाँ के गले में बाँध दिया था। उसके यहाँ दौलत थी और सब तरह का आराम था, लेकिन उसकी सूरत से मुझे नफरत थी। मैंने किसी तरह छह महीने तो काटे, आखिर निकल खड़ी हुई।" अनमेल विवाह, वेश्यावृत्ति, धर्म की आड़ में कुकर्म—यह सब हिन्दुओं में भी है, मुसलमानों में भी; क्योंकि वर्ग-भेद दोनों में है, गरीब-अमीर दोनों में हैं, शोषण-चक्र दोनों में चलता है।

'प्रेमाश्रम' के सैयद ईजाद हुसेन का व्यक्तित्व अत्यन्त भव्य है : "गौर वर्ण, श्वेत केश, सिर पर हरा अमामा, काले अल्पाके का आबा, सुफेद तंजेब की अचकन,

सलेमशाही जूते, सौम्य और प्रतिभा की साक्षात मूर्ति थे।" धर्म के मामले में वह अत्यन्त उदार हैं। इत्तहादी यतीमखाने के लिए चन्दा बटोरने के लिए जब व्याख्यान देते हैं, तब कहते हैं : "मजहब दिल की तस्कीन के लिए है, दुनिया कमाने के लिए नहीं, मुल्की हकूक हासिल करने के लिए नहीं। वह आदमी, जो मजहब की आड़ में दौलत और इज्जत हासिल करना चाहता है, अगर हिन्दू है तो मलिच्छ है; मुसलमान है तो काफिर है; हाँ, काफिर है, मरदूद है, रूसियाह है।" उन्हें हिन्दू धर्म पर भी श्रद्धा है। अर्ज करते हैं : "हजरात, मैं अर्ज नहीं कर सकता कि मेरे दिल में सिरीकिरिश्न जी को कितनी इज्जत है।" जमींदारों और अमीरों की सभा से पाँच हजार वसूल करते हैं। उनके इत्तहाद-प्रेम का रहस्य खुलता है, एकान्त में, बेटे से बातचीत के समय। चन्दा देनेवाले हिन्दुओं के लिए कहते हैं : "आज मालूम हुआ कि ये सब कितने अहमक होते हैं। इसी अपील पर किसी इस्लामी जलसे में मुश्किल से 100) मिलते, इन बछिया के ताउओं की खूब तारीफ कीजिए। हजो मलीह तक हो तो मुजायका नहीं, फिर इनसे जितना चाहे, वसूल कर लीजिए।" बेटे को शक होता है कि ये सब बेईमानी तो नहीं है। सैयद साहब साफ-साफ कहते हैं : "यह दगाबाजी है, पर करूँ क्या? औलाद और खानदान की मुहब्बत अपनी नजात की फिकर से ज्यादा है।"

ईजाद हुसेन के घर में स्वर्ग और नरक दोनों हैं। बरामदे में वस्त्रविहीन बालक फटे हुए बोरिए पर बैठे करीमा और खालिकबारी रटते हैं। तख्त पर "एक दढ़ियल मौलवी, लुंगी बाँधे, एक मैला-कुचैला तकिया लगाए अपना मदरिया पिया करते और इस कलरव में भी शान्तिपूर्वक झपकियाँ लेते रहते थे।" बरामदे के ऊपरवाले कमरे में कालीन, मसनद, पानदान, खसदान, उगालदान, सभी सजे थे और "एक कोने में नमाज पढ़ने की दरी बिछी हुई थी। तस्वी (माला) खूँटी पर लटक रही थी।" नमाज के प्रेमी ईजाद हुसेन दूसरे धर्मवालों को ही नहीं ठगते, अपने धर्मवालों का शोषण भी करते हैं। बरामदे वाले मौलवी साहब कहते हैं : "कभी सालन तक तो नसीब नहीं होता। दरवाजे पर पड़ा-पड़ा मसाले और प्याज की खुशबू लिया करता हूँ। सारा घर पुलाव और जरदे उड़ाता है, यहाँ खुश्क रोटियों पर ही बसर है। दस्तरखान पर खाने को तरस गया। रोज वही मिट्टी की प्याली सामने आ जाती है।" वही ठग-विद्या, वही गरीब-अमीर का भेद, वही सामाजिक अन्याय इस दुनिया में है जो ज्ञानशंकर और गायत्री के यहाँ है।

'प्रेमाश्रम' में एक दुष्ट कारिंदा है गौस खाँ। इसी ने मनोहर की स्त्री विलासी को धक्का दिया था जिस पर मनोहर ने उसे मार डाला था। यह गौस खाँ गाँववालों को नीचा दिखाने के लिए दरोगा को घूस देता है। घूस में वे रुपये भी शामिल हैं जो उसने "अपने गाँव में एक मस्जिद बनवाने के लिए जमा किए थे।" गौस खाँ की जगह नया कारिंदा फैजुल्लाह आया। इसके अत्याचारों का यह हाल था

कि "किसी को चौपाल के सामने धूप में खड़ा करते, किसी को मुश्कें कसकर पिटवाते। दीन नारियों के साथ और भी पाशविक व्यवहार किया जाता, किसी की चूड़ियाँ तोड़ी जातीं, किसी के जूड़े नोचे जाते। इन अत्याचारों को रोकनेवाला अब कौन था? सत्याग्रह में अन्याय को दमन करने की शक्ति है, यह सिद्धान्त शान्तिपूर्ण सिद्ध हो गया।" यह अत्याचारी फैजुल्लाह नमाज का बड़ा पाबन्द है। कचहरी जाने की तैयारी है। लाठी में तेल मलकर कर्तारसिंह आ गया; गेरुए रंग की धोती पहने बिंदा आ गया। "केवल खाँ साहब की नमाज की देर थी।" लोग इन्तजार करते रहते हैं, "आठ बजे खाँ साहब की नमाज पूरी हुई।" लेकिन उस दिन वह कचहरी न गए। गाँववालों पर आठ सौ रुपये की नालिश की थी; सौ रुपये खर्च के थे। सुक्खू चौधरी हजार रुपये देकर मुकदमा खत्म कराने आए हैं। लेकिन फैजुल्लाह कहता है, कुल मिलाकर 1750) भरने होंगे। इस पर : "सहसा चौधरी ने अपना चिमटा उठाया और इतने जोर से फैजुल्लाह के सिर पर मारा कि वह जमीन पर गिर पड़ा। तब बोले—यही अदालत का खर्च है, जी चाहे और ले लो।" धूर्त और अत्याचारी चाहे हिन्दू हों, चाहे मुसलमान, प्रेमचन्द उनके साथ अत्यन्त समदर्शी भाव से ऐसा ही व्यवहार करने की सलाह देते हैं, जैसा सुक्खू चौधरी ने फैजुल्लाह के साथ किया।

'रंगभूमि' का ताहिर अली चमारों से अँगूठे के निशान लगवाकर उनकी जमा हजम करना चाहता है। लेकिन गरीब है, गृहस्थी के जंजाल से परेशान है, ढुलमुल-यकीन है। वह धर्म के बारे में नये तर्क पेश करता है : "अगर खुदा को मंजूर होता कि मेरा ईमान सलामत रहे, तो क्यों इतने आदमियों का बोझ मेरे सिर डाल देता?" और इस तर्क के आधार पर वह रोकड़ से रुपये निकालने लगा। नमाज का पाबन्द वह भी है। "एक दिन सुबह को ताहिर अली नमाज अदा करके दफ्तर में आए, तो देखा, एक चमार खड़ा रो रहा है।" वह दिन उनके लिए बहुत अशुभ सिद्ध हुआ। पकड़े गए, जेल गए, बीवी-बच्चे दाने-दाने को मोहताज रहे लेकिन जेल से लौटने पर उन्होंने अपने नालायक भाई के, जो दरोगा हो गया था, मुँह पर स्याही मल दी और इस तरह अपनी कमजोरी का प्रायश्चित्त किया। अब उनकी तर्क-बुद्धि ईश्वर के अस्तित्व में सन्देह करने लगती है। कहते हैं, "खुदा ही इनसाफ करता, तो हमारी यह हालत क्यों होती? उसने इनसाफ करना छोड़ दिया।"

'गोदान' में मिर्जा खुर्शेद दिलचस्प आदमी हैं : "दो बार हज कर आए थे, मगर शराब खूब पीते थे। कहते थे, जब हम खुदा का एक हुक्म भी कभी नहीं मानते, तो दीन के लिए क्यों जान दें?" धर्म के वह इतने पाबन्द हैं कि 'दस साल से उन्होंने नमाज न पढ़ी थी।' ऐसे धर्म पराङ्गमुख व्यक्ति को प्रेमचन्द ने बहुत ही सहृदय बनाकर पेश किया है। हिरन का शिकार किया लेकिन उसे मारकर

पछताने लगे : "हिरन की टँगी हुई, दीन वेदना से भरी आँखें देख रहे थे। अभी एक मिनट पहले इसमें जीवन था। जरा-सा पत्ता भी खड़कता, तो कान खड़े करके चौकड़ियाँ भरता हुआ निकल भागता। अपने मित्रों और बाल-बच्चों के साथ ईश्वर की उगाई हुई घास खा रहा था, मगर अब निस्पन्द पड़ा है। उसकी खाल उधेड़ लो, उसकी बोटियाँ कर डालो, उसका कीमा बना डालो, उसे खबर न होगी। उसके क्रीड़ामय जीवन में जो आकर्षण था, जो आनन्द था, वह क्या इस निर्जीव शव में है? कितनी सुन्दर गठन थी! कितनी प्यारी आँखें, कितनी मनोहर छवि! उसकी छलाँगें हृदय में आनद की तरंगें पैदा कर देती थीं—उसकी चौकड़ियों के साथ हमारा मन भी चौकड़ियाँ भरने लगता था। उसकी स्फूर्ति जीवन-सा बिखेरती चलती थी, जैसे फूल सुगन्ध बिखेरता है, लेकिन अब? उसे देखकर ग्लानि होती है।"

शिकार देखकर मिर्जा के मुँह में पानी नहीं आता, ग्लानि होती है। मार्मिक अनुभूति के क्षण में उन्हें पशु और मानव के जीवन की एकता का बोध होता है। कितने कवित्वमय शब्दों में प्रेमचन्द ने हिरन की स्फूर्ति, मानव-मन को आह्लादित करनेवाली उसकी कुलाँच का वर्णन किया है! नागर जी ने ठीक लिखा है कि प्रेमचन्द ममता की डोर के सहारे पशुओं के मानस में उतर जाते हैं। और यह ममता की डोर उन्होंने थमा दी है मिर्जा खुर्शेद को, जो हज कर आए हैं और शराब पीते हैं और दस बरस से जिन्होंने नमाज नहीं पढ़ी है। सूफी हैं, एकदम ग़ालिब की परम्परा में। उनके बारे में भी कहा जा सकता है : "तुझे हम वली समझते जो न बादाखार होता!"

लेकिन मिर्जा साहब ऐसे वली हैं जो परलोक से ज्यादा इस लोक की—और उसके लोकतंत्र की—हकीकत पहचानते हैं। कहते हैं : "जिसे हम डेमॉक्रेसी कहते हैं, वह व्यापार में बड़े-बड़े व्यापारियों और जमींदारों का राज्य है, और कुछ नहीं। चुनाव में वही बाजी ले जाता है, जिसके पास रुपये हैं। रुपये के जोर से उसके लिए सभी सुविधाएँ तैयार हो जाती हैं। बड़े-बड़े पंडित, बड़े-बड़े मौलवी, बड़े-बड़े लिखने और बोलनेवाले, जो अपनी जबान और कलम से पब्लिक को जिस तरफ चाहे फेर दें, सभी सोने के देवता के पैरों पर माथा रगड़ते हैं।" यह है महाजनी सभ्यता, जो धर्म को अपना दास बनाकर रखती है। मिर्जा साहब कम्यूनिस्ट नहीं हैं, सोशलिस्ट भी नहीं। उनके आदर्श शासक वे पुराने बादशाह हैं जो खजाने से एक कौड़ी भी निजी खर्च के लिए न ले सकते थे और जो "किताबें नकल करके, कपड़े सीकर, लड़कों को पढ़ाकर" अपना गुजर करते थे। लेकिन मिर्जा में जनसाधारण में घुल-मिल जाने की अपूर्व क्षमता है। शिकार के सिलसिले में जब एक गाँव में पहुँचते हैं, तब "सारे गाँव से उनका इतना घनिष्ठ परिचय हो गया था, मानो यहीं के निवासी हों!" उनके साथी सब

खीझे हुए और परेशान दिखाई देते हैं। "अकेले मिर्जा साहब प्रसन्न थे और वह प्रसन्नता अलौकिक थी।"

'कर्मभूमि' की पठानिन अपनी लड़की सकीना की शादी के बारे में अमरकान्त से पूछताछ करती है। अमरकान्त के सभी मुसलमान दोस्त धनी हैं, बुढ़िया बेहद गरीब है। कहती है : "तो भला धनी लोग हम गरीबों की बात क्या पूछेंगे! हालाँकि हमारे नबी का हुक्म है कि शादी-ब्याह में अमीर-गरीब का खयाल न होना चाहिए; पर उनके हुक्म को कौन मानता है! नाम के मुसलमान, नाम के हिन्दू रह गए हैं। न कहीं सच्चा मुसलमान नजर आता है, न सच्चा हिन्दू।" इसमें हम जोड़ सकते हैं, न सच्चा ईसाई नजर आता है। ईसाइयों की संख्या मुसलमानों से कम है लेकिन प्रेमचन्द उनमें भी उच्चवर्गों की संकीर्णता पर व्यंग्य करना नहीं भूले।

'रगंभूमि' में जॉन सेवक के पिता ईश्वर सेवक अपने पुत्र को रोज दो घंटे फिजूलखर्ची के खिलाफ उपदेश देते हैं। "वह अपने ही घर में धन का अपव्यय नहीं देख सकते थे, चाहे वह किसी मेहमान का ही धन क्यों न हो। धर्मानुरागी इतने थे कि बिला नागा दोनों वक्त गिरजाघर जाते।" धर्म और धन ने इनके हृदय को ऐसा दबोचा था कि उसमें मानव-प्रेम के लिए जगह न रह गई थी। उनका नौकर तामजाम खींचकर उन्हें गिरजाघर छोड़ आता था। उसे घर वापस भेज देते थे कि उतनी देर उसकी श्रमशक्ति का उपयोग होता रहे। सोफिया की समझ में नहीं आता कि "अगर प्रभु ईसू ने अपने रुधिर से हमारे पापों का प्रायश्चित्त कर दिया, तो फिर सारे ईसाई समान दशा में क्यों नहीं हैं? अन्य मतावलम्बियों की भाँति हमारी जाति में भी अमीर-गरीब, अच्छे-बुरे, लँगड़े-लूले—सभी तरह के लोग मौजूद हैं। इसका क्या कारण है?" नतीजा यह कि उसकी माँ ने उसकी मेज से बौद्ध धर्म और वेदान्त के कई ग्रंथ उठाकर फेंक दिये और उन्हें पैरों से कुचला भी! सोफिया और उसकी माता का संघर्ष नई विचारधारा और रूढ़िवाद की टक्कर है। सोफिया ईसा मसीह पर श्रद्धा करती है लेकिन यह विश्वास नहीं करती कि वे उसे मुक्ति देंगे। "मेरी मुक्ति, अगर मुक्ति हो सकती है, तो मेरे कर्मों से होगी।"

सोफिया के लिए धर्म का अर्थ है मानव-विवेक। इसी तरह सूरदास के लिए धर्म का अर्थ है मानव-प्रेम। वह जॉन सेवक से कहते हैं : "धरम में आपका स्वार्थ मिल गया है, अब वह धरम नहीं रहा।"

इस तरह की और बहुत-सी मिसालें दी जा सकती हैं। प्रेमचन्द सभी धर्मों की आलोचना करते थे और सभी धर्मों को सहानुभूति से देखते थे। उच्च वर्गों का धर्म उनके पाखंड और अत्याचार को छिपाने, दूसरों को ठगने का साधन बन जाता है। गरीबों के लिए वह दया, ममता, सहानुभूति का दूसरा नाम है।

गरीबों के धार्मिक विश्वासों में अनेक निराधार कल्पनाएँ हैं लेकिन प्रेमचन्द उन पर आक्रमण नहीं करते, न उनकी कटु आलोचना करते हैं। उनका तरीका है, जीवन की वास्तविक समस्याओं पर ध्यान केन्द्रित करना और इस तरह मनुष्य को उसके व्यवहार और प्रत्यक्ष अनुभव से शिक्षा देकर उसे अप्रत्यक्ष जगत से मोड़ना। प्रेमचन्द के इस मानवतावाद का कारण यह था कि वह 'सेवासदन' लिखने के समय से ही उच्च और निम्न वर्गों में भेदभाव देखते हैं। जिस समाज में "अत्याचारी जमींदार, रिश्वती कर्मचारी, अन्यायी महाजन, स्वार्थी बन्धु आदर और सम्मान के पात्र हों, वहाँ दालमंडी क्यों न आबाद हो?" ये वाक्य 'सेवासदन' के एक पात्र के हैं। 'प्रेमाश्रम' में उनका बलराज रूस और बल्गारिया की क्रान्तियों की बात सुन चुका है। उसके पास जो पत्र आता है, "उसमें लिखा है कि रूस देश में काश्तकारों ही का राज है, वह जो चाहते हैं, करते हैं।" बल्गारिया में राजा को गद्दी से उतार दिया गया है और "अब किसानों और मजूरों की पंचायत राज करती है।"

प्रेमचन्द-साहित्य को पढ़ने से ऐसा लग सकता है कि हिन्दी लेखकों में प्रेमचन्द एक अपवाद थे, जो रूसी क्रान्ति और समाजवाद के बारे में सोचते थे। ब्रिटिश साम्राज्यवाद से टक्कर लेने के लिए सन्नद्ध भारत देश की जागरूक जनता और उसके लेखक विदेश की प्रत्येक महत्त्वपूर्ण घटना को बड़े ध्यान से देखते थे। प्रेमचन्द में आरम्भ से ही जो समाजवादी विचारधारा के प्रति झुकाव था, उसे समझने के लिए उस समय के कुछ अन्य लेखकों के विचार उद्धृत करना अप्रासंगिक न होगा।

फरवरी, 1917 में रूस की जनता ने ज़ारशाही के विरुद्ध क्रान्ति की। अप्रैल, 1917 की 'मर्यादा' में उस पर एक विस्तृत सम्पादकीय लेख प्रकाशित हुआ। इस सम्पादकीय में कहा गया है ('मर्यादा' के सम्पादक श्री कृष्णकान्त मालवीय थे) : "हम संसार को और विशेष कर रूस जाति को प्रजाशक्ति की विजय पर बधाई देते हैं। रूस जाति तो इस परिवर्तन का फल चखेगी ही किन्तु उसके साथ ही साथ संसार के इतिहास और उसमें बसनेवाली जातियों पर भी इसका प्रभाव पड़ेगा। रूस का विप्लव समय की गति का द्योतक है। यह दिखलाता है कि समय की लहर किस ओर और किस उद्देश्य से बह रही है, साथ ही साथ निरंकुश शासकों को यह सन्देश दे रहा है कि चेतो, समय तुम्हारे विरुद्ध है; विवेक, मानवी सभ्यता, मनुष्योचित अधिकार, स्वतंत्रता और समता—इन सब बातों के विचार के साथ तुम्हारी स्थिति असंगत है और विरोधाभास के अलंकार सदृश है।" साम्राज्यवादी लेखक जन-क्रान्तियों को मुट्ठी-भर लोगों का षड्यंत्र कहा करते हैं। इसके विपरीत 'मर्यादा' ने लिखा : "अन्याय और अत्याचार बढ़ा, प्रजा के प्रतिनिधि दबाए गए और फलस्वरूप विप्लव हो गया। प्रजा, फौज और नौ-सेनावाले सब एक हो गए,

सरकारी महलों पर कब्जा किया गया, देशभक्त जो जेलों में सड़ रहे थे, इज्जत के साथ लाए गए। जेलखानों के द्वार खोल दिये गए; जार सकुटुम्ब अलग किए गए, प्रजातंत्र स्थापित हो गया और इस तरह से अन्याय, अत्याचार और निरंकुश शासन के संसार से विदा होने की दुंदुभी बजाई गई।" भारत के लिए क्रान्ति की शिक्षा यह थी : "जो लोग कहते हैं कि भारत में शिक्षा नहीं, यहाँ प्रत्येक मनुष्य इस योग्य नहीं कि उसे वोट देने का, शासन में भाग लेने का अधिकार दिया जाए, जरा रूस की दशा देखें और आँख खोलें। हमारे जो अंग्रेज राजनीतिज्ञ और यूरोपीय कूटनीतिज्ञ यह कहा करते थे कि रूस अधिकतर पूर्वीय है, वहाँ के लिए स्वेच्छाचार और निरंकुश शासन ही उपयुक्त है, वहाँ प्रजासत्तात्मक राज्य की स्थापना स्वप्न मात्र है, आज प्रजा की शक्ति के महत्त्व को भी देख लें।" जो निरंकुश-शासक प्रजा की आवाज नहीं सुनते, उन्हें "आज नहीं तो कल कुत्ते की मौत मरना होगा।" प्रजा के लिए अटल सिद्धान्त यह है कि "अत्याचार स्थायी नहीं हो सकता, संसार में सर्वश्रेष्ठ शक्ति प्रजा के हाथ में है और अन्त में उसी की विजय होगी।" लेख के अन्त में कहा गया है कि रूस में "सार्वजनिक प्रकाश और स्वतंत्रता का बालसूर्य उदित हुआ है, हम इसका स्वागत करते हैं और आशा करते हैं कि संसार के घोर अन्धकार को यह शीघ्र ही छिन्न -भिन्न करेगा।" यह बालसूर्य नवम्बर, 1917 में समाजवादी क्रान्ति के बाद और भी प्रखर हो गया। प्रेमचन्द ने प्राय: 'मर्यादा' की शब्दावली में, 1936 के अपने प्रसिद्ध लेख 'महाजनी सभ्यता' में लिखा था : "अब एक नई सभ्यता का सूर्य सुदूर पूरब से उदय हो रहा है, जिसने इस नाटकीय महाजनवाद या पूँजीवाद की जड़ खोदकर फेंक दी है।" इस सभ्यता के विरुद्ध धुआँधार पूँजीवादी प्रचार होता है : "पर सचाई है, जो इस सारे अन्धकार को चीरकर अपनी ज्योति का उजाला फैला रही है।"

नवम्बर, 1918 की 'मर्यादा' में 'युद्ध और शान्ति' की समस्या पर सम्पादकीय लेख छपा है जिसमें इस सभ्यता पर गरीब जनता के दृष्टिकोण से विचार किया गया है। जागरूक हिन्दी लेखक के लिए न्याय, अन्याय, युद्ध, शान्ति आदि शब्द वर्गों से परे किसी आध्यात्मिक सत्य या लोकोत्तर नैतिकता के द्योतक नहीं हैं। इन प्रश्नों पर वह गरीब-अमीर के दो दृष्टिकोणों का भेद समझ गया है। "गरीब कह रहे हैं कि राष्ट्रों की कूटनीति की सफलता के लिए, या महाराजाओं और श्रीमानों की श्रीवृद्धि के लिए हम अपना खून न बहावेंगे। वे कह रहे हैं कि पेट की ज्वाला बुझाने को सेना में हम नौकरी करते थे, अपनी गरीबी के कारण अपने भाइयों की हम हत्या करते थे, पेट के कारण हम अपने दयालु पिता के पुत्रों का—अपने भाइयों का हनन करते थे। भविष्य में हम ऐसा न करेंगे और न किसी को करने देंगे। ऐसा करना असम्भव हो जाए इसलिए वे चाहते हैं कि संसार से गरीबी उठ जाए। कोई इतना अमीर न हो कि अपने अमीरी के बोझ से वह किसी को अपनी इच्छा के

अनुसार चलने पर विवश कर सके, साथ ही कोई ऐसा शक्तिशाली न हो कि केवल पाशविक शक्ति से वह किसी को दबा सके। वे कहते हैं कि भूमि सरकार की अर्थात् प्रजा समुदाय की होनी चाहिए, अर्थात् कोई जमींदार न हो, गरीब से गरीब मनुष्य के रहने के लिए भी गृह स्वच्छ, सुथरा, हवादार और वाटिकायुक्त होना चाहिए। बीमारी तथा बुढ़ापे के लिए सरकार की ओर से प्रबन्ध होना चाहिए।" यह सब पढ़ने के बाद किसी को आश्चर्य न होना चाहिए कि 'प्रेमाश्रम' का बलराज जमींदार की निरंकुशता का विरोध करने उठ खड़ा होता है और अपने समर्थन में रूसी क्रान्ति का हवाला देता है।

न इस बात पर आश्चर्य होना चाहिए कि जब मुंशी दयानारायण निगम ने प्रेमचन्द को एक युद्ध-सम्बन्धी सरकारी अखबार के सम्पादक की जगह दिलाने के बारे में लिखा तो प्रेमचन्द ने उन्हें 6 जुलाई, 1918 को उत्तर दिया : "अब मैं सरकारी अखबारनवीस क्या बनूँगा!" यदि बनेंगे तो "अखबार मजदूरों-किसानों का हामी और मुआबिन होगा?" 21 दिसम्बर, 1918 (या 19) के पत्र में मुंशी दयानारायण निगम के पत्र 'जमाना' की नर्म राजनीति से मतभेद प्रकट करते हुए उन्होंने मोंटेग्यू-चेम्सफोर्ड सुधारों की आलोचना की और लिखा कि सुधारों में "अगर कोई खूबी है तो सिर्फ यह कि तालीमयाफ्ता जमात को कुछ आसानियाँ ज्यादा मिल जाएँगी और जिस तरह यह जमात वकील बनकर रिआया का खून पी रही है, उसी तरह आइन्दा यह हाकिम होकर रिआया का गला काटेगी। इसके सिवा और कोई जदीद अख्तियार नहीं दिया गया। जो अख्तियारात दिये गए हैं, इतनी शर्तें लगा दी गई हैं कि उनका देना न देना बराबर हो गया है। ऐसी हालत में मैं 'जमाना' में क्या लिखूँगा। मैं अब करीब-करीब बोल्शेविस्ट उसूलों का कायल हो गया हूँ। आपकी क्या राय है?"*

प्रेमचन्द का मानवतावाद उन्नीसवीं सदी के अनेक साहित्यकारों के मानवतावाद से भिन्न था। वह टॉल्स्टॉय जैसे महान लेखकों के मानवतावाद से भी भिन्न था। वह समाजवादी क्रान्ति के बाद का मानवतावाद था; वह राजनीति और संस्कृति की समस्याओं को गरीब जनता के दृष्टिकोण से देखने-परखने और हल करने का आदी था। धार्मिक संकीर्णता उससे दूर थी। इसके विपरीत विभिन्न मत-मतान्तरों की सहायता से धनी वर्ग द्वारा जनता के शोषण की वास्तविकता की अलोचना करते हुए भी वह जनता की धार्मिक भावनाओं को सहानुभूति से देखता था। प्रेमचन्द के युग के अनेक लेखक समाजवादी विचारधारा से प्रभावित थे लेकिन प्रेमचन्द के समान किसी ने ऐसी दृढ़ता से, इतनी लम्बी अवधि तक और इतने सुसंगत रूप से पीड़ित मानवता का पक्ष नहीं लिया, जैसे प्रेमचन्द ने। यह उनका युगान्तकारी महत्त्व है—हिन्दी साहित्य के लिए, भारतीय साहित्य के लिए।

---

* प्रेमचन्द के इन दो पत्रों के उद्धरणों के लिए हम श्री अमृतराय के आभारी हैं।

आज के अनेक प्रसिद्ध लेखक झकोले खा रहे हैं, आस्था-अनास्था की समस्याओं से व्यथित हो उठते हैं, प्रत्येक राजनीतिक पार्टी से विश्वास उठ जाने की बातें करते हैं। ये सब पार्टियाँ जनता से उत्पन्न होती हैं, उसकी सेवा के बल पर जीती हैं। यदि वे जनता के लिए ऐतिहासिक रूप से अनावश्यक हो जाती हैं तो उनकी चमक-दमक, रोब-दाब अस्थायी ही सिद्ध होते हैं। यदि लेखक को इस जनता में आस्था हो, वह उसके साथ आगे बढ़ने को तैयार हो तो उसका झकोले खाना बन्द हो जाए। कभी-कभी प्रेमचन्द के मानवतावाद का स्तर न समझकर अपने साथ हम उन्हें भी झकोले खाता हुआ देखने लगते हैं। हमें अपने से प्रश्न करना चाहिए—क्या हमने निर्धन और पीड़ित जनता के पक्ष को प्रेमचन्द के समान दृढ़ता से अपनाया है? क्या हम उनके समान धैर्य, लगन, निःस्वार्थ भाव से यह सेवाव्रत निबाहने को तत्पर हैं? प्रेमचन्द की परम्परा में अनेक लेखक हैं। लेकिन उन जैसा असन्दिग्ध विवेक, अटूट सहानुभूति और अमोघ शब्द-शक्ति का लेखक दूसरा नहीं है। वे 'आज भी हमारे गुरु हैं' और शायद कल भी रहेंगे।

8

प्रेमचन्द की परम्परा और आंचलिकता

'मैला आँचल' के आवरण पृष्ठ पर एक आलोचक की सम्मति छपी है : "प्रेमचन्द की परम्परा में दशकों बाद यह पहला उपन्यास लिखा गया है।"

प्रेमचन्द की परम्परा? इधर हिन्दी में आंचलिक उपन्यासों की काफी चर्चा हुई है और इस आंचलिकता से 'मैला आँचल' का सम्बन्ध विशेष रूप से जोड़ा गया है। प्रेमचन्द की परम्परा से इस आंचलिकता का क्या सम्बन्ध है?

प्रेमचन्द ने बनारस जिले के गाँव को लेकर ढेरों कहानियाँ और उपन्यास लिखे। फिर भी उनकी रचनाएँ पढ़ने पर सहसा यह बोध नहीं होता कि हम हिन्दी-भाषी प्रदेश के किसी अंचल विशेष बारे में ही पढ़ रहे हैं। उनके पात्रों में आंचलिकता से अधिक हिन्दुस्तानीपन अथवा हिन्दीपन है। विभिन्न अंचलों के पाठकों को लगता है कि प्रेमचन्द ने उन्हीं के यहाँ के किसानों के बारे में लिखा है। उनकी बोली-बानी में इतना ही भदेसपन रहता है कि वे शहर के न लगें किन्तु विभिन्न बोलियों के आधार पर किसानों का विभाजन या लोकसंस्कृति का चित्रण करने का प्रयत्न प्रेमचन्द में नहीं है। विषयवस्तु और चित्रण के इस साधारणीकरण द्वारा प्रेमचन्द एक विशाल पाठकवर्ग को अपना सके; आंचलिकता के साथ जो अटपटापन लगा हुआ है, वह उनमें नहीं है। श्री वृन्दावनलाल वर्मा की रचनाओं में आंचलिकता का पुट अधिक है। जहाँ-तहाँ बुन्देलखंडी बोली का प्रयोग, और अधिकांश कृतियों में लोकसंस्कृति की पृष्ठभूमि से उनके उपन्यास सजीव बन गए हैं। किन्तु उन्होंने इस बात का ध्यान रखा है कि इस पृष्ठभूमि के भार से पात्र दबकर निर्जीव न हो जाएँ। साधारणीकरण का गुण यथेष्ट मात्रा में विद्यमान रहता है।

श्री अमृतलाल नागर ने 'नवाबी मसनद' में लखनऊ के एक वर्ग-विशेष की बोली, 'सेठ बाँकेमल' में आगरे की—अथवा इस शहर में अपनी ससुराल के मुहल्ले की—बोली का उपयोग करके हास्यरस की श्रेष्ठ कृतियाँ प्रस्तुत की हैं। 'बूँद और समुद्र' में शहर लखनऊ, मोहल्ला चौक के गली-कूचों की खाक छानकर महिला-समाज की बोलियों के वह सरस नमूने पेश किए हैं कि अवध की बेगमात की बोली भी मात हो गई है। नागर जी के उपन्यासों में—विशेष कर 'बूँद

और समुद्र' में—सामन्ती समाज-व्यवस्था के विघटन का मार्मिक चित्र मिलता है। विभिन्न अंचलों के पाठकों को अपने प्रतिबिम्ब भी यहाँ देखने को मिलते हैं। मिथिला के पिछड़े हुए सामन्ती समाज, उसकी घुटन, जनता का संघर्ष और उसकी नई चेतना—इस सबका चित्रण नागार्जुन ने 'बलचनमा' तथा अन्य उपन्यासों में किया। 'बलचनमा' में नागार्जुन ने एक नई शैली का प्रयोग किया। कथानायक अपनी मैथिल-प्रभावित खड़ी बोली में ही सारी कथा कहता है। इस नवीनता के साथ बलचनमा का चरित्र खूब उभरकर सामने आता है। भाषा की असाधारणता चित्रण को कमजोर नहीं करती।

'मैला आँचल' की भाषा-शैली मूलत: 'बलचनमा' की शैली है। कुछ अंशों को छोड़कर लेखक भी अपने पात्रों की तरह बोलता है और व्याकरण-सम्बन्धी भूलें करता है (यह कहना कठिन है कि जानबूझकर या असावधानी से)। 'मैला आँचल' में नई चीज है, लोकसंस्कृति का वर्णन। लोकगीतों और लोकनृत्यों के वर्णन द्वारा लेखक ने एक अंचल-विशेष की संस्कृति का चित्र अंकित किया है। इसके साथ कथा कहने की उसकी नई पद्धति है। वह सिनेमा के चित्रों के समान बहुत-से शॉट इकट्ठे कर देता है। ये शॉट एक दूसरे से कितने विच्छिन्न हैं, इसका ध्यान नहीं रखता। एक ही अध्याय में तीन-चार बार 'कट' लगाकर पाठक को चौंधिया देता है। नतीजा यह है कि चलचित्र में जो सम्बद्धता होती है, उसका यहाँ अभाव है। उसकी चित्रण-पद्धति यथार्थवाद से अधिक प्रकृतवाद के निकट है। गतिशील यथार्थ में कौन-से तत्त्व अधिक प्रगतिशील हैं, कौन-से मरणशील, किन पर व्यंग्य करना चाहिए, किनका चित्रण अधिक सहानुभूति से करना चाहिए; वातावरण, घटनाओं आदि के चित्रण और वर्णन में कितनी बातें छोड़ देनी चाहिए और कितनी का उल्लेख होना चाहिए—कथाशिल्प की इन विशेषताओं में 'मैला आँचल' का लेखक प्रेमचन्द की परम्परा से दूर जा पड़ा है।

फिर भी 'मैला आँचल' का एक महत्त्वपूर्ण पक्ष है जो उसे प्रेमचन्द की परम्परा से जोड़ता है। बहुत कम उपन्यासों में पिछड़े हुए गाँवों के वर्ग-संघर्ष, वर्ग-शोषण और वर्ग-अत्याचारों का ऐसा जीता-जागता चित्रण मिलेगा। यह उसका सबल पक्ष है। कमजोरियों पर ध्यान केन्द्रित करके उसके इस गुण को भुला देना उचित न होगा।

'मैला आँचल' की वंध्या धरती नई सृष्टि के लिए तरसती है, उसी तरह यहाँ का सड़ा-गला समाज आमूल परिवर्तन की बाट जोह रहा है। मठ के महन्त जी अन्धे थे। मठ में अबोध बालिका लछमी को दासिन बनाकर रखा था। "कहाँ वह बच्ची और कहाँ पचास बरस का बूढ़ा गिद्ध? रोज रात में लछमी रोती थी। ऐसा रोना कि जिसे सुनकर पत्थर भी पिघल जाए।" ये मठ दास-प्रथा के क्रूर और हिंसक रूप के रक्षक हैं। मठों के साथ बँधुए के समान नर-नारी भी एक मालिक

छोड़कर दूसरे के पास पहुँच जाते हैं। एक महन्त की दलील है : "लछमी का बाप जिस मठ का सेवक था, वह मेरीगंज मठ के अधीन है, इसलिए लछमी पर हमारा अधिकार है।" दासों की दशा दासियों से ज्यादा अच्छी नहीं है। बालदेव मालिक की भैंस चराता था। रात को उसकी देह दबाता था। जरा-सी नींद आने पर मार खाता था। रात बीतने के पहले ही फिर भैंस चराने के लिए जगा दिया जाता था। 'गोदान' के किसानों की तरह 'मैला आँचल' के किसान भी जमींदार और महाजन की मार से पीड़ित हैं। "दो महीने की कटनी, एक महीना मड़नी, फिर साल-भर की खटनी। दवनी-मड़नी करके जमा करो, साल-भर के खाए हुए कर्ज का हिसाब करके चुकाओ। बाकी यदि रह जाए तो फिर सादा कागज पर अँगूठे की टीप लगाओ। सफाई करनी है सो बैल-गाय भरना रखो या हलवाहा-चरवाहा दो। फिर कर्ज खाओ।"

अनाज की कीमत बढ़ती है किन्तु इससे साधारण किसानों को लाभ नहीं होता। "छोटे-छोटे किसानों की जमीनें कौड़ी के मोल बिक रही हैं।" मजदूरों की मजदूरी बढ़ गई है लेकिन महँगाई उससे ज्यादा बढ़ी है, इसलिए किसी मजदूर का पेट नहीं भरता। मजदूरों के टोले इस तरह बसे हुए हैं कि धनी किसानों ने एक-एक टोले पर अधिकार कर रखा है और मजदूर दासों की तरह उनका काम करते हैं। किसी सरकारी अफसर के यहाँ काम करते हैं तो मजदूरी पाने का सवाल ही नहीं उठता। एक तहसीलदार ने गढ़े में जोंक पाल रखे थे। "जिसने तहरीर, तलबाना या नजराना देने में देर की, उसे गड्ढे में चार घंटों तक खड़ा करवा दिया। पाँव के अँगूठे से लेकर जाँघ तक मोटे-मोटे जोंक घुँघरू की तरह लटक जाते थे।" भूख, गरीबी, बीमारी और अन्धविश्वासों से पीड़ित इस मानवता को देखकर जो क्रान्तिकारी नहीं है, वह भी क्रान्ति की बातें करने लगता है। इस अंचल में डी. प्रशान्त रोगों की छानबीन करने आया है। चिकित्सा द्वारा जनता की सेवा करता है। उसने अपने अनुभवों से जनता का रोग पहचान लिया है।

"गरीबी और जेहालत—इस रोग के दो कीटाणु।"

इस रोग का निदान? "दरार पड़ी दीवार! यह गिरेगी। इसे गिरने दो! यह समाज कब तक टिका रह सकेगा?" डॉक्टर प्रशान्त को श्री हंसकुमार तिवारी की दो पंक्तियाँ भी याद आ जाती हैं :

दुनिया फूस बटोर चुकी है,
मैं दो चिनगारी दे दूँगा।

वह क्रान्ति का भव्य चित्र देखता है : "गुलमुहर—आग का फल! सारी कुरूपता जल रही है—लाल, लाल!" डॉक्टर क्रान्ति करता है। जिस कमला का इलाज करता है, उसे पुत्रवती बनाने के बाद उसका वरण करता है। यह भी साहस का

काम है और उससे कई पृष्ठों में गद्यकाव्य की सृष्टि होती है। किन्तु इससे गरीबी और जहालत के कीटाणुओं का नाश नहीं होता।

गरीबों और जहालत के पुराने रक्षकों के अलावा जनता के नये शोषक उत्पन्न हो रहे हैं। प्रशान्त की प्रेमिका कमला के पिता तहसीलदार किसानों को लड़वाने और उनकी जमीनें हड़पने में उस्ताद हैं। संथालों से गाँव के किसानों को उन्होंने किस तरह लड़ाया है, जातीय विद्वेष, कौमी नफरत को जमींदार कैसे अपने हित में इस्तेमाल करते हैं, इसका भरापूरा चित्र लेखक ने खींचा है। अंग्रेजों के वार-फंड में तहसीलदार ने रुपया दिया, उनके भले बने रहे। कांग्रेस की सहायता भी की और उसके नेता बन गए। किसानों को मुकदमे में फँसाया और उन्हें कर्जदार बनाया।

"चारों ओर तहसीलदार साहब की जमीन!...दक्खिन में संथालों की जमीन दखल करने के बाद पिपरा गाँव तक तहसीलदार के पेट में चला आया है।" लेकिन इस तहसीलदार के विरुद्ध जनता संघर्ष नहीं करती। संघर्ष क्या करे, लेखक की दृष्टि में वह इतनी मूर्ख है कि तहसीलदार के दाँव-पेंच समझ भी नहीं पाती। राजनीतिक पार्टियों में सब नेता स्वार्थी हैं, इसलिए जनता का नेतृत्व कौन करे? फिर भी मैला आँचल धुलकर स्वच्छ हो जाता है। एक दिन अकस्मात् तहसीलदार का हृदय-परिवर्तन हो जाता है। हर परिवार को पाँच बीघे जमीन मिल जाएगी। संथालों को भी जमीन मिल जाएगी। इस हृदय-परिवर्तन के लिए किसी सर्वोदयवादी ने प्रयत्न नहीं किया, स्वयं तहसीलदार ने भी नहीं। पीते काफी थे; जैसे अचानक नशे में ज्ञाननेत्र खुल गए हों!

"तहसीलदार साहब बहुत देर तक अपने कमरे में चुपचाप बैठकर कुछ सोचते हैं। फिर बाहर आकर कहते हैं, सुमरितदास! लोगों से कह दो। हरेक परिवार को पाँच बीघा के दर से मैं जमीन लौटा दूँगा। साँझ पड़ते-पड़ते मैं सब कागज-पत्तर ठीक कर लेता हूँ। और संथाल टोली में जाकर कहो, वे लोग भी आकर रसीद ले जाएँ। एक पैसा सलामी या नजराना, कुछ भी नहीं!" हाँ, तहसीलदार की लड़की कमला के लड़का अवश्य हुआ है। शायद नाती होने की खुशी में उन्होंने जमींदारी-प्रथा खत्म करने का फैसला कर लिया हो!

दुष्ट जमींदार या मिल-मालिक, उसकी खूबसूरत कोमल हृदयवाली लड़की, जमींदार या पूँजीपति के विरोधी युवक नेता से उस खूबसूरत लड़की का प्रेम, पिता का क्रोध, फिर हृदय-परिवर्तन और दोनों का विवाह—पुरानी फिल्मों और उपन्यासों के कथानक से काफी मिलती-जुलती यह तहसीलदार की हृदय-परिवर्तन-गाथा है।

जनता क्या है? गुलाम, भेड़, अन्धविश्वासी, कायर। यह सुनकर कि फरारी सुराजी को पकड़वाने से इनाम मिलता है, लोग बालदेव को रस्सियों से बाँधकर

ले चलते हैं। अंग्रेजों ने बड़े अत्याचार किए लेकिन गाँव के नौजवानों को अभिमान है कि "हमारे गाँव के पास साहब की कोठी थी।" दूल्हा अपनी दुलहिन को कोठी की जगह दिखलाता है और उसका "चेहरा गर्व से भर जाता है।" पंचायत में बैठे हुए लोग हाथ उठाते हैं। लेखक को लगता है, "गुमसुम बैठे हुए सैकड़ों मूक जानवरों के सिर में मानो 'अरना भैंसा' के सींग जम गए! सैकड़ों हाथ उठ गए।" जनता पशुओं के समान है। डॉक्टर प्रशान्त सोचता है। "पशु से भी सीधे हैं ये इनसान। पशु से भी ज्यादा खूँखार हैं ये।" जनता लाचार है। डॉक्टर उसे बचाना चाहता है। कम्यूनिस्ट होने का आरोप लगाकर पुलिस उसे पकड़ ले जाती है। किन्तु उसका राजनीति से कोई सम्बन्ध नहीं है। "नहीं, वह राजनीति में नहीं जाएगा। वह राजनीति के काबिल नहीं। एक बार ममता ने बात करते हुए राजनीति की तुलना डाइन से की थी।" बावनदास कहते हैं : "सब पाटी समान। उस पाटी में भी जितने बड़े लोग हैं, मन्तरी बनने के लिए मार कर रहे हैं।" उस पाटी से मतलब है, सोशलिस्ट पार्टी। बावनदास के अनुसार : उसमें 'जैपरगास' बाबू अवश्य ईमानदार हैं। बाकी जो देश का काम या मजदूरों का काम करते हैं, वह स्वार्थ से। बावनदास अन्याय का मुकाबला करता हुआ अकेला शहीद हो जाता है। जनता को संगठित करके कोई कदम उठाया जा सकता है, इसका ज्ञान या इस पर विश्वास उसे भी नहीं है।

'मैला आँचल' के लेखक का दृष्टिकोण यह है : समाज में अन्याय है, अन्धविश्वास है, रचनात्मक कार्य के लिए विशाल क्षेत्र पड़ा हुआ है लेकिन प्रगति चमत्कार से ही सम्भव है, जनता या राजनीतिक पार्टियों के किए कुछ नहीं हो सकता। वह गांधीवादी बालदेव के व्याख्यानों का मजाक उड़ाता है। "पियारे भाइयो! आप लोग जो 'अंडोलन' किए हैं, यह अच्छा नहीं।" मानो कोई ऐंग्लो इंडियन पत्रकार राष्ट्रीय आन्दोलन की रिपोर्ट लिख रहा हो! 'गाँव-भर के लौंडे' झंडा लेकर 'इनकिलास जिन्दाबाघ' बोलते हुए घूमते हैं। दरोगा के आते ही "गाँव के सभी जिन्दा बाघ माद में घुस गए।" मानो पुलिस अफसर डायरी लिख रहा हो! मंच पर कोई भगत सिंह का अभिनय करता है और बमवाला हाथ आगे बढ़ता है तो "आगे में बैठे सभी लोग जरा करवट होकर एक दूसरे की पीठ के पीछे मुँह छिपा लेते हैं।" ऐसे डरपोक हैं पूर्णिया के किसान। फिर आस्था किसमें? जमींदार के हृदय में—कि यह बदल जाएगा; ऐसे चमत्कारों में, जो जनता की राजनीतिक कार्यवाही के बिना उसका भाग्य पलट देंगे।

यदि लेखक के दृष्टिकोण के ध्यान में रखकर आस्था के प्रश्न का उत्तर दिया जाए, तो कहना पड़ेगा कि जनता और उसकी राजनीतिक कार्यवाही में उसकी आस्था नहीं है। उसे लोक-संस्कृति प्रिय है किन्तु इस संस्कृति के रचनेवालों में उसे कहीं प्रकाश की किरणें नहीं दिखाई देतीं। उसे आँचल की मिट्टी से प्रेम है।

किन्तु उस मिट्टी में मरने-खपनेवाले उसे पशु से भी सीधे और पशु से भी ज्यादा खूँखार दिखाई देते हैं।

लेखक के इस दृष्टिकोण के बावजूद सामन्ती उत्पीड़न के विरुद्ध बढ़नेवाली जनता का एक धुँधला चित्र इस उपन्यास में देखने को मिलता है। पहले लोग तहसीलदार के डर से काँपते थे। लेकिन अब? "जमाना बदला ही नहीं, साफ उलट गया है।" उसे किसने उलटा? या अपने-आप उलट गया? जमाना बदलनेवाली जनता ही थी जिसके संघर्ष को लेखक साफ-साफ देख नहीं सका है। गाँव में अब नये नारे सुनाई देने लगे हैं :

कमानेवाला खाएगा, इसके चलते जो कुछ हो।

किसान राज : कायम हो।
मजदूर राज : कायम हो।

इस तरह के नारे लगानेवाले कालीचरन जैसे लोग हैं जो किसानों के ही बेटे हैं। संथालों ने भी सुना है, "जमीन जोतनेवालों की।" लेखक ने संथालों की स्वच्छता, नृत्यकला और वीरता का सुन्दर वर्णन किया है। वे भी भारतीय जनता के अंग हैं। यह असम्भव है कि वे जमीन पाने के लिए जमींदार के हृदय-परिवर्तन की ही राह देखते रहें। होली में गाँव के ही लोग राजनीतिक गीत रचकर गाते हैं :

चर्खा कातो, खद्दड़ पहनो, रहे हाथ में झोली
दिन दहाड़े करो डकैती बोल सुराजी बोली
—जोगी रा सर र र र!

इन गीतों से यह तो नहीं मालूम पड़ता कि इस जनता को हमेशा ठगा ही जा सकता है। मठ में एक नागा बाबा आए। लछमी को खूब गालियाँ सुनाईं। भावी महन्त को खड़ाउवों से पीटा। रात को लछमी की कोठरी की ओर भी जाते हैं। बालदेव लछमी की सहायता नहीं करते। लेकिन कालीचरन विरोध करता है। नागा उसे गाली देता है तो कामरेड बासुदेव उछलकर डाँटता है, "चुप रह बदमास!"..."नागा बाबा दाढ़ी छुड़ाते हैं, जटा छुड़ाते हैं, कपड़ों की मार से आँखों के आगे जुगनू उड़ते नजर आ रहे हैं। गाँजे का नशा उतर गया है। आखिर, दाढ़ी और जटा नोचवाकर, कुल्हाड़ा छोड़कर ही भागते हैं।" जमाना उलट गया है। किसी ने सुना था, मठ में ही संतों पर हाथ पड़े हों? लोग अब व्यभिचार और अनाचार को तरह देने के लिए तैयार नहीं हैं। नये महन्त जी जब लछमी से कहते हैं : "नये महन्त की दासी बनकर तुम्हें रहना होगा। तू मेरी दासिन है।" तब "चुप कुत्ता!" कहते हुए "लछमी हाथ छुड़ाकर रामदास के मुँह पर जोर से थप्पड़ लगाती है। दोनों पाँवों को जरा मोड़कर, पूरी ताकत लगाकर रामदास की छाती पर मारती है। रामदास उलटकर गिर पड़ता

है।...सतगुरु हो!" दास-दासी बगावत कर रहे हैं। तिब्बत में लामाओं के विरुद्ध नहीं, हिमालय के इसी पार बिहार के महन्तों के विरुद्ध।

गाँव के लोग अशिक्षित हैं, किन्तु उनमें शिक्षित पैदा हो रहे हैं। उनमें जातिवाद का जोर है किन्तु मानवता के धरातल पर एक दूसरे की सहायता करनेवाले भी हैं। प्रेम और विवाह को लेकर पग-पग पर सामन्ती बन्धन जनता को बाँधते हैं लेकिन इन बन्धनों को तोड़नेवाले भी पैदा हो गए हैं। लोग ताड़ी पीते हैं, गाली-गलौज करते हैं लेकिन उनमें होश-हवासवाले भी हैं। और 'जिन्दाबाद' को ऐसे गाँव में, जहाँ कांग्रेस और राष्ट्रीय स्वयं सेवक संघ के अलावा वामपंथी पार्टियों के लोग भी हैं, जनता 'जिन्दा बाघ' समझती है, सरासर झूठ है।

आंचलिकता के नाम पर जो कुछ लिखा जाए, वह सभी सच नहीं होता। जनता के अन्धविश्वासों को बढ़ा-चढ़ाकर दिखाया गया है, जमींदार के अत्याचारों को कम करके पेश किया गया है, राजनीतिक पार्टियों के दोषों को अतिरंजित और गुणों को नजरअन्दाज किया गया है। उपन्यास का पहला हिस्सा आजादी मिलने से पहले का है। तब तक सोशलिस्ट कांग्रेस में ही थे। लेकिन उपन्यास में उनका चित्रण इस तरह किया गया है मानो कांग्रेस से उनका कोई सम्बन्ध न हो! देश के आजाद होने से पहले ही (पृ. 231 पर) यह लिखा मिलता है : "जमींदारी प्रथा खतम हो गई।" उस समय संथालों या गैर-संथालों के ऐसा सोचने का कोई कारण नहीं दिखाई देता। उपन्यास का क्षेत्र मिथिला और बंगाल के बीच के प्रदेश का एक गाँव है। यहाँ के लोग मैथिल बोलते हैं या भोजपुरी? "खंजड़ी बजा कऽ गीत गबै छी" से मालूम होता है कि लोगों की भाषा मैथिली है। किन्तु भगवान भगत कहता है : "अरे ई तो दस आदमी के काम बा, जे बा से एकरा में सब के मिल के मतत करे के चाहीं। का हो सीपरसाद?"...भगताइन कहती है : "ई कौन देस के आदमी बा रे दैबा! हुँड़ार जैसन मुँह बा।"...मठ का भंडारी कहता है : "दाल घी से बघारल है।" और लोकगीतों में : "चढ़ली जवानी मोरा अंग-अंग फड़के से कब होइहैं गवना हमार रे भउजिया।"

अथवा :

"देसवा के खातिर मजरूल हक भइले फकिरवा हो, दीन भैले रजिन्नर परसाद देशवासियो।"

इन उदाहरणों से लगता है कि पूर्णिया का यह भाग मिथिला से अधिक भोजपुरी अंचल के अन्तर्गत है।

'मैला आँचल' और 'परती : परिकथा' का अंचल एक है। 'मैला आँचल' में हम उस बड़े मैदान के दर्शन करते हैं जो "नेपाल की तराई से शुरू होकर गंगा जी के किनारे खत्म हुआ है। लाखों एकड़ जमीन, वंध्या धरती का विशाल अंचल!" डॉक्टर प्रशान्त लिखता है : "लाखों एकड़ वंध्या धरती, कोशी कवलित

मरी हुई मिट्टी शस्य श्यामला हो उठेगी।" ममता—उपन्यास के अन्त में—देखती है : "विशाल मैदान! वंध्या धरती!...यही है वह मशहूर मैदान—मैदान से शुरू होकर गंगा के किनारे तक—वीरान, धूमिल अंचल।" यद्यपि इस मैदान का बार-बार उल्लेख किया गया है, किन्तु कथावस्तु से उसका कोई सम्बन्ध नहीं है। 'परती : परिकथा' की परती यही मैदान है। वही अंचल, वैसे ही लोग, वैसी ही बोली-बानी। कथा के समय में लगभग दस वर्ष का अन्तर है। गाँव में आठ ग्रेजुएट, दो एम.ए., एक शास्त्री (काशी विद्यापीठ), पचास मैट्रिक्यूलेट, एक सौ मिडिल पास हैं। सात-आठ हजार की आबादी में इतने लोगों का शिक्षित होना साबित करता है कि गाँव उन्नत है और परती पड़ी हुई धरती के कारण उसकी शिक्षा की प्रगति में कोई विशेष बाधा नहीं पड़ी। वैसे 'मैला आँचल' के पिछड़े हुए गाँव में भी कम-से-कम पोशाक के मामले में पुरुष वर्ग काफी प्रगतिशील था : "कपड़े के बिना सारे गाँव के लोग अर्द्धनग्न हैं। मर्दों ने पैंट पहनना शुरू कर दिया है...।" जैसे यूरोप की किसी रानी ने कहा था, लोगों को रोटी नहीं मिलती तो केक क्यों नहीं खाते?

दस साल में इस अंचल के लोगों ने भाषाविज्ञान की दृष्टि से भी कुछ उन्नति की है। 'मैला आँचल' में "गाँव-भर के लौंडे 'इनकिलास जिन्दाबाघ' करते हुए" गाँव में घूमते हैं। 'परती : परिकथा' में फेंकनी की माँ इनकलाब का अर्थ समझाते हुए ध्वनि-परिवर्तन करके कहती है : "आब ऊ जमाना नहीं है कि बामन-छतरी मनमानी करे और सोलकन्ह लोग—आ कि देखो, छोड़ के बात कहे! इनकिलाफ तो इनकिलाफ।"

'परती : परिकथा' में 'मैला आँचल' के गुण प्राय: लुप्त हो गए हैं और दोषों का पूर्ण विकास हो गया है। अनेक अंशों को पढ़कर लगता है कि लोकगीतों पर लेख लिखा जा रहा है। कथा का सूत्र और भी जल्दी-जल्दी टूटता है। भर्ती के अंश ज्यादा हैं। लेखक सुनता है, देखता है, लेकिन अपने इन्द्रियबोध को बुद्धि की सहायता से व्यवस्थित नहीं करता। तरह-तरह की आवाजों की नकल हास्यास्पद हो गई है :

"भट-भट भर्र-र्र-र!!"
"टप्पा-टप्पा-ट : ट : ट : ट : ट : टप्पा-टाट्रिं!...क्रेंकीं!!"
"धुर्र-धुर्र-धूर्र-धुतु-धुतु-धुतु-तू-उ-उ-उ।...कुँ-हूँ-ऊँ!!"
"ट्रिप-टि-रि-रि-रि...।"
"ईं-हिं-ईं-ईं!! हुँय-हुँय-हुँय-हुँय-हुर्र-र्र-र्र-र्र!!.."
"धू-धू-धू-धू-धू-धु-र्र-र्र-र्र-र्र-र्र!!...कुँय-कुँय-कुँय-हुँ-हुँ-हुँ-हुँ-हुँ...!!"

इस तरह की पंक्तियों को एकत्र करके अति प्रयोगवादी कविता का उत्कृष्ट नमूना अवश्य प्रस्तुत किया जा सकता है।

'परती : परिकथा' में अनेक परिकथाएँ हैं जिनमें हीरो जित्तन की अंग्रेज माँ की कहानी काफी सनसनीखेज है। परती में पानी भरे गड्ढों की तरह इस निबन्धमूलक उपन्यास के विवरण-वीरान में यूरोप और भारत के दो प्रेमी जीवों की मर्मगाथा पाठक के लिए मृतसंजीवनी का काम करती है।

उपन्यास में अनेक रेखाचित्र अच्छे हैं किन्तु वे बिखरे हुए हैं। कब कौन-सा रेखाचित्र सामने आ जाएगा, पाठक कल्पना नहीं कर सकता। पाठक उपन्यास के आरम्भ में ही लुत्तों से परिचित होता है। वह जित्तन का प्रमुख विरोधी और कथा का खलनायक है। लेकिन उसका रेखाचित्र दिया गया है, साढ़े तीन सौ पृष्ठों के बाद!

उपन्यास का हीरो है जित्तन। "जमींदारी खत्म हो गई। सेमल-बनी पर सरकार का कब्जा हो गया है।" फिर भी : "इस गाँव के सामने फैली विशाल परती की डेढ़ हजार बीघे जमीन का मालिक अकेला वही है।" यह परिकथा इसी जमींदार की जमीन की है। जित्तन इस परती को वृक्षों से, खेती से हरा-भरा देखना चाहता है। गाँववाले ऐसे मूर्ख हैं कि उसका व्यर्थ विरोध करते हैं और एक बार उसे ढेले तक मारते हैं। जित्तन बड़ा अकेलापन महसूस करता है। नट-बाला ताजमनी कालीमाई की बड़ी पूजा करती है लेकिन इलियट के 'वेस्टलैंड' के मछुआ राजा की तरह उसका पुरुषत्व सोता ही रहता है। 'मैला आँचल' के प्रशान्त की तरह उसका प्रेम सफल नहीं होता। असल में जित्तन अब भी अपनी माँ के आँचल से बँधा हुआ है। "श्यामा पूजा के दिन माँ की देह से मनोहारी गंध निकलती! रह-रहकर तीव्र हो उठती...मतवारा करे, आत्महारा मोरे—तोहर ऽ वदन ऽ सुरभि मागे! जितेन्द्रनाथ हठात् अपनी माँ का आँचल पकड़कर हठ करता—थोड़ी देर आँचल सूँघने दो अपना। माँ!" फ्रायड-चिकित्सालय के आउट-डोर पेशेंट जित्तन को "इलियट की 'कॉकटेल पार्टी' की कुछ पंक्तियाँ स्मरण" हैं और उसके बाग में "एक नई जाति का नागफणी उग आया है।" 'रेयर कैक्टस!'...'काली नागफणी'। सभी प्रतीकों से लैस है 'वेस्टलैंड' का विफल-मनोरथ मछुआ राजा। राजनीति के सन्दर्भ में सार्थक बात कहते हैं राजा कामरूप नारायण : "मुझे क्या मालूम कि एक हिजड़े से मिलने जा रहा हूँ। परती की तरह निपट्ट निकले तुम!" परती बाहर ही नहीं, जित्तन के भीतर भी है। उसकी सिंचाई में सिर्फ तीन सौ रुपये माहवार खर्च होता है : "तीन सौ रुपये प्रति मास शराब के लिए देना पड़ता है, शाह कम्पनीवालों को।"

इलियट की तरह जित्तन भी अपना इलाज न कराके धरती के साथ समाज को भी वीरान समझ बैठा है। "विचारशील नौजवानों के मन में इरावती और जितेन्द्र की बातें घर कर गई हैं।" वे महत्त्वपूर्ण बातें कौन-सी हैं? "प्राण नहीं, अनुभूति नहीं? अब मनुष्य को यंत्र चला रहा है। (एक ट्रैक्टर है जित्तन के पास; एक मूवी कैमरा और टेपरेकॉर्डर उसके दो मित्रों के पास। यदि ये तीनों अपने मालिकों को चलाते

तो कथा का गठन कुछ-कुछ वैसा ही होता जो इस परिकथा में है।)...टेक्नोलॉजी के युग में हम लोग जीवन-उपयोग की मूल तकनीक ही खो बैठे हैं। हजारों-हजार जनता के बीच भी हरेक आदमी विच्छिन्न है, अकेला है। हँसी-खुशी, उत्तेजना, अवसाद, आनन्द-उल्लास—सभी यांत्रिक!" यहाँ तक कि रेणु जैसे कलाकार लोकगीतों और लोकनृत्य का वर्णन करते हैं तो वह यांत्रिक लगता है। इस यांत्रिकता से बचने का उपाय क्या है? "समाज को मानवीय और मनुष्य को सामाजिक बनाना ही मुक्ति का एकमात्र पंथ है!"

मानवीय समाज के मुक्ति-पंथी सामाजिक मानव जित्तन की डेढ़ हजार बीघा जमीन का क्या होगा? इस तरह के प्रश्न अप्रासंगिक हैं। झगड़ा न तो किसान-जमींदार का है, न मजदूर-पूँजीपति का, झगड़ा है हर आदमी का दूसरे से, अपने से, क्योंकि हरेक आदमी विच्छिन्न है, अकेला है। डेढ़ हजार बीघे का प्रश्न राजनीतिक है। राजनीति से समाज को न तो मानवीय बनाया जा सकता है, न मानव को सामाजिक। इरावती को देखिए। देश के बँटवारे के बाद से खानाबदोश है। "बिहार में एक राजनीतिक पार्टी में काम करने लगी।...दस महीने में ही उसने तीन राजनीतिक पार्टियों से अपना रिश्ता जोड़ा और तोड़ा। कहीं भी चैन नहीं! किसी पर विश्वास नहीं! उसका विश्वासहीन मन धीरे-धीरे उसके व्यक्तित्व को लील रहा है। कुंडली मारकर बैठा हुआ साँप।" वैसे सारा दोष राजनीतिक पार्टियों को ही नहीं दिया जा सकता। इरावती ने बहुत प्रयत्न किया कि जित्तन से सम्बन्ध जुड़े किन्तु असफल हुई। जित्तन निकला पूरा कैक्टस। "जितेन्द्र अकेलेपन के अन्धकार से बाहर निकलना चाहता है।" किन्तु अन्धकार दिखाई देता है उसे राजनीति में। "सांस्कृतिक जीवन पर राजनीतिक प्रभाव अवश्य पड़े हैं; किन्तु उसकी काली प्रतिच्छाया सर्वग्रास नहीं कर सकी है, अभी भी! जितेन्द्र हिजड़ा नहीं! (आमीन! आमीन!) वह अपनी शक्ति पर फिर से विश्वास करने लगा है।"

राजनीति की शक्ल कितनी भद्दी है, मानो यह दिखाने के लिए ही विधाता ने कुबेरसिंह की मुखाकृति रची थी! अवकाश के क्षणों में वह "अपने चेहरे पर जामुन की तरह उभरे व्रणों से रस या कील निकालता!" जम्बूफलधारी आकृति के ये सज्जन कौन हैं? "प्रगतिशील समाजवादी पार्टी का प्रधान संस्थापक श्री कुबेरसिंह!" जम्बूफलों के बावजूद "अनिमा आठवीं लड़की थी जिसको कुबेरसिंह ने प्यार से पुचकारकर लव का सिगनल दिखाया था।" जितेन्द्र ने नई पार्टी बनाने में बड़ी मदद दी। लेकिन अपने षड्यंत्र से कुबेरसिंह जित्तन को पार्टी से निकलवा देता है। जहाँ तक कम्यूनिस्टों का सम्बन्ध है, वे कुबेरसिंह से बहुत ज्यादा खूबसूरत नहीं हैं। पीताम्बर झा ने अपना नाम रखा है—मकबूल। नुकीली दाढ़ी रखाई है क्योंकि लेनिन के भी ऐसी ही दाढ़ी थी। "मकबूल खुद कैंची-रेजर से तराशता है, लेनिन की फोटो सामने रखकर, उससे एकदम मिलाकर।" फैशन में काफी पिछड़ा हुआ

है मकबूल। स्तालिन की मूँछों के बदले लेनिन की दाढ़ी की नकल करता है? उर्दू बोलने की धुन में भरसक हर अक्षर के नीचे नुकता लगाता है। 'कम्यूनिस्ट', 'कौन', 'लिखेगा', यहाँ तक कि 'जय जनता'। हास्यरस की सृष्टि करने में रेणु जी थोड़ा स्वयं हास्यास्पद हो गए हैं।

जम्बूफल और नुकीली दाढ़ीवाले इन चेहरों से कितना भिन्न है श्री जितेन्द्रनाथ उर्फ जित्तन का मुखमंडल! इरावती सोचती है : "शक्ति की सुन्दरता से आलोकित मुखमंडल, मानवप्रीति से भरपूर स्वस्थ आत्मा।" उसका विरोधी लुत्तों उसके मुखाकर्षण से डरता है : "जित्तन को एक बार नजदीक से देख लेने के बाद लोगों को न जाने क्या हो जाता है।" राजनीति के लिए उसने क्या-क्या नहीं सहा! "अगस्त आन्दोलन में अंडरग्राउंड पार्टियों से नाता जोड़ने की चेष्टा में तीन बार पिस्तौल के मुँह से बचा!...1943 में गिरफ्तार होकर जब जेल गया, तीन साल तक वह पुराने सेल में पड़ा खाँसता रहा, किसी ने उसकी खोज भी नहीं की। पाँच वर्षों तक पटने में डटा रहा जितेन्द्र। छद्मनाम से लेख लिखता—राजनीतिक, साहित्यिक तथा सामाजिक।"

'परती : परिकथा' के आवरण पृष्ठ पर रेणु जी के परिचय में लिखा है कि "सोशलिस्ट पार्टी के सक्रिय कार्यकर्ता के रूप में" राजनीतिक कार्य किया, फिर बीमार रहे, "1953 में आरोग्य लाभ के बाद राजनीति को पूर्ण रूप से तिलांजलि देकर लेखन-कार्य में प्रवृत्त हुए।"

जित्तन गाँव लौट आया लेकिन "गाँव के लोग पहचानते ही नहीं, मानो।" कैसे पहचानें अपने हीरो को? लोग ठहरे कायर, वह ठहरा हीरो! लोगों ने उसका ट्रैक्टर घेरा लेकिन दिलबहादुर के खुखड़ी निकालते ही "लोग एक-दो कर भागने लगे और लुत्तों को भागते देखकर उसकी 'जन्ता' उससे पहले भागकर पाट के खेत में जा छिपी।" जित्तन जंगल लगाता है, परती में वृन्दावन सजा देता है, नाटक की तैयारी करता है लेकिन गाँव के अधिकांश लोग उदासीन, तटस्थ और शंकालु होकर देख रहे हैं कि जित्तन नाटक तमाशा करने जा रहा है। असल में जनता को सुख देनेवाले उच्च वर्गों के लोग हैं और मूढ़ जनता इतना भी नहीं जानती कि कौन उसकी भलाई करता है और कौन उसे ठगता है। "बेचारी जनता का क्या दोष? ऊपर से थोपे हुए सुख को वह क्या समझे? मन की परती ज्यों-की-त्यों पड़ी हुई है। वीरान होती जा रही है। लगता है, मन को छूनेवाला मंत्र ही हम भूल गए हैं।" प्रेमचन्द की जनता से यह जनता कितनी भिन्न है? स्वयं अपनी भलाई कर नहीं सकती, दूसरे करें तो उसे पहचानने की बुद्धि भी नहीं है। जित्तन पर लोग ढेले फेंकते हैं लेकिन बहुत जल्दी अपनी गलती महसूस कर लेते हैं। जित्तन नाटक की तैयारी से ही मन की परती को छू लेता है। हरिजन कन्या मलारी के वर्ण-विरोधी प्रेम के कारण लोग नाराज थे लेकिन "मलारी रेवड़ी बाँट रही है। किसी के मन में

अभी मैल नहीं। सभी उसके मुँह की ओर देखते हैं।" छित्तन बाबू ने पुस्तकालय की किताबें झाड़ ली थीं : "माफी माँगकर बची-खुची किताबें वापस दे दी हैं।" एक महाशय ने गाँव का रेडियो हथिया लिया था। उन्होंने कीमत देने का वचन दिया। और "आसन्नप्रसवा परती हँसकर करवट लेती है।" जमींदार जित्तन और कुछ सरकारी अफसरों के प्रयास से यह क्रान्ति हो जाती है! राजनीतिक पार्टियों का काम है कि वे इस क्रान्ति में रोड़े न अटकाएँ! जनता का काम है कि वह ऊपर से सुख की वर्षा करनेवालों के प्रति कृतज्ञ हो!

'मैला आँचल' तक प्रेमचन्द की परम्परा के कुछ निशान बाकी थे; 'परती : परिकथा' तक आकर वे मिट जाते हैं और रह जाता है इलियट का शुद्ध प्रयोगवादी 'वेस्टलैंड'!

9

आस्था की समस्या : बूँद और समुद्र

'बूँद और समुद्र' अमृतलाल नागर का नया और महान उपन्यास है—महान, आकार की दृष्टि से और विषयवस्तु की दृष्टि से भी। अमृतलाल नागर ने लगभग बीस वर्ष पहले तस्लीम लखनवी के नाम से लखनऊ के बिगड़े नवाबों, उनके अर्द्ध-सर्वहारा मुसाहबों के चित्र खींचकर प्रसिद्धि प्राप्त की थी। स्वर्गीय बलभद्र दीक्षित 'पढ़ीस' के कविता-संग्रह 'चकल्लस' के नाम पर उन्होंने हास्यरस का अभूतपूर्व साप्ताहिक 'चकल्लस' निकाला था। उसमें 'नवाबी मनसद' नाम के स्तम्भ में धारावाहिक रूप से नवाब साहब और उनके आसपास के लोगों के सजीव रेखाचित्र निकलते रहते थे। इन रेखाचित्रों में नागर जी ने लखनऊ के चौक मुहल्ले अर्थात् पुराने लखनऊ के साधारण जनों की बोली-बानी का ऐसा सजीव और रोचक उपयोग किया था, जैसा 'फ़सान-ए-आज़ाद' के अतिरिक्त हिन्दी-उर्दू में अन्यत्र दुर्लभ था। आगे चलकर उन्होंने आगरा के व्यापारियों की बोली को आधार बनाकर 'सेठ बाँकेमल' का चित्रण किया और एक नष्ट होती हुई पीढ़ी और उसकी संस्कृति को अपने साहित्य से अमर कर दिया। उन्होंने अनेक कहानियाँ लिखी हैं, जिनमें 'मरघट के कुत्ते' और 'गोरख-धंधा' विशेष उल्लेखनीय हैं। जीवन के सबसे निचले स्तर तक पैठने और अप्रत्याशित बीभत्सता का उद्घाटन करने में वह अद्वितीय हैं। साथ ही वह हास्यरस के जाने-माने लेखक हैं। हास्य के लिए वे आसपास के सामाजिक जीवन से आलम्बन ही नहीं चुनते, पौराणिक गाथाओं और भटियारिनों के किस्से-कहानियों का भी सहारा लेते हैं। आदमी हिम्मत के हैं, निर्भीकता से सामाजिक समस्याओं पर लिखते हैं। 'आदमी, नहीं! नहीं!!', 'पाँचवाँ दस्ता' और 'गोलवलकर, ढोलवलकर, पोलवलकर' उनकी ऐसी ही सोद्देश्य रचनाएँ हैं। इस सबके साथ ही, पुरातत्त्व और प्राचीन सांस्कृतिक इतिहास से भी बहुत दिलचस्पी है। लखनऊ के लक्ष्मण टीले की खुदाई कराने के लिए उन्होंने जमीन-आसमान एक कर दिया है। कला—विशेष कर चित्रकला—से उन्हें प्रेम है और उनके अनुज मदनलाल नागर हमारे प्रदेश के सुविख्यात चित्रकार हैं। 'निराला', 'प्रसाद', 'पंत', 'शरत्चन्द्र चट्टोपाध्याय', 'पढ़ीस' आदि ख्यातनामा साहित्यकारों के साथ रहकर

उन्होंने सात्त्विक और नाना प्रकार के संस्कार अर्जित किए हैं। कुछ वर्ष तक रेडियो में काम किया है। रेडियो के लिए नाटक लिखे हैं। 'महाकाल' नाम से बंगाल के अकाल पर उपन्यास लिखा है। जन-नाट्य संघ के साथ लखनऊ में नाटकों का निर्देशन कर चुके हैं। बहुत-से लेखों के साथ चेखव, मोपासां, फ्लाबेयर आदि की रचनाओं के अनुवाद भी किए हैं। इन सबके अतिरिक्त उन्हीं के शब्दों में : "18 फिल्मों की मेहनत रेत पर खींची गई लकीरों की तरह मिट गई।" विचारधारा में वह गांधीवादी हैं अथवा यों कहें कि वह गांधी जी के भक्त हैं, लेकिन आदमी वह खास चौक लखनऊ के हैं। नागर जी की कला और व्यक्तित्व के ये सभी उपकरण 'बूँद और समुद्र' में एक साथ लहलहा उठे हैं।

लेखक ने कथा-क्षेत्र के लिए लखनऊ चुना है और उसमें भी विशेष रूप से चौक के गली-कूँचों को। कुछ समय के लिए वह मथुरा-वृन्दावन की सैर भी करता है। चौक के बाहर के स्थान गौण हैं; मुख्यत: चित्रण चौक का है। यह मुहल्ला एक बूँद की तरह है जिसमें समुद्र की तरह विशाल भारतीय जीवन के दर्शन होते हैं। शहर के विभिन्न स्तरों का जीवन कैसा है, इसका पता तो उपन्यास से लगता ही है; गाँवों में भी जनता के संस्कार कैसे हैं, इसका परिचय बहुत-कुछ इस कथा से मिल जाता है। उपन्यास के नाम की यही सार्थकता है; एक मुहल्ले के चित्र में लेखक ने भारतीय समाज के बहुत-से रूपों के दर्शन करा दिये हैं। वैसे तो भारतीय समाज हिन्द महासागर है और उसका चित्रण करने के लिए यह समुद्र भी छोटा है।

'बूँद और समुद्र' पुरानी समाज-व्यवस्था के बनते-बिगड़ते और बदलते हुए भारतीय परिवार का महाकाव्य है। इस परिवार की धुरी है नारी। कितनी तरह की देवियाँ हैं इस उपन्यास में? ताई, जिसे पति ने छोड़ दिया है, जादू-टोनों में विश्वास करनेवाली, मुहल्ले-भर के लड़कों और बड़े-बूढ़ों के भी कौतुक का केन्द्र, कृष्ण की अनन्य भक्त, हिंसा और मानव-प्रेम (अथवा जीवमात्र से प्रेम) का अद्भुत सम्मिश्रण; नन्दो, जो घर में ही कुटनी का काम करती है; अमृत प्रेम से पीड़ित 'बड़ी', नये फैशन और नई शिक्षा में दीक्षित पत्नियाँ; दमन की शिकार हिस्टीरिया से पीड़ित युवतियाँ; पुराने चाल की निष्ठावान किन्तु रूढ़िवादी कल्याणी; मुहल्ले की गन्दगी में सबेरे की हवा के झोंके जैसी स्वावलम्बिनी वनकन्या। कहीं लाले की घरवाली "एटम बम की तरह बीच चौक में फूटकर भभूती के घर को हिरोशिमा बना" देती है, कहीं नन्दो 'रणक्षेत्र में गांडीव' टंकारती है। सिनेमा जाती हुई देवियाँ, किसका कोट किस फैशन का है, इस पर टीका-टिप्पणी करती हैं और "बेशुमार हतभागिनें किसी सन् के चलन का कोट नहीं पहने थीं।" वनकन्या की माँ और ताई में सौत का रिश्ता चलता है। उसकी माँ 'पई' है, "प्रकृति का एक मजाक! ऐसी औरत जाहिर में औरत लगकर भी असल में बेमानी होती है।" कहीं गर्भवती विधवा शरीर में आग लगाकर जल मरती है। एक जगह युवती की लाश को कुत्ते घसीटते हुए

दिखाई देते हैं। मन्दिर के अन्दर अच्छे-खासे मर्द देवियों का अभिनय करते हैं। इन सबकी बोली-बानी अलग, सबकी चरित्रगत शैली अलग। इनके साथ पुरुषों का वर्ग अपनी विशिष्ट मर्दानी संस्कृति के साथ चित्रित किया गया है। पीपल के नीचे का चबूतरा, हुक्के, नीम की दातुनें, अखबार, गजक और मूँगफली बेचनेवाले, मक्खन की तारीफ, कोन पर पाँच-पाँच रुपये रख दो और भाग न दबे, कुल्फी की तारीफ—गोल दरवाजे में खरीदो और रानी कटरे में जाकर खाओ—तारीफ यह कि जरा भी न गले; तीतरों को चुगाता हुआ परसोतम, सेक्रेटेरियट के बाबू गुलाबचन्द, लखनऊ की खास गाली को उपनाम की तरह अपने वाक्यों में जड़नेवाले लाला मुकुन्दीलाल, मुहल्ले से लेकर विश्व तक की समस्याओं पर वाद-विवाद, कथा बाँचते हुए पंडित जी, राजा, डॉक्टर, लेखक, चित्रकार, साधू—उपन्यास में रेखाचित्रों की ऐसी समृद्धि है, जैसी प्रेमचन्द के बाद हिन्दी के दस उपन्यासों में न मिलेगी।

रेखाचित्रों की सजीवता अपने-आप एक बहुत बड़ा आकर्षण है। चित्रकला में पशु, मानव, वनस्पति या निर्जीव पदार्थों की सजीव छवि देखकर हम मुग्ध हो जाते हैं। सजीव अनुकरण सरस होता ही है; फिर वस्तुओं के चयन में लेखक अपने उद्देश्य और रुचि का परिचय भी देता है। पात्रों की संख्या, उनकी विविधता, अनुकरण अथवा प्रतिच्छवि की सजीवता के विचार से अमृतलाल नागर हमें ऐसे जीते-जागते और कोलाहलमय संसार में ला खड़ा करते हैं जिसकी समृद्धि की तुलना बाल्जाक की रचनाओं से ही हो सकती है। लेखक के पास ऐयारी की ऐसी झोली है जिसमें पात्रों की सैकड़ों मूर्तियाँ भरी हुई हैं और वह सन्तुलन का भी विचार न करके उन्हें सानन्द एक के बाद एक निकालता चला जाता है, फिर भी झोली खाली नहीं होती। पात्र अकेले नहीं आते, वे अपने साथ अपना पूरा वातावरण लाते है—पुरानी हवेली, पीपल के नीचे का चबूतरा, नदी का किनारा, इत्यादि। अनेक स्थानों के वर्णन में कवि-सुलभ सरसता है। "कटी-फटी पतंगों, मकड़ी के जालों, घोंसलों, चिड़ियों, गिलहरियों और पीपली के दानों से लदा, अनगनित इनसानों के चंचल मन-समूह-सा हरहराता हुआ घना पीपल कई सदियों से मुहल्ले का साथी है। आज के बड़े-बूढ़ों के बचपन तक यह पेड़ गंगे भूरिए के भाड़ का पीपल कहलाता था। मगर वह दीवाल जो किसी समय किसी गंगे भूरिए का वैभव थी, अब बाबू छेदालाल इंश्योरेंस-एजेंट की मिल्कियत है। म्युनिसिपलिटी के रजिस्टर के अनुसार उस मकान का नंबर इस समय 420 है जो सही तौर पर बाबू छेदालाल की ख्याति में चार चाँद लगाता है।" वातावरण के छोटे-बड़े तथ्य, जो मनुष्य की दु:खपूर्ण या मनोरंजक स्थिति की ओर संकेत करते हैं, लेखक की निगाह से बच नहीं पाते। वह वास्तव में शहर के गली-कूचों का कवि है।

वह इन गली-कूचों में बरसों रहा और घूमा है। उसने चारों ओर के जीवन को देखा ही नहीं, उसका रंग-बिरंगा कोलाहल सुना भी है। यहाँ एक शैली और

एक व्याकरण का प्रयोग करनेवाले पात्र नहीं हैं; प्राय: जितने पात्र हैं, उतनी तरह की शैलियाँ और उनके अपने-अपने व्याकरण हैं। लखनऊ में विभिन्न जनपदों से सिमटकर जनता एकत्र होती रही है। उसने अपनी बोली-बानी एक हद तक सुरक्षित रखी है, एक हद तक दूसरों की भाषा से, यहाँ तक कि अंग्रेजी से भी, प्रभावित हुई है। अमृतलाल नागर द्वारा किया हुआ एक मुहल्ले का यह 'लिंग्विस्टिक सर्वे' भाषाविज्ञान की सामग्री का अद्‌भुत पिटारा है। अभी तक एक नगर की इतनी बोली-ठोलियों का निदर्शन करनेवाला उपन्यास देखने में नहीं आया। इन शैलियों में भाषाओं और समाज का इतिहास बोलता है। इसके अतिरिक्त कला की दृष्टि से व्यक्ति का चरित्र कम-से-कम पचास फीसदी शैली से प्रकट होता है। जहाँ तक हास्यरस का सम्बन्ध है—केवल शुद्ध हास्य नहीं, विनोद, मनोरंजन, वक्रोक्ति, व्यंग्य, सभी-कुछ—उसकी निष्पत्ति सौ फीसदी इस बोली-ठोली और शैली पर निर्भर है। पुरानी चाल की माता जी की आउत-जाउत मिश्रित खड़ी बोली : "जो जिसकी-जिसकी समझ में आउत है, वही करत हैंगे। कल को हमरे शंकर एमे पास करके अपसर होयेंगे, उनकी बहुरिया पुरानी चाल से चलै तो किरकिरी न होय?" हाथरस की ताई की ब्रज का पुट लिए हुए खड़ी बोली : "निगोड़ी सब-की-सब मेरी छाती पे ही मूँग दलने आमें हैंगी। सात जनम की दुस्मन मरी, गली-गली घूमकर मेरे घर बच्चे पटकने आई रंडो। अरे तन-तन में कीड़े पड़ेंगे, सरदी की रात में दौड़ा मारा।" लखनऊ के पुलिसमैन की अंग्रेजी-अवधी मिश्रित हिन्दुस्तानी : "कोतवाली को वैरलेस कर दिया हुजूर! मिरजा जी अटेंड कर रहे थे हुजूर, तौन उन्होंने मिसेज दिया कि अस्पताल की गाड़ी भिजवाते हैं हुजूर।" जगह-जगह घूमे हुए अवध के साधु की हिन्दी : "पूर्व आश्रम में हम मोटर मिकैनिक रहे। अन्त में मालिक की चाकरी से छूटकर विंध्याचल में रम गए। त्रिकुटी में ध्यान साधा, निर्जल, निराहार रहे—जाने क्या-क्या अंट-संट किया। वहाँ एक महात्मा के दर्शन हुए। तौन उन्होंने कहा कि ड्यूटी बजाना छोड़कर यहाँ का ढोंग करता है—जा, सेवा कर। फिर हम क्या करते राम जी? जिसको गुरु माना, उसकी आज्ञा भी तो माननी पड़ेगी। तो कहने का सारांश यह है कि अपनी ड्यूटी का पायबन्द हुए बिना कोई अपना स्वामी बन ही नहीं सकता।" कथा बाँचनेवाले पंडित जी की भाषा : "सूत जी बोलेम् कि हे जिजमान, सुनौ। एक समय जो है सो नारद जी बैकुंठ लोक के बीच में लक्ष्मीपति बिस्नू भगवान के पास जाए के कहत भएम् कि...।" इस तरह की दो-चार नहीं, बीसों भाषा-शैलियाँ हैं जिनके अत्यन्त रोचक उदाहरण 'बूँद और समुद्र' में मिलेंगे। सरसता की कितनी सामग्री हमारे चारों ओर बिखरी पड़ी है! भाषा-शैली की इस विविधता से जनसाधारण भी अपना मनोरंजन करते हैं। अमृतलाल नागर के हास्यरस का दृढ़ आधार यही यथार्थ जीवन है। उनके मनोरंजक संवाद हास्य की सृष्टि करने के अतिरिक्त चित्रण की सजीवता की छाप मन पर छोड़ते हैं।

यह समझना कठिन नहीं है कि इस उपन्यास में लेखक के वर्षों के सामाजिक अनुभव का संग्रह है। इस तरह के संग्रह-मात्र के लिए ही सुदीर्घ साधना और परिश्रम अपेक्षित हैं। कला-प्रेमियों के अलावा भाषाविज्ञान और समाजशास्त्र के पंडितों के लिए भी यहाँ दुर्लभ सामग्री एकत्र की गई है। उपन्यास में स्त्रियों के जो गीत दिये गए हैं, वे अपने में अलग सांस्कृतिक इतिहास की महत्त्वपूर्ण निधि हैं। "कलजुग तो आया बड़ी धूम से, बहुएँ हो गईं ददियासास", "राजा तुम गए कालेज पढ़ने मेरी उमर गुजर गई पीहर में", "जब से चला है किलिप लगाना, कदर बेंदी की गई मेरी जान" आदि खड़ी बोली के गीत नारी-समाज की वह झाँकी देते हैं जो अधिकांश उपन्यासकारों के कल्पना-रंजित चित्रों से बिलकुल भिन्न हैं।

उपन्यास की धुरी हैं ताई। लखनऊ की एक रईस की छोड़ी हुई पहली पत्नी हैं। जीवन की परिस्थितियों ने उनके मन में विचित्र ग्रंथियाँ उत्पन्न कर दी हैं। अब वह जादू-टोने से मानव-मात्र का संहार करने पर तुली हुई-सी दीखती हैं। भारतीय समाज का सारा अन्धविश्वास और मनुष्य से घृणा करनेवालों की सारी हिंसा मानो सिमटकर ताई के पास केन्द्रित हो गई है। बच्चे, बूढ़े, जवान, सब उन्हें चिढ़ाते हैं और अब ताई के पास आशीर्वाद का एक शब्द भी नहीं रह गया, वह केवल कोसना जानती हैं। भारतीय समाज में न्याय, वैशेषिक, सांख्य, वेदान्त आदि की चर्चा के साथ पलँग की पाटी में सेंदुर मलने, तकिए में काला डोरा पिरोकर सुई खोंसने, आटे के पुतले बनाकर मारणमंत्र चलाने आदि की जो क्रियाएँ होती रही हैं, उनकी सूत्रधार ताई हैं। उनकी हिंसा इतनी तीव्र है कि पति के अपराध के लिए वह जादू द्वारा उसके नाती के प्राण लेने के प्रयत्न करती हैं।

ताई के घर में एक दिन बिल्लियों का युद्ध होता है। लालटेन जलाकर देखती हैं कि बिल्ली का एक बच्चा पड़ा हुआ है, जिसका सिर गायब है। वह सिरकटी लाश पड़ोस में गर्भवती तारा के दरवाजे पर रख आती हैं, इन शब्दों के साथ : "राँड बहुत पेट लिये घूमती है। ऐसे ही कटकर गिर पड़ेगा।" हिंसा की मूर्ति ताई बिल्ली के शेष तीन बच्चों को आँचल में डालकर बाहर फेंकने जाती हैं। "ठंड से सिकुड़े बन्द आँखोंवाले तीन बच्चे आँचल में गठरी-सी बनकर उनके पेट से लग गए।" ताई को सहसा अपनी बिटिया की याद आई और वह वापस लौट आईं। उस दिन से ताई के परिवार में वे बच्चे भी शामिल हो गए, अथवा यों कहें, उस दिन से ताई ने नये सिरे से पारिवारिक जीवन बिताना शुरू किया।

हिंसा और अन्धविश्वास की पुतली ताई में भी प्रेम का बीज मिटने से रह गया था। मानवेतर जीव के संस्पर्श से वह बीज सहसा अंकुरित हो उठा। इस बीज को मिटाने में रईस पति और ताई के मुहल्लेवालों ने कुछ उठा न रखा था। मनुष्य ने उसे मिटाया; पशु-जीवन ने उसे फिर अंकुरित कर दिया। इसका श्रेय पशु-जीवन से अधिक ताई को है जो अपने अन्तस्तल में कहीं अब तक वह प्रेम का बीज छिपाए हुए थीं।

एक भारतीय लेखक के लिए ताई में यह परिवर्तन बहुत स्वाभाविक है। जिस देश के आदिकवि ने एक पक्षी के क्रन्दन से द्रवित होकर एक नया छन्द ही रच डाला था, उस देश के आधुनिक लेखक के मन पर अब भी वैसे संस्कार बने हों तो आश्चर्य क्या? तब क्या वर्तमान युग में भारतीय लेखक के लिए आस्था का प्रश्न ऐसा कुछ उलझा हुआ है कि उसे हल करना बहुत ही कठिन हो गया है?

ताई को बिल्ली के बच्चे बहुत परेशान करते हैं, लेकिन ताई उनका मोह छोड़ नहीं सकतीं। एक बच्चे की आँखों में देखते हुए उन्हें लगता है कि भीतर से बालमुकुन्द झाँक रहे हैं। जब ताई में यह परिवर्तन होता है, तभी कुछ लोग आकर उनके मुँह में कपड़ा ठूँस देते हैं, बिल्ली के बच्चों को उठाकर फेंक देते हैं, ताई के मुँह पर काजल और सिन्दूर पोत देते हैं और रुपये लेकर चल देते हैं। कलाकार सज्जन जब उन्हें देखता है तो उसे वह उचित ही 'आदिम समाज की पुरोहितानी' जैसी लगती हैं। ताई के बन्धन खुलते ही वह सबसे पहले बिल्ली के बच्चों के लिए दूध मँगवाती हैं। कलाकार "सज्जन सोचने लगा, पत्थर भी पिघलना जानता है।" बिल्ली के बच्चों के बाद ताई को सज्जन से स्नेह है। 'कन्नोमल के पोते' कहकर वह बड़े प्यार से उसे बुलाती हैं। लेकिन कलाकार सज्जन ऐसा उच्चकोटि का बुद्धिजीवी है कि पत्थर को पिघलता देखकर भी वह आस्था के प्रश्न से उलझा रहता है।

कलाकार की कोठरी पर मुहल्ले के लोग हमला करते हैं। मुहल्ले में कवि विरहेश और 'बड़ी' के प्रेमकांड के पकड़े जाने पर रूढ़िवादियों ने क्रोध उतारा सज्जन की कला पर। 'उत्तेजित भीड़ ने कमरे का ताला तोड़ डाला। सज्जन की बनाई तसवीरें चिंदी-चिंदी कर डालीं। रंगों के ट्यूब्स फेंके, जूते के नीचे दबाकर फर्श पर मसल दिये?...स्टोव का तेल गद्दे और तकियों पर छिड़का। उनमें दियासलाई लगाई गई। सारा कमरा टूटे काँच, टूटे प्याले, फटी तसवीरों और चादर की चिंदियों से भर गया।' अहिंसावादी समाज का रूढ़िवाद कितना बर्बर हो सकता है, उसका यह निदर्शन है। इन रूढ़िवादियों ने बड़ी को निर्ममता से पिटते देखा था; पीटनेवालों के प्रति उनकी सक्रिय सहानुभूति थी। वही लोग चरित्र और संस्कृति की रक्षा के लिए सज्जन के चित्रों का नाश कर देते हैं। अवश्य ही वे बड़ी के वेश्यागामी पति से कुछ नहीं कहते। इस तरह के फासिस्ट आक्रमणों के वर्णन हमने विदेशी उपन्यासों में पढ़े हैं। भारतीय रूढ़िवाद के आधार पर यहाँ भी कला और कलाकारों पर फासिस्ट आक्रमण हो सकते हैं, इस उपन्यास से यह चेतावनी मिलती है। एक तरह की हिंसा यह है, दूसरी तरह की हिंसा उपन्यासकार महिपाल की है। असहाय स्त्री को पिटते देखकर उसे क्रोध आ जाता है। वह बचाने जाता है तो वेश्यागामी पति उसे भी अपनी पत्नी का यार कहकर व्यंग्य करता है। इस पर "महिपाल का वो कड़ाकेदार हाथ पड़ा कि गाल और कनपटी सुन्न हो गई।" इन दोनों तरह की हिंसा में कौन-सी उचित है और कौन-सी अनुचित, या दोनों ही

उचित अथवा अनुचित हैं? साधारण पाठक की सहानुभूति महिपाल के प्रति होगी और निर्दय पति को दंड मिलता देखकर उसकी न्याय की आकांक्षा तृप्त होगी। हिंसा और अहिंसा के सैद्धांतिक संघर्ष की वास्तविकता क्या है, इसका उत्तर उपर्युक्त घटना से मिलता है।

सज्जन की कोठरी पर आक्रमण होने के बाद कला की रक्षा करने के लिए सबसे पहले ताई आगे आती हैं। वह मंत्र पढ़कर सब पर सिन्दूर फेंकना शुरू करती हैं। "थोड़ी देर में ताई कायर भीड़ पर विजयिनी हुईं।" चरित्र और संस्कृति की रक्षा के नाम पर चित्रों में आग लगानेवाली भीड़ कायर ही होगी। इन कायरों से कला की रक्षा कौन करेगा? "उस दिन ताई बड़ी रात तक लालटेन के उजाले में सज्जन—कन्नोमल के पोते—की तसवीरों के टुकड़े बटोर-बटोरकर सहेजती रहीं।" कलाकार किसमें आस्था रखे, इस प्रश्न का उत्तर फिर यहाँ मिलता है।

सज्जन के आक्रमण से गर्भवती तारा अस्वस्थ हो जाती है। रात में मुहल्लेवालों की सहानुभूति खोया हुआ उनका पति ताई को अँधेरे में प्रेत समझकर बेहोश हो जाता है। ताई अपनी हिंसा भूलकर तारा को प्रजनन कराने में लग जाती हैं। यह उपन्यास का सबसे मार्मिक चित्र है। टॉल्स्टाय ने 'अन्ना करेनिना' में उस उद्विग्न पति का चित्र खींचा है जो शीघ्र ही पिता बननेवाला है। यहाँ सारी उद्विग्नता ताई में केन्द्रित है, जिसके माँ बनने का अब कोई भी अवसर नहीं है। "जरा-सी हींग देखकर ताई और झुँझलाईं; आप सौरी में थीं, इसलिए वर्मा को ही अपने घर के मसालेदान का पता बतलाया, अपने ठाकुर जी की कोठरी में टाँड पर रखे हुए कुल्हड़ सकोरों का पता बतलाया; मुट्ठी-भर हींग और एक सकोरा लाने की आज्ञा दी। ताई ने बच्चे की नाल गाड़ी और पलँग के निकट आकर बच्चे को झुककर भर नजर देखती रहीं।" यह चित्र आँककर अमृतलाल नागर ने हिन्दी-उपन्यास को उच्चतम स्तर तक उठाया है। जिसे ताई की इस निगाह में आस्था न दिखे, उसे जन्मान्ध ही कहना चाहिए।

पुरुष पात्रों में सज्जन और महिपाल, दोनों कलाकार हैं। एक चित्रकार है, दूसरा उपन्यासकार है। दोनों रईस घरानों के हैं। अन्तर केवल इतना है कि सज्जन की सम्पत्ति बची हुई है और महिपाल अपने वर्ग से अलग होकर एक हद तक मध्यवर्ग का सदस्य बन गया है। सज्जन की अपनी कोठी है; मुहल्ला-जीवन का अध्ययन करने के लिए वह ताई के पड़ोस में कोठरी लेकर रहता है। लेखक ने दोनों का ही चित्रण बड़ी बारीकी से किया है। बुद्धिजीवियों और मध्यवर्ग के शिक्षित जनों की अधिकांश समस्याएँ दोनों को परेशान करती हैं। दोनों में बहुत ही समानताएँ भी हैं। दोनों कलाकार होने के अलावा सामाजिक और सांस्कृतिक विकास की समस्याओं से बहुत दिलचस्पी रखते हैं। दोनों का ही घरेलू जीवन अनियमित-सा है। शराब का चस्का दोनों को है। महिपाल विवाहित है; ठेठ अवधी बोलनेवाली उसकी

पत्नी कल्याणी निष्ठा की मूर्ति, पतिव्रता देवी है, किन्तु अपने कलाकार पति का मूल्य बिलकुल नहीं पहचानती। उसके संस्कार बहुत ही रूढ़िवादी हैं और ब्राह्मणों में ऊँच-नीच का भेद-भाव, कुलीनता-अकुलीनता के विचार उसके संस्कारों की आधारशिला हैं, जिनसे टकराकर उपन्यासकार के सारे प्रगतिशील विचार वापस चले आते हैं। महिपाल का स्वभाव बहुत ही उग्र है। धीरता, दृढ़ इच्छाशक्ति, सहनशीलता आदि गुणों का उसमें अभाव है। यद्यपि वह बातें समाजवाद की करता है, फिर भी उसके संस्कार अराजकतावादी के हैं। वह अपनी पत्नी के रूढ़िवाद से परेशान है, लेकिन 'इज्जत का सवाल' जितना उसे परेशान करता है, उतना कल्याणी को नहीं। कल्याणी ने अपने भाई से कुछ रुपये मँगाए थे। महिपाल के अन्दर का बर्बर रूढ़िवादी तुरन्त जाग उठता है। "हरामजादी, तूने मेरी इज्जत खाक में मिला दी।" यह एक कलाकार की भाषा थी जो वह अपने उपन्यासों में न लिखता था, लेकिन खानदानी इज्जत की रक्षा के लिए उसका उपयोग करने में न हिचकता था। इतना ही नहीं, 'बड़ी' के वेश्यागामी पति की तरह वह भी लात-घूँसों और थप्पड़ों के प्रयोग से बाज नहीं आता। कमरे के अन्दर यह कांड होता है; बाहर उसकी लड़की खड़ी-खड़ी सब सुनती है : "दबी चीखें, साँसें घसीट-घसीटकर रोना, पिता की अस्पष्ट गालियाँ, घुड़कियाँ-मुक्की, पटकनों, घूँसों के धमाके।" लड़की के दरवाजा पीटने पर वह बाहर आता है और पत्नी के पैर छूकर और सबसे क्षमा माँगकर बाहर चला जाता है। आस्था की समस्या महिपाल के लिए उठ खड़ी होती है। "अपनी पत्नी को मारकर महिपाल आस्थाविहीन हो गया है।" बिगड़े रईस महिपाल ने समाजवाद का चोगा ओढ़ रखा था, इज्जत का सवाल आने पर वह एक ही झटके में नीचे गिर पड़ता है। सज्जन से उसे ईर्ष्या भी होती है। अपने मित्र के विरुद्ध वह प्रचार करता है कि सज्जन छिपे-छिपे कम्यूनिज्म फैला रहा है। एक बार महिपाल की डींग सुनकर उसका एक पूँजीपति मित्र यह रहस्य प्रकट कर देता है कि ननिहाल में डाका पड़ने पर महिपाल ने बहुत-से गहने चुरा लिये थे और कह दिया था कि उन्हें डाकू ले गए। चोरी पकड़े जाने पर आत्महत्या के सिवा उसे कोई मार्ग नहीं सूझता। एक पत्र में अपना कच्चा चिट्ठा लिखकर संसार से विदा हो जाता है। महिपाल की आत्महत्या यह दिखलाती है कि उसके आगे कोई रास्ता नहीं रह गया था। समाजवाद से उसे बौद्धिक सहानुभूति है; अपने जीवन में वह असन्तुलित अराजकतावादी है। वह अच्छा पिता और पति नहीं बन पाता। डॉ. शीला से उसे प्रेम है और शीला को छोड़ने के बाद वह भीतर से टूट जाता है। किन्तु उसकी ट्रैजेडी घरेलू जीवन तक सीमित नहीं है। शिवभक्त समाज को बदलने का कोई रास्ता नहीं देखता। उसकी कहानी उस बुद्धिजीवी की कहानी है जो समाज-व्यवस्था से असन्तुष्ट तो है, लेकिन उसके बदलने के लिए जन-शक्ति को संगठित करने का धैर्य और दृढ़ मनोबल जिसमें नहीं है।

दूसरी ओर चित्रकार सज्जन है। रूढ़ियों के विरुद्ध है, लेकिन वृन्दावन में जाकर रहस्यवादी बन जाता है। टेलीपैथी आदि चमत्कारों में उसे विश्वास है। वृन्दावन में वनकन्या के प्रति प्रेम विज्ञापित करने के बाद लखनऊ आते ही अपनी प्रेमिका चित्रा राजदान के साथ सरस समय बिताता है। रईसी ठाठ में नौकरों पर हाथ भी चला देता है, उन्हें बर्खास्त कर देता है। वनकन्या से विवाह होने पर जहाँ कोठी में उसके साले साहब आते हैं, उस पर इज्जत का भूत सवार होता है और उसे सबसे पहले यह भय होता है कि नौकरों ने देख लिया तो क्या कहेंगे। ईर्ष्या का शिकार वह भी है, लेकिन साधु की कृपा से उसकी मति बदल जाती है और वह सम्पत्ति-दान करने के लिए तैयार हो जाता है। महिपाल और सज्जन में महिपाल अधिक सजीव है। उसका मानसिक द्वंद्व ज्यादा तीखा और नाटकीय है। अपनी कमजोरियों के बावजूद वह पाठक की करुणा अपनी ओर खींचता है। सज्जन की कठिनाइयाँ उसकी अपनी गढ़ी हुई हैं वह परिस्थितियों से महिपाल की तरह नहीं जूझता। उसका चित्रकार भी बहुत कमजोर है। चित्रकार से अधिक वह मुहल्ले के जीवन का अध्ययन करनेवाला समाजशास्त्री है और यहाँ उसका व्यक्तित्व उपन्यासकार महिपाल की ही प्रतिच्छवि है। उसके सम्पत्ति-दान में ऐसी गरिमा नहीं है जो पाठक को आन्दोलित करे। 'प्रेमाश्रम' और 'जहाज का पंछी' के काल्पनिक समाधान की छाप उपन्यास को कमजोर बनाती है।

पुरुष पात्रों में ताई से मिलते-जुलते पात्र हैं कर्नल और रामजी साधू। कर्नल उच्च मध्यवर्ग के दुकानदार हैं। अपने मित्रों में नगीनचन्द जैन कर्नल नाम से विख्यात हैं। बुद्धिजीवियों की समस्याएँ उनकी समझ में नहीं आतीं लेकिन जहाँ भी मनुष्य पर विपत्ति पड़ती है, नगीनचन्द उसकी सहायता को तुरन्त पहुँच जाते हैं। वनकन्या को अपने अत्याचारी कुटुम्बियों के यहाँ जब आश्रय नहीं मिलता, तब नगीनचन्द उन्हें अपने यहाँ बहन की तरह रखते हैं। इस मानव-प्रेम के कारण उन्हें रूढ़िवादियों का कोपभाजन बनना पड़ता है लेकिन चतुराई और दृढ़ता से उनका सामना करते हैं। कलाकार सज्जन को जब उसके वर्ग के रईस अपनी उँगलियों पर नचाते हैं तब नगीनचन्द कलाकार की ईमानदारी के लिए लड़ते हैं। कलाकार सज्जन के लिए एक बार वह अपने सच्चे उद्गार प्रकट करते हुए कहते हैं : "क्या बताऊँ, ये सज्जन ससरा इस वक्त ऐसा लेंडी निकला कि..." सज्जन वास्तव में कायर हैं; वीर कर्मठ पुरुष हैं नगीनचन्द। रूढ़िवादियों और राजनीतिक दलों से असन्तुष्ट होकर वह कहते हैं : "इनकी हर चाल पलटकर इस बार अपनी अलग पार्टी—'इनसानी दल' कायम न किया तो कुछ काम न किया। अब हम एक नहीं, सब पालिटिकल पार्टियों को चुनौती देकर कसौटी पर कसेंगे। हम जनता में रहेंगे। जनता के अधिकारों के साथ रहेंगे। अब चाहे सरकार हो, या बड़े-बड़े कैपिटलिस्ट हों या पॉलिटिकल पार्टियाँ हों—हम सबसे अपने अधिकारों के लिए सावधान

रहेंगे।" यह उस नागरिक की आवाज है जिसे जनता से प्रेम है, जिसके हृदय का निःस्वार्थ प्रेम उसके आए-दिन के कार्यों से प्रकट होता रहता है, जो बाधाओं और कुंठाओं से त्रस्त होकर मानसिक उधेड़बुन का स्वाँग रचकर 'हाय आस्था, हाय आस्था' कहकर नहीं चिल्लाता। नगीनचन्द का चरित्र यह दिखलाता है कि पुरानी व्यवस्था को बदलने और रूढ़िवाद को निर्मूल करने के लिए जिस निष्ठा और धैर्य की आवश्यकता है, वह समाज में विद्यमान है।

नगीनचन्द से भी अधिक प्रभावशाली व्यक्तित्व रामजी बाबा का है। पुराने संतों की परम्परा के वह साकार जीवित रूप हैं। उपन्यास के अनेक पात्रों की तरह लेखक ने उन्हें यथार्थ जगत से ही लिया है। सज्जन और महिपाल की तरह जमीन-आसमान के कुलाबे न मिलाकर वह सेवा को कर्तव्य मानकर समाज के बहिष्कृत पागलों की सेवा करते हैं। उनकी सेवा-भावना के आगे बुद्धिजीवियों की कुंठाग्रस्त शंकाएँ सूखे पत्तों की तरह उड़ जाती हैं। उनकी तुलना में सज्जन को अपनी कमजोरी का पता चलता है : "वह सेवा के आदर्श को इत्र की तरह सूँघकर आनन्दित भले ही हो ले...।" वास्तविक सेवा से वह बहुत दूर है। जब महिपाल कहता है कि आज का मनुष्य जंगली हो गया है, तब रामजी साधु कहते हैं : "मनुष्य इस समय अपने मन के महल की सफाई कर रहा है। जब पूरी हुइ जाएगी तब देखिएगा।" महिपाल केवल उपन्यासकार है; अस्सी साल के नौजवान रामजी बाबा सेवा-कार्य में युवकों को मात करते हैं। मनुष्य के भविष्य में उनकी यह सहज आस्था उनके कर्मठ जीवन से उत्पन्न होती है। उसका आधार हवाई उधेड़बुन नहीं है। वास्तव में साधु शब्द के प्रचलित अर्थ में वह संसार-त्यागी महात्मा हैं ही नहीं। वह आचार्य रामचन्द्र शुक्ल के उन भक्तों में से हैं जो इस गोचर जगत में ब्रह्म के दर्शन करके मनुष्य की सेवा करते हैं। विज्ञान ने इतनी प्रगति की है, क्या उससे मानवता का नाश न हो जाएगा? बाबा रामजी की आस्था डिगने के बदले वैज्ञानिक प्रगति से और दृढ़ होती है। कहते हैं : "विज्ञान के जो अनुपम रत्न निकल रहे हैं, मानवतावाद का व्यापक प्रचार हुइ के चेतना का जो अमृत निकलेगा, वह समस्त लोक को मिलेगा और जौन ये स्वार्थपरता, अनाचार का कालकूट निकल रहा है, तौन नीलकंठ परम सेवक हैं, वो अपनी ड्यूटी बजाने से कभी नहीं चूकते।" इस दृढ़ आस्था के सामने कुंठा की पीड़ा से कराहनेवालों को शर्म आनी चाहिए।

वनकन्या अपने चारों ओर के वातावरण से तिलमिला उठती है, लेकिन महिपाल की तरह वह घुटने नहीं टेकती। सभी परिस्थितियों में धैर्य से काम लेते हुए वह रूढ़िवाद से टक्कर लेती है और साथ ही अपने प्रेमी कलाकार सज्जन के ढुलमुल मन को भी सँभालती है। नारी और विवाह-सम्बन्ध में सज्जन के विचार 'चक्करक्लब' और 'मनुष्य के रूप' के लेखक से मिलते-जुलते हैं। वनकन्या सिद्ध कर देती है कि स्वच्छन्द प्रेम के ये विचार क्रान्तिकारी न होकर वास्तव में अभिजात-वर्ग के

संस्कार हैं। अनैतिकता के वातावरण में दृढ़ इच्छा-शक्तिवाली सच्चरित्र वनकन्या पाठक की आस्था को दृढ़ करती है।

आस्था के इतने प्रतीकों के होते हुए भी उपन्यास के अन्त में सज्जन को लगता है कि देश आत्महत्या कर रहा है। महिपाल की आत्महत्या के बाद उसे विशेष रूप से आस्था का प्रश्न क्षुब्ध करता है। वह अपने लिए ठीक सोचता है कि महिपाल की-सी परिस्थितियों में यदि उसका जीवन बीता होता तो शायद उसका भी अन्त यों ही हुआ होता। आखिर वह महिपाल के व्यक्तित्व का दूसरा पहलू ही तो है। वह आत्महत्या से कैसे बचता? लेकिन अपने विनाश की सम्भावना में उसे देश मिटता दिखाई दे रहा है। वह देश के बारे में सोचता है : "जिस देश में कर्मयोग का सिद्धान्त है; वेद, उपनिषद, साहित्य, शास्त्र हैं; व्यास, वाल्मीकि जैसे युग-प्रवर्तक महर्षि हैं, इतना रसज्ञान है; अजन्ता, एलूर, कोणार्क, दक्षिण भारत—सारे भारत में व्याप्त अनुपम शिल्प है; सुनीतियाँ हैं; जिस देश का इतिहास इतना महिमामय है, वह देश जड़ता और गन्दगी में रहना पसन्द करते हुए आज की भयंकर अगति के रूप में आत्महत्या क्यों कर रहा है?"

सज्जन ने भारत के सामाजिक और सांस्कृतिक इतिहास में जो कुछ देखा, वह सब सत्य है। लेकिन सत्य उतना ही नहीं है। भारतीय जनता का इतिहास उसके संघर्षों का इतिहास है। उसकी संस्कृति जनता के इस संघर्षमय इतिहास से दूर रखकर नहीं समझी जा सकती। सज्जन न तो पुराने इतिहास में और न वर्तमान काल में जनता को कहीं संघर्ष करते देखता है। स्वाधीनता-प्राप्ति के लिए जनता ने जो संघर्ष किया, उसकी छाप भी कहीं उसके मन पर पड़ती नहीं दिखाई देती। अपने चारों ओर आस्थावान पात्रों के होते हुए भी उसे लगता है कि देश आत्महत्या कर रहा है। इसका एक कारण यह है कि निष्ठावान पात्र अपने व्यक्तिगत जीवन में तो महान हैं, किन्तु लोक-कल्याण के लिए उनमें सामूहिक प्रयत्न का अभाव है। स्वयं सज्जन ने सम्पत्ति-दान किया है और अपने ढंग से समाज-सेवा की ओर बढ़ भी रहा है। स्पष्ट है कि इस सबसे उसे सन्तोष नहीं है। कुछ धनी व्यक्तियों का सम्पत्ति-दान समाज की मूल समस्या हल नहीं कर सकता। आस्थावान पात्र सामूहिक प्रयत्न से दूर हैं, इसलिए उनकी आस्था भी अधूरी है। स्वयं सज्जन व्यक्तिगत श्रम से दूर है, इसलिए वास्तव में वह महिपाल से भी अधिक आस्थाहीन है।

उपन्यास की भूमिका में लेखक ने "देश के मध्यवर्गीय नागरिक समाज का गुण-दोषभरा चित्र" खींचने की बात कही है। उपन्यास में मध्यवर्गीय नागरिक भी हैं। फिर भी उपन्यास के मुख्य पात्र सज्जन, महिपाल, वनकन्या, ताई, कर्नल और शीला हैं। रामजी बाबा सज्जन से पूछते हैं कि वह कितना दान कर सकता है? सज्जन उत्तर देता है—तीन लाख। वह लखपती का बेटा ही नहीं, स्वयं भी लखपती है। भारत के मध्यवर्ग में तीन-तीन लाख की सम्पत्ति का दान देने लायक सदस्य हो जाएँ तो

कहना ही क्या? ताई राधा-कृष्ण का विवाह करती है। "जिन्हें सुबह-शाम छेड़कर बच्चे, बूढ़े, जवान सभी सुख पाते हैं, वह ताई पचास हजार की सम्पत्ति लुटाकर उत्सव मना रही हैं।" महिपाल की प्रेमिका "शीला के पास लाख-डेढ़ लाख रुपया है।" लाला नगीनचन्द उर्फ कर्नल "लखनऊ की एक पुरानी और प्रसिद्ध अंग्रेजी दवाओं की दुकान के मालिक हैं। सामाजिक कामों के लिए जी खोलकर चन्दा देनेवालों में उनका नाम शहर के गिने-चुने लोगों के साथ लिया जाता है।" रह गए महिपाल और वनकन्या। वे परिस्थितियों से जूझते हैं, लेकिन हैं वे भी रईस घराने के। महिपाल ननिहाल में पला था और "उसकी ननिहाल का घराना ताल्लुकेदारों का था।" वहाँ डाका पड़ा तो महिपाल के अनुसार "डेढ़ लाख रुपये की ज्वेलरी गई।" आगे यह रहस्य खुलता है कि डाकू को मारकर महिपाल ने स्वयं चोरी का जेवर हड़प लिया था। सेठ रूपरतन कहते हैं कि उन्होंने गहने बिकवाने के नाम पर महिपाल के लिए चालीस हजार की रकम खड़ी कर दी। महिपाल उपन्यासकार है और अपनी पत्नी से उसे सबसे बड़ी शिकायत यह है कि वह उसके कलाकार का महत्त्व नहीं समझती। लेकिन "महीनों हो गए, उसने एक अक्षर नहीं लिखा, केवल अपने घर में, अपने चारों ओर हर तरफ लक्ष्मी का आडम्बर सजाने में ही उसके दिन अधिकतर चले जाते हैं।" वह अपने मन में थका हुआ अनुभव करता है और "उस थकान में उसे बैंक में जमा अपने अड़तीस हजार रुपये याद आए।...वह किसी हद तक विलासिता का शिकार है।" वह अपने अन्तिम पत्र में लिखता है : "ताल्लुकेदारी वातावरण में पलकर मेरे संस्कार भी राजसी हो गए थे।" पैसा मिलते ही उसके राजसी संस्कार लहलहा उठते हैं। एक दिन की बात है : "महिपाल आज पूर्ण रियासती भाव में था—बढ़िया चप्पल, उम्दा चुन्नटदार धोती, रेशमी कुर्ता, रेशमी जवाहर जैकेट, फाबरल्यूबा की घड़ी, शेफर्स की सुनहरी कलम, हाथ में पुखराज की अँगूठी।" परिस्थितियों से जूझने के बावजूद महिपाल मध्यवर्ग का प्रतिनिधि नागरिक नहीं माना जा सकता। वनकन्या भी एक तबाह रईस घराने की लड़की है। "रईस मेरे बाबा-परबाबा भी थे।' कन्या कहती है : "उनके किस्से मैंने भी सुने हैं। यह बात दूसरी है कि अपने होश से ही मैंने अपने मायके में फिजूलखर्ची और कंगाली ही बराबर बढ़ती देखी।" रईस या बिगड़े हुए रईस—उपन्यास के प्रमुख पात्र इस तरह के हैं। इस तरह के लोगों का अपने वर्ग-संस्कार छोड़ना और श्रमिक जनता के दु:ख-सुख में घुल-मिल जाना एक कठिन प्रक्रिया है। यदि वे सामूहिक प्रयत्न द्वारा समाज-व्यवस्था को बदलने का रास्ता नहीं देख पाते तो इसमें कोई आश्चर्य की बात नहीं है।

सज्जन को किसी भी राजनीतिक पार्टी में आस्था नहीं है। "सब अधिकांश में एक-से-एक बढ़कर बेईमान, क्षुद्र आकांक्षाओंवाले, जालसाज, दम्भी और मगरूरों द्वारा अनुशासित हैं; आदर्श और सिद्धान्त तो महज शिकार खेलने के लिए आड़ की

टट्टियाँ हैं। इनका आपसी संघर्ष अधिकतर व्यक्तिगत है।" यदि सज्जन राजनीतिक जीवन में सक्रिय भाग लेकर इस परिणाम पर पहुँचता, यदि उपन्यासकार विभिन्न पार्टियों का राजनीतिक कार्यवाही का सजीव चित्र देकर ऊपर की स्थापना हमारे सामने लाता तो वास्तव में चिन्ता की बात होती और पाठक उस तक आते-आते तिलमिला उठता। लेकिन उपन्यास में क्षीण मनोबलवाले बिगड़े रईस या सम्पत्ति-दान से भारत का उद्धार करनेवाले कलाकार ऐसी बातें करें तो इसे उन्हीं का वर्गगत दम्भ समझना चाहिए। जालसाजी जैसी चीज महिपाल के चरित्र में है; क्षुद्र आकांक्षाओं की कमी सज्जन में नहीं। फिर भी वह धर्मोपदेशक बनकर कहता है : "आत्मविश्वास ही नये युग का धर्म है।" उसे "जन-जीवन अन्धविश्वासों और क्षतियों से जकड़ा हुआ" दिखाई देता है। वास्तव में जितने अन्धविश्वास और भ्रान्तियाँ सज्जन में हैं, उतने अन्धविश्वास और भ्रान्तियाँ अशिक्षित और निर्धन जनता में नहीं हैं। वह अपनी समझ में बड़ा मार्मिक प्रश्न करता है : "क्या किसी को भी आज अपने देश से प्यार नहीं?" यदि सज्जन की आँखें उसके वर्ग-संस्कारों ने बन्द न कर दी होतीं तो वह समाज में अपने को अकेला देशभक्त न पाता। उसकी समझ में भारत का मनुष्य "अधिकांश में भारतीय नहीं, मानव भी—? —नहीं।" अन्त में : "दोनों पति-पत्नी अपनी आस्था पर डटे रहेंगे।" इति, शान्ति:, शान्ति:, शान्ति:!

क्या इस उपन्यास में ही सज्जन से अधिक आस्थावान व्यक्ति नहीं हैं? क्या ताई द्वारा तारा के प्रजनन में सहायता, रामजी साधु द्वारा पागलों की सेवा, नगीनचन्द द्वारा वनकन्या की सहायता, महिपाल द्वारा बड़ी के पति की पूजा, महिपाल के लिए शीला का प्रेम, सज्जन के चरित्र और उसके किसी भी कृत्य से अधिक महान नहीं हैं? सज्जन ने उपन्यास में जरूरत से ज्यादा जगह घेरी है। पूर्वार्द्ध में वह उतनी जगह नहीं घेरता, जितनी उत्तरार्द्ध में। इसलिए उपन्यास का उत्तरार्द्ध अपेक्षाकृत निर्बल हो गया है। विशेष रूप से उसका अन्त काफी कमजोर है। महिपाल की आत्महत्या पाठक को व्यथित अवश्य करती है, किन्तु वह क्षोभ भी उत्पन्न करती है। किसी कारण दूसरों के मन की बात जाननेवाले रामजी बाबा महिपाल के मन की बात बिलकुल नहीं जान पाते कि वह आत्महत्या करेगा। वह अपनी शक्ति से सज्जन की जितनी सहायता करते हैं, उसकी शतांश कृपा भी वह महिपाल पर नहीं करते। लेखक के साथ वह भी सज्जन का पक्षपात करते हैं। लाला नगीनचन्द बहुत ही व्यवहारकुशल व्यक्ति हैं, लेकिन मित्रों में भेद खुल जाने पर अपमानित होकर जब महिपाल घर से निकलकर चल देता है, तब भी वह उसके पीछे नहीं चलते, न उसकी खोज-खबर लेते हैं। उपन्यास के उत्तरार्द्ध की यह सबसे महत्त्वपूर्ण घटना कलात्मक दृष्टि से सत्य नहीं उतरी।

कथावस्तु को कमजोर करनेवाला एक दूसरा दोष आदिम समाज का हवाला देने का रोग है। सज्जन और महिपाल, दोनों समाजशास्त्री हैं। कहीं मोहेनजोदड़ो,

कहीं वैदिक सभ्यता, कहीं प्रस्तर मूर्तियाँ, कहीं आर्य-अनार्य संघर्ष, और एक जगह नहीं, पचीसों बार, नाक में दम कर देते हैं। आधुनिक उपन्यासों के पात्रों को आत्मचिन्तन और आत्मविश्लेषण का रोग होता ही है। पन्ने-के-पन्ने आत्मचिन्तन से रँगे हुए हैं। इनसे कथावस्तु में शिथिलता अवश्य आती है; चरित्र की गहराई का पता तो दो वाक्यों से ही लग जाता है।

कथा कहने में एक दोष यह भी है कि जिन पात्रों से पाठक काफी पहले परिचित हो चुका है, उनके विस्तृत रेखाचित्र अथवा संक्षिप्त जीवन-चरित्र बाद में दिये गए हैं। इससे कथा-प्रवाह में बार-बार ठहराव पैदा हो जाता है। एकाध दोष असावधानी से उत्पन्न हो गया है। कर्नल खासी हिन्दी बोल लेता है, लेकिन 66वें अध्याय में उस पर 'है' की जगह 'हैंगा' कहने का खब्त सवार हो जाता है। उपन्यास में कुछ यथार्थ जगत के पात्र हैं, जैसे अमृतलाल नागर, यशपाल, ज्ञानचन्द जैन, भगवतीचरण वर्मा इत्यादि। लेखक ने इनके रेखाचित्र भी नहीं दिये; उसने यह मान लिया है कि पाठक तो इन्हें जानता ही होगा। पाठक साहित्यकार के रूप में उन्हें जान भी सकता है, लेकिन साहित्यकार होने से ही कोई उपन्यास का पात्र नहीं हो जाता। लेखक इनमें पात्रता उत्पन्न नहीं कर पाया।

इन सब दोषों के होते हुए भी 'बूँद और समुद्र' एक सुन्दर उपन्यास है। भारतीय समाज के ऊपर से आत्मसन्तोष का पर्दा खींचकर लेखक ने उसके भीतर की बीभत्सता सबके सामने प्रकट कर दी है। नारी के साथ जो पाशविक अत्याचार किए जाते हैं, उसके हृदयविदारक दृश्य उसने हमें दिखलाए हैं। संभ्रान्त परिवारों में जो गुप्त रूप से व्यभिचार चलते हैं, उसकी नारकीयता से युद्ध करने के लिए उसने ललकारा है। न्याय, धर्म और कला किस तरह सम्पत्तिशाली वर्ग के हाथों बिकते हैं, इसके सजीव चित्र उसने आँके हैं। प्रेमचन्द के बाद किसी ने न्याय-व्यवस्था की वास्तविकता पर ऐसा व्यंग्य नहीं किया, जैसा अमृतलाल नागर ने। उपन्यास में सभी रस हैं। भयानक, अद्‌भुत और बीभत्स के चित्रण में नागर जी का सानी नहीं है। कल्याणी, वनकन्या, बड़ी, महिपाल की व्यथा पाठक को बुरी तरह झकझोरती है। चित्रण और संवादों में हास्यरस का उद्रेक नागर जी की शैली की विशेषता है। चित्रा राजदान और कवि विरहेश जैसे पात्र थोड़ी देर के लिए भी उपन्यास में आते हैं तो पाठक को अपनी सजीवता से मुग्ध कर देते हैं। रामजी बाबा के पागलों का वर्णन विक्टर हयूगो की गम्भीर मानवतावादी क्षमता की याद दिलाता है। दुश्चरित्र पिता—महिपाल—अपने पाप से परिचित सन्तान का सामना करने में जिस आत्मग्लानि का अनुभव करता है, उसका चित्रण लेखक ने अपूर्व तन्मयता से किया है। विभिन्न स्वभाव के पात्र, उनके स्वभावों की टक्कर, एक ही व्यक्ति की प्रकृति में उत्थान-पतन और नये मोड़, ऐसे पात्र जिनसे पाठक को बेहद प्रेम हो जाता है और ऐसे पात्र जिन पर कभी दया आती है, कभी क्रोध आता है, संस्कृति के

विभिन्न स्तर, समाजवादी चेतना, पुराने संतों का सेवाभाव, कलाकार का अहंकार, जादू-टोने की दुनिया, क्लिप और बिन्दी में रमनेवाला मन, सहज मानवप्रेम और भाईचारा—इन सबके चित्र देखकर मन कह उठता है, कैसा विचित्र देश है अपना और यह प्रिय विचित्र देश अब करवट बदलकर उठ रहा है! कर्नल ही 'इनसानी दल' बनाकर जनता के अधिकारों के लिए लड़ने की बात नहीं सोचता, अशिक्षिता देवियाँ भी अपने अधिकारों के प्रति सचेत हो रही हैं। स्वाधीन भारत का पहला चुनाव है। "बूढ़े, बीमार, अपाहिज तक वोट डालने आ रहे थे। स्त्रियों में तो अपार जोश था।" एक महाशय पत्नी से जनसंघ को वोट देने के लिए कहते हैं। पत्नी कांग्रेस को वोट देना चाहती है। पत्नी बोलीं : "देखौ, आज हम जिन्दगी में पहली बार ओट डालन आए हैंगे। जिसे हमरा मन आएगा, उसे देंगे।" और "तुम्हें, अब कसम है, हमरा मरा मूँ देखौ जो अब की टोकाटाकी करौ।" यदि यह क्रान्ति नहीं है तो क्रान्ति शब्द को निरर्थक ही समझना चाहिए।

अमृतलाल नागर के पास अपनी विभिन्न शैलियों में भाव-विचार प्रकट करनेवाले पात्रों का अक्षय भंडार है। उनकी कला में यह शक्ति है कि इन पात्रों को वह उनके सामाजिक परिवेश के साथ सजीव कर देते हैं। ऐसी संजीवनी कला बहुत कम लेखकों के पास है। उनसे बहुत कम पूँजीवाले लेखक महान कलाकार बन चुके हैं। 'बूँद और समुद्र' में जितना सामाजिक अनुभव संचित है, वह उसे अपने ढंग का विश्वकोश बना देता है। उसे एक बार नहीं, बार-बार पढ़ने को मन करेगा। कुछ स्थल ऐसे हैं जिन्हें बार-बार पढ़ने पर भी मन न भरेगा। निस्सन्देह स्वाधीन भारत का यह श्रेष्ठ उपन्यास है।

10

हिन्दी उपन्यास : आस्था के नये संकेत

इधर अमृतलाल नागर, नागार्जुन, इलाचन्द्र जोशी, राजेन्द्र यादव आदि लेखकों के जो नये उपन्यास निकले हैं, वे उस नई दिशा की ओर संकेत करते हैं जिस ओर प्रेमचन्द के बाद व्यक्तिवाद और अतृप्ति की मरुभूमि पार करके हिन्दी कथा-साहित्य को लोक-कल्याण के लिए आगे बढ़ना चाहिए और वह बढ़ रहा है। 'सुनीता' से चोली-चीर उतारने और कभी-कभी प्रगतिशीलता के नाम उच्छृंखलता प्रदर्शन की प्रवृत्ति आरम्भ हुई थी, वह अब क्षीण होकर समाप्त हो रही है। इलाचन्द्र जी के 'जहाज का पंछी' में एक शिक्षित युवक की कहानी है, जिसे कलकत्ते जैसे विशाल नगर में दर-दर बेकार भटकना पड़ता है। सम्पत्तिशाली वर्गों की हृदयहीनता तथा शान्ति और व्यवस्था के रक्षकों की अन्यायप्रियता का मार्मिक चित्रण यहाँ मिलता है। युवक को जो सहानुभूति नगर के भद्र लोगों में नहीं मिलती, यह उसे मजीद जैसे गिरहकटों में मिलती है। चकलों में जर्जर शरीरवाली वेश्याओं से उसे वह सहानुभूति मिलती है, जो भद्र महिलाओं में नहीं मिलती। सामाजिक जीवन के विभिन्न चित्र अपनी पूर्ण विषमता के साथ उभारकर यहाँ आँके गए हैं। वेश्याओं, भिखारियों, गिरहकटों, हृदयहीन शिक्षितों और सम्पत्तिशाली जनों का यह संसार देखकर मन कहने लगता है—क्या मनुष्य ने शताब्दियों के संघर्षों के बाद यही प्रगति की है?

जोशी जी ने मनुष्य की कठिनाइयों और मुसीबतों का मूल कारण उनके अन्तर्मन की गुत्थियों में न खोजकर समाज-व्यवस्था और प्रचलित मानव-सम्बन्धों में खोजा है जिनका आधार व्यक्तिगत अर्थ-संचय और शोषण है। पूँजीवादी प्रचारक व्यक्ति की जिस स्वाधीनता के गीत गाते नहीं अघाते, उसकी वास्तविकता कई जगह उपन्यास में प्रकट होकर पाठक को बतलाती है कि उसका आधार बड़े पैमाने पर अर्थ-संचय और शोषण है। पार्क में बैठे हुए दो लड़के बातें कर रहे हैं। एक कहता है : "कहीं स्वतंत्रता छिपे तौर पर, बदले हुए भेस में टिकी न रह जाए, इस आशंका से उसे डराने और भगाने के लिए सभी प्रयत्न किए जा रहे हैं। हाइड्रोजन बम के परीक्षणों द्वारा उसे आतंकित किया जा रहा है। कहीं पृथ्वी के उस पार किसी ग्रह से उड़कर

मुक्ति पृथ्वी का आश्रय ग्रहण न कर ले, इस भय से सभी महासागरों के चारों ओर कड़ी निगरानी रखी जा रही है।"

बीसवीं सदी की दुनिया यातायात के नये साधनों और अन्तरराष्ट्रीय पूँजी के अदृश्य सूत्रों से बँधी हुई है। आज संसार के किसी भी हिस्से में पूँजीवादी अर्थ-संचय की व्यवस्था को धक्का लगता है, तो अन्तरराष्ट्रीय पूँजी के ये तार झनझना उठते हैं। बीसवीं सदी की हर राष्ट्रीय क्रान्ति अपनी सीमाएँ तोड़कर अन्तरराष्ट्रीय रूप लेती रही है। रूस की राज्यक्रान्ति विदेशी हस्तक्षेप के कारण लम्बे गृहयुद्ध में बदल गई है। अमरीकी हस्तक्षेप के कारण वही हाल चीन की क्रान्ति का हुआ। हिन्दचीन, मिस्र, भारत (कश्मीर को लेकर) आदि देशों में तरह-तरह से राष्ट्रीय स्वाधीनता के आन्दोलनों को साम्राज्यवादी हस्तक्षेप का सामना करना पड़ता रहा है। यही कारण है कि 'जहाज का पंछी' जहाँ स्वाधीनता का प्रश्न उठता है, वहाँ हाइड्रोजन बम और हथियारबन्दी की समस्याएँ खिंची चली आती हैं।

स्वाधीनता के बारे में पहले युवक की यह व्याख्या सुनकर दूसरा बोल उठता है : "तुम्हारा यह व्यंग्य साफ ही अमरीका के प्रति है।" ऐसा लगता है कि 'जहाज का पंछी' का नायक कलकत्ते में भटकता हुआ अमरीका की एक झलक हिन्दुस्तान में ही पा लेता है। कहता है : "कभी-कभी मैं सोचता हूँ कि आज के तथाकथित 'फ्री वर्ल्ड' में मनुष्य ने मनुष्य को मनुष्य न रहने देने की कसम खा रखी है।" पूँजी के सूत्रों ने मनुष्य को ऐसा जकड़ रखा है कि उसका दम घुट रहा है। वह इस वातावरण से निकलना चाहता है लेकिन 'फ्री वर्ल्ड' की आलोचना करते ही उस पर कम्यूनिस्ट होने का आरोप लगा दिया जाता है। चकले की लड़कियों को गुलाम बनाकर वेश्यावृत्ति करनेवाली एक सम्पत्तिशाली राक्षसी का समर्थन करनेवाली पुलिस ऑफिसर से उपन्यास का नायक कहता है : "और आप लोग शान्ति, व्यवस्था और सामाजिक न्याय के रखवाले हैं। यह है आज के 'फ्री वर्ल्ड' की न्यायनीति। आर्थिक, राजनीतिक और सामाजिक—सभी क्षेत्रों में वही नीति आज 'फ्री वर्ल्ड' के सभी राष्ट्रों में विभिन्न रूपों में बरती जा रही है। पर अब समय आ रहा है—बल्कि आ गया है—जब आप लोगों की इस संगठित झुठाई, इस सामूहिक भष्टाचार और अत्याचार के विरोध में धरती का एक छोटे-से-छोटा छिद्र चीख उठेगा और एक-एक कुचली हुई दूब गला फाड़-फाड़कर चिल्ला उठेगी..."

न्याय और व्यवस्था का रक्षक 'फ्री वर्ल्ड' की यह आलोचना बर्दाश्त नहीं कर सकता। वह कहता है : "मैं इस मकान के एक-एक कमरे की तलाशी लूँगा। किसी कम्यूनिस्ट के वक्तव्य से डरकर भाग जानेवाला आदमी मैं नहीं हूँ।" और युवक उत्तर देता है : "यही तो आप लोगों का ब्रह्मास्त्र है।"

इस वार्तालाप में संगठित झुठाई, सामूहिक भष्टाचार और अत्याचार पर जोर दिया गया है। अन्तर्मन की गुत्थियों के कारण सामाजिक उत्पीड़न नहीं है। उसका सम्बन्ध

एक व्यवस्था से है जिसकी रक्षा के लिए पुलिस और न्यायालय हैं। यह स्पष्ट है कि संगठित झुठाई और सामूहिक अत्याचार का अन्त करने के लिए सामूहिक प्रयत्न और जनता की संगठित शक्ति आवश्यक हैं। उपन्यास का नायक एक हद तक इस बात से परिचित है कि संगठित प्रयत्न हो रहा है और होना चाहिए। इसी बात को वह अपनी आलंकारिक शैली में कुचली हुई दूब आदि का हवाला देकर प्रकट करता है। वह स्वयं इस तरह के प्रयत्न से दूर है। उपन्यास के अन्त में एक धनी सुसंस्कृत महिला से उसका विवाह हो जाता है। 'प्रेमाश्रम' का-सा यह काल्पनिक समाधान उपन्यास को कमजोर बनाता है। उस कमजोरी की जड़ नायक का सीमित अनुभव और उसकी चरित्रगत विशेषता है जो उसे अभी कर्मक्षेत्र से दूर रखे है। लेकिन जनसंगठनों से दूर रहनेवाले एक दुखी और मुसीबत के मारे नौजवान पर भी कितनी आसानी से कम्यूनिस्ट होने का अभियोग लगा दिया जाता है! इसका अर्थ यह है कि 'फ्री वर्ल्ड' में स्वाधीन होने का सपना देखना भी पाप है; 'फ्री वर्ल्ड' के रखवालों की न्याय-व्यवस्था का शाब्दिक विरोध करने पर भी कम्यूनिस्ट का बिल्ला लग जाता है। कम्यूनिज्म कितना बड़ा पाप है और कम्यूनिस्ट होना कितना बड़ा देशद्रोह और मानवद्रोह है, इसका प्रचार करने के लिए देश-विदेश में कितना धन और शक्ति नहीं व्यय की गई? लेकिन पुलिस ऑफिसर के आरोप से विचलित न होकर युवक उत्तर देता है : "यही तो आपका ब्रह्मास्त्र है।" इससे स्पष्ट है कि किसी को कम्यूनिस्ट कहकर मुँह बन्द करने की कोशिश संगठित झुठाई और सामूहिक अत्याचार की रक्षा करने की ही कोशिश है।

कम्यूनिज्म का भय दिखाकर जनता को आतंकित करनेवालों में पूँजीपति ही नहीं, पुरानी समाज-व्यवस्था में ऊँच-नीच के भेदभाव से लाभ उठानेवाले रूढ़िवादी लोग भी हैं। इन्हीं के प्रतीक रूप में 'जहाज का पंछी' में एक बाबा जी हैं जिनका पुराणपंथियों में बड़ा आदर है लेकिन जिन्हें नई पीढ़ी तंग करती है। बाबा जी के लिए वर्तमान युग शूद्रयुग है; अत्याचारों से पृथ्वी भारग्रस्त हो रही है। मन्दिरों में हरिजन-प्रवेश शूद्रों के मदोन्मत्त होने का लक्षण है। "गो जाति का जो विविध प्रकार से निबेतिन हो रहा है, उसके मूल में यही शूद्र हैं।...सारे संसार में आज जो कमऊनसम का मत फैलने जा रहा है..." एक लड़का बाबा जी की बात काटकर उनका आशय स्पष्ट करने के लिए पूछता है : "आपका आशय क्या कम्यूनिज्म से है?" बाबा जी उबल पड़ते हैं, "यह कमऊनसम शूद्रों के मत के सिवा और क्या है?" सतयुग से पतित होते-होते कलियुग में शूद्रों के राज की कल्पना से त्रस्त होकर भारतीय संस्कृति के महान रक्षक बाबा जी पुकार उठते हैं; "शूद्रहंता कृष्ण! जल्दी अवतार प्रभो!"

एक युवक शूद्र विदुर के यहाँ कृष्ण के भोजन करने की बात कहता है, तो बाबा जी कुछ हताश होकर कहते हैं : "मैं जानता हूँ, तुम लोग सब कमउननष्ट

हो गए हो। हरे कृष्ण! हरे कृष्ण! क्या समय आया है! न जाने इन अभिशप्त आँखों को अभी क्या-क्या देखना बाकी है!" समाज के रूढ़िवादी, ऊँच-नीच का भेदभाव करनेवाले, अपने वर्ग-स्वार्थों के अनुकूल पुरानी संस्कृति की व्याख्या करनेवाले और धार्मिक अन्धविश्वासों के बल पर मुक्त की मौज मारनेवाले लोग पूँजीपतियों और न्याय-व्यवस्था की रक्षा करनेवालों के साथ कम्यूनिज्म का भय दिखाकर हर प्रगतिशील विचार को दबा देने की कोशिश करते हैं। भारतीय समाज में वर्ग-संघर्ष का यह एक रूप है। इस संघर्ष में सही रास्ता न पहचानकर अनेक युवक कुंठावाद को जीवन का महान सत्य कहकर उस सामाजिक सचाई पर पर्दा डालना चाहते हैं, जो 'जहाज का पंछी' में इतनी तीव्रता से प्रकट हुई है।

न्यायालय में उपन्यास का नायक पुलिस के अत्याचारों के बारे में कहता है : "ऐसा समाज जिसमें पुलिसवालों को इस बात की खुली छूट दे दी गई हो कि किसी भी आदमी को—विशेष कर किसी अव्यवस्थित और नि:सम्बल आदमी को—जिस हद तक भी चाहे, परेशान कर सके और दो जाली गवाहों को खड़ा करके उसे चोर या खूनी तक साबित कर सके...।" हमारी न्याय-व्यवस्था की हकीकत यह है। वर्ग-स्वार्थों की रक्षा करने के लिए यह न्याय-व्यवस्था हर तरह के आतंक से काम लेने के लिए तैयार रहती है। उसकी आलोचना और उसके आतंक के विरोध को कम्यूनिज्म कहकर दबाया जाता है। जहाँ तक मनुष्य को काम करके रोटी-कपड़ा जुटाने की सुविधा देने का प्रश्न है :

"वह युग और वह समाज जो किसी आदमी को इतनी भी सुविधा दे सकने में असमर्थ हो कि वह ईमानदारी से अपनी योग्यतानुसार काम करके अपने लिए दो रूखी रोटी सुबह और दो रूखी रोटी शाम को प्रबन्ध कर सके और एक कोना रात में आराम करने के लिए पा सके...।" एक ओर विज्ञान की अभूतपूर्व प्रगति और धनी वर्गों के हाथ में सुख-सुविधा के अपार साधन हैं, दूसरी ओर सोने के लिए एक कोने और पेट भरने के लिए दो रूखी बेटियों का अभाव है। ऐसी विषमता हमारी समाज-व्यवस्था में विद्यमान है। समाज में अनाचार का मूल कारण यह विषमता है। उपन्यास का नायक इस सही नतीजे पर पहुँचता है : "समाज में प्रतिदिन जो अपराधों और दुष्कर्मों की संख्याएँ बढ़ती चली जा रही हैं, उसका प्रधान कारण आज के युग की यही सहानुभूति-रहित, संवेदनाशून्य प्रवृत्तियाँ, विषम सामाजिक परिस्थितियाँ और सामूहिक भ्रष्टाचार ही हैं।"

उपन्यास में एक बहुत ही प्रभावशाली और आकर्षक पात्र करीम चाचा हैं। वह भारत की उस साधारण मानवता के प्रतीक हैं जिसका हृदय कभी करुणा से रिक्त नहीं हुआ, मनुष्य के भाईचारे में जिसकी आस्था कभी नहीं डिगी। प्रेमचन्द के बाद हिन्दी उपन्यासों में मुसलमान पात्रों का ऐसा सफल चित्रण बहुत कम देखने को मिलेगा। लेखक ने साधारण हिन्दुओं और मुसलमानों में मानवतावाद की एक

ही अन्तर्धारा प्रवाहित होते देखी है। करीम चाचा को देखकर मनुष्य की क्षमता में आस्था दृढ़ होती है। उपन्यास के नायक के जीवन में और व्यक्ति भी आते हैं। जीवन की घिनौनी बीभत्सता के बीच होकर उसे आगे बढ़ना होता है किन्तु उसकी आस्था और भी सशक्त होती है। अनास्था और कुंठा से पराजित युवकों को मानो ललकारता हुआ वह कहता है : "देशव्यापी भष्टाचार और सामूहिक हाहाकार के प्रति जो घोर जड़ता-भरी उदासीनता आज के समर्थ वर्गों में पाई जाती है, उसका कहीं भी अन्त या सीमा न देखकर और असमर्थ पीड़ित वर्गों की विद्रोही चेतना को निरन्तर निर्दयता से कुचले जाते देखकर, मेरे मानसिक वातावरण के चारों ओर जो घने अन्धकार के बादल तह-पर-तह छाए हुए थे, वे आज जैसे फट पड़े। मुझे लगा, कि युग के सामूहिक सामाजिक सत्य का गला विश्व की संगठित शक्तियाँ भी नहीं घोंट सकेंगी और जितना ही अधिक उसे कुचला जाएगा, उतनी ही प्रबलता के साथ वह उल्टे-सीधे चक्करों से जन-मन पर अधिकार करता चला जाएगा और फिर एक दिन वह आएगा कि जन-मन को रौंदनेवालों के मनों पर भी वह जादू की तरह चढ़कर बोलेगा। बोलेगा क्यों, बोलने लगा है...।" उपन्यास का नायक स्वयं उल्टे-सीधे चक्करों से होकर इस विश्वास तक पहुँचा है। यह सत्य उसके जीवन की कठिन परिस्थितियों से ही उत्पन्न हुआ है। इसीलिए वह इतने प्रभावशाली ढंग से व्यक्त हुआ है। उपन्यासकार ने इस सत्य को गणित की समस्या की तरह हल न करके उसे अनुभवों की धरती से उगता हुआ सजीव और कलात्मक ढंग से चित्रित किया है। इसीलिए 'जहाज का पंछी' हिन्दी कथा-साहित्य की प्रगति का महत्त्वपूर्ण मार्ग-चिह्न है और वह हिन्दी उपन्यासों के विकास की नई दिशा की ओर संकेत करता है।

'जहाज का पंछी' में एक जगह पागलों का चित्रण है। एक स्वामी जो इन पागलों के बारे में उपन्यास के नायक से कहते हैं : "जहाँ स्त्री रोगिणियाँ अधिकतर दाम्पत्य-जीवन-सम्बन्धी कारणों से मानसिक सन्तुलन खोए बैठी हैं, वहाँ पुरुष रोगी अधिकांशत: आर्थिक कारणों से दिमाग की बीमारी से पीड़ित दिखाई देते हैं।" अमृतलाल नागर का उपन्यास 'बूँद और समुद्र' मानो इस सत्य की विस्तृत व्याख्या करता है। व्यक्तिगत सम्पत्ति पर आधारित समाज-व्यवस्था इतनी गल गई है कि उसकी सड़ाँध में मनुष्य का पागल हो जाना मानो स्वाभाविक क्रिया हो गई है। 'बूँद और समुद्र' में दाम्पत्य जीवन के असन्तुलन से उत्पन्न होनेवाली कुंठाओं का सजीव चित्रण है। हिस्टीरिया से पीड़ित युवतियाँ और पागल युवकों की झलक इस उपन्यास में भी देखने को मिलती है। स्वामी जी की तरह रामजी बाबा पागलों की सेवा करते हैं। स्वामी जी की तरह उन्हें भी मनुष्य के भविष्य में दृढ़ विश्वास है। 'बूँद और समुद्र' के पात्र अपनी आस्था के लिए भारतीय संस्कृति के मानवतावादी सूत्र खोजते हैं। भारतीय संस्कृति के नाम पर अन्धविश्वासों की पूजा करनेवाले दोनों

उपन्यासों में हैं। दोनों ही उपन्यासों में भारतीय संस्कृति का मूल सूत्र मनुष्य की सेवा के रूप में सामने आता है। भारतीय संस्कृति के इस तत्त्व को अपने जीवन में चरितार्थ करनेवाला व्यक्ति आस्थाहीन और निराश कैसे हो सकता है? 'जहाज का पंछी' के स्वामी जी अदम्य तेज और अडिग विश्वास से कहते हैं : "वह दिन दूर नहीं है जब इस देश की जनता संकीर्ण धार्मिक उलझनों और सामाजिक विषमताओं से मुक्त होकर भौतिक उन्नति और आर्थिक समस्थिति प्राप्त कर लेने के बाद सारे संसार को अपने महान आदर्श की छत्रच्छाया में खींचकर पीड़ित-मानवता के अन्तिम उद्धार का बीड़ा उठाएगी। आज संसार में सांस्कृतिक, राजनीतिक और आर्थिक क्षेत्रों में जितने भी महत्त्वपूर्ण और परस्पर-विरोधी लगनेवाले 'वाद' फैले हुए हैं, वे इस देश की महासंस्कृति के मूल सूत्र में गुँथकर एक दिन एक महावाद की समग्र मानवता को सामूहिक रूप से, समान उद्देश्य से, आगे बढ़ाने में समर्थ होंगे, यह ज्वलंत क्षण कल आनेवाले प्रभात की तरह निश्चित है।"

मानवता सामूहिक रूप से आगे बढ़े, उसका उद्देश्य समानता हो, पीड़ित विश्व-मानवता का उद्धार हो—यह आशा और फिर इस आशा के चरितार्थ होने में विश्वास जिस व्यक्ति में नहीं है, वह भारतीय संस्कृति के नाम पर शव-साधना ही करता है।

'बूँद और समुद्र' का एक प्रमुख पात्र सज्जन 'जहाज का पंछी' की धनी महिला लीला की तरह सम्पत्ति-दान करके समाज-सेवा का व्रत लेता है। व्यक्तिगत प्रयत्न महत्त्वपूर्ण है किन्तु वह जनता के संगठन और उसके सामूहिक प्रयत्नों की जगह नहीं ले सकता। सम्पत्तिदानियों की भारत में कभी कमी नहीं रही; फिर भी समाज से अनाचार और उत्पीड़न मिटा नहीं। स्पष्ट ही लीला या सज्जन का रास्ता कम्यूनिज्म का रास्ता नहीं है, फिर भी 'बूँद और समुद्र' की आलोचना करते हुए श्री भगवतीचरण वर्मा ने उसे कम्यूनिज्म का प्रचारक माना है। इसका एक ही कारण समझ में आता है, अमृतलाल नागर ने व्यक्तिगत सम्पत्ति के संसार की जिस बीभत्सता का उद्घाटन किया है, उस अप्रिय सत्य को देखने की शक्ति रूढ़िवाद के प्रेमियों में नहीं है।

उपन्यास के अन्दर भी कम्यूनिज्म का प्रश्न बार-बार और बड़े दिलचस्प ढंग से उठता है। मास्टर जगदंबा सहाय के पाप से उनके भतीजे की विधवा पत्नी जल मरती है। लड़की कम्यूनिस्ट समझी जाती है यद्यपि उसका सम्पर्क जन-नाट्य संघ से ही रहा है। लेखक के शब्दों में : "लड़की के कम्यूनिस्ट होने के शक को लेकर घर की तलाशी भी लगे-हाथ पुलिस ने कर डाली थी" घरेलू अत्याचार की छानबीन करते हुए न्याय-व्यवस्था की रक्षक पुलिस अपना राजनीतिक कर्तव्य नहीं भूलती। जहाँ तक उस जली हुई स्त्री से सहानुभूति का सम्बन्ध है, दरोगा साहब सिपाही से कहते हैं : "जरा यार, देखो तो जा के अन्दर—वो साली मरी की नहीं?"

कम्यूनिस्ट होने के शक पर घर की तलाशी लेनेवाली न्याय-रक्षक संस्था का मानवतावादी रूप यह है। इसके साथ समाज के रूढ़िवादी हैं। जगदम्बा सहाय की हरकतों पर पर्दा डालते हुए और उनके लिए उल्टे कम्यूनिस्टों को दोषी ठहराते हुए ऐसे लोगों पर पर्चा निकाला गया है। उसकी शुरुआत यों होती है : "रहस्योद्घाटन! रूस के एजेंटों की काली करतूत! जनता कम्यूनिस्टों से सावधान रहे!...विदेशी सभ्यता की हवा में पले हुए, धर्म-कर्म, पाप-पुण्य का विवेक न रखनेवाले आंग्ल शूद्र कम्यूनिस्ट अपने स्वार्थ के लिए नीच से नीच काम तक कर सकते हैं।" रूढ़िवादी स्वार्थों की रक्षा के लिए कोई भी अस्त्र अन्यायपूर्ण नहीं है! घटिया से घटिया स्तर पर महाअसत्य का सहारा लेकर वे ईश्वर, धर्म और भारतीय संस्कृति की रक्षा करते हैं!

महिपाल चुनाव के हुल्लड़ से परेशान है। वह समाज में आमूल परिवर्तन चाहता है। कहता है : "जब तक समाज में यही सब पापाचार होता रहेगा तब तक आपके ये एलेक्शन और पार्टियाँ सब बेकार हैं।" महिपाल यह नहीं जानता कि समाज-व्यवस्था बदलने के लिए—या उसकी रक्षा करने के लिए—ही पार्टियाँ बनती हैं। फिर भी समाज-व्यवस्था के प्रति उसका असन्तोष मूल्यवान है। उपन्यास में उसका चित्रण देखकर पाठक के मन में व्यवस्था को बदलने का संकल्प उत्पन्न होता है। एक रूढ़िवादी सज्जन को समाज के न बदलने में वैसी ही आस्था है जैसी महिपाल में उसे बलदने की उत्कट अभिलाषा। कहते हैं : "जिसकी लाठी, उसकी भैंस। राज सदा ऐसे ही होगा, चाहे कोई पार्टी आए; और परजा भी ऐसी ही बनी रहेगी, पाप भी रहेगा, पुन्य भी रहेगा—ये तो सब भगवान के बनाए खेल हैं। इन्हें कौन बदल सकता है? इत्ते-इत्ते बड़े रिशी-मुनी हुइ गए, रामचन्द जी और सिरीकिशन जी ऐसे-ऐसे औतार भए, तब भी दुनिया न बदली साली—अब क्या बदलैगी?" रूढ़िवाद के इस स्वर को चुनौती देते हुए नवयुवक राधेश्याम कहता है : "बदलेगी लाला। अब कम्यूनिस्ट आकर बदलेंगे। ये पूँजीवादी खेल अब नहीं चलेगा जादा दिन।" लाला गुलाब चन्द तुरन्त अपना ब्रह्मास्त्र सँभालते हैं। कहते हैं : "यार, तुम तो दिन-पर-दिन कामरेड स्टालिन हुए जाते हो! अमाँ, अपने बाल-बच्चों, नौकरी का भी ध्यान रक्खो यार—ये कांग्रेस गवर्मेंट है।" राम और कृष्ण के उपासक नौकरी जाने का भय दिखाकर राधेश्याम को चुप करने का प्रयत्न करते हैं, उनकी धमकी का जवाब महिपाल यों देता है : "कोई गवर्मेंट हो, बाबू गुलाब चन्द, दिलजले की आह किसी के रोके से नहीं रुक सकती। मैं कम्यूनिस्ट नहीं हूँ पर आप विश्वास मानिए, जब यह सुनता हूँ कि रूस में बिलकुल बेकारी नहीं है, हर आदमी काम और रोटी पाता है तो मेरा भी जी चाहता है कि हिन्दुस्तान में कम्यूनिज्म आ जाए।" रूस एक तरह से उस भविष्य का प्रतीक बन गया है जिसकी आशा लेकर गरीबी और भुखमरी में आदमी संघर्ष करता और जीता है।

समाजवाद में व्यक्ति की स्वाधीनता का सवाल उठता है। महिपाल जवाब देता है कि पूँजीपतियों की सरकारें सारी दुनिया को भूखा मार रही हैं : "इन्होंने ही व्यक्ति को कौन-सी स्वतंत्रता दे रखी है? जिस डिमाक्रेसी की ये बात करते हैं, वह कहाँ है?" स्वाधीनता और जनतंत्र का अर्थ चुनाव में हल्ला मचाना नहीं है। जनता का आर्थिक और सांस्कृतिक स्तर ऊँचा करना और उसे अपने सामाजिक जीवन के संचालन के योग्य बनाना, स्वाधीनता को चरितार्थ करना है। जनतंत्र हमारे आए-दिन के व्यवहार में प्रत्यक्ष दिखाई देना चाहिए। जनता से अलग शासनतंत्र की सत्ता वर्गयुक्त समाज के राज्यतंत्र की विशेषता है।

सज्जन को दृढ़ विश्वास है कि "कम्यूनिस्ट कभी जिम्मेदार आदमी नहीं होते।" वनकन्या सीधा उत्तर देती है : "आपकी लॉजिक भ्रान्त है।" लेकिन वनकन्या आगे कहती है कि कम्यूनिस्ट पार्टी ने भी उसकी भाभी के जलने की दुर्घटना को राजनीतिक रूप से ही इस्तेमाल किया। उसे इस बात का मलाल है कि "हमारी नजर अब सिर्फ पोलिटिकल रह गई है।" यहाँ वनकन्या इस बात की ओर संकेत करती दिखाई देती है कि सामाजिक पुनरुत्थान के लिए राजनीतिक कार्यवाही काफी नहीं है विभिन्न राजनीतिक पार्टियों को—विशेष कर कम्यूनिस्ट पार्टी को—सामाजिक जीवन की समस्याओं को हल करने की कोशिश करनी चाहिए। वनकन्या की यह आकांक्षा दुरुस्त है। लेकिन वह और उसके अन्य साथी राजनीतिक कार्यवाही को एकदम निरर्थक मान बैठते हैं, यह भी ठीक नहीं। वह कहती है : "जिस व्यक्ति की पीड़ाओं का सामूहिक रूप में दर्शन कर ये राजनीतिक सिद्धान्त बने हैं, उसकी अनुभूति, उसकी तड़प भी अब हमारे मन से निकल गई है।" प्रश्न व्यक्ति की पीड़ाओं का नहीं है, उनका अपना सापेक्ष महत्त्व है। 'बूँद और समुद्र' में जिस पीड़ा और बीभत्सता का चित्र खींचा गया है, उसका कारण समाज-व्यवस्था है। उस व्यवस्था को बदलने के लिए सामूहिक प्रयास और राजनीतिक कार्यवाही आवश्यक है।

वनकन्या अपने पिता को गिरफ्तार करा देती है। सज्जन को उसके धनी मित्र भड़काते हैं। उसके वर्ग-संस्कार जागते हैं। वनकन्या को अपने पिता के अन्याय के खिलाफ लड़ता देखकर सज्जन को लगता है कि उसकी नजर केवल राजनीतिक रह गई है। पिता-पुत्री का सम्बन्ध भूलकर वह सारी समस्या पर केवल राजनीतिक दृष्टि से विचार करने लगी है। वनकन्या के ही तर्क से उसे परास्त करते हुए वह कहता है : "तुम पोलिटिकल खेल खेल रही हो। तुम कम्यूनिस्ट पार्टी को फायदा...।" वनकन्या अपनी सफाई देती है : "मैं अपने केस को पॉलिटिक्स से बचाने के लिए शुरू से ही कितनी कोशिश कर रही हूँ।" सज्जन चुप रहता है पर वनकन्या की बात का विश्वास नहीं करता। वर्ग-हितों और वर्ग-संस्कारों को धक्का लगते ही वह अपनी प्रेमिका पर भी कम्यूनिस्ट पार्टी को फायदा पहुँचाने

का आरोप लगा देता है। और सज्जन चित्रकार है, मोहल्ले के जीवन का अध्ययन करने के लिए खास तौर से कोठी छोड़कर बस्ती जाता है। यहाँ भी वर्ग-हितों में विरोध उठ खड़ा होता है।

चुनाव-चर्चा के दौर में वनकन्या कहती है : "स्त्रियों के साथ अन्याय करना मानवता के प्रति घोर गद्दारी है।" भला स्त्रियों का मानवता से क्या सम्बन्ध? वनकन्या की बात सुनते ही 'एकमात्र राष्ट्रीय संस्था' के ठेकेदार बोल उठते हैं : "तो आप शायद कम्यूनिस्ट पार्टी...।" लाला नगीनचन्द वनकन्या का समर्थन करते हैं, तो उन्हें भी सुनने को मिलता है, "तुम भी अब पक्के कम्यूनिस्ट हो गए हो, कर्नल!" शताब्दियों से सामन्ती व्यवस्था में सताई जाती हुई नारी के प्रति न्याय करने का सवाल कम्यूनिज्म की हिमायत का सवाल बन जाता है। और क्यों न बने? मनुष्य के समूचे सांस्कृतिक विकास का परिणाम है कम्यूनिज्म, वह व्यवस्था जिसमें वर्गगत और परिवारगत अन्याय और उत्पीड़न का अन्त हो जाएगा। इसलिए प्रगति की ओर बढ़ा हुआ हर कदम कम्यूनिज्म लाने में सहायक होता है और ऐसे हर कदम में प्रतिक्रियावादियों को आसन्न-मृत्यु के दर्शन होते हैं।

एक जगह वनकन्या और सज्जन में बहस होती है। वनकन्या का विचार है : "पूँजीवाद का नाश करने के लिए व्यक्तिगत धन-संग्रह और उत्तराधिकार की भावना को नष्ट करना होगा।" सज्जन कम्यूनिस्टों की आलोचना करता है कि उन्होंने कुछ नहीं किया। वनकन्या गांधी जी के चेलों की आलोचना करती है कि वे भी मखमली कुर्सियों पर अपने वादे भूल गए। सज्जन की राय में कम्यूनिज्म का आदर्श जनता को अपनी ओर खींच नहीं सका। वनकन्या कहती है : "आज एक जबर्दस्त परिवर्तन तो मैं यही पाती हूँ कि हर आमो-खास की जबान पर यह बात चढ़ गई है कि मुनाफाखोरी का अन्त करने के लिए कम्यूनिज्म आएगा..." सज्जन इसका श्रेय रूस और चीन को देता है और कहता है : "पार्टी का कोई भी आन्दोलन अब तक कम-से-कम उत्तर भारत में तो अपना प्रभाव डाल नहीं सका।" इन दोनों बातों में सत्य का अंश है। रूस और चीन का गहरा असर भारतीय जनता के मन पर पड़ा है। साथ ही कम्यूनिज्म के प्रति जनता में जो उत्सुकता पैदा हुई है उसका श्रेय यहाँ के कम्यूनिस्ट कार्यकर्ताओं को भी है। मेरठ षड्यंत्र, सन् 1946 का शक्तिशाली आन्दोलन, स्वाधीन भारत में मजदूर वर्ग और जनता के अन्य हिस्सों के संघर्ष आदि कम्यूनिस्ट पार्टी की भूमिका के बिना समझे नहीं जा सकते। हिन्दी-भाषी प्रदेश सांस्कृतिक दृष्टि से पिछड़ा हुआ इलाका है। यहाँ कम्यूनिज्म का व्यापक प्रभाव नहीं फैला, तो इसके ऐतिहासिक कारण हैं। फिर भी यहाँ के लोग उसी मिट्टी के बने हैं जिसके अन्य भारतवासी बने हैं। केरल, आंध्र और बंगाल रूस और चीन नहीं हैं। वहाँ की जनता के काफी बड़े हिस्से की चेतना पर समाजवादी विचारधारा का असर पड़ चुका है। जो आज वहाँ हुआ

है, वह कल यहाँ भी होगा। इसमें निराश होने की बात क्या है? "...आज का समय ही बौनों का है।" 'अज्ञेय' की तरह सज्जन का यह तर्क उस जैसे पात्रों के लिए ही उपयुक्त है।

लाला मुसद्दीमल की राय दूसरी है। सज्जन को जहाँ कम्यूनिज्म का असर गायब दिखाई देता है, वहाँ मुसद्दीमल को जमाना ही कम्यूनिज्म का दिखाई देता है। सोशलिस्ट राधेश्याम पैसेवालों की काली करतूत की बात करता है तो कुंजीलाल मुनीम चिढ़ जाते हैं। उन्हें रोकते हुए मुसद्दीमल कहते हैं : "किसके मुँह लगते हो कुंजीलाल! आजकल कमनिस्टी जमाना हैगा।" वास्तव में जनता की चेतना तेजी से बदल रही है। पुरानपंथी लोग इस नई चेतना को कम्यूनिज्म कहते हैं। लेकिन इस चेतना के अनुरूप कम्यूनिज्म अभी एक संगठित आन्दोलन नहीं बन पाया, यह ठीक है।

'बूँद और समुद्र' में सड़ती हुई सामन्ती समाज-व्यवस्था का यथार्थ चित्रण किया गया है। नारी के उत्पीड़न के चित्र देखकर पाठक का मन क्रोध और ग्लानि से भर जाता है। सज्जन या उपन्यास के अन्य पात्र चाहे जो समाधान रखें, पाठक के मन पर यही छाप पड़ती है, यह व्यवस्था खत्म होनी चाहिए। उपन्यास में जहाँ-तहाँ कम्यूनिज्म को लेकर जो बहस सुनाई देती है, वह उस वर्ग-संघर्ष की हल्की-सी आवाज है, जो समाज के दस परतों के नीचे भीतर-भीतर चल रहा है।

'बूँद और समुद्र' का परिवेश अधिक विस्तृत है। उसमें कुछ समय के लिए भी आनेवाले पात्र अपनी सजीवता से पाठक को मुग्ध कर देते हैं। उनकी बोली-बानी द्वारा उनकी चरित्रगत विशेषताएँ प्रकट करते हुए हास्य रस की निष्पत्ति में 'बूँद और समुद्र' के लेखक ने हिन्दी के सभी कलाकारों को पीछे छोड़ दिया है। समाज की बीभत्सता को उद्घाटित करने में और पाठक के मन को झकझोरने में उसका सानी नहीं है। राजेन्द्र यादव का क्षेत्र अधिक सीमित है किन्तु उपन्यास की दिशा वही है। नारी के उत्पीड़न और उच्चवर्गों, विशेष कर 'देशभक्त' पूँजीपतियों की संस्कृति की वास्तविकता चित्रित करने में राजेन्द्र यादव अमृतलाल नागर के साथ हैं। कुल मिलाकर उनका हीरो शरद सज्जन से अधिक मूर्ख है, लेकिन उपन्यास के अन्त में उससे अधिक चतुर सिद्ध होता है। जया वनकन्या की तरह उग्र विचारों की न होते हुए भी उससे अधिक सहृदय और दृढ़ विचारोंवाली है। 'बूँद और समुद्र' में रईस या बिगड़े हुए रईस दया और दान के आदर्श से आगे नहीं बढ़ पाते। इसके विपरीत राजेन्द्र यादव के 'उखड़े हुए लोग' अपने वर्ग—मध्यवर्ग से उखड़कर सीधे मजदूर वर्ग से ही टकराते हैं—उससे संघर्ष करने के लिए नहीं, नये भाईचारे के लिए। 'बूँद और समुद्र' में लाला नगीनचन्द सबसे सहृदय पात्र हैं। अन्य पात्रों के उत्थान-पतन के बीच वह अपनी सहृदयता में प्रसन्न स्थलपद्म की तरह खिले रहते हैं। 'उखड़े हुए लोग' का सज्जन इनका जोड़ीदार है। आरम्भ में वह आधा

सहृदय और आधा 'सिनिक'—"यह तो संसार है, अपने काम से काम रखो", इस दर्शन का हामी दिखाई देता है। उपन्यास के अन्त तक उसका यह सिनिकपन छूट जाता है और उसकी सहृदयता सप्तमी के चाँद से बढ़ते-बढ़ते पूनों का चाँद बन जाती है। सज्जन उस दिशा की ओर संकेत करता है, जिस ओर मध्यवर्ग के उखड़े हुए लोगों को अन्त में चलना है।

राजेन्द्र यादव के उपन्यास की यह विशेषता है कि इसके अधिकांश पात्रों को जैसा हम आरम्भ में पाते हैं, अन्त में उन्हें वैसा ही नहीं छोड़ते। शरद ने अपने मन में देशबन्धु जैसे नरपिशाचों की सभ्यता के बारे में जो भ्रम पाले थे, वे निर्मल हो जाते हैं। उसके चरित्र में जोश, ढुलमुलपन और धनी व्यक्तियों की शिष्टता से आतंकित होने की प्रवृत्ति है, वह भी दूर हो जाती है। जया की परनिर्भरता कम होती है और उसका आत्मविश्वास दृढ़ होता है। दो व्यक्तियों के सम्पर्क में आकर सूरज उन्हीं को प्रभावित नहीं करता, वह स्वयं भी उनसे प्रभावित होता है। सूरज के कारण शरद उन आदमियों को पहचानना सीखता है जो धनी वर्ग की शिष्टता के दायरे से बाहर हैं। उसे मनुष्य पहचानना आता है। साथ ही शरद के साहसपूर्ण प्रेम का चित्र देखकर सज्जन को अपने असफल प्रेम की याद आती है। जीवन में असफलता और निराशा से भिन्न सफल प्रेम भी सम्भव है, यह यथार्थ उसके सिनिकपन को धक्का देता है। वह जिस समझौते की राह पर चल रहा था, उससे उसे घृणा होती है। किसी समय का अर्द्ध-सर्वहारा सूरज—गिरहकटी, किताब बेचने और पत्र का सम्पादन करने के बहुमूल्य अनुभवोंवाला सूरज—मजदूरवर्ग के साथ कदम मिलाकर समाज-व्यवस्था को बदलने की नई दिशा की ओर बढ़ता है।

बीभत्सता 'उखड़े हुए लोग' में भी है। यहाँ भी नारी के साथ हर तरह का अनाचार करनेवाले देशबन्धु नाम के एक सज्जन हैं। उनका ऊपरी व्यवहार विशुद्ध अहिंसावादी वैष्णव का है, जो बीसवीं सदी में राष्ट्रीय नेता भी बन गया है। आरम्भ में वह काफी आकर्षक लगते हैं। कुछ समय के परिचय के बाद उनके बारे में मन में शंकाएँ उठने लगती हैं। धीरे-धीरे माया के पर्दे उठते जाते हैं और अन्त में वह साक्षात् प्रकट होकर सभी भ्रम दूर कर देते हैं। पूँजीवादी संस्कृति को निरावरण करने की कला में देशबन्धु का चित्रण 'गोदान' के राय साहब के पगचिह्नों पर चला है। देशबन्धु स्वाधीन भारत के सफल देशभक्त हैं। उनका चरित्र राय साहब से ज्यादा पेचीदा—कुछ-कुछ 'प्रेमाश्रम' के ज्ञानशंकर का-सा है। लेखक ने छोटी-छोटी घटनाओं को जोड़कर बड़े सहज भाव से देशबन्धु के चरित्र की आन्तरिक वास्तविकता तक पाठक को पहुँचा दिया है। उपन्यास के अध्याय 'बातें? बातें!! बातें। !!!' में शिष्ट, धनी, शिक्षित किन्तु दूसरों के परिश्रम पर जीनेवाले वर्ग की बातों की झड़ी लगा दी गई है। इस वर्ग के विभिन्न स्तरों की संस्कृति कितनी असंस्कृत, उसकी शिष्टता कितनी अशिष्ट और समाज के

लिए वह कितनी घातक है, इसका रोचक और जीवन्त चित्र आँका गया है। अनेक छोटी-बड़ी घटनाएँ कथासूत्र को कहीं भी भंग किए बिना पाठक के अविश्वास को परास्त करती हुई उस क्लाइमैक्स की ओर बढ़ती हैं जिसमें कि पद्मा की आत्महत्या उस समय बीभत्सता की चरम परिणति बनकर मन को क्षोभ और विद्रोह से भर देती है।

मायादेवी की बुढ़भस, कपिल के परिवार का रूढ़िवाद (महिपाल की पत्नी कल्याणी से मिलती-जुलती कपिल की देवी जी हैं), शरद और जया द्वारा नई दिशा की खोज, मिल मालिकों, 'राष्ट्रीय' नेताओं और पुलिस का एका, वन्दन, अभिनन्दन और असहाय क्रन्दन का संसार—'उखड़े हुए लोग' के सीमित दायरे में भी काफी विविधता है। इस विविधता में कला का भविष्य क्या है—और उसका वर्तमान क्या है—यह समस्या राजेन्द्र यादव और अमृतलाल नागर, दोनों लेखकों के सामने है। 'बूँद और समुद्र' के 'विरहेश' जी तथा पूँजीपतियों के भोज की शोभा बढ़ानेवाले कवियों की तरह यहाँ 'चम्पक' जी हैं, जिन्होंने चाँदी के सिक्कों के लिए अपना ईमान और उसके साथ अपनी कला बेच दी है। पत्रकार सूरज पूँजीपति की गुलामी करता है, लेकिन जिस दिन वह सच कहने पर तुल जाता है, उसे तुरन्त नौकरी से अलग किए जाने का नोटिस मिल जाता है। "आपकी सेवाओं की 'बिगुल' को अब आवश्यकता नहीं है। कृपया सुबह सात बजे से पहले 'क्वार्टर' खाली कर दें।—देशबन्धु!" स्वाधीन भारत में पत्रकार की स्वाधीनता का वास्तविक रूप यह है।

पूँजीपतियों के राष्ट्र-प्रेम, संस्कृति-प्रेम और त्याग का मार्मिक चित्रण करनेवाले इस उपन्यास में कम्यूनिज्म का सवाल उठना अनिवार्य था। सूरज पहले आधा सहृदय और आधा सिनिक है। ढोंग और फरेब से उसकी नफरत को कुछ लोग कम्यूनिज्म कहते हैं। 'बिगुल' में पूँजीपति देशबन्धु का कीर्तिगान करनेवाला पत्रकार भी कम्यूनिस्ट कहलाता है, उसी आधी सहृदयता के कारण। वह कपिल की आलोचना सुनकर कहता है : "जैसे आपने मुझे पलायनवादी, भाग्यवादी और अवसरवादी कहा न, ठीक वैसे ही कुछ लोग कम्यूनिस्ट होने का फतवा सूरत पर चिपका देते हैं, तो क्या करें? मुझसे पूछें तो मैं कोई वादी नहीं हूँ। मैं अनारकिस्ट था और 'निहिलिस्ट' यानी शून्यवादी हो गया हूँ। ज्यादा प्रतिक्रिया हुई तो शायद 'फासिस्ट' हो जाऊँ।" सूरज की इस बात में अत्युक्ति नहीं है। उसने काफी ठोकरें खाई हैं; अब अपने ईमान को दाँव पर लगाकर वह अपना पेट भर रहा है। मनोबल टूटने पर ऐसे लोग फासिस्ट भी हो सकते हैं। लेकिन सूरज की आँधी सहृदयता अभी उसे रोके हुए है। इस भूतपूर्व अनारकिस्ट और वर्तमान निहिलिस्ट को भी लोग कम्यूनिस्ट कहते हैं, उसके बचे हुए ईमान के कारण। जिसे भी ढोंग और फरेब बर्दाश्त न हो, उसे कम्यूनिस्ट की संज्ञा देने में पूँजीपति नहीं हिचकते!

हर तरह के अनाचार के दोषी देशबन्धु शरद को समझाते हैं कि कम्यूनिस्ट अपनी नेतागीरी के लिए मजदूरों को भड़काते हैं जिससे हड़ताल हो, गोली चले, मजदूर मारे जाएँ और वे नेता हो जाएँ। कहते हैं : "सवाल तो, जैसा मैंने एक बार तुमसे शायद कहा भी था, नेतागीरी का है। लोग दस मरें या बीस, बस, हमें नेता मान लिया जाए। अब बताइए, इस मनोवृत्ति को आप कैसे सहेंगे? बड़ी मोटी-सी मिसाल लोग देते हैं न, इन नेताओं के बारे में—अगर रूस में पानी बरसने लगे तो यह लोग यहाँ छाता लगाएँ। अपनी परिस्थितियाँ, अपना देश तो कुछ नहीं; बस, जो वहाँ होता हो, सो यहाँ कर डालने की धुन! मैं कहता हूँ, आप लाख कोशिश कीजिए, जिन्दगी-भर कोशिश कीजिए, हिन्दुस्तान रूस नहीं होगा, नहीं होगा। रूस में होते तो अब तक गोली से उड़ा दिये जाते।" भारतीय संस्कृति के इस समर्थन का उद्‌देश्य यह है कि मजदूर हड़ताल न करें और देशबन्धु का वर्ग-शोषण बदस्तूर कायम रहे! शरद विरोध करना चाहता है, लेकिन बेचारा 'सुसंस्कृत' व्यक्ति है, 'शिष्टता' को कैसे हाथ से जाने दे? उसे चुप हो जाना पड़ा, इसलिए कि "कहीं व्यर्थ ही रूस की तरफदारी करने में देशबन्धु जी का आइडिया न बिगड़ जाए और उसके न चाहने पर भी 'रूसी एजेंट' की मुहर न लग जाए! यह एक ऐसी ट्रम्पचाल है जिसे आपका विरोधी किसी समय चलकर आपको चकित-विमूढ़ कर देगा, कोई नहीं जानता।" शिष्टता का आर्थिक आधार यह है। 'मालिक' कहीं उसे रूसी एजेंट न कह दें! पूँजी के स्वामी ने, मजदूरों के श्रम से अर्जित अतिरिक्त मूल्य का संचय करनेवाले ने, अपने पास यह ट्रम्पचाल रख छोड़ी है—तुम कम्यूनिस्ट हो, तुम रूस के एजेंट हो! कम्यूनिस्ट-विरोध का यही रहस्य है।

इसीलिए 'मजदूर भाइयो' को सावधान करनेवाले पर्चे में लिखा गया है :

"मजदूरों को कम्यूनिस्टों के चक्कर से बचना चाहिए, ऐसे पेशेवर उत्पातियों को पहचनवाओ और जल्दी पकड़वाओ। यह तुम्हारे बीच में कीड़े हैं, जो जहर फैला रहे हैं। ये इस बात की तनखा पाते हैं। तुम्हें भड़काएँगे, लड़ाएँगे और मुसीबतों में डालेंगे—इनसे बचना हमारा फर्ज है। मजदूर मालिक का सम्बन्ध राजी और इच्छा का सम्बन्ध है, किसी से लड़कर आप कुछ नहीं ले सकते। उसके बनकर—उसके हृदय को जीतकर, उसने मन में घर करके आप जो चाहेंगे, पाएँगे—यह सही रास्ता है। यही मार्ग हमारी भारतीय संस्कृति का मार्ग है और बापू जी का बताया मार्ग है। तोड़-फोड़ करनेवालों को कुचल दो..." भारतीय संस्कृति का उपयोग पूँजीपतियों के हितों की रक्षा के लिए इस तरह होता है।

उपन्यास में कम्यूनिस्ट पार्टी से निकाले हुए एक सज्जन हैं। किताबों की दुकान खोलने के नाम पर पार्टी के एक हमदर्द का पैसा खा जाते हैं। इस पर उन्हें पार्टी से निकाल दिया गया है। देशबन्धु को कम्यूनिज्म की जीती-जागती मिसाल मिल जाती है। "देखो, यह है कम्यूनिज्म!" कहते हुए वह उछल पड़ते हैं। शरद सोचता है :

"यही तो वे लोग हैं जो कम्यूनिज्म के नाम पर कलंक हैं।" लेकिन देशबन्धु को ऐसे कलंक की ही जरूरत है। उस व्यक्ति के पतन की कहानी से पहले उसे नीचा दिखाकर वह उसे अपनी ओर कर लेते हैं। उनकी प्रसन्नता का कारण बतलाते हुए शरद कहता है : "उन्होंने अपने सबसे बड़े विपक्षी एक कामरेड को फोड़ लिया था!" 'दि गॉड दैट फेल्ड' के 'कम्यूनिस्ट' इसी श्रेणी के लोग हैं। देशबन्धु ऐसे लोगों के हृदय-परिवर्तन की आवश्यकता नहीं समझते। हृदय-परिवर्तन की आवश्यकता वहाँ पड़ती है जहाँ उनके मुनाफे पर आँच आने को होती है। "आप साम्यवाद-साम्यवाद चिल्लाते हैं लेकिन मुझे बताइए, दो आदमियों की बाहरी सम्पत्ति आपने बराबर-बराबर बाँट दी—कल उनसे जो शक्तिशाली होगा, वही छीन लेगा। इसके लिए क्या इलाज है? जब तक आप उसके मन और आत्मा को नहीं बदलते, इस ऊपरी उलट-फेर से फायदा क्या है? और जहाँ आपने मन बदल दिया, वहाँ ऊपरी परिवर्तन तो सब हो ही जाएँगे। तो दुनिया में मन बदलनेवाली सिर्फ एक किताब है—वह है 'गीता'।" देशबन्धु 'गीता' का उपयोग उस व्यक्ति का हृदय बदलने के लिए नहीं करते, जो दूसरे की जमा मार बैठा है। उसकी यह कमजोरी उनके लिए बहुत फायदेमन्द साबित होती है। इसी तरह एक कवि महाशय जब अपना आत्म-सम्मान बेचते हैं, तब भी उसके खरीददार देशबन्धु 'गीता' की बात नहीं सोचते।

पूँजीपतियों के हाथ में कला की क्या दशा होती है, यह समस्या अमृतलाल नागर और राजेन्द्र यादव, दोनों लेखकों ने उठाई है। पूँजीपति चित्रकार सज्जन की कला से फायदा उठाना चाहते हैं। कला की परख उन्हें खाक नहीं है लेकिन उसे राजनीतिक दाँव पर चढ़ाने के लिए वे तैयार हैं। चित्रों की प्रदर्शिनी हो रही है। "जिस समय हर एक्सीलेन्सी की गाड़ी सड़क पर रुकी, उस समय राजा साहब के नेतृत्त्व में अनेक पैसेवाले स्वयं-प्रतिष्ठित, अपने को बड़ा आदमी समझनेवाले दस-बारह चुगद खीसें निपोरते खड़े हुए थे।" प्रदर्शिनी में चित्रों की सजावट देखकर कलाकार को काठ मार गया। "पचास तसवीरें एक ही दीवार के पक्खे पर ऊपर से नीचे तक टाँग दी गई थीं। मूर्तियों का महत्त्व लाला लोगों की समझ में अधिक नहीं आया था, फिर भी एक मेज पर उन्हें भी रख दिया गया था। कमरे में सबसे अधिक ध्यान आकृष्ट करनेवाली एक ही चीज थी—राजा साहब की महफिल में फाटक पर बिजली के बल्बों की भारतमाता, जिनके हाथ के तिरंगे झंडे में घूमता हुआ चक्र चल रहा था।"

कलाकार लोग बहुत असन्तुष्ट हुए। "हर एक्सीलेन्सी, राजा साहब, दो-चार तोंदियल ढपलू रईस और अफसर लोग एक नजर डालकर कमरे से बाहर चलने लगे।" सम्पत्तिशाली वर्ग के हाथों कला की जो दशा होती है, उसका भव्य चित्र यहाँ प्रस्तुत किया गया है : "ऐसा लगता था, मानो बिजली का तिरंगा झंडा दिखलाने

के लिए ही इतनी कलाकृतियों को गुलाम बनाकर उस कमरे में कैद किया गया है। तिरंगे झंडे की गुलामी करने से किसी कलाकार को तनिक भी आपत्ति नहीं हो सकती थी, बात तो यह थी कि भारतमाता और तिरंगे का उपयोग इस समय शिखंडी के रूप में हो रहा था। इसकी आड़ में चार धनी-धोरी कला को अपना गुलाम—गुलाम-दर-गुलाम बना रहे थे।"

सज्जन इसके लिए रईसों का, जो लाट साहब की लिस्ट में प्रतिष्ठित नागरिक कहलाते हैं, एजेंट बनकर अपने कलाकार बन्धुओं का गला कटवा रहा है, इस प्रकार का रिमार्क भी कसा गया। निदान कलाकार विद्रोह कर बैठते हैं। अपनी तसवीरें उतारकर वे दूसरी जगह प्रदर्शिनी का प्रबन्ध करते हैं। अलग प्रदर्शिनी करना आसान नहीं है। नगीनचन्द को खबर मिलती है : "तुम लोगों के खिलाफ ये इल्जाम लगाया गया है कि चाल-चलन ठीक नहीं और किसी कम्यूनिस्ट लड़की को तुम लोगों ने रख छोड़ा है। तुम लोग कम्यूनिस्ट पार्टी से मिल गए हो। इसलिए कल जिस बखत तुम्हारी नुमाइश होगी, उसी बखत लाला जानकीसरन के चबूतरे पर लाउडस्पीकर लगाकर, बाकायदा चार जाने-माने लोगों की बैठक करके तुम लोगों की बदचलनी का ऐलान किया जाएगा।" कला इन्हें कितनी प्रिय है, कलाकारों की स्वाधीनता इन्हें कितनी प्रिय है! हाथ से कलाकारों के निकलते ही वे कम्यूनिस्ट-विरोध का कीचड़ लेकर दौड़ पड़ते हैं।

देशबन्धु अपने वर्ग के इन कला-प्रेमियों से अधिक चतुर हैं। चम्पक जी की प्रशंसा करते हुए कहते हैं : "इनकी कविताओं में जो एक शाश्वत-सत्य की खोज, और उसे प्राप्त करने की आकुलता है, और जिस आध्यात्मिक क्रान्ति की मूल चेतना है, वह उन्हें अमर बना देगी, क्योंकि वह भारतीय संस्कृति की असली चीज है। आप सोच सकते हैं, ये चीजें उसने लिखी हैं जिसे पता नहीं कि संध्या को खाएगा क्या! घर में एक दाना अनाज का नहीं, लेकिन पट्ठा मस्त है और लिख रहा है—क्या मजाल जो जरा भी तलखी आ जाए? यह हमारे ऋषियों की परम्परा है, यह एकनिष्ठ एकाग्रता आज मिलती कहाँ है?" देशबन्धु को वही सज्जन मिला होता, तो वह उसे चित्र-प्रदर्शिनी समेत खरीद लेते। पूँजीपति हमेशा उतने मूर्ख नहीं होते, जितना लखनऊ के चौक के रईसों को अमृतलाल नागर ने दिखलाया है।

देशबन्धु जी की प्रशंसा सुनकर चम्पक जी आत्मविभोर हो उठते हैं। शुरू से ही वह इतने पतित नहीं रहे। देशबन्धु उन्हें याद दिला देते हैं : "वैसे बीच में एक दफा यह बहक भी गए थे। इन कामरेड लोगों के चक्कर में आकर कुछ इधर-उधर की बातें लिखने लगे थे।" अब वह शाश्वत सत्य की खोज करने लगे हैं। उनकी साहित्य-गोष्ठी में एक कमेटी बनाई गई है। उसके संयोजक चम्पक जी हैं। उद्‌देश्य है : "आपको किसी अवसर पर अभिनन्दन ग्रंथ देना चाहते हैं।" आपको यानी देशबन्धु को!

कम्यूनिस्ट पार्टी से निकाले हुए सज्जन के प्रति चम्पक जी की करुणा उमड़ आती है। "यह गेस्टापो लोगों के गुप्त संगठन जैसा रहस्य कब तक चलता रहेगा?" वह जोश में पूछते हैं। और "शरद को लगता है, जैसे चम्पक जी के भीतर से देशबन्धु जी की आवाज बोलने लगी है।" कला यों बिकती है। देशबन्धु के यहाँ मंत्री जी की पार्टी होती है। वहाँ अपनी कविता सुनाने के पहले भूमिका बाँधते हुए चम्पक जी कहते हैं : "कविता का शीर्षक है—'रामराज्य'। इसमें मैंने बताने की चेष्टा की है कि पूज्य बापू का 'रामराज्य' कैसे राम के वास्तविक राज्य से श्रेष्ठ है—उसमें सीता को वनवास दिया गया, हम किसी सीता को बनवास नहीं होने देंगे, हम अपनी शोभा—श्री और सीता के विरुद्ध असम्माननीय बातें फैलानेवाले धोबियों, गद्दारों और देशद्रोहियों को चाणक्य की तरह समूल उखाड़कर उनकी जड़ों को मट्ठे से जला देंगे।" यह है कलाकार के दृष्टिकोण का वर्ग-आधार।

देशबन्धु और उनका वर्ग काफी शक्तिशाली है। अमृतलाल नागर की तरह राजेन्द्र यादव ने भी दिखलाया है कि न्याय और शान्ति के रक्षक, एक वर्ग विशेष के रक्षक हैं। लेकिन राजेन्द्र यादव के उपन्यास में मजदूर वर्ग की भी झलक मिलती है—उस वर्ग की, जो देशबन्धु के हाथ से समाज की बागडोर छीन लेने की तैयारी कर रहा है। लेबर ऑफिसर उनका मददगार है। पुलिस और मंत्री उनके साथ हैं। मजदूरों को संस्कृति के नाम पर देने के लिए 'कल्याण' और 'अमरीकन रिपोर्टर' हैं। फिर भी मजदूर वर्ग को बरगलाने की कोशिशें बेकार होती हैं। न धमकियाँ कारगर होती हैं, न फुसलाने की बातें। उनके पर्चों को खुरच-खुरचकर छुड़ाया जाता है, फिर भी ये अक्षर खुरचने से मिटते नहीं, मानो मजदूरों के हृदय पर लिख दिये गए हों : "मजदूर-एकता जिन्दाबाद! दुनिया के मजदूरो, एक हो!"

मजदूरों की एकता देखकर 'उखड़े हुए लोगों' के पैर भी जमते हैं। शरद सोचता है : "मजा तो आ जाए अगर मजदूर जमे रहें जरा। सारी नेतागीरी और उपदेश भूल जाएँ।" शरद को दबानेवाले वही हैं, जो मजदूरों पर दमन-चक्र चलाते हैं। मजदूर वर्ग की एकता से दिलचस्पी होना उसके लिए स्वाभाविक है।

उसे खुद मजदूरों से एका कायम करना चाहिए, यह सत्य उसके सामने तुरन्त स्पष्ट नहीं होता। उसके ढुलमुल मन का सुन्दर चित्रण करते हुए राजेन्द्र यादव ने उसके मन की कमजोरियाँ कुशलता से दिखलाई हैं। देशबन्धु के साथ कार पर चलता हुआ वह सोचता है : "काश, इस समय इसके परिचितों में कोई उसके रोब को देखता!" कई मजदूर मारे गए हैं। उन्हें देखने के लिए देशबन्धु को जाते देखकर उसके मन में श्रद्धा उत्पन्न होती है। मजदूरों का रुख दूसरा है : "बँधे शेर की भूखी निगाहों से वे उन्हें घूर रहे थे।" लाशों पर से कपड़ा हटा दिया गया।

मजदूरों की निगाहें शरद और देशबन्धु पर पड़ी। उस समय उसे अपनी वर्ग-स्थिति का पता चलता है। उसे किसके साथ खड़ा होना चाहिए, मजदूरों के साथ या देशबन्धु के साथ? "सैकड़ों दृष्टियों के तीखे-तेज स्पर्श शरद को अपनी खाल पर महसूस हो रहे थे। अनजाने वह भी उन निगाहों का केन्द्र बन गया था।—जैसे देशबन्धु जी के साथ वह भी इस अपराध में शामिल हो! उसकी आत्मा के बहुत भीतर से जैसे कोई बोला—उसे कहाँ खड़ा होना चाहिए था—और वह कहाँ खड़ा है?" 'बूँद और समुद्र' के सज्जन और महिपाल उस मंजिल तक नहीं पहुँचे, जहाँ वे अपने से यह साफ प्रश्न करते और उसका साफ उत्तर देते। लेकिन कभी न कभी तो उन्हें या उन जैसों को इस प्रश्न का सामना करना ही होगा।

राजेन्द्र यादव ने दिखलाया है कि मजदूर अपने साथियों को किस तरह प्यार करते हैं, उनमें घृणा की आग किस तरह जलती है, उनमें वह कौन-सी शक्ति पैदा हो रही है जो देशबन्धु और उनकी व्यवस्था को निर्मूल करने में समर्थ है? "एक बार हृदय की सारी घृणा, सारी नफरत को दृष्टि में भरकर उसने तीखी निगाह से देशबन्धु जी को देखा, फिर सिर नीचे लटका लिया। जैसे वह निगाह बिजली की तरह कौंधती चली गई। अचानक कुर्ते का आगे का हिस्सा आँखों से लगाकर वह फूट-फूटकर रो पड़ा।"

देशबन्धु ने मजदूरों के सामने बहुत ही प्रभावशाली भाषण दिया, लेकिन जब वह कार पर बैठकर चले, तब "मजदूरों ने एक साथ हल्ला किया—भागा!" भाषण-कला बेकार साबित हुई—भागा!

शरद जया से कहता है : "लोग घुटते हैं, गलते हैं, छटपटाते हैं लेकिन जरा-सी हिम्मत नहीं कर पाते।" मजदूरों की एकता का वह दृश्य याद करके कहता है : "मैंने तो आज तीन लाशें देखीं, बेहोश होते-होते बच गया, और वहाँ एक कोई और था जिसने लाशों से कपड़ा उठा दिया—उफ, कैसी कड़क थी आवाज में! जब हजारों लोगों की आवाज समोकर आदमी बोलता है तो कैसी भाले-सी नुकीली और फौलाद-सी ठोस आवाज हो जाती है!" यह भारत की नई अदम्य जनशक्ति है जिसकी एक झलक शरद ने देखी है। देशबन्धु के काले कारनामे देखकर वह जया के साथ कलकत्ते से चल देता है। आगे वह क्या करेगा, पता नहीं। लोग घुटते हैं, छटपटाते हैं, जरा-सी हिम्मत नहीं कर पाते। उसकी हिम्मत देशबन्धु का साथ छोड़ने-भर में है। सूरज उससे बहुत आगे बढ़कर भारत की उस नई अदम्य शक्ति से नाता जोड़ता है। जिस समय मिल-मजदूरों पर गोली चलती है, वह तै कर लेता है, उसे किसका साथ देना है। जया ठीक कहती है : "आज सूरज जी का सोया हुआ व्यक्तित्व जाग पड़ा है।"

सूरज आस्था का प्रश्न कैसे हल करता है? बहुत ठोकरें खाई हैं, बहुत ऊँच-नीच देखा है और मजदूरों और पूँजीपतियों की टक्कर भी देखी है। शरद से कहता

है : "सूरज जी की आँखों के सामने बिलकुल साफ होता जा रहा है। होगा और जरूर होगा। फिर एक महाभारत होगा। कौरवों और पाँडवों के दावे का अन्तिम निर्णय होने को है। पाप का घड़ा गले तक भर चुका है, और एक सौ एकवीं गाली पर जनता का सुदर्शन-चक्र इन शिशुपालों की गर्दन पर होगा।"

'बूँद और समुद्र' का महिपाल आत्महत्या करता है; सज्जन सम्पत्ति-दान करके स्त्रियों के उद्धार का बीड़ा उठाता है। 'जहाज का पंछी' का नायक सम्पत्ति-दान करनेवाली धनी महिला से विवाह करता है। सूरज ने आस्था की समस्या दूसरे ढंग से हल की है। उसने सारी जनता की समस्या को अपनी समस्या बना लिया है। उसका समाधान है—शिशुपालवाद का खात्मा। वह पत्र का सम्पादक रह चुका है। वह पत्र उससे छिन गया है। वह फिर 'बिगुल' निकालने की बात सोचता है। शरद टोकता है—'बिगुल' तो देशबन्धु का है, उसे सूरज कैसे निकालेगा? सूरज को सन् बयालीस के दिन याद आते हैं। कहता है : "हमने फरारी और पाबन्दी के दिनों में 'बिगुल बुलेटिन' निकाले थे—अब क्या वे हाथ बदल गए हैं? 'बिगुल' क्रान्ति की आवाज थी और रहेगी। 'बिगुल' हम निकालेंगे, हम।' यह कहकर "सूरज ने छाती ठोंकी। शरद की याद में सूरज ने प्रथम पुरुष सर्वनाम का पहली बार इतने शक्तिशाली ढंग से प्रयोग किया और वह विभोर देखता रहा।"

भारतीय समाज की यह नई दिशा है, प्रगतिशील लेखकों की यह नई दिशा है। हिन्दी कथा-साहित्य प्रेमचन्द, वृन्दावनलाल वर्मा, निराला और प्रसाद की बनाई राह पर कुंठावाद के खाई-खंदक पार करके उस मंजिल तक पहुँचा है, जहाँ वह जनता में नई चेतना और नया आत्मविश्वास जगाता है। उपर्युक्त तीन उपन्यास उन तमाम लेखकों के लिए चुनौती हैं जो धर्मवीरता के नाम पर दरअसल धुरीहीनता का शिकार हैं। बहुत कला को बचाया सामाजिक उथल-पुथल की लपेट से, बहुत बन्द किया उसे कुंठावादी दायरे में, बहुत बन्द किया प्रगतिशीलता के नाम पर एक प्रेमी और दस प्रेमिकाओं को अनाचार-प्रदर्शन में। हिन्दी की उपन्यास-कला इस कुहासे को भेदकर नई शक्ति से उदय हो रही है। इस कला का आधार एक व्यापक सामाजिक सत्य है। अंग्रेजी राज में देश को आर्थिक और सांस्कृतिक दृष्टि से पिछड़ा रखने की नीति के कारण यहाँ का प्राचीन रूढ़िवाद खत्म न हुआ, वरन् दिन पर दिन सड़ता हुआ वह सारे सामाजिक वातावरण को विषाक्त करता रहा। उपर्युक्त तीनों उपन्यासों में इन सड़े-गले रूढ़िवादी सम्बन्धों की तीव्र आलोचना की गई है। ये सम्बन्ध हमारे सामाजिक जीवन के लिए कितने घातक हैं, इसका रोमांचकारी चित्रण 'बूँद और समुद्र' में है। इन सामन्ती सम्बन्धों के रक्षक के रूप में देशबन्धु जैसे पूँजीपति हैं, जो अपनी दुरंगी नीति से कुछ समय तक जनता को भरमाने में सफल होते हैं। पूँजीपतियों और मजदूरों के सम्बन्धों का तनाव बढ़ रहा

है। शासक वर्ग मुनाफाखोरी नियंत्रित करने के बदले न्याय और शान्ति-व्यवस्था के रक्षकों को, मजदूरों को दबाने और पूँजीपतियों के हितों की रक्षा के लिए इस्तेमाल करता है। यह वर्ग कला और कलाकार का उपयोग भी भिन्न स्वार्थों के लिए करना चाहता है। जहाँ भी इस परिस्थिति के विरोध में कोई उठ खड़ा होता है, या उसके विरुद्ध मुँह भी खोलता है, उसे कम्यूनिस्ट कहकर दबाने की कोशिश की जाती है। इस परिस्थिति को बदलने का सही रास्ता जनसाधारण की एकता और अपने अधिकारों के लिए उनका संघर्ष है। इसकी ओर राजेन्द्र यादव ने 'उखड़े हुए लोग' में संकेत किया है।

यह भी भारतीय संस्कृति है, यह भी सत्य और मानव-प्रेम की प्रतिष्ठा है। वे लेखक अभिनन्दनीय हैं, जो अपनी कला से हिन्दी साहित्य को समृद्ध करते हुए मानव-मुक्ति के उस महान उद्देश्य को भी चरितार्थ करने में सहायक होते हैं, जिसकी ओर भारत की जनता क्रमश: बढ़ रही है। इस नई दिशा की ओर हिन्दी का उपन्यास-साहित्य समर्थ गति से बढ़ेगा, इसकी आशा करना उचित है।

11

आदर्श साहित्य-साधना : वृन्दावनलाल वर्मा

9 जनवरी, 1959 को 'गढ़कुंडार', 'विराटा की पद्मिनी' और 'झाँसी की रानी' के लेखक का सत्तरवाँ जन्मदिवस है। हिन्दी के लिए यह एक महान उत्सव का दिन है; हमारे लिए आनन्द और गर्व का दिन है। इस अवसर पर हम वर्मा जी का हार्दिक अभिनन्दन करते हैं; भविष्य में और भी सफल श्रम के लिए शुभकामनाएँ प्रकट करते हैं।

1908 में वर्मा जी का नाटक 'सेनापति ऊदल' प्रकाशित हुआ था। 1958 के समाप्त होने पर उनकी अनवरत और निःस्वार्थ साहित्य-साधना को पूरी अर्द्ध शताब्दी हो गई। बहुत कम साहित्यकारों के जीवन में ऐसी अर्द्ध-शताब्दी आती है जिसमें उनकी रचनात्मक प्रतिभा उद्दाम वेगवाली गम्भीर सरिता की तरह ऊँची-नीची भूमि और ढूहों-चट्टानों को काटती-बहाती हुई सत्तर वर्ष की आयु में भी पूर्व के आत्मविश्वास और गम्भीरता से प्रवाहित रहे। इसका बहुत कुछ श्रेय वर्मा जी के चरित्र की नींव डालनेवाली उनकी माता जी को है।

जिन दिनों अपनी पढ़ाई जारी रखने के लिए वह पाँच रुपये महीने की ट्यूशन करते थे और अपने शारीरिक गठन के लिए मंगलू उस्ताद के अखाड़े में कुश्ती लड़ते थे, उन दिनों पिता की डाँट-फटकार सहकर अनबूझ राह पर आगे बढ़ने में उनकी माता ही उनका सम्बल थीं। बीस वर्ष के होने से पहले ही दुनिया के ऊँच-नीच का बहुत कुछ अनुभव उन्हें हो गया था। एक सब-इंस्पेक्टर के लड़के की ट्यूशन की; तीन हफ्ते पढ़ाया लेकिन मिला कुछ नहीं। तीन हफ्ते तक मुहर्रिर रहे। फिर पिता को नाराज करके उम्मीदवारी से इस्तीफा दे दिया। पाँच-छह महीने जंगलात के मोहकमे में पच्चीस रुपये माहवार पर नौकरी की। यह नौकरी भी छोड़ी और पढ़ने का विचार किया। माँ ने अपने गहने और कुछ जुगोकर रखी हुई मोहरें बेचकर उन्हें पढ़ाने का आश्वासन दिया। झाँसी की प्रसिद्ध शिक्षा-संस्था मैकडनल हाईस्कूल (अब बिपिनबिहारी इंटर कॉलेज) के अलावा वर्मा जी ने ग्वालियर और आगरे में शिक्षा पाई। वह अब भी आगरे के स्वर्गीय हनुमन्तसिंह रघुवंशी को कृतज्ञता के साथ याद करते हैं, जिन्होंने उनके लिए ट्यूशन आदि का प्रबन्ध करके उनकी सहायता की थी।

वर्मा जी ने किन परिस्थितियों में अपना अध्ययन जारी रखा होगा, इसका अनुमान इसी बात से हो सकता है कि 1916 में वकालत शुरू करने से पहले तक उन्होंने कभी ऊनी कपड़े न पहने थे।

साहित्य और कला, विशेष कर नाट्यकला की ओर उनकी रुचि बचपन से थी। 1903 में उन्होंने 'अनूठे देवेश' नाम का एक सामाजिक उपन्यास लिखा। फिर बुद्धिमानी से उसे फाड़कर फेंक दिया। 1904 में उन्होंने 'नरान्तक वध' नाम का पौराणिक नाटक लिखा। इस समय वह परम वैष्णव थे। आगे चलकर वह आर्यसमाजी हुए और सम्भवत: पोपलीला के प्रति भूतपूर्व प्रेम से असन्तुष्ट होकर 1916 में वह नाटक फाड़कर पानी में सड़ा दिया। 1905 में अपने चाचा बिहारीलाल का अधूरा लिखा हुआ 'राम वनवास' नाम का नाटक पूरा किया। इस वर्ष उन्होंने और चार नाटक भी लिखे। इनमें से तीन इंडियन प्रेस को छपने के लिए भेजे। वहाँ से पचास रुपये का पुरस्कार भी आ गया जिसे अपने साथियों को मलाई-रबड़ी खिलाकर उन्होंने बहुत जल्दी समाप्त कर दिया। छपा उनमें से एक भी नहीं; न बाद में प्रयत्न करने पर एक भी फिर प्राप्त हुआ।

नाटक लिखने और खेलने से उन्हें बचपन से ही प्रेम था। 1902-03 में धोतियाँ बाँधकर वह रामलीला किया करते थे और उसमें हनुमान जी का पार्ट करते थे। उन दिनों गरौठा में एक महाराष्ट्र नाटक-मंडली आई थी। उस मंडली में स्त्रियाँ भी अभिनय करती थीं। उनके अभिनय से वह बहुत प्रभावित हुए थे। आगे भी वर्मा जी रंगमंच पर आए; 'पन्ना दाई' और स्वर्गीय बदरीनाथ भट्ट के 'चुंगी की उम्मीदवारी' आदि नाटकों में उन्होंने अभिनय किया। तीस वर्ष की आयु के बाद उन्होंने रंगमंच छोड़ दिया लेकिन नाटक लिखने और देखने में दिलचस्पी बराबर बनी रही। अभी भी वह उत्तर प्रदेश के जन-नाट्य संघ तथा उसकी झाँसीवाली शाखा, दोनों के सक्रिय सभापति हैं।

1905 के आसपास उनका झुकाव क्रान्तिकारी विचारधारा की ओर हुआ। कांग्रेस की सुधारवादी नीति से भिन्न उनका स्वाभाविक रुझान सशस्त्र क्रान्ति की ओर था। उस समय के सशस्त्र क्रान्तिकारियों की लगन और संघर्ष से वह प्रभावित हुए। इसी प्रभाव में उन्होंने 1907 में 'सेनापति ऊदल' लिखा, जिसमें उन्होंने देशद्रोहियों के वध को उचित ठहराया। इन्हीं दिनों प्रेमचन्द ने 'सोजे-वतन' लिखा था और अंग्रेजी सरकार ने इसकी प्रतियाँ जलाकर साहित्य-क्षेत्र में नवाबराय का स्वागत किया था। 1908 में नवलकिशोर प्रेस से 'सेनापति ऊदल' प्रकाशित हुआ और अंग्रेज सरकार ने उसे जब्त कर लिया। वर्मा जी ने 'महोबा संग्राम' नाम का दूसरा नाटक लिखा था, जिसमें जनता की वीरता का चित्रण था। नवलकिशोर प्रेस ने उसे न छापा; न फिर उस नाटक का पता चला।

पढ़ने का चाव भी बचपन से नहीं तो लड़कपन से था। अठारह-उन्नीस साल की अवस्था से उन्होंने विधिवत—जहाँ तक उन जैसे व्यक्ति के लिए विधि सम्भव

थी—अध्ययन शुरू किया। 1908 में उन्होंने स्कॉट के अधिकांश उपन्यास पढ़ डाले! फिर उन्होंने लौखार्ट कृत 'स्कॉट की जीवनी' पढ़ी। वह इस बात से प्रभावित हुए कि स्थानों का वर्णन करने के लिए स्कॉट ने कितनी यात्रा की थी। उन्हें एक बात पर सन्देह था कि स्कॉट के सभी नाटक सुन्दर क्यों होते हैं। आखिर असुन्दरों ने क्या अपराध किया है? उन दिनों वे जंगलात के मोहकमे में नौकरी करते थे। एक दिन वसन्त ऋतु में कोयल की कुहू ध्वनि से प्रसन्न होकर उन्होंने अध्ययन करने की प्रतिज्ञा की। पढ़े-लिखे कवि शहर छोड़कर प्रकृति की ओर भागते हैं, वर्मा जी प्राकृतिक सौन्दर्य पर मुग्ध होकर शहर की ओर आए—अपनी ज्ञान-पिपासा मिटाने के लिए। फिर भी जंगल उनका चिर सहचर रहा है और वह जितने नागरिक हैं, उतने ही वनचारी भी!

लेकिन इन दिनों वह कवि भी थे। गद्य-काव्य नहीं, सफा पद्य लिखते थे। वर्मा जी से (और पाठकों से भी) क्षमा-याचना करते हुए—क्योंकि कविता कुछ यों ही है!—हम 1908 की उनकी 'विनोद' नामक पद्य-रचना यहाँ प्रस्तुत करते हैं :

है विनोद बिन जीवन भार।
है विनोद बिन जड़ संसार।
है विनोद बिन बुद्धि असार।
है विनोद बिन देह पहार॥ 1॥
जो जन जग-विनोद नहिं जानें।
जगत् स्वाद बिन कंकड़ छानें।
जिनमें नहिं विनोद थोड़ा है॥ 2॥
गूँगापन है किसे सुहाता?
जड़वत् रहना किसको भाता?
जो जन रहते सदा उदास,
जो रहते हैं बने निराश,
वे जीते हैं मरे समान,
उनसे बचौ सदा धर ध्यान,
जिसके मुँख पर हँसी न आवे
जो अपने को निरस जतावे,
उसे न भूले भी पतियाओ,
प्रेमभाव मत कभी दिखाओ।
प्राय: इस स्वभाव ही के जन,
पाप-वृत्ति-रत होते तन मन,
है विनोद से बुद्धि विकास,
ज्ञान-तंतुओं का परकाश

शक्ति कवित्व इसी से निकली,
ईश भावना इसमें उजली।
हर्ष हँसी से भोजन पचता
हृदय-कमल भी इससे खिलता।
पर मत इतना हर्ष कमाओ।
जिससे अपना समय गँवाओ।

इस रचना का काव्येतर महत्त्व यह है कि इससे स्वर्गीय बदरीनाथ जी भट्ट और वर्मा जी की मैत्री के आधार का पता चलता है। लगता है, भारतेन्दु और बालमुकुन्द गुप्त की परम्परा से जुड़े हुए वर्मा जी साहित्य-क्षेत्र में पाँव रखते हैं। और इससे यह विदित होता है कि अपनी कृति में उन्होंने जिस सिद्धान्त का प्रतिपादन किया है, उसे अपने जीवन में बराबर चरितार्थ करते आए हैं। इसी के फलस्वरूप उन्होंने भोजन भी खूब पचाया है (दर्जनों अंडे और पसेरियों दूध!) और ज्ञानतंतुओं का प्रकाश भी किया (कविता लिखना छोड़कर मुख्यत: गद्य की ओर ध्यान दिया!)।

कॉलेज के पुस्तकालय से यथेच्छ पुस्तकें लेकर उन्होंने घनघोर अध्ययन किया। उनकी प्रतिभा के समान उनकी रुचि भी बहुमुखी थी। उन्होंने नृतशास्त्र (एंथ्रोपॉलोजी) पढ़ा, डार्विन की 'ओरिजिन ऑव स्पिशीज़' पढ़ी, फेबियन सोसायटी (इंग्लैंड की एक समाजवादी संस्था) के 'पेपर्स' पढ़े, डार्विन के साथ वैज्ञानिक मेंडेल की पुस्तकें पढ़ीं। इनके अलावा उन्होंने विशेष रूप से इतिहास का अध्ययन किया। बकल की 'हिस्ट्री ऑव सिविलाइजेशन' से वह विशेष प्रभावित हुए। फिर फूड (Froude) को पढ़ा। वामन दास वसु की 'राइज ऑव क्रिश्चियन पावर इन इंडिया' पढ़ी। इनके साथ उन्होंने मार्क्स की 'कैपिटल' भी पढ़ी। 1910 के लगभग मार्क्स और डार्विन का अध्ययन करनेवाले भारतीय विद्वान इने-गिने ही थे। इनमें इतिहास को नये दृष्टिकोण से देखनेवाले वर्मा जी भी थे। कोई आश्चर्य नहीं कि भारतीय इतिहास का अध्ययन करते हुए उनकी दृष्टि हमारे समाज के अन्तर्विरोधों की ओर गई; उन्होंने सामन्ती युद्धों से जनता की क्षति की ओर भी ध्यान दिया और उन्होंने इतिहास के निर्माण में जनता की भूमिका को पहचाना, अपने उपन्यासों में उसकी वीरता को चित्रित किया।

अंग्रेजी अनुवाद लेकर उन्होंने ऋग्वेद पढ़ा। यूरोप के नवजागरण युग (Renaissance) का अध्ययन करते हुए उन्होंने भारतीय समाज के तुलनात्मक विकास को पहचानने का प्रयत्न किया। इतिहास के अलावा साहित्य का अध्ययन उनका काफी समय लेता था। इटली के लेखक बोकाचियो का 'डिकैमरौन' उन्हें बहुत प्रिय था और उसे उन्होंने चार-पाँच बार पढ़ा। रसिक बोकाचियो के विपरीत असीसी के सेंट फ्रांसिस के प्रभाव से उन्होंने आगे चलकर सेवा-समिति में काम किया। कवियों में तुलसीदास उनके सर्वाधिक प्रिय रहे।

1908 में सैंत हिलैर और डॉड्स की पुस्तकों के आधार पर उन्होंने महात्मा बुद्ध का जीवन-चरित लिखा। यह आगरे से "कुँवर हनुमन्तसिंह रघुवंशी, अध्यक्ष राजपूत ऐंग्लो ओरियंटल प्रेस, द्वारा मुद्रित और प्रकाशित" हुआ था। इसकी भूमिका में लेखक ने इस बात पर खेद प्रकट किया है कि गौतम बुद्ध का "कोई विस्तृत जीवन-चरित्र अब तक भारत की भावी राष्ट्रीय भाषा हिन्दी में नहीं प्रकाशित हुआ।" पाठकों को "यदि यह रुचिकर हुआ तो बहुत शीघ्र बुद्ध का विस्तृत जीवन-चरित्र प्रकाशित करूँगा।"—यह आश्वासन भी दिया गया है। पुस्तक में इस बात का उल्लेख भी है कि 'यूरोपीय घमंडी विद्वान' ब्राह्मणों के रचे हुए भारतीय शास्त्रों का खंडन करते हैं। उन्नीस वर्ष के युवक लेखक का स्वाभिमान उसे यूरोपियन विद्वानों को चुनौती देने की प्रेरणा देता था। साथ ही उसे दु:खवाद से उतनी ही विरक्ति थी जितनी 'कामायनी' के लेखक को। पुस्तक के 'उपसंहार' में बौद्धधर्म और दर्शन पर लिखे निम्नलिखित वाक्य उनके जीवन-दर्शन के परिचायक हैं :

"बुद्ध की युक्ति बड़ी प्रबल होती थी। उनकी बुद्धि-कुशाग्रता अपूर्व थी। उनके ज्ञान के सामने बड़े-बड़े विद्वानों की बुद्धि चकरा जाती थी। वे बहुत-सी बातों के जाननेवाले थे। उनके बराबर करुणा किसी में न रही होगी। वह सच्चे दिल से मानव जाति का उद्धार करना चाहते थे। वह जो कुछ कहते और करते थे, अपने अन्त:करण से कहते और करते थे, परन्तु उनके विचारों की, उनके सिद्धान्तों की जड़ कच्ची थी। जिस नींव पर अपना धर्म खड़ा करना चाहते थे, वह नींव ही कच्ची थी। उन्होंने संसार को अत्यन्त विरक्त भाव में देखा है। उन्हें संसार में दु:ख के महा ऊँचे-ऊँचे पहाड़ों के सिवाय और कुछ भी न दिखाई दिया। उनका सिद्धान्त था कि दुनिया में सिवाय दु:ख के सुख रत्ती-भर क्या, परमाणु-भर भी नहीं। यह उनकी बड़ी भारी भूल थी। नि:सन्देह संसार में दु:ख है, परन्तु जहाँ दु:ख है, वहाँ सुख जरूर है। यदि ईश्वर ने संसार को केवल दु:खमय और पीड़ापूरित ही बनाया होता तो इसका बनाना और न बनाना दोनों बराबर था। दु:ख है परन्तु सुख भी है। यदि संसार में दु:ख है, तो उसे दूर करो, उससे डरकर और निराश होकर भागना कायरता का काम है।"

वर्मा जी वैष्णव रहे, आर्यसमाजी हुए, कुछ दिन तक नास्तिकता का रस भी लिया और अब राम जाने किसी वैज्ञानिक धर्म में विश्वास करते हैं। ये परिवर्तन बौद्धिक स्तर पर होते रहे हैं किन्तु मूलत: जीवन में उनकी आस्था अडिग रही है। वह मानव-प्रयत्नों द्वारा संसार को सुन्दर बनाने में विश्वास करते हैं और उनका सारा साहित्य इस साध्य के लिए साधन है। उनके विचार भले बदल गए हों, उन्होंने तारुण्य के जिस सहज उत्साह से उपर्युक्त वाक्य लिखे थे, वह आज तक उनमें विद्यमान है। यह भी ध्यान देने की बात है कि दु:खवाद के प्रति प्रसाद जी और आचार्य शुक्ल का दृष्टिकोण भी यही था। जीवन की स्वीकृति का यह दृष्टिकोण आधुनिक हिन्दी साहित्य की एक प्रमुख विशेषता है।

1909 में वर्मा जी की पहली कहानी 'राखीबन्द भाई' 'सरस्वती' में प्रकाशित हुई। उसी वर्ष उस पत्रिका में उनकी 'राजपूत की तलवार' भी प्रकाशित हुई। वर्मा जी के शब्दों में : "द्विवेदी जी की बड़ी कृपा थी।" 1910 में उनकी कहानी 'सफ्रेजिस्ट की पत्नी' भी 'सरस्वती' में छपी। इस कहानी को लिखने का कारण वर्मा जी के अनुसार यह था कि वह पश्चिम के नारी मताधिकार (सफ्रेजिस्ट) आन्दोलन के समान एक आन्दोलन यहाँ के समाज में भी चाहते थे। नारी की स्वाधीनता और सम्मान को लेकर कथाएँ रचने की प्रवृत्ति उनमें पुरानी है। इसका श्रेय भी वह अपनी माता जी को देते हैं। भारत के सामन्ती समाज में नारी के उत्पीड़न को याद करके वह अब भी तिलमिला उठते हैं और उनके मुँह से इस तरह शब्द निकल पड़ते हैं : "हमने नारी को जितना जलाया है, उतना बचाया नहीं है।" एक बार उनके पिता जी ने उपदेश दिया था : "चाल-चलन सुधारे रहो।" माता को लगा कि उनके पुत्र को इस तरह का उपदेश देना उसमें अविश्वास प्रकट करना है। उन्होंने पति को आड़े हाथों लिया और बोली : "वह हमारा लड़का है।" 1914 में यह प्रेरणास्रोत समाप्त हो गया; स्नेहमयी जननी की सजीव स्मृति ही बनी रही।

1916 में उन्होंने वकालत शुरू की। काफी कठिनाई से 'कैरेक्टर सर्टिफिकेट' प्राप्त किया। वकीलों को भय था कि इन्हें सच्चरित्रता का सर्टिफिकेट देने से अंग्रेज सरकार नाराज हो जाएगी। उर्दू न जानते हुए भी उर्दू की जानकारी का सर्टिफिकेट आसानी से मिल गया। वर्मा जी की साहित्य-सर्जन की प्रक्रिया कुछ-कुछ भौतिक विज्ञान के क्वांटम सिद्धान्त के अनुसार होती है। आकस्मिक ढंग से, रुक-रुककर विस्फोट करती हुई, द्रुतगति से। प्रेमचन्द के समान निश्चित अनवरुद्ध गीत से उन्होंने साहित्य-रचना नहीं की। वास्तव में कहानियाँ-नाटक लिखने के अलावा उपन्यास-क्षेत्र में उन्होंने अपनी क्षमता को विलम्ब से पहचाना। इसका इलहाम उन्हें शिकार खेलते हुआ। अपने संस्मरणों में उन्होंने इस घटना का हृदयग्राही वर्णन किया है :

"16 अप्रैल, 1927 की बात है। संध्या के पहले ही बेतवा-किनारे के एक गढ़े में जा बैठा। उस गढ़े के पास से सुअर और तेन्दुए के निकलने का समाचार मिला था। मैं अकेला था। गढ़े में बिस्तर बिछाकर बैठ गया। बन्दूक एक तरफ रख ली। रात लगते ही नदी के पक्षियों और दूरी से जंगली जानवरों की पुकारें सुनाई पड़ने लगीं। तारे छिटक गए और दमक उठे। ठंडी हवा चल पड़ी। मेरे मन में उमंग कलोल करने लगी। मेरा ध्यान उस पार पहाड़ी की ओर गया। पहाड़ों की श्रेणियाँ एक-दूसरे के पीछे कुहासे में थीं। सोती-सी जान पड़ीं। उनके पीछे एक और शिखर पर कुंडार का गढ़ ऊँघता-सा लगा।...इतिहास और परम्परा, पात्र और घटनाचक्र, कला और उद्देश्य का तूफान दिमाग में उठ खड़ा हुआ। आँधी धीरे-धीरे कम हुई और वस्तुस्थिति ने स्पष्टता पकड़ी। घड़ी में देखा तो चार बज गए। एक पल के लिए भी नहीं सोया। कपड़ों पर पैर फैलाने की सिलवटें मात्र थीं। बन्दूक जहाँ की

तहाँ टिकी थी। जानवर आए-गए बने रहे होंगे। शिकार न खेलने से ही बहुत आनन्द प्राप्त हुआ। बिलकुल न सोने पर भी देह के कण-कण में उल्लास था क्योंकि गाँठ में कुछ पड़ गया था।"

सूर्योदय के बाद नहा-धोकर वह गाँव पहुँचे : "और दोपहरी में 'गढ़कुंडार' उपन्यास का आरम्भ कर दिया...संध्या के पहले ही 17 लम्बे सफे लिख डाले।" कचहरी में बहस के दौरान में जरा छुट्टी मिली तो 'गढ़कुंडार' लिखा, करामत मियाँ के साथ शिकार खेलने गए तो साँभरों को पानी पीकर निकल जाने दिया, उपन्यास लिखते रहे। कचहरी की छुट्टी हुई तो तन-मन से उसे पूरा करने में लग गए। 17 अप्रैल को शुरू करके उन्होंने इस अनुपम कृति को 17 जून को समाप्त किया। वर्मा जी के जीवन में यह नई मंजिल थी। हिन्दी कथा साहित्य के इतिहास में यह एक युगान्तर था। सामाजिक समस्याओं में बेहद दिलचस्पी लेनेवाले एक देशभक्त लेखक ने अपने इतिहास को नये प्रकाश में देखा था। एक नये मानवतावाद, धरती और उसके पुत्रों से एक नये स्नेह, कथा-साहित्य में नये ओज, प्रकृति के नये कवि-सुलभ चित्रण का आरम्भ हुआ। 'गढ़कुंडार' की अपनी मौलिक विशेषताओं के अतिरिक्त उसका यह ऐतिहासिक महत्त्व है। इस महत्त्वपूर्ण कृति का सर्वप्रथम अभिनन्दन करनेवालों में अमर शहीद गणेशशंकर विद्यार्थी थे।

विद्यार्थी जी उस समय के राष्ट्रीय आन्दोलन के उग्र पक्ष के प्रतिनिधि थे। उनके 'प्रताप' ने हिन्दी के माध्यम से अनेक राष्ट्रीय कार्यकर्ताओं को साम्यवाद का पाठ पढ़ाया था। सशस्त्र क्रान्तिकारियों से उन्हें गहरी सहानुभूति थी; वीर श्रेष्ठ चन्द्रशेखर आजाद और उनके सहयोगियों की आर्थिक सहायता करने के लिए वह वर्मा जी के पास धन भेजते थे। लक्ष्मीबाई की मूर्ति के निर्माता शिल्पकार, और क्रान्तिकारियों के मित्र और सहायक स्वर्गीय मास्टर रुद्र नारायण; उनके बाद की तरुण पीढ़ी के सदाशिवराव और भगवानदास माहौर जैसे क्रान्तिकारी; इनसे घनिष्ठ सम्पर्क में आनेवाले साहित्यकार और सार्वजनिक कार्यकर्ता वर्मा जी—अठारह सौ सत्तावन की यह विरासत 'गढ़कुंडार' लिखते समय झाँसी में विद्यमान थी। सन् बीस से सन् तीस तक की झाँसी की हवा ही कुछ और थी। उस वर्तमान ने अपनी क्रान्तिकारी कर्मठता से इतिहास की रोमांचकता धारण कर ली थी। उस हवा में साँस लेनेवाला लेखक ही—जो बुन्देलखंड की धरती और उसके अतीत और वर्तमान, दोनों से अटूट रूप से सम्बद्ध था—'गढ़कुंडार' लिख सकता था। वही इतिहास को साधारण ऐतिहासिक उपन्यासकारों से भिन्न दृष्टिकोण से देख सकता था और वर्तमान सामाजिक जीवन को गति देने के लिए उसका उपयोग कर सकता था। बेतवा के किनारे उस गढ़े के पास एक स्तम्भ बनवाना चाहिए, जहाँ 16 अप्रैल, 1927 की तारों-भरी रात में श्री वृन्दावनलाल वर्मा को 'गढ़कुंडार' ऊँघता हुआ-सा दिखाई दिया था।

'गढ़कुंडार' के समाप्त होने के पहले ही 19 या 20 जून को उन्होंने लगन शुरू कर दिया। 28 या 29 जून तक इसे समाप्त कर दिया। इसका अभिनन्दन करनेवालों में प्रेमचन्द भी थे और उन्होंने उसके कवित्वपूर्ण वातावरण की प्रशंसा की थी। 'लगन' के बाद 'संगम' और उसके बाद 'प्रत्यागत' उसी वर्ष लिखे। 1927 वर्मा जी के जीवन में सर्वाधिक रचनात्मक वर्ष था। 1928 में उन्होंने 'कुंडलीचक्र' और 'प्रेम की भेंट' उपन्यास लिखे। इसके बाद गति द्रुत से कुछ विलम्बित हुई। 29 में 'विराटा की पद्मिनी' के लिए सामग्री एकत्र की; '30 में उसे आरम्भ किया और '33 में समाप्त किया। कई वर्षों की अवधि में रुक-रुककर लिखा जानेवाला सम्भवत: यह उनका एकमात्र उपन्यास है। फिर कुछ वर्षों के लिए कच्छप-नीति का अनुसरण करके उन्होंने अपनी प्रतिभा को विश्राम दिया।

1946 के पहले तक उन्होंने कुछ नाटक लिखे। '37 में कांग्रेसी मंत्रिमंडल से प्रेरणा पाकर एक मंत्री जी का खाका खींचते हुए धीरे-धीरे लिखा। उसके बाद 'मुसाहबजू'। '42-'43 में श्रमिक-जीवन पर कभी-न-कभी रचा। सन् '46 में उनकी प्रतिभा फिर जागी। सन् '46 देश में अभूतपूर्व क्रान्तिकारी उठान का वर्ष था। नि:सन्देह वर्मा जी इससे प्रभावित हुए। इस वर्ष उन्होंने अपना अप्रतिम साम्राज्य-विरोधी उपन्यास 'झाँसी की रानी' लिखा। इसी वर्ष 'कचनार' (16 अप्रैल से 1 जून तक) लिखा और इनके साथ 'मंगलसूत्र' (16 जुलाई से 19 जुलाई तक), 'राखी की लाज' (20 अगस्त से 29 अगस्त तक), 'दबे पाँव' (28 अक्तूबर से 3 नवम्बर तक), 'सगुन' (12 दिसम्बर को समाप्त) और 'जहाँदारशाह' (17 दिसम्बर को समाप्त) नाटक लिखे।*

अगले वर्ष 'अचल मेरा कोई' (31 मार्च से 21 अप्रैल तक) लिखा। इसी वर्ष 'फूलों की बोली' (5 फरवरी से 11 फरवरी तक), 'कब तक' (अप्रकाशित 19 फरवरी से 23 फरवरी तक और 4 मार्च से 6 मार्च तक), 'बाँस की फाँस' (26 मार्च; आरम्भ या समाप्त, यह स्पष्ट नहीं), 'काश्मीर का काँटा' (दिसम्बर), 'हँसमयूर' तथा 'रानी लक्ष्मीबाई' नाटक लिखे।

1948 में उन्होंने 'माधव जी सिंधिया' लिखा (17 अप्रैल को समाप्त)। इस उपन्यास को यह गौरव प्राप्त है कि वर्मा जी ने इसे संशोधित किया था (संशोधन करने के बाद 18 अगस्त को उसकी भूमिका लिखी थी)। श्री भगवानदास सेठ की सूचना के अनुसार वर्मा जी ने 1913 में माधव जी का जीवन-चरित लिखा था जो आगे चलकर खो गया। इस प्रकार माधव जी के चरित्र के प्रति उनकी अभिरुचि पुरानी थी। इस वर्ष 'बीरबल' (11 जुलाई को समाप्त) और 'खिलौने की खोज' (19 जुलाई से 24 जुलाई तक) नाटक लिखे।

---

* यह कालक्रम सूची स्वाधीन प्रेस में वर्मा जी की पांडुलिपियाँ देखकर तैयार की गई है। जिन पुस्तकों की पांडुलिपियाँ न थीं अथवा पांडुलिपियों में तिथियाँ न थीं, उनका रचनाकाल वर्मा जी और श्री सत्यदेव से पूछकर लिखा गया है। —सं.

1949 में 'टूटे काँटे' लिखा (प्रकाशित हुआ 1954 में)। अपने उपन्यासों को चित्रपट पर उतारने के विचार से उन्होंने इस वर्ष 'अचल मेरा कोई' का सिनैरियो लिखा। एक सिनैरियो 'फूलों की सेज' का तैयार किया। 1950 में 'मृगनयनी' (14 जुलाई को समाप्त) और 'सोना' (14 अक्टूबर से 6 नवम्बर तक) उपन्यास और 'पूर्व की ओर' नाटक लिखा। अगले वर्ष 'कनेर', 'पीले हाथ', 'नीलकंठ', (16 सितम्बर से 28 सितम्बर तक;) और 'केवट' नाटक लिखे। सन् '52 में 'अमरबेल' (15 दिसम्बर को) समाप्त की। '53 में 'ललित विक्रम' और '54 में 'विस्तार' (22 अक्टूबर से 23 नवम्बर तक) नाटक लिखे। '55 में 'भुवन विक्रम' (19 दिसम्बर को समाप्त) और 'अहल्याबाई' उपन्यास लिखे। इस वर्ष 'देखादेखी' नाटक भी लिखा (9 नवम्बर से 16 नवम्बर तक)।

सन् '56? '57? '58? शायद ये शक्ति-संचय के वर्ष हैं। वर्मा जी आगे कब क्या लिखेंगे, यह कहना कठिन है। इधर संस्मरण लिखते रहे हैं, जिनके कुछ अंश पत्रिकाओं में प्रकाशित हुए हैं।

इन रचनाओं के अलावा 'शरणागत', 'कलाकार का दंड', 'मेढकी का ब्याह' और 'अम्बरपुर के अमरवीर' उनके कहानी-संग्रह हैं, 'हृदय की हिलोर' गद्यकाव्य-संग्रह है और एक पुस्तक बुन्देलखंड के लोकगीतों पर है। उनकी खोई हुई रचनाओं में प्रारम्भिक नाटकों और 'माधव जी की जीवनी' के अलावा सन् '14-'15 में लिखा हुआ 'औरगंजेब का इतिहास' (अधूरा; इसके कुछ पृष्ठ श्री भगवानदास सेठ के पास हैं) और 1915 में लिखा हुआ 'मुराद' नाम का नाटक है।

यहाँ यह उल्लेखनीय है कि श्री सत्यदेव ने बड़ी सावधानी से वर्मा जी की पांडुलिपियों की रक्षा की है जिनसे शोधकर्ताओं को रचनाकाल आदि निश्चित करने में बहुमूल्य सहायता मिलेगी। अन्य हिन्दी-प्रकाशकों के लिए यह नीति अनुकरणीय है।

वर्मा जी की रचनाओं के कालक्रम-अध्ययन से लगता है, जैसे वे अचानक उपन्यास लिखने लग जाते हैं। दस-पाँच साल को गोता लगा गए, फिर एक दिन इलहाम हुआ और दिन-रात कलम चलाने लगे। उनके उपन्यास पढ़ने पर भी सहसा पता नहीं चलता कि उन्होंने तैयारी में कितना समय लगाया होगा। 'समालोचक' में प्रकाशित उनकी डायरी के कुछ पृष्ठों से उनके संकल्प और कार्य-व्यस्तता का अनुमान किया जा सकता है; और 'चाणक्य के नोट्स' और कथावस्तु की रूपरेखा देखकर मालूम होगा कि इतिहास का अध्ययन करने में वे कितना परिश्रम करते हैं। वे अपनी कथावस्तु और उसमें आनेवाले पात्रों के साथ कई वर्षों तक रहते हैं और शायद ये पात्र जब उन्हें बहुत तंग करते हैं—कल्पना-जगत में रहने से इनकार कर देते हैं—तभी वे मार्क्स पर छाए हुए चित्रों को कागज पर उतारते हैं। वे गाँव के किसानों से, मिलने-जुलनेवालों से, मुवक्किलों से और पुस्तकों से

अपने मतलब की सामग्री जुटाया करते हैं। पात्रों, घटनाओं और उनकी बातचीत को याद रखने में उनकी स्मरणशक्ति बहुत ही समर्थ सिद्ध होती है।

'चाणक्य के नोट्स' अपवाद नहीं हैं। इसी तरह 'मृगनयनी' के नोट्स भी हैं, महीन अक्षरों से रँगी हुई स्लिपों के 54 पृष्ठ। इनमें 'ग्वालियर के किले', 'गूजरी महल'—15वीं शताब्दी में ग्वालियर के आसपास के किलों पर नोट्स हैं, 'बाबरनामा' से देश की स्थिति पर नोट्स, 'सुधा' के पुराने अंक' (वर्ष 14, खंड 1, संख्या 6, पृ. 703) से कुतुबमीनार के पास लोहे की लाट पर खुदे हुए लेख का उद्धरण है; मालवा, गुजरात, जौनपुर, खानदेश, दिल्ली, बीदर, बीजापुर, गोलकुंडा आदि के इतिहास से सम्बन्धित सामग्री है; स्थानों की दूरी, स्थापत्य-सम्बन्धी पारिभाषिक शब्दावली (कच्छ, मुड़ेर, पाया, खंब, टुड़िया, छज्जा, बड़ेरी, कँगूरे, गोख, शिखर, गोपुर, घट, कलश, कमल), मध्यकालीन भारतीय संस्कृति के सन्दर्भ में रामानुज, देवसूरि, जयदेव, नानक, नामदेव आदि का उल्लेख, कर-व्यवस्था, मुद्राएँ, गहने आदि एक युग के इतिहास और संस्कृति के संकेत एकत्र किए गए हैं। 'बैद्य', 'कनिंघम', 'टौड' आदि इतिहासवेत्ताओं की पुस्तकों का हवाला है; इनके साथ 'हर्षचरित' आदि संस्कृत ग्रंथों का उल्लेख है। कई पृष्ठों में छोटे-बड़े नक्शे हैं जिनमें एक ग्वालियर किले का भी है। कहीं उन्होंने कोई लोकोक्ति नोट कर ली है : "नरवर चढ़े न बेड़नीं, बूँदी छपे न छींट। गुदनोटा भोजन नहीं, एरच पके न ईंट।" कहीं अन्तर्जातीय विवाह के मामले में किसी की वीरता की कहानी सुनकर उसे भी टाँक लिया है : "धरकोट दिखोल गाँव (टेहरी) की पंचायत ने चैतू लुहार को अपने फैसले से बचा लिया। दूसरी जाति की लड़की को ब्याह लेने के कारण बिरादरी ने इसको 12 साल के लिए 'बन्द' रखा था।" कहीं राजा नवाबअली खाँ कृत 'मारूफुन्नगमात' के आधार पर संगीत-सम्बन्धी यह टिप्पणी तैयार की गई है : "नायक बैजू दरबार में था—उसने टोड़ी पर अधिकार कर रखा था—राजा मानसिंह ने द्रुपद को चलाया—राजा मानसिंह के मर जाने पर यह बैजू गुजरात के सुलतान बहादुरशाह के पास चला गया—और वहाँ से इसकी टोड़ी का नाम बहादुरी टोड़ी पड़ा—मानसिंह ने जो संगीत का विद्यापीठ कायम किया था, उसकी परम्परा सदा बनी रही।—इसी के निकले लोग अकबर के 30 गवैयों में से थे जिनमें एक तानसेन था—तानसेन ने मियाँ की टोड़ी, मियाँ का सारंग, मियाँ का मल्हार बनाए—पन्द्रहवीं शती में जौनपुर का अखीरी शर्फी सुल्तान हुसैन शाह हुआ। इसने खयाल को चलाया, जौनपुरी और हुसैनी कान्हड़ा इसी के यहाँ बने, हुसैनी टोड़ी।" कई जगह गीतों के बोल (लाड़ली मान न करिए होरी के दिनन में) और स्वरलिपि भी दी है। कुछ स्थानों पर मर्मवाक्य लिखे हैं : "किले की सूखी चिनाई पत्थरों की कब तक ठहरेगी? सामाजिक कार्यों का आयोजन बिना कला के जोड़ (चिनाई) के उसी तरह असफल रहता है।" इसके साथ यह भी : "कला यदि भ्रष्ट हो जाए तो

उसमें कुछ सौन्दर्य तो रहता ही है—भोगी के पतित होने पर भी कुछ अंश तो उसमें बड़ापन का रहता ही है..." (क्या यह मानसिंह की वकालत में लिखा गया है?)

हम अपने युग को कितना जानते हैं? अपने इतिहास को कितना पहचानते हैं? वर्मा जी ने 'मृगनयनी' के नोट्स में एक जगह लिखा है : 'We know our own age badly and we don't know other ages at all.' अपने युग को ठीक से जानते नहीं; अन्य युगों के बारे में तो कुछ भी नहीं जानते। इस स्थापना को चरितार्थ करनेवाले बुद्धिजीवियों की कमी नहीं है। ऐसे बुद्धिजीवी-हल्कों में वर्मा जी की चर्चा 'आउट ऑव डेट' मानी जाती है। किन्तु जो साहित्यकार भी इतिहास का अध्ययन करेगा और उससे अपने कलात्मक साहित्य के लिए सामग्री लेगा, वह उनकी पद्धति का अनुसरण करेगा, इसमें सन्देह नहीं। इस तरह के व्यापक और विस्तृत अध्ययन के बिना और चाहे जो लिखा जा सके, सफल ऐतिहासिक उपन्यास नहीं लिखे जा सकते।

वर्मा जी के 'सामाजिक' उपन्यासों का रस उनके ऐतिहासिक उपन्यासों के रस से बहुत भिन्न नहीं है। इसका एक कारण बुन्देलखंड की लोक-संस्कृति का अजस्र प्रवाह है। उत्तर प्रदेश के औद्योगिक केन्द्रों या राजधानी में रहनेवालों को उनके सामाजिक उपन्यासों के पात्र भी किसी बीते युग के व्यक्ति-से लगते हैं। साथ ही वर्मा जी ऐतिहासिक उपन्यास लिखते हुए वर्तमान समाज की समस्याओं का ध्यान रखते हैं—अपने युग को अतीत के नाम पर चित्रित नहीं करते वरन् अतीत के चित्रण से वर्तमान के लिए प्रेरणा लेते हैं। इस प्रकार अतीत और वर्तमान के बीच उनके लिए कोई दुर्भेद्य खाई नहीं है।

प्रेमचन्द के समान वह इस युग के सर्वाधिक लोकप्रिय साहित्यकार हैं। इसका एक कारण यह है कि उनके मित्रों में साहित्यकारों की संख्या कम-से-कम है। उनके चारों ओर ऐसे पात्र दिखाई देते हैं जो या तो उपन्यासों में आ चुके हैं या आने के उम्मीदवार हैं। उनकी समर्थ-साधना का रहस्य उनका प्रसन्न मन और स्वस्थ शरीर है। अब भी उनकी बाँहें अपने कसबल से नौजवानों को चुनौती देती हैं। झाँसी के किले में जब वे रानी से सम्बन्धित महत्त्वपूर्ण स्थान दिखला रहे थे, तब कई जगह सीढ़ियों पर उनका उछलते हुए चढ़ना उन वीरों की याद दिलाता था जिनके वे चित्रकार हैं। यह सामर्थ्य उन्होंने अपनी दृढ़ इच्छाशक्ति से प्राप्त की है और वह उनकी साहित्य-साधना के लिए अनिवार्य रही है। वर्मा जी के साहित्य से उनका जीवन कम प्रेरणादायक नहीं है। और यह जीवन अभी और बहुत-सा साहित्य देगा, इसका हमें दृढ़ विश्वास है।

12

आस्थाहीन जीवन-दृष्टि : जिवागो

चौदह सितम्बर, 1959 के 'टाइम्स ऑव इंडिया' में सोवियत-सम्बन्धी दो महत्त्वपूर्ण समाचार प्रकाशित हुए हैं। पहला चन्द्रलोक की ओर छोड़े जानेवाले रॉकेट के बारे में, दूसरा विश्वप्रसिद्ध उपन्यास 'डॉक्टर जिवागो' के लेखक बोरिस पास्तरनाक के बारे में। पहले समाचार का महत्त्व यह है कि क्रान्ति, गृहयुद्ध और महायुद्ध की उथल-पुथल और विभीषिकाओं को सहकर, भारत के समान पिछड़े हुए कृषिप्रधान देश रूस ने जनतंत्र, व्यक्ति की स्वाधीनता और मानव-मूल्यों के गढ़ सयुक्त राज्य अमरीका को वैज्ञानिक प्रगति की होड़ में परास्त कर दिया है। इस समाचार से जिनके दिल को चोट लगी हो, उनके लिए दूसरा समाचार मल्हम का काम देगा यानी यह कि आध्यात्मिक प्रगति के एकमात्र सोवियत अलम्बरदार पास्तरनाक जीवित हैं; जीवित ही नहीं, प्रसन्न हैं; प्रसन्न ही नहीं, एक नवीन कलाकृति का सृजन कर रहे हैं, और यह कृति नवीन ही न होगी वरन् डॉ. जिवागो के समान मार्क्सवाद से पीड़ित जनता को नई जीवन-दृष्टि देगी।

मास्को में अमरीकी संगीत-मंडली न्यूयॉर्क फिलहार्मोनिक आर्केस्ट्रा के प्रदर्शन में पास्तरनाक उपस्थित थे। मास्को संगीत-भवन के एक प्रकोष्ठ में, जहाँ कलाकारों की भीड़ लगी थी, 'टाइम्स ऑव इंडिया' के संवाददाता ने पास्तरनाक के दर्शन किए। उसने उन्हें 'इन गुड हेल्थ' पाया और शरीर के अलावा मन से भी चंगा (एक्सेलेंट स्पिरिट्स में) देखा। पास्तरनाक ने बताया कि वह रूस में दास-प्रथा के उन्मूलन से सम्बन्धित एक नाटक लिख रहे हैं और यह सूचना भी दी कि "मेरे पिछले उपन्यास से यह अधिक उपकारी सिद्ध न होगा लेकिन मैं यह आशा नहीं कर सकता कि वह उपन्यास से बढ़कर होगा।"

'डॉक्टर जिवागो' नाम के उपन्यास में पास्तरनाक ने रूस की समाजवादी क्रान्ति और सोवियत समाज पर अपने विचार प्रकट करते हुए जिवागो द्वारा जीवन की खोज और उसकी आत्मोपलब्धियों का चित्रण किया है। रूसी शब्द 'जीव' संस्कृत के जीव का सखा है; जिवागो ने जीवन की खोज करके अपना नाम सार्थक किया है। उसकी खोज की विशेषता यह है वह दूसरों से उधार ली हुई, सुनी-सुनाई, घिसी-

पिटी, रूढ़िवादी बातें नहीं दोहराता; वह मौलिक अनुभूतियों का कायल है। उपन्यास में वह अपनी अनुभूतियों का सत निकालकर रख देता है। उसकी जीवन-दृष्टि ऐसे मर्मस्थलों को बेधती है जिन तक सतही प्रचारकों की स्थूल दृष्टि की पहुँच ही नहीं है। इसीलिए पाश्चात्य देशों के कुछ आलोचकों ने यह विचार प्रकट किया है कि सोवियत जीवन का सही चित्र देनेवाला, टॉल्स्टॉय आदि महान लेखकों की परम्परा को संवर्द्धित करनेवाला यह पहला महान रूसी उपन्यास है।

जीवन क्या है? उपन्यास के आरम्भ में ही (अंग्रेजी संस्करण, पृ. 21) पास्तरनाक ने (जिवागो के शब्दों में नहीं, अपने शब्दों में) यह मत प्रकट किया; संसार की प्रत्येक गतिविधि, अलग से देखी जाए, तो सोची-विचार सचेत क्रिया मालूम होती है लेकिन ये सब गतिविधियाँ एक सामान्य जीवनप्रवाह द्वारा प्रेरित और संयुक्त होती हैं। वे सचेत न होकर इस प्रवाह के मद में मत्त होती है। लोग काम करते हैं, अपनी व्यक्तिगत चिन्ताओं और आकांक्षाओं द्वारा परिचालित होते हैं। किन्तु कर्म के ये स्रोत रिक्त हो जाएँ और जीवनतंत्र को ठप कर दें, यदि एक गम्भीर उदासीनता की व्यापक भावना उन्हें नियंत्रित न किए रहे। यह भावना इस सुखदायी बोध से उत्पन्न होती है कि मनुष्यों के जीवन परस्पर गुँथे हुए हैं, वे एक दूसरे में प्रवाहित हैं; यह भावना इस आह्लादकारी विश्वास से उत्पन्न होती है कि संसार में जो कुछ होता है, वह इस मृत्युलोक में ही नहीं होता वरन् किसी दूसरे लोक में भी होता है जिसे कुछ लोग मोक्षधाम (किंगडम ऑव गॉड), अन्य जन इतिहास और अन्येतर जन किसी दूसरे नाम से अभिहित करते हैं। इति।

मनुष्यों के जीवन परस्पर सम्बद्ध हैं, मनुष्य सामाजिक प्राणी है, इसलिए उसका जीवन सामाजिक जीवन का ही एक अंग है, यह बात अन्य लोग भी कहते आए हैं। मनुष्य जीवन के एक सुखद रूप की आवृत्ति परलोक में भी होगी—यह भी अनेक धर्माचार्यों से सुना है। किन्तु मोक्षधाम के जीवन को इतिहास भी कहा जा सकता है, यह अवश्य मौलिक सूझ है। पास्तरनाक के कथन में महत्त्व का सूत्र यह परलोक-सम्बन्धी स्थापना नहीं है, महत्त्व का सूत्र इहलोक-सम्बन्धी गम्भीर उदासीनता की व्यापक भावना है। अंग्रेजी अनुवाद में इसके लिए 'प्रोफाउंड अनकन्सर्न' शब्दों का प्रयोग किया गया है। मुख्य वस्तु 'अनकन्सर्न', उदासीनता, तटस्थता, मानव-जीवन को बदलने के लिए उसमें हस्तक्षेप न करने की प्रवृत्ति। उदासीनता की यह भावना गम्भीर भले हो, मौलिक नहीं है। उन्नीसवीं सदी के विशुद्ध कलावादी कलाकारों ने इस धारणा का यथेष्ट प्रचार किया था और बीसवीं सदी में महाकवि इलियट ने नवीन दार्शनिक आच्छादनों के साथ उसे पुनः-पुनः प्रस्तुत किया है।

उपन्यास के अन्त में जिवागो की जीवन-कथा समाप्त करते हुए पास्तरनाक ने लिखा है : "जिवागो के जीवन के अन्तिम आठ-दस वर्षों की संक्षिप्त कहानी

लिखना शेष रहा है। इनमें उसकी क्षमता का और भी ह्रास हुआ, वह चिकित्सक और लेखक का ज्ञान और कौशल क्रमशः भूलता गया। वह अपनी घुटन से ऊपर उठता, काम में हाथ लगाता और थोड़े समय के लिए खूब सक्रिय रहने के बाद दीर्घकाल के लिए अपने प्रति और संसार की हर वस्तु के प्रति उदासीनता (इंडिफरेंस) में डूब जाता।" (पृ. 416)

जिवागो इस समय हृदय-रोग से पीड़ित है और यह रोग पुराना है, यद्यपि अन्तिम वर्षों में वह बढ़ गया है। किन्तु उसका मस्तिष्क-रोग और भी पुराना है और उसके हृदय-रोग से कहीं अधिक भयानक है। उदासीनता का दर्शन उसी मस्तिष्क-रोग की उपज है। यह रोग जिवागो को ही नहीं, एक सम्प्रदाय विशेष के कलाकारों को है जो सामाजिक जीवन की उपेक्षा को एक दार्शनिक सत्य का रूप देते हैं और व्यक्ति की खोज करते हुए वहीं पहुँचते हैं जहाँ जिवागो पहुँचा है, अर्थात, उस मनोदशा तक जिसमें मनुष्य संसार के प्रति उदासीन रहते-रहते अन्त में अपने से ही उदासीन हो जाता है।

उदासीनता का दर्शन मस्तिष्क की उपज है। सम्भव है, जिवागो के विचारों और उसकी मार्मिक अनुभूतियों में, उसके दर्शन और उसके जीवन में परस्पर विरोध हो। जिवागो की जीवन-दृष्टि को समझने के लिए उसके जीवन से परिचय पाना आवश्यक है। जिवागो चिकित्सक है, इससे अधिक वह कवि है। उसका कवि-रूप इतना महत्त्वपूर्ण है कि उपन्यास के अन्त में उसकी कविताएँ भी उद्धृत कर दी गई हैं। कवि से भी अधिक वह प्रेमी है और उसकी कविता का स्रोत प्रेम है। क्रान्ति, मार्क्सवाद, सोवियत समाज-व्यवस्था—ये सब इस प्रेम के शत्रु मालूम होते हैं। उसके प्रेम की विशेषता क्या है?

उसकी एक मित्र है तोन्या नाम की लड़की। मित्रता इतनी घनिष्ठ है कि वह उसके जीवन का अंग (ए पार्ट ऑव हिज लाइफ) बन गई है। एक दिन वह लड़की न रहकर नारी बन गई। जिवागो के हृदय में एक उत्कृष्ट सहानुभूति और लाज-भरा आश्चर्य उत्पन्न हुआ। एक नृत्य में अपने सहयोगी के साथ नाचते हुए तोन्या जिवागो के पास से निकली और उसका हाथ दबाने के बाद मुस्कराई। वह अपने हाथ में जो रूमाल लिये थी, वह जिवागो की उँगलियों में अटका रह गया। मुग्ध प्रेमी ने उसे अपने ओठों से लगा लिया और आँखें बन्द कर लीं। "चूरा (जिवागो) के जीवन में यह कुछ नई चीज थी, कोई तेज और नस्तर जैसी चीज, जो उसके समूचे व्यक्तित्व को एड़ी से चोटी तक बेध गई।" (पृ. 84)

विवाह हुआ। पुत्र उत्पन्न हुआ। किन्तु अपने स्कूली जीवन में जिवागो ने एक और लड़की देखी थी जिसका नाम था लारा। कॉलेज में पढ़ने के दिनों में भी उसे देखा था। आगे चलकर वह नर्स का काम करने लगी और डॉ. जिवागो ने उसे फिर देखा। जब लारा स्कूली लड़की थी, तभी उससे कोमारोव्स्की नाम

के एक सज्जन प्रेम करने लगे थे। "लारा को इस बात से प्रसन्नता थी कि एक सुन्दर पुरुष, जिसके बाल सफेद होने लगे हैं, जो उम्र में उसका पिता होने योग्य है, जिसके भाषण पर सभाओं में तालियाँ बजती हैं और जिसका नाम अखबारों में छपता है, उसके लिए अपना समय और धन खर्च करता है, उसे संगीत सुनवाने और नाटक दिखाने ले जाता है, उससे कहता है कि वह अप्सरा जैसी लगती है", इत्यादि। (पृ. 52) इन पितृ-तुल्य प्रेमी कोमारोव्स्की की मार्मिक अनुभूति पास्तरनाक के शब्दों में इस प्रकार वर्णित है : "उसके लिए लारा के सौन्दर्य में एक अनोखा अशरीरी आकर्षण था। उसके हाथ किसी भव्य विचार के समान उसे आश्चर्य में डाल देते थे। होटल के कमरे की दीवाल पर उसकी छाया उसे निर्दोष सौन्दर्य की प्रतिमा जैसी लगती थी। उसके वक्ष पर उसका वस्त्र ऐसी सादगी और मजबूती से खिंचा हुआ था मानो कसीदे के फ्रेम पर कपड़ा खिंचा हुआ हो! नीचे घोड़ागाड़ियों की विलम्बित लय पर उसने खिड़की पर अपनी उँगलियों से ताल दी। आँखें बन्द करते हुए वह फुसफुसाया—लारा। उसने स्वप्नाविष्ट की भाँति देखा—वह अपनी बाँह पर सिर रखे है। उसकी (लारा की) आँखें बन्द हैं। वह सो रही है। बेसुध है। वह घंटों तक जागता हुआ उसे निहार रहा है। उसके काले बाल बिथुर गए हैं और उसका सौन्दर्य उसकी (कोमारोव्स्की की) आँखों को डंक मारता है और हृदय को चबा लेता है।" (पृ. 51)

सुन्दर! रीतिकालीन कवियों ने मुग्धा नायिकाओं के श्रृंगार का वर्णन बहुत कुछ इसी प्रकार किया था। उनके आश्रयदाता, विलासी सामन्त, नायिका के लिए पितृतुल्य होते हुए भी अपना मुग्धा-प्रेम न छोड़ते थे। पास्तरनाक ने कोमारोव्स्की के प्रेम का वर्णन उसी तल्लीनता से किया है जिससे वह जिवागो के प्रेम का वर्णन करता है। यह दूसरी बात है कि लारा को बहुत जल्दी इस अधेड़ प्रेमी से घृणा हो जाती है। पास्तरनाक ने लम्पट कोमारोव्स्की के प्रेम का वर्णन इस तरह किया है मानो उसकी आँखों में सौन्दर्य का यह धुआँ पहली बार लगा हो!

छह महीने में लारा इस प्रेमी से परेशान हो जाती है। वह उसे इशारों से याद दिलाता रहता है कि वह पतित हो चुकी है। इससे लारा उलझन में पड़ जाती और 'विलासिता के दुःस्वप्न का विरोध करने में अपने को असमर्थ पाती।' (पृ. 73) किसी तरह उसने अपने को इस प्रेमी के चंगुल से छुड़ाया और युवा प्रेमी पाशा से विवाह किया। और एक दिन जिवागो ने लारा से कहा : "आजकल सच्चे रचनात्मक जीवन के लिए मुझमें ऐसी तीव्र आकांक्षा जगी है। चारों ओर के जीवन-प्रवाह का मैं अंग बनना चाहता हूँ। और इस सार्वजनीन आनन्द के बीच तुम्हारी उलझन में डालनेवाली उदास, खाली-खाली-सी आँखें दिखाई देती हैं जो पता नहीं किस मनोरम लोक में खो गई हैं!" जिवागो खिड़की से बाहर झाँकने लगा और लारा ने कहा : "आओ, थोड़ा पानी पी लो और पहले जैसे फिर हो जाओ।" (पृ. 937)

लेकिन वह पहले जैसा फिर नहीं हुआ। अलबत्ता उसकी पत्नी तोन्या पुनः गर्भवती हुई और उसने अपनी डायरी में कवित्वपूर्ण शब्दावली में लिखा : "नारी भविष्य की थाती है; उसका व्यक्तित्व अपना नहीं है। भविष्य उसके गर्भ में है। ईश्वर की माता से कहा गया था कि अपने पुत्र और ईश्वर से प्रार्थना कर। नारी के लिए ईश्वर उसके पुत्र में है।" (पृ. 255)

सब सुन्दर! और सबसे सुन्दर यह कि लारा के प्रेम को अपने गर्भ में पालते हुए जिवागो यह सब लिखता रहता है। फिर उसने एक दिन लारा को पुस्तकालय में देखा। वह पुस्तक में खोई हुई 'शिशु के समान' दाहिनी ओर सिर झुकाए बैठी थी। लारा जिवागो के लिए वैसी ही मुग्धा नायिका है, जैसी वह कोमारोव्स्की के लिए थी। "वह तोन्या की पूजा करता था।" और उससे लारा के प्रति अपने प्रेम को छिपाता भी रहता था। उसे प्रकृति से प्रेम था। संध्या समय वन में डूबता सूरज देखकर उसे लगता कि "रोशनी के नश्तर उसे भी बेध रहे हैं।" (पृ. 310) पहले तोन्या से रूमाल पाने पर उसे इस बेधन-क्रिया का अनुभव हुआ था। अब उसे रोशनी बेधती है। वास्तव में बेधनेवाली वस्तु दूसरी है। "वन, सूर्यास्त की आभा, प्रत्येक दृश्यमान पदार्थ ने रूप बदलकर एक बालिका का आकार धारण कर लिया। 'लारा'। उसने आँखें बन्द कर लीं। (जैसे कोमारोव्स्की ने बन्द की थीं, जैसे तोन्या को देखकर खुद जिवागो ने बन्द की थीं।) और समग्र जीवन, ईश्वर की समूची धरती, सामने प्रकाश से भरी हुई भूमि को सम्बोधित करते हुए उसने सोचा और वह फुसफुसाया।"

वह अपनी पत्नी और बच्चों को धोखा दे रहा था, अपनी असंयत वासना को जीवन, धरती और आकाश के रहस्यवाद से ढाँप रहा था। कितनी बार इस जिवागो ने, जिसे मार्क्सवादियों के घिसे-पिटे सूत्रों से बेहद नफरत है, जीवन शब्द का प्रयोग नहीं किया, और कितनी बार इस जीवन ने सिमटकर किसी नवोढ़ा बाला का रूप धारण नहीं किया!

वह उसे कितना प्यार करता था! वह क्यों इतनी सुन्दर लगती थी? क्या वह कोई ऐसी वस्तु थी जिसका नाम लिया जा सके और गुणों की सूची में उसकी ओर संकेत किया जा सके? नहीं, हजार बार नहीं! वह अनुपम सादगी और तेजी से खींची हुई विधाता की उस रेखा के कारण सुन्दर थी जिस "स्वर्गीय छवि-रेखा में लिपटी हुई, स्नान के बाद चादर में दृढ़ता से लपेटे हुए शिशु के समान, वह उसकी (जिवागो की) आत्मा के संरक्षण में छोड़ दी गई थी।" (पृ. 331)

शिशु के समान! जिवागो बालिका-प्रेमी है। रमणी बालिका न भी रहे तो वह उस पर बालिका-रूप आरोपित कर लेता है। कोमारोव्स्की भी बालिका-प्रेमी था।

एक दिन उसने देखा—लारा उसके बिस्तर पर बाँहें फैलाए उसकी ओर झुकी हुई है। डॉक्टर रोगी बना, नर्स डॉक्टर बनी। उसके केश जिवागो के बालों से मिल

गए। वह आनन्द में डूब गया। पास्तरनाक के अनुसार, प्रेम बहुत लोग करते हैं किन्तु जिवागो के प्रेम की विशेषता यह थी कि वह जीवन को पहचान लेता था। इस पहचान में तोन्या के जीवन का क्या हो रहा है, इसका ध्यान मर्मी कवि जिवागो को न रहता था। उसे छापेमार अपने साथ ले गए थे—उसकी इच्छा के विरुद्ध—उससे चिकित्सक का काम लेने के लिए। क्रान्तिकारी कितने निठुर थे, यह सिद्ध करने के लिए वह बार-बार अपने परिवार की दुहाई देता है, तोन्या के नाम की माला जपता है लेकिन जब इसी परिवार से मिलना सम्भव होता है, तब वह तोन्या के घर की ओर मुँह भी नहीं करता, सीधा लारा के प्रेमकक्ष की ओर दौड़ता है। तोन्या से क्रान्तिकारियों को खतरा है, इसलिए उस अबला को देश-निकाला मिलता है। जिवागो का मार्ग निष्कंटक हो जाता है। वह लारा से कहता है, जब तुम्हें स्कूली लड़की की पोशाक में देखा था, तभी समझ गया था कि इस दुबली-पतली छोकरी में "विद्युत-लहरियों के समान विश्व का समग्र रमणीत्व भरा है। यदि मैंने उस क्षण तुम्हें उँगली के छोर भी से छू लिया होता, तो एक विद्युतकण से सारा कमरा दीप्त हो उठता और या तो मैं उसके आघात से उसी क्षण मर जाता या शेष जीवन में वेदना और अतृप्त आकांक्षा के मैग्नेटिक प्रवाह से भर जाता।" (पृ. 383)

बेशक, जिवागो उर्फ पास्तरनाक ने यहाँ मौलिकता की पराकाष्ठा कर दी है। नारी के आकर्षण में पुरुष ने बहुत-सी बुद्धिमानी की बातें कीं और कही हैं लेकिन कमरे में प्रकाश हो जाना—पुरानी अभिसारिकाओं की भाँति नहीं—ऐसी बिजली का प्रकाश फैलना जो हाथ लगते ही जान ले ले अथवा प्रेमी को मैग्नेटिक प्रवाह में भर दे—बस, कमाल कर दिया है जिवागो ने। इस कल्पना के आगे दुनिया के सभी हवाबाज शायर झख मारते हैं।

इसके बाद उसे लारा का जीवन संकटमय मालूम होने लगता है—पुनः भय है क्रान्तिकारियों से कि उसकी प्रेमिका को पकड़कर वे उसका वध न कर दें। कोमारोव्स्की फिर आ टपकता है। उसके समझाने से जिवागो महान आत्मत्याग करता है; लारा की रक्षा करने के लिए उसे त्याग देता है। यानी झूठ बोलकर कि आता हूँ, उसे कोमारोव्स्की के साथ चला जाने देता है। गम गलत करने के लिए वोदका (शराब) की शरण लेता है।

जिवागो की धार्मिक अनुभूतियाँ अभी समाप्त नहीं हुईं। जब उसकी आयु कोमारोव्स्की (जब वह लारा का पितृतुल्य प्रेमी था) के बराबर या उससे कुछ बढ़कर होती है, तब जीवन-रहस्य उद्घाटित करने के लिए मरीना नाम की नवीन मुग्धा से परिचय होता है। लारा की रचना विधाता ने अनुपम सादगीवाली रेखा खींचकर की थी, मरीना की रचना के समय विधाता चित्रकार के बदले स्वरकार हो गए थे। मरीना की आवाज सुनकर लगता था, वह उसका अंश नहीं है वरन् उसका अपना स्वतंत्र अस्तित्व है। "लगता था कि वह (आवाज) उसकी पीठ के पीछे से या

दूसरे कमरे से आ रही है।" किस्सा कोतह वह यूरी (जिवागो) की तीसरी पत्नी हुई यद्यपि उसने पहली को तलाक न दिया था। इन दोनों ने अपनी शादी की रजिस्ट्री न करवाई। मार्केल और अगाथा (लड़की के माँ-बाप) कुछ अभिमान के साथ अपनी लड़की को डॉक्टर की बीवी कहते थे। बाप बड़बड़ाता था कि लड़की की शादी ढंग से नहीं हुई, न गिरजाघर में, न रजिस्ट्री द्वारा, लेकिन अगाथा कहती : "तुम्हारा सिर फिर गया है! तोन्या अभी जिन्दा है; शादी हो तो द्विविवाह (बाइगैमी) की नौबत न आ जाएगी!" मार्केल कहता : "सिर तुम्हारा फिर गया है। तोन्या से क्या लेना-देना है? अपने लेखे वह तो दुनिया से उठ गई। उसकी रक्षा करने के लिए कोई कानून नहीं है।"

जिवागो क्रान्ति से त्रस्त है, उसका विरोधी है लेकिन प्रेम और विवाह के मामलों में वह परम क्रान्तिकारी है। द्विविवाह, त्रिविवाह की चिन्ता न करके वह आँखें बन्द करके नश्तर पर नश्तर खाता जाता है। मरीना से दो लड़कियाँ हुईं; जब छोटी लड़की छह महीने की थी, एक दिन जिवागो महोदय मरीना को छोड़कर गायब हो गए। तीन दिन बाद मित्रों तथा मरीना को सूचित किया कि ये उन्हें खोजने का विफल प्रयास न करें। "यथासम्भव शीघ्रता और पूर्णता के साथ अपने जीवन का पुनर्निर्माण करने के लिए वह कुछ समय एकान्त में बिताना चाहता था। जैसे ही काम में लग जाएगा और उसे समुचित विश्वास हो जाएगा कि यह पुराने ढर्रे पर न चलेगा, वह अपना गुप्त स्थान छोड़कर मरीना और बच्चों के पास लौट आएगा।" (पृ. 434)

किस अनुपम सादगी और तेजी से खींची हुई विधाता की रेखा की तरह वह गायब हो जाता है। उसकी कवित्वपूर्ण आवाज पीठ के पीछे से नहीं, दूसरे कमरे से नहीं, किसी गुप्त स्थान से आती है जिसका पता उसकी पत्नी और उसके मित्रों को नहीं है। यह सब 'जीवन' का पुनर्निमाण करने के लिए। मरीना की जान गई, जिवागो की अदा ठहरी!

जिवागो की गम्भीर उदासीनता का वास्तविक रूप यह है। तोन्या, लारा, मरीना... हृदयरोग न होता तो यह काम कुछ दिन और चलता। वह मुग्धाओं के प्रौढ़ा होते ही या उनका मुग्धाभाव समाप्त होते ही परम विरक्त हो जाता है और इस विरक्ति का शिकार उसकी सन्तान भी होती है। यह जिवागो दूसरों को गालियाँ सुनाता है कि वे सूत्रों के पीछे दीवाने हैं, जिन्दा इनसान को भी नहीं देखते, दया की बातें करते हुए अत्यन्त निर्दय हो जाते हैं। उपन्यास में कम-से-कम एक पात्र ऐसा है जो जिवागो के रहस्यवाद और उसकी लफ्फाजी के भुलावे में न आकर उसका असली रूप उसे दिखा देता है। उसका मित्र गौर्डन उससे कहता है : "हम तुम्हें जाने न देंगे, जब तक तुम दिल से सीधा-सच्चा उत्तर न दोगे। तुम इस बात से सहमत हो या नहीं कि तुम्हें अपने तौर-तरीके बदलकर अपना सुधार करना चाहिए? इस सिलसिले में तुम क्या करने जा रहे हो? सबसे पहले तोन्या और मरीना के सम्बन्ध की बात साफ

करो। वे मनुष्य हैं, नारी हैं जिन्हें वेदना और दु:खों का अनुभव होता है। वे अशरीरी विचार नहीं हैं जिनसे दिमाग में तुम खेलते रहो। इसके अलावा यह कलंक की बात है कि तुम जैसा आदमी बर्बाद हो जाए। जागो और आलस छोड़ो। साहस बटोरो और अपनी नितान्त अनुचित हेकड़ी छोड़कर दुनिया को देखो। हाँ, हाँ, हरेक के सम्बन्ध में यह अक्षम्य घमंड छोड़ो। तुम्हें अपने काम पर जाना होगा और प्रैक्टिस शुरू करनी होगी।" (पृ. 432)

उपन्यास के जैकेट पर प्रकाशकों ने बहुत कुछ लिखा है; यह सम्मति उद्धृत कर देते तो पाठकों का आकर्षण दुगुना हो जाता। यदि पास्तरनाक ने गॉर्डन के दृष्टिकोण से जिवागो की यह जीवनी लिखी होती (उपन्यास से अधिक अठारहवीं सदी के कथा-साहित्य की परम्परा में वह जीवनी ही अधिक है) तो सम्भावना थी कि रूस के पुराने बुद्धिजीवियों के निष्क्रिय समाज-विरोधी आचारहीन जीवन की वह व्यंग्यपूर्ण झाँकी होती। किन्तु पास्तरनाक ने तटस्थता से (गम्भीर उदासीनता को ध्यान में रखकर) जिवागो का चित्रण नहीं किया वरन् उससे तादात्म्य स्थापित किया है, जिवागो के माध्यम से समाजवादी क्रान्ति और नई समाज-व्यवस्था के प्रति अपनी अपार घृणा—और गॉर्डन के शब्दों में घमंड और हेकड़ी—व्यंजित की है। सामाजिक उत्तरदायित्व निबाहने को वह आत्मा का हनन समझता है। समाज के एक छोटे-से अंग परिवार के प्रति भी यह अपना उत्तरदायित्व निबाहने में असमर्थ है।

जिवागो कवि है, दार्शनिक है, डॉक्टर होने के कारण वैज्ञानिक भी है। व्यवहार में वह अन्धविश्वासों का पुतला है। उसकी सौन्दर्य-भावना रुग्ण मानस की उपज मालूम होती है। अपने पुत्र साशा से बहुत दिनों बाद मिलता है। पिता को न पहचानकर साशा उसके मुँह पर तमाचा जड़ देता है। वह समझता है, असगुन हुआ! पत्नी तोन्या ने बहुत समझाया लेकिन "वह कमरे से बाहर गया तो उदास था और मन में अपशकुन की भावना थी।" (पृ. 160)

यह अपशकुन चरितार्थ होता है तोन्या को छोड़ने में।

एक स्थान पर घर के बाहर भेड़िए दिखाई देते हैं। उसे लगता है कि वे उसका और लारा का नाश चाहनेवाली कोई विरोधी शक्ति हैं। कुछ घंटों के बाद यह विरोधी शक्ति 'प्रागैतिहासिक पशु या ड्रैगन बन गई जिसकी राहें शुत्मा में दिखाई दी हैं और जो पशु या ड्रैगन यूरी के खून का प्यासा है और लारा के प्रति काम-पीड़ित है।' (पृ. 394) यह अपशकुन चरितार्थ होता है कोमारोव्स्की के आने और उसके साथ लारा के चले जाने में। जिवागो एक रोगी को देखने जाता है। घड़ी के अचानक बज उठने से उस रोगी स्त्री का मन भय से सिहर उठा था। (पृ. 82) उधर तोन्या ने पति से कहा, अचानक घड़ी बज उठी थी; हम लोग बेहद डर गए थे। जिवागो ने कहा : "मेरे टाइफस के समय की सूचना है।" और यह अपशकुन चरितार्थ हुआ आगे चलकर उसे टाइफस होने में। (पृ. 187)

बर्च के पेड़ में दो कोंपल फूटे। कोंपल तीर हैं, दाँत हैं जिन्होंने वृक्ष को बेध दिया है और वह शहीद हो गया है। (पृ. 216) उन्नीसवीं सदी के अनेक विकृत मानसवाले 'डेकेडेंट' कवियों के समान जिवागो में 'सैडिस्टिक' और 'मैसोकिस्टिक', दोनों तरह की वृत्तियाँ बीज-रूप में विद्यमान हैं। या तो उसके खुद नश्तर लगते हैं या वह दूसरों के नश्तर चुभोता रहता है। वृक्ष के शहीद होने का रहस्य है, उससे जिवागो का तादात्म्य। एक पुरानी कहानी सुनकर उसे लगता है : "लारा का बायाँ कंधा आधा खुला है। गुप्त सेफ को जैसे चाभी से खोला जाए, तलवार ने उसकी स्कन्ध-अस्थि को खोल दिया और उसकी आत्मा की गुहा उघरने पर उसमें छिपाए हुए सभी भेद दिखाई दे गए।" (पृ. 331) अर्थात् जिवागो के उपचेतन में आकांक्षा है, लारा का हृदय चीरकर उसके गुप्त रहस्य देख ले।

जब हृदय में अँधेरा हो तो सारी दुनिया अँधेरी दिखाई देती है। एक जगह पास्तरनाक ने बहुत सही लिखा है : "यद्यपि अभी दिन का तीसरा पहर ही था और खूब धूप फैली हुई थी, फिर भी यूरी के हृदय में इतनी उदासी और अँधेरा था कि उसे लगा कि वह काफी रात गए जिन्दगी के अँधेरे जंगल में खड़ा है।" (पृ. 398) इस रोगी-दृष्टि से सूरज चाँद बन जाता है, विदाई की सूचना देनेवाला एक अपशकुन। एक जगह पास्तरनाक ने बादलों के लिए लिखा है कि वे पागलों की तरह यों भाग रहे थे मानो कोई पीछा कर रहा हो! अन्धविश्वासी जिवागो को आतंकित करने के लिए क्रान्ति जैसी उथल-पुथल की आवश्यकता नहीं है; पत्ता खड़कने से भी उसका मन सिहर उठता है। एक बार वह ऐसे मकान में रहता है जिसमें चूहे बहुत हैं। वह उनके बिलों को टूटे काँच से बन्द करना चाहता है। इलियट-काव्य के प्रेमी चूहों और टूटे काँच के प्रतीकों से भली भाँति परिचित होंगे। जिवागो सोवियत संघ का नहीं, 'वेस्टलैंड' का निवासी है।

कोई आश्चर्य नहीं कि रूस की समाजवादी क्रान्ति जिवागो को एक बीमारी ही लगती है। "यह एक बीमारी थी, युग का क्रान्तिकारी पागलपन कि हर कोई अपने हृदय में अपनी कही हुई बातों से और ऊपरी दिखावे से बिलकुल भिन्न था।" (पृ. 409) जिवागो स्वयं अपने मानववाद को जीवन में किस तरह चरितार्थ करता था, यह हम देख चुके हैं। किन्तु उसके क्रान्ति-विरोध का कारण उसका रोगी मन ही नहीं है। उसकी वर्ग-चेतना उसे उन सम्पत्तिशाली जनों की ओर खींचती है जिनके विशेषाधिकार नष्ट हो रहे हैं। उसकी माँ जमींदार-घराने की थी, पिता पूँजीपति था। उसे बचपन के दिन याद आते हैं जब जिवागो कारखाने, जिवागो बैंक, जिवागो बिल्डिंग्स—ऐसी न जाने कितनी चीजों के साथ जिवागो का नाम जुड़ा हुआ दिखता था। जिवागो के वैभव के दिन बीत गए। लारा एक जगह उसी के मन की बात कहती है : "तुम और हम संसार के आरम्भ के उन दो प्रथम नर-नारी के समान हैं जिनके पास तन ढँकने को कुछ न था। संसार के अन्त में तुम और हम बेघर-बार

और नंगे रह गए हैं। तुम और हम उस असीम गरिमा की आखिरी यादगार हैं जो उनके और आज के बीच हजारों साल की अवधि में रची गई थी और उस खोए हुए गौरव की स्मृति में हम जीते हैं, प्रेम करते हैं, रोते हैं और एक-दूसरे से चिपके रहते हैं।" (पृ. 362)

जीवन और प्रेम का रहस्यवाद अब ज्यादा स्पष्ट हो जाता है। खोया हुआ गौरव, व्यक्तिगत सम्पत्ति के उद्‌भव से लेकर पूँजीवाद की मंजिल तक के अर्जित अधिकार—सब ढह गए। लारा और जिवागो उस मिटती हुई दुनिया के अवशेष हैं। सोवियत समाज में जिवागो की आवाज खँडहरों में घूमनेवाले प्रेत की आवाज के समान है।

जिवागो को बचपन में अपना चाचा निकोलाइ बहुत प्रिय था। उसमें सभी जीवों के प्रति "अभिजातवर्गीय समानता की भावना" (अरिस्टोक्रैटिक सेंस ऑव इक्वालिटी) थी। (पृ. 17) अभिजात वर्ग और समानता! अर्थात् ऐसी समानता, जो सर्वत्र जीवन-प्रवाह तो देखे किन्तु वर्गशोषण के प्रति आँखें बन्द कर ले। चाचा निकोलाइ का विचार है कि "लोग जब संगठन के खूँटे से बँधते हैं तब यह उनकी कम-अक्ली का सबूत होता है, चाहे वे सोलोवयेव के खूँटे से बँधे हों, चाहे कांट के या मार्क्स के खूँटे से। सत्य की खोज केवल व्यक्ति कर सकते हैं। और वे उनसे नाता तोड़ लेते हैं जो उससे यथेष्ट प्रेम नहीं करते।" (पृ. 18) इस प्रकार जिवागो ने लड़कपन से ही अपने वर्ग के अनुकूल राजनीतिक शिक्षा पाई थी; अपने चाचा के ही समान वह हर तरह के संगठन का विरोधी बन गया था। जिवागो मार्क्सवाद पर यह गम्भीर मन्तव्य प्रकट करता है : "मार्क्सवाद को विज्ञान कहते हो?...मार्क्सवाद ने अभी अपने ऊपर इतना प्रभुत्व हासिल नहीं किया कि उसे विज्ञान कहा जा सके। मार्क्सवाद और वस्तुगत सत्य की बात करते हो? मेरी समझ में कोई भी दर्शन इतना आत्मकेन्द्रित और वस्तु-सत्य से इतनी दूर नहीं है जितना मार्क्सवाद। राजनीति मेरे लिए निरर्थक है। मुझे वे लोग पसन्द नहीं हैं जो सत्य के प्रति उदासीन हैं।" (पृ. 235) उदासीनता के दर्शन का हामी जिवागो 'सत्य' के प्रति उदासीनता पसन्द नहीं करता। वह सत्य क्या है? सत्य है, सम्पत्तिशाली वर्गों का स्वार्थ; उनका निष्क्रिय विलासी जीवन। वह राजनीति को अपने लिए निरर्थक बतलाता है लेकिन उसके राजनीतिक विचार अत्यन्त स्पष्ट और रहस्यवाद से परे हैं। यही नहीं, वह पग-पग पर मार्क्सवाद और क्रान्ति के विरुद्ध प्रचार को अपना पुनीत कर्तव्य समझता है। क्रान्ति क्या है? एक प्रवंचना। क्रान्ति हुई। शहरों के लोग अज्ञात की आशंका से बच्चों के समान असहाय हो गए। वे लँगड़ाते, लड़खड़ाते अज्ञात लक्ष्य की ओर चले जा रहे थे—बातें करते और अपने को धोखा देते हुए। केवल जिवागो समझता है कि हो क्या रहा है। "उसे और उस जैसों को विनाश का दंड सुनाया जाता है।" (पृ. 168) क्रान्ति का अर्थ है : हत्या, आतंक, पराधीनता! "जो कुछ हो रहा है, वह

पागलपन है, एक बेहूदा दु:स्वप्न।" (पृ. 237) क्रान्तिकारी जब कानून अपने हाथ में ले लेते हैं तब वे भयानक हो उठते हैं, आततायियों के रूप में नहीं, मशीनों की तरह जो कंट्रोल के बाहर हो गई हों। (पृ. 268) जिन्होंने क्रान्ति की प्रेरणा दी है, उन्हें उथल-पुथल के अलावा कोई चीज अच्छी नहीं लगती। (पृ. 269) जब लोग जिन्दगी को नये सिरे से सँवारने की बात करते हैं, तो "मेरा आत्म-नियंत्रण खत्म हो जाता है और मैं निराशा में डूब जाता हूँ।" (पृ. 305) एक क्रान्तिकारी के प्रति उसे इतनी घृणा होती है कि वह बड़बड़ा उठता है : "किसी दिन मैं उसे मार डालूँगा।" (पृ. 307) उसके अनुसार लोग अमानुषिक व्यवहार को वर्ग-चेतना समझते हैं, अपनी बर्बरता को सर्वहारा दृढ़ता और क्रान्तिकारी सहज बोध कहते हैं। (पृ. 315) छापेमारों के साथ रहते हुए जब वह क्रान्तिविरोधी फौज के सैनिकों को देखता है तो जिवागो की सारी सहानुभूति उनकी ओर उमड़ पड़ती है। "उसकी समग्र सहानुभूति इन वीर बालकों के साथ थी, जो मौत का सामना कर रहे थे। वह अपने सम्पूर्ण हृदय से उनकी विजय की कामना करता था। वे उन परिवारों के थे जो सम्भवत: भावना, शिक्षा, नैतिक अनुशासन और मूल्यों में उसके सगोती थे।" (पृ. 302)

जिवागो के लिए राजनीति निरर्थक नहीं है। वह अभिजात वर्ग के क्रान्ति-विरोधियों की सफलता की हार्दिक कामना करता है। जिवागो अर्थात् पास्तरनाक के राजनीतिक विचार क्रान्ति-विरोधी हैं और कम-से-कम इस उपन्यास के बारे में, यह स्पष्ट है कि सोवियत संघ में उसके प्रकाशन की माँग का अर्थ है, वहाँ क्रान्ति-विरोधी प्रचार के लिए खुली छूट की माँग करना। पास्तरनाक में घृणा का इतना विष एकत्र है कि उपन्यास के अन्त में वह एक पात्र से दूसरे महायुद्ध के बारे में कहलवाता है : "जब युद्ध शुरू हुआ तब उसकी वास्तविक विभीषिका, खतरे, और मृत्यु का भय, झूठ की अमानुषिक शक्ति की तुलना में, वरदान मालूम पड़े। मृत शब्दों का जादू टूटने पर लोगों ने कुछ सुख की साँस ली।" (पृ. 453) अर्थात् जर्मन नाजियों ने जो कुछ उत्पात सोवियत भूमि में किया, वह सब कम्यूनिस्ट आतंक के सामने हेच था! फिर भी लोग सोवियत व्यवस्था के लिए लड़े और युद्ध से लाभ उठाकर उस आतंक को समाप्त न कर दिया, इससे अधिक आश्चर्य की बात और क्या होगी!

सोवियत समाज हिंसा और आतंक के बल पर टिका हुआ है, इस झूठ का इतना प्रचार हुआ है कि अनेक सीधे पाठक जिवागो या उस जैसे अन्य पात्रों की उक्तियों पर विश्वास कर लेंगे। इसलिए पास्तरनाक के इस उपन्यास से ही दो-एक उदाहरण देना असंगत न होगा जिनसे क्रान्ति और सोवियत समाज-व्यवस्था की लोकप्रियता साबित होती है। पास्तरनाक ने क्रान्ति को भयानक और हिंसक दिखाने में कुछ उठा नहीं रखा। इसलिए इन उदाहरणों का महत्त्व और भी अधिक है।

छापेमारों के साथ जिवागो जब चिकित्सक रूप में काम कर रहा था, तब के बारे में पास्तरनाक ने लिखा है : "जाड़ों में टाइफस, गर्मियों में पेचिश, लड़ाई फिर

चालू होने से घायलों की संख्या में बढ़ती होने से वह एकदम काम में फँसा रहता था।" इससे स्पष्ट है कि छापेमारों का जीवन बहुत सुखमय नहीं था। फिर भी : "अक्सर पीछे हटने और नुकसान उठाने के बावजूद नये विद्रोहियों के आ मिलने से छापेमारों की सफें बराबर बढ़ती जाती थीं। जिन बस्तियों से किसान-सेना (पेजेंट आर्मी) गुजरती थी, वहाँ नये विद्रोही आ मिलते थे और शत्रु सेना के भगोड़े भी इस ओर आ जाते थे। यूरी अपने दस्ते के साथ अठारह महीने रहा था और अब वह दस्ता अपने मूल आकार से दस गुना बड़ा हो गया था।" (पृ. 300) अभिजात वर्ग के सदस्य छापेमारों को चाहे जो कहें, किसान उन्हें प्यार करते थे और टाइफस, पेचिश, घावों की चिन्ता न करके वे उनकी संख्या बढ़ाते रहते थे। सोवियत क्रान्ति की विजय का यह एक महत्त्वपूर्ण कारण था।

श्वेत सेना और लाल फौज का अन्तर, दोनों के प्रति किसानों की भावना का भेद इस एक वाक्य से प्रकट हो जाता है : "श्वेत सैनिकों के दंड से त्रस्त होकर आसपास के देहातों की समूची किसान-जनता घरों से भाग आई और अब किसान-सेना में भर्ती होना चाहती थी; क्योंकि वह उसे अपना स्वाभाविक संरक्षक मानती थी।" (पृ. 323)

लाल फौज किसानों की संरक्षक थी—क्रान्ति का अकाट्य सत्य यहाँ प्रकट हो ही गया है।

एक अनाथ बालक है, वास्या। उसका गाँव जला दिया गया है। उसकी माँ डूब मरी है। वह जिवागो के साथ मॉस्को आता है और छापे का काम सीखता है। इस अनाथ निराश्रित बालक के लिए क्रान्ति कौन-सा सन्देश लाई है? "एक समय आया जब यूरी और वास्या की मैत्री ठंडी पड़ गई। वास्या का विकास मार्के का हुआ था। वह अब नंगे पाँव, चीथड़े पहने हुए, उलझे बालोंवाला बालक न था जो वेरेतेन्निकी आया था। क्रान्ति ने जिन सत्यों की घोषणा की थी, उनकी स्वत: सिद्ध स्पष्टता उसे अधिकाधिक आकर्षित करती थी।" यूरी की बातचीत "चित्रमय प्रतीकों और अस्पष्टता के कारण उसे भ्रान्त, विनाशोन्मुख, अपनी कमजोरी के अहसास के कारण भुलावा देनेवाली जान पड़ती थी।" (पृ. 425) वास्या ने जिवागो का साथ छोड़ दिया। पीड़ित वर्गों के लोग जितना ही नई समाज व्यवस्था की ओर खिंचते थे, निहित स्वार्थों के लोग उतना ही उससे घृणा करते थे। प्रेम और जीवन का रहस्यवाद जनता को भरमाने के लिए था लेकिन वास्या जैसे लड़के भी इस रहस्यवाद की असलियत पहचान जाते थे।

जिवागो और लारा ही नहीं, उनके रचयिता पास्तरनाक भी एक पुरानी दुनिया की यादगार हैं। इस पुरानी दुनिया में समाज का बहुसंख्यक भाग मेहनत-मजूरी करता था, और मुट्ठी-भर भाग उनका श्रमफल हथियाकर ऐश करता था। इन मुट्ठी-भर सम्पत्तिशाली लोगों की संस्कृति का प्रतिनिधि है जिवागो। पास्तरनाक ने क्रान्ति से

मजदूरों और किसानों को तबाह होते नहीं दिखलाया। यही नहीं, मेहनत करनेवालों से वे इतनी दूर हैं कि उन्होंने अपने उपन्यास में उनकी कोई भी भरी-पूरी तसवीर नहीं खींची। इस श्रमिक जनता से दूर रहकर मानव-जीवन और मानव-संस्कृति को जिवागो-तोन्या, जिवागो-लारा, जिवागो-मरीना आदि (जिवागो-बैंक, जिवागो-फैक्टरी, जिवागो-बिल्डिंग्स की तरह!) के सम्बन्धों तक सीमित करके पास्तरनाक ने ऐसी नैतिकता को अपनाया है जो सोवियत समाज में ही नहीं, संसार के अन्य भागों में भी घृणित समझी जाएगी।

इस संस्कृति की विशेषता उसका दुरंगापन है। मानव-जीवन की बात करो, व्यवहार में स्वार्थ के आगे दूसरों को भूल जाओ। सामाजिक उत्तरदायित्व और राजनीति से दूर रहो लेकिन श्रमिक-वर्ग की राजनीति, उसकी नई व्यवस्था पर खूब कीचड़ उछालो। जीवन-प्रवाह में डूब जाओ और वर्ग-शोषण, वर्ग-विरोध, वर्ग-संघर्ष को भी उसी में डुबो दो। शब्दों में उच्च आदर्शों की घोषणा करो, व्यवहार में स्वेच्छाचारी विलासी का जीवन बिताओ। जिवागो का संसार बहुत ही सीमित है। वह इन्द्रियबोध की दुनिया में रहता है। मैत्री, त्याग, शूरता आदि की भावना तक उसकी पहुँच नहीं है। इन्द्रियबोध के संसार में भी वह प्राय: एक रुग्ण मानस का परिचय देता है। उसकी इच्छाशक्ति को लकवा मार गया है। उसका स्वेच्छाचार आत्मघाती है; यह उसके जीवन से ही सिद्ध होता है। जिवागो खुद अपना शत्रु है, उसे क्रान्ति या समाजवाद ने नहीं मिटाया, अहंवाद के घुन उसे खा गए हैं। इसलिए टॉल्स्टॉय आदि से उसकी तुलना एकदम निरर्थक है

जिवागो की जीवन-दृष्टि का मूल तत्त्व है—इतिहास के निर्माण में दखल दो। हजारों साल से भूमि और पूँजी के स्वामी गरीबों पर शासन करते आए हैं। वही क्रम चलने दो। जिवागो को राजनीतिक प्रचारकों से नफरत है, लेकिन क्रान्ति-विरोधी प्रचार के लिए शब्दों की झड़ी लगाने में वह नहीं चूकता। इंग्लैंड, अमरीका, फ्रांस आदि के सोवियत-विरोधी प्रचारकों ने जो 'तथ्य' एकत्र किए हैं, उन्हीं की कमोबेश आवृत्ति जिवागो द्वारा हुई है। मौलिकता न राजनीतिक में है, न प्रेम और सौन्दर्य के चित्रण में। उन्नीसवीं सदी के उत्तरार्द्ध के डेकेडेंट कवियों का स्वर हर पृष्ठ पर सुनाई पड़ता है। मौलिकता है अन्धविश्वासों, क्रान्ति-विरोधी विचारों और रुग्ण मानस से स्वरों के मिश्रण में।

रूसी क्रान्ति में सबकुछ अच्छा ही अच्छा नहीं हुआ, न सोवियत समाज दोषों से पूर्णत: मुक्त है। किन्तु इसमें सन्देह नहीं कि रूसी समाजवादी क्रान्ति ने विश्व पूँजीवाद का घेरा तोड़ा, एक नई व्यवस्था को जन्म दिया, रूसी जनता के आर्थिक और सांस्कृतिक जीवन में बुनियादी परिवर्तन किए और नाजी जर्मनी को पराजित करके विश्वपूँजीवाद को दूसरा जबर्दस्त धक्का दिया। इन सब घटनाओं से समग्र मानवजाति का हित हुआ है। पास्तरनाक ने जो कुछ लिखा है, वह उसके देश के

लिए और जाग्रत मानवता के लिए अपमानजनक है। इस तरह की कृति का जो उपयोग हो सकता था, वही हो रहा है। शीतयुद्ध के लिए पूँजीवादी प्रचारक उसे सोवियत-विरोधी अस्त्र के रूप में इस्तेमाल कर रहे हैं। इस शीतयुद्ध का एक लक्ष्य भारत जैसे देशों को पिछड़ा हुआ रखकर उनमें विदेशी पूँजी के मुनाफे की रक्षा करना भी है। इसलिए जिवागो-सम्बन्धी प्रचार से सावधान रहकर हिन्दी पाठकों को स्वयं उसे पढ़कर अपनी राय कायम करनी चाहिए। क्या हमारे लिए जिवागो की आचारहीनता, उसका अनैतिक अहंवाद, उसकी इतिहास-सम्बन्धी अवैज्ञानिक धारणाएँ, उसके अन्धविश्वास हितकर हैं? हमारी संस्कृति में वे कौन-से मूल्यवान तत्त्व हैं जिनसे जिवागो की जीवन-दृष्टि मेल खाती है? उपन्यास पढ़ने के बाद इस तरह के प्रश्नों का उत्तर देना असंगत न होगा।

13
आधनिक हिन्दी कविता : विकास की दिशा

[1]

मेरी मानवता पर रक्खा
गिरि या सत्ता का सिंहासन।
मेरी आत्मा पर बैठा है
विषधर-सा सामन्ती शासन॥
मेरी छाती पर रखा हुआ
साम्राज्यवाद का रक्तकलश।
मेरी धरती पर फैला है
मन्वतंर बनकर मृत्युदिवस॥

ये पक्तियाँ गिरिजाकुमार माथुर की कविता 'एशिया का जागरण' से ली गई हैं। सामन्तशाही और साम्राज्यवाद के शोषण की ऐसी तीव्र अनुभूति कम कविताओं में मिलती है। इन पक्तियों से उन संशयात्माओं को उत्तर मिल जाता है, जो समझते हैं कि राजनीतिक विषयों पर उच्चकोटि की कविता नहीं लिखी जा सकती है। कविता राजनीतिक हो या अराजनीतिक, यह प्रश्न उठाना ही गलत है। समाज के जीवन में राजनीति का बहुत ही महत्त्वपूर्ण स्थान है। फिर जागरूक कवि उस ओर से उदासीन कैसे हो सकता है? गिरिजाकुमार में जीवन, सौन्दर्य और प्रेम की तीव्र चाह है। सौन्दर्य के कवि के रूप में उन्होंने अपने कवि-जीवन का आरम्भ किया था। लेकिन ऊपर की पंक्तियों से मालूम होता है कि साम्राज्यवाद के रक्तशोषक यंत्र की एक खरोंच कहीं उनके भी लग गई है। इसलिए यों तिलमिलाकर विषधर और रक्तकलश के प्रतीकों द्वारा उस यंत्र की मनुष्यघाती विशेषता का चित्रण उन्होंने कर दिया है।

गिरिजाकुमार ने अपना कवि-जीवन प्रेम और सौन्दर्य के स्वप्नों से आरम्भ किया था; अब भी वह प्रेम और सौन्दर्य के कवि हैं। नई पीढ़ी के कवियों में उन्होंने उपमाओं से हिन्दी कविता में नये रंग भरे। उन्होंने 'शिशिर निशा-सी लम्बी पलकें'

झुकती देखीं; अधरों को प्रबाल-सा भिंजता देखा; चाँद कटोरे की सिकुड़ी कोरों से लम्बे कुहरे को चाँदनी पीते देखा, : कुहरों के वन में भोर का फूल खिलते देखा। उपमा और रूपकों की ऐसी बौछार किसी नये कवि में नहीं है; हर कविता में उनसे चमत्कार पैदा होता है। और ये प्रतीक चित्र सब कोमल और मनोरम ही नहीं है। धूप छपे सूखे फूल-सी है; धरती की रेखा पर ठिठकता हुआ सूरज लाल पत्थर के टुकड़े-सा है; वातावरण हिम की चट्टानों-सा जम जाता है; दैनिक पत्रों की प्रथम पंक्ति में सभ्यता का मीनार गिरता दिखाई देता है। 'मंजीर', 'नाश और निर्माण'—इन दो संग्रहों और इधर-उधर की प्रकाशित कविताएँ पढ़ने से ऐसा लगता है, जैसे हम किसी बहुत ही सहृदय दर्शक के साथ दुनिया देख रहे हैं जिसके मानसपटल पर सभी महत्त्वपूर्ण चित्र अंकित होते जाते हैं। 'मंजीर' में उनके प्रथम रोमांटिक काल की रचनाएँ हैं, जिनमें सूक्ष्म सौन्दर्यबोध और उपमा-चमत्कार होते हुए भी गहराई कम है। 'नाश और निर्माण' में उस रोमांटिक रंगीनी का बहुत कुछ नाश हो गया है और जीवन की भट्ठी में तपकर एक नये कवि का निर्माण हुआ है। इन कविताओं को पढ़कर मालूम होता है कि कालिदास के गौरवपूर्ण दिनों की स्मृति में विभोर होनेवाले कवि के लिए यथार्थवाद की ओर मुड़ना कितना कठिन है। 'नाश और निर्माण' के अन्तिम गीत में ही सुनाई देने लगता है :

जन-जन का जीवन गीत बने
उठते स्वर का यह गीत नया।
हर चरणों की है चाप नई
हर मंजिल का संगीत नया॥

इस गीत के बाद सचमुच कवि का स्वर उठता गया है और उसमें जनता की चरण-चाप सुनाई पड़ने लगी है।

वर्तमान युग जनता के क्रान्तिकारी उठान का युग है। सामन्ती और साम्राज्यवादी दमन और फरेब को व्यर्थ करती हुई जनता अपनी स्वाधीनता की ओर बढ़ रही है। यह जन-जागरण हिन्दुस्तान ही नहीं, समूचे एशिया में दिखाई पड़ता है। किन्तु इस जन-जागरण से त्रस्त होकर प्रगति-विरोधी शक्तियाँ अपने अन्तिम अस्त्रों का प्रयोग कर रही हैं। फलत: हमारे राष्ट्रीय आन्दोलन में फूट दिखाई देती है; एकता के बदले हत्या और रक्तपात होता है; विजय-यात्रा के बदले आत्मसमर्पण के दृश्य दिखाई देते हैं। इन सब बातों का साहित्यिकों पर भी असर पड़ता है। कुछ के पैर डगमगाते लगते हैं; कुछ प्रतिक्रियावादी शक्तियों को आगे चढ़ते देखकर, जनता में अपना विश्वास खो बैठते हैं। वे कहते हैं—ठीक है, एकता होनी चाहिए; किसान-मजदूरों का आन्दोलन चलना चाहिए; लेकिन जनता तो कांग्रेस और लीग के साथ है और नेताओं में फूट है; फिर हम क्या करें? ऐसे लोग कांग्रेस और लीग के पीछे

चलनेवाली जनता में ही जिस एकता का निर्माण हो रहा है, उसे नहीं देखते। उनके लिए कश्मीर, तिभागा, त्रिवांकुर और तिलंगाना की लड़ाइयों का कोई महत्त्व नहीं है। उन्हें सारा हिन्दुस्तान नोआखाली और बिहार दिखाई देता है। भारत की जनता से अंग्रेजों की कूटनीति बहुत ज्यादा शक्तिशाली जान पड़ती है। पिछले दिनों में कुछ कवियों और लेखकों के सचमुच पैर डगमगाने लगे हैं।

लेकिन जन-आन्दोलन के मार्ग में आनेवाली इन बाधाओं ने कुछ लोगों में नई प्रेरणा और नया उत्साह भी भरा है। गिरिजाकुमार उन कवियों में से हैं, जिनका मनोबल युद्ध और युद्धोत्तर काल की विभीषिका से क्षीण नहीं हुआ। युद्धकाल में जनता के नये राज्य सोवियत भूमि में उन्होंने विश्वास नहीं डिगने दिया। हिटलर और सोवियत जनता की लड़ाई में एक की हार और दूसरे की जीत निश्चित थी। जून, 1943 की एक कविता में उन्होंने लिखा था :

एक-एक रूसी की छाती,
है अजेय स्तालिनग्राद।
जहाँ जर्मनी के रावण की,
हार रहेगी युग-युग याद॥
दो बाँहों से स्तालिन ने,
किया सहस्त्रबाहु का काम।
रेवा के प्रवाह-सी रोकी,
भीषण जर्मन गति उद्दाम॥
सदियों-सदियों में गूँजेगी,
रूस देश की कथा महान।
आज गगन की छायाओं में
झूम रहा है लाल निशान॥

कुछ सोवियत-विरोधी लोग कहा करते हैं कि सोवियत के प्रति प्रेम का मतलब होता है अपनी जनता को भूल जाना। ऐसे लोग वास्तव में सोवियत-विरोध के नाम पर खुद अपनी जनता की प्रगतिशील शक्तियों का विरोध करते हैं। वे गिरिजाकुमार की 'साम्राज्यवाद का रक्तकलश' आदि पंक्तियाँ फिर पढ़ें। मध्यवर्ग की आर्थिक कठिनाइयों का चित्रण गिरिजाकुमार की विशेषता है। 'शाम की धूप' में कवि शाम को घर लौटनेवालों की टोकरियाँ देखता है। कुछ में डबल रोटी, केक, 'बन', बिस्कुट हैं; कुछ में सिर्फ सुबह का मुड़ा हुआ अखबार या सिनेमा का इश्तहार है :

किन्तु इसका है गम नहीं कुछ भी
बन गया जब अभाव ही जीवन
छिन्न हैं जब समाज के सब तार।

चूल्हे के लिए लकड़ी और अँगीठी के लिए कोयला नहीं मिलता, मानो सब खानें और जंगल भस्म हो गए हों। संकटों की छाया आँख बचाकर उन घरेलू अँगीठियों की आग को डस लेना चाहती है। आग भी कैद है गोदामों में, आग का चोर आज कैद नहीं। फिर भी इनसान हिम्मत नहीं हारता :

आज इनसान हो गया है कैद
पर न मन हार मान सकता है।
क्योंकि विश्राम की इस बेला में
यह थकी अनमनी सुनहली धूप
दिन के संघर्ष से जो तप-तपकर
उजले सोने-सी निखर आई है।
साँझ की मीठी बाँह चाहती है।

जिन्दगी की चाह बड़ी है; इसीलिए वह संकटों की छाया को मिटाएगी। बार-बार गिरिजाकुमार की कविताओं में किसी-न-किसी रूप में यह संकटों की छाया दिखाई देती है; और बारम्बार उसके विरुद्ध जनता और जीवन में कवि का विश्वास विजयी होता दिखाई देता है। कर्फ्यू और दंगों के दिनों में :

वीरान पड़े हैं राजमार्ग
कोने-कोने पर पहरा है।
जीवन के दैनिक दीपक पर
डर का काजल आ ठहरा है।

['दंगा' : काव्य-रूपक]

यहाँ भी दंगों के काजल से एकता की लौ बलवती सिद्ध होती है।

भावों में प्रौढ़ता आने के साथ कवि का व्यंग्य और निखर उठा है। 'प्रौढ़ रोमांस' में कवि ने उन लोगों का चित्रण किया है जो अपनी बुजुर्गी के बावजूद हजरतगंज की सड़क पर मन के घोड़े को बेलगाम छोड़ देते हैं। इसी प्रकार वह पुराणपंथी कलाकारों के लिए कहता है :

भाववृद्ध सेना यह घिसे कलाकारों की,
पीट रही पिछली लकीर का ढोल खोखला
झूठा दंभ दिखाकर थके क्लान्त लक्ष्यों का
कहती—साथी! डटे रहो तुम
इन फौजी बाड़ों के पीछे!

कवि इन पुराणपंथी कलाकारों को अपने नये यथार्थवाद की घोषणा सुनाता है। कहता है :

आज हमारे रंग की कूची होंगी सड़कें
और केनवस होंगे पार्क तथा चौराहे
और समय की सहस्र-पृष्ठवाली किताब में
क्रान्ति गीत ही लिखे जाएँगे।

उपमाओं की चित्रमयता के बावजूद ऐसा मालूम होता है कि कवि का कल्पना-क्षेत्र अभी सीमित है। उसने अपने आसपास के जीवन-संघर्ष को देखा है; जनता के एक विशाल समुदाय की हलचल से बेखबर है। उसकी कल्पना में अधिक रक्तमांस भरने की गुंजाइश है और जरूरत भी। जिस क्रम से गिरिजाकुमार की कविता-धारा बढ़ती गई है, उस क्रम को अक्षुण्ण बनाने के लिए जरूरी है कि राह के घेरों को वह तोड़ दें। उनके गीतों को गानेवालों की संख्या और बहुत बड़ी हो सकती है, यदि वे अपनी जिन्दगी की चहारदीवारी को तोड़कर उन अज्ञातनाम कोटि-कोटि गायकों के निकट पहुँचें। जिन्दगी की चहारदीवारी कितनी भयानक है, इसका एहसास उनकी कविता में मिलता है। 'एशिया के जागरण' में वह एक सच्चे भावप्रवण लिरिक कवि के रूप में अपनी बात कह उठते हैं :

तेरी जंजीरों में बँधकर
कंकाल हुई मेरी काया?
मेरे फूलों को कुचल गई
तेरी संगीनों की छाया।

[24 मई, 1946]

लेकिन वह जानते हैं कि यह साम्राज्यवाद का क्षयकाल है। उसकी ध्वंस-लीला के साथ नवीन जन-संस्कृति का अभ्युदय भी हो रहा है। साम्राज्यवाद मानव-संस्कृति का शत्रु है; इसलिए उसका परास्त होना निश्चित है।

तुझमें झंकार श्रृंखला की
मेरे पीछे है साम गान।
मेरी आत्मा के दर्पन में
हैं खड़े बुद्ध ईसा महान्।

इसलिए एशिया के जागरण में समस्त पूर्व ही अंगार बन गया है :

अंगार बन गया आदि पूर्व
सदियों का धुँधला जंबु द्वीप।

श्यामल कृतांतजा धरा उठी
लेकर जीवन का अग्निदीप।

गिरिजाकुमार नये युग के वैतालिक हैं। क्रान्ति के प्रत्यूषकाल में गीत गाने के लिए उन्होंने उपयुक्त गम्भीर वाणी भी पाई है। बिना दुरूह हुए वह उदात्त शब्दावली का प्रयोग कर सकते हैं। उनमें छायावाद और प्रगतिवाद की परम्पराओं के श्रेष्ठ तत्त्व आकर मिल गए हैं। उनके हर गीत में देश के प्रति अपार प्रेम प्रकट होता है; हर गीत में प्रतिक्रियावादी शक्तियों के प्रति घृणा और जनता की शक्ति में विश्वास प्रकट होता है। सहृदयता के साथ उनमें बाह्य कवि कौशल भी यथेष्ट मात्रा में वर्तमान है। सुन्दर लोरियों से लेकर 'एशिया के जागरण' की गम्भीर गति तक वह सर्वत्र अपने कौशल में समर्थ दिखाई देती है। जब समाज-विरोधी शक्तियाँ प्रबल जान पड़ती हैं, तब उनकी कई कविताएँ पढ़कर हृदय में आशा और उत्साह का संचार होता है। उनकी क्रान्तिकारी भावनाएँ युग की प्रतिध्वनि हैं; उनका यथार्थवाद हिन्दी कविता की नवीन शक्तिशाली धारा है।

['हंस', मई, 1947]

[2]

छायावाद का बहुत विरोध हुआ, फिर भी छायावादी कवियों की विजय हुई। इससे कुछ मित्र यह निष्कर्ष निकालते हैं कि प्रयोगवाद का विरोध हो रहा है और कुछ दिन बाद उसकी भी विजय होगी।

छायावाद के युग में ही ब्रजभाषा और खड़ी बोली का संघर्ष चल रहा था। ब्रजभाषा का विरोध हुआ परन्तु कविता में उसकी पहले-जैसी स्थिति न रह गई। रीतिकालीन परम्परा का विरोध हुआ किन्तु काव्य में चमत्कारवाद प्रतिष्ठित न रह सका। शुक्ल जी ने रहस्यवाद का जोरों से विरोध किया; रहस्यवाद आधुनिक हिन्दी कविता की एक क्षीण धारा के रूप में आया और अनन्त में विलीन हो गया। जिस चीज का भी विरोध किया जाए, वह उदीयमान, शक्तिसम्पन्न, भावी विजय की सम्भावनाओं से पूर्ण होगी ही, यह नहीं कहा जा सकता। देखना यह चाहिए कि परस्पर टकराती हुई सांस्कृतिक धाराओं से समाज की किन शक्तियों का हित अथवा अहित होता है, काव्य-प्रवृत्तियों को प्रश्रय देनेवाली इन सामाजिक शक्तियों की स्थिति ह्रास की है या विकास की।

रीतिकालीन परम्परा का विरोध हुआ और यह विरोध सफल हुआ क्योंकि इस परम्परा का सामाजिक आधार राजदरबार थे और देश के विकास को देखते हुए यह सामाजिक आधार पुराना पड़ चुका था। कविता का माध्यम खड़ी बोली हो या ब्रजभाषा—इस विवाद में विजय खड़ी बोली की हुई, क्योंकि वह हमारी जातीय

संस्कृति के विकास के लिए आवश्यक थी। गद्य और पद्य के लिए भिन्न भाषाओं या उपभाषाओं के प्रयोग से यह जातीय संस्कृति विच्छिन्न होती थी। रहस्यवाद एक नया फैशन बनकर आया किन्तु वह आधुनिक विज्ञान की प्रगति और राजनीतिक आन्दोलन की माँगों के प्रतिकूल था; इसलिए वह भी अपनी जड़ें न जमा सका।

प्रयोगवाद का भी विरोध हो रहा है। इसके विरोधी वे हैं, जो काव्य के मूल तत्त्वों—छन्द-सौन्दर्य, सरस शब्दावली, चित्रमयता आदि गुणों—की रक्षा करना चाहते हैं, जो हिन्दी काव्य की जातीय परम्परा का सहज विकास देखना चाहते हैं। प्रयोगवाद का समर्थन करनेवालों की विचारधारा का स्रोत व्यक्तिवादी जीवन-दर्शन है। समाजवाद का विरोध उनका मुख्य कार्यक्रम है। काव्य के सर्वस्वीकृत तत्त्वों का मूलोच्छेद उनके शिल्प की प्रमुख विशेषता है। जनता की समस्याओं की उपेक्षा उनकी खास अदा है। कुंठा और घुटन उनके भाव-जगत के चिर ध्रुव हैं। ऐसी स्थिति में यह सोचना कि छायावाद के समान विरोध होने पर प्रयोगवाद की भी विजय होगी, भारी आशावाद का परिचय देना है (आशावाद का यही एक रूप प्रयोगवादियों में मिलता भी है)।

इस समय प्रयोगवाद विघटन की दशा में है। उसके शोरगुल की अवधि समाप्त हो रही है। हमें छायावादी युग के उत्तरकाल में हिन्दी कविता के विकास की दिशा पर ध्यान देना चाहिए। छायावादी कवियों ने कविता की भाषा के रूप में खड़ी बोली को प्रतिष्ठित किया; काव्य से चमत्कारवादी, नायिका-भेदी परम्परा को निर्मूल किया; प्रकृति, नारी, सामाजिक परिवर्तन आदि विषयों पर नये दृष्टिकोण से लिखा; 'भारत-भारती' और 'जयद्रथ वध' के युग की तुलना में उन्होंने हमारा सौन्दर्यबोध परिष्कृत किया। नई छन्द-योजना, नये मूर्तिविधान से हिन्दी कविता को समृद्ध किया। छायावाद के उत्तरकाल में स्वयं छायावादी कवि अपनी पुरानी भावधारा से विलग होकर यथार्थवाद की नई भूमि की ओर बढ़े।

छायावादी कवि स्वयं यथार्थवाद की ओर संक्रमण कर रहे हैं—इस ऐतिहासिक सत्य को खूब अच्छी तरह पहचान लेना चाहिए। प्रसाद की 'तितली', निराला की 'देवी', 'चतुरी चमार', 'बिल्लेसुर बकरिहा', श्रीमती महादेवी वर्मा के 'रेखाचित्र'—ये सब इस संक्रमण के प्रमाण हैं। पंत जी ने 'रूपाभ' के पहले अंक में लिखा था : "कविता के स्वप्न-भवन को छोड़कर हम इस खुरदुरे पथ पर क्यों उतर आए, इस सम्बन्ध में दो शब्द लिखना आवश्यक हो जाता है। इस युग में जीवन की वास्तविकता ने जैसा उग्र आकार धारण कर लिया है, उसमें प्राचीन विश्वासों में प्रतिष्ठित हमारे भाव और कल्पना के मूल हिल गए हैं। श्रद्धा अवकाश में पलनेवाली संस्कृति का वातावरण आन्दोलित हो उठा है और काव्य की स्वप्नजड़ित आत्मा जीवन की कठोर आवश्यकता के उस नग्न रूप से सहम गई है। अतएव इस युग की कविता स्वप्नों में नहीं पल सकती। उसकी जड़ों को अपनी पोषण-सामग्री ग्रहण करने के

लिए कठोर धरती का आश्रय लेना पड़ रहा है। और युग-जीवन ने उसके चिरसंचित सुख-स्वप्नों को जो चुनौती दी है, उसको उसे स्वीकार करना पड़ रहा है।"

युग-जीवन की माँग और स्वप्नलोकवासी कल्पना—इस अन्तर्विरोध को पंत जी ने बहुत स्पष्ट शब्दों में प्रकट किया है। छायावादी कविता को स्वप्नलोक की कल्पना कहकर नहीं टाला जा सकता। सत्य इतना ही है कि उसमें स्वप्नलोकवाली कल्पना का अंश भी है। युग की माँग थी कि इस अंश को त्यागकर कविता कठोर धरती से अपनी पोषण-सामग्री ग्रहण करे। इस अन्तर्विरोध को पहचानने के बाद पंत जी ने 'ग्राम्या' में यथार्थवादी दृष्टिकोण से कविताएँ रचने का प्रयास किया था।

छायावाद के उत्तरकाल में हिन्दी कविता की मुख्य प्रवृत्तियाँ ये थीं : निराशावाद—'निशानिमंत्रण'-जैसी रचनाओं में, नरेन्द्र शर्मा और गिरिजाकुमार माथुर की अनेक कविताओं में; बच्चन, नरेन्द्र शर्मा आदि कवियों ने आगे चलकर इस प्रवृत्ति को त्याग दिया, उसके उत्तराधिकारी रहे नये कुंठावादी। रहस्यवाद—इसे छायावादी कवियों ने छोड़ा किन्तु अरविन्द-दर्शन के प्रभाव से वह फिर सामने आया—विशेष कर पंत जी की रचनाओं में। यथार्थवाद—यह प्रवृत्ति 'ग्राम्या' में, निराला जी की 'बेला', 'नये पते' आदि कविता-संग्रहों में, गिरिजाकुमार माथुर, सुमन, नरेन्द्र, दिनकर, केदार आदि कवियों की बहुत-सी रचनाओं में दिखाई दी। प्रगतिशील काव्य-साहित्य का सम्बन्ध इसी यथार्थवाद से हो रहा है जिसकी ओर छायावाद का स्वाभाविक संक्रमण आरम्भ हुआ था। प्रगतिशील कविता ने छायावादी काव्य की अस्पष्टता, भाषा की दुरूहता, निराशावादी भावनाओं और पलायनवादी प्रवृत्ति को दूर किया : जीवन में आस्था, दलित और शोषित जनता की मुक्ति की उत्कंठा, सामाजिक दायित्व की भावना व्यक्त की। प्रगतिशील कविता की कमजोरी थी—विचार पक्ष की अस्पष्टता और कलात्मक शिथिलता। मार्क्सवाद और गांधीवाद के समन्वय अथवा मार्क्सवाद और अरविन्दवाद के समन्वय की बात इसीलिए उठी। जनजीवन से घनिष्ठ सम्बन्ध न होने से अनेक कवियों की विचारधारा में अस्थिरता दिखाई दी। वर्तमान युग समाजवाद का युग है। विश्व-मानवता समाजवाद की ओर बढ़ रही है। उसका मार्ग विषम है, अस्थायी रूप से उसे कभी रुकना पड़ता है, कभी पीछे हटना पड़ता है, फिर भी उसकी प्रगति और इस प्रगति की दिशा के बारे में भ्रम नहीं हो सकता। इसी के अनुरूप 'ग्राम्या' से लेकर बच्चन के 'बुद्ध' और 'नाचघर' तक यथार्थवाद की धारा अनेक विषमताओं का सामना करती हुई आगे बढ़ी है। इन विषमताओं में एक विषमता प्रयोगवाद भी था; किन्तु प्रयोगवाद विकास-पथ की एक विषमता ही है, विकास कतई मुख्य दिशा नहीं।

यथार्थवादी काव्यधारा के विकास-पथ में एक विषमता और है। संक्षेप में उसकी चर्चा यहाँ आवश्यक है। उसके दर्शन हम पहले कर चुके हैं, आज भी करते हैं और पूर्ण आशा है कि भविष्य में भी करेंगे। यह विषमता ऐतिहासिक भौतिकवादी

(विशेषत: काव्यशास्त्र) की गलत समझ से उत्पन्न होती है। इस विषमता का मूल सूत्र यह स्थापना है कि संस्कृति किसी समाज-व्यवस्था के आर्थिक सम्बन्धों का विचारधारागत प्रतिबिम्ब है।

समाज-व्यवस्था में आर्थिक सम्बन्धों की प्रमुख भूमिका है। यह भूमिका हर समय, हर परिस्थिति में प्रमुख हो, यह आवश्यक नहीं। अक्सर देखा जाता है कि क्रान्ति के लिए परिस्थिति उपयुक्त होते हुए भी क्रान्ति नहीं होती क्योंकि समाज के उपयुक्त वर्गों ने उसके लिए तैयारी नहीं की। ऐसी परिस्थिति में प्रमुख भूमिका समाज के वस्तुगत सम्बन्धों को नहीं रहती, प्रमुख भूमिका होती है मनुष्य के आत्मगत प्रयत्नों की। इसलिए यह समझना भ्रम है कि आर्थिक सम्बन्धों की भूमिका सदा सभी परिस्थितियों में प्रमुख और नियामक होती है। यह भी स्पष्ट है कि न तो मनुष्य, न मानव-समाज, न समाज-व्यवस्था आर्थिक सम्बन्धों का परिणाम मात्र है। मनुष्य सामाजिक प्राणी बनने से पहले प्राणीरूप में विकसित हुआ, उस विकास के अनेक परिणाम उसकी अनेक मूल वृत्तियों के रूप में आज भी उसके साथ हैं। पशु-पक्षियों के समान प्रेम, क्रीड़ा, सौन्दर्य आदि की वृत्तियाँ मनुष्य को प्राणी होने से प्राप्त हुई हैं। उसके सामाजिक प्राणी बनने से उनका परिष्कार हुआ है, जन्म नहीं।

संस्कृति मानव-सम्बन्धों को प्रतिबिम्बित करती है किन्तु वह प्रतिबिम्ब मात्र नहीं है। मानव-चेतना सापेक्ष रूप से स्वतंत्र है, वह अपनी रचनात्मक क्षमता का परिचय भी देती है, किन्हीं परिस्थितियों में उसकी भूमिका—आर्थिक सम्बन्धों की तुलना में—गौण न होकर नियामक भी हो जाती है।

संस्कृति में अनेक तत्त्व हैं। विचारधारा उसका एक तत्त्व है, एकमात्र तत्त्व नहीं। विचारधारा के साथ भावधारा भी है, भावधारा के साथ इन्द्रियबोध है। इन सबके साथ हमारा सौन्दर्यबोध है जो कथा के गठन से लेकर वाक्य-रचना तक, मूर्तिविधान से लेकर छन्द-योजना तक प्रकट होता है। संस्कृति का बहुत गहरा सम्बन्ध हमारे संस्कारों से होता है। ये संस्कार हमारी चेतना की ऊपरी सतह पर तैरते न रहकर बहुधा हमारे उपचेतन में डूबे रहते हैं। हम स्वयं उन्हें सदा पहचान नहीं पाते। मार्क्सवाद में एक बात पर बहुत सही जोर दिया जाता है; वह यह कि बौद्धिक रूप से मार्क्सवाद को स्वीकार करना काफी नहीं है, मार्क्सवादी को सर्वहारा वर्ग के क्रान्तिकारी जीवन से तादात्म्य स्थापित करना चाहिए। विशेष कर मध्यवर्ग के लिए यह बार-बार कहा गया है कि ढुलमुल-यकीनी उसकी वर्ग-विशेषता है। इसे दूर करने के लिए धैर्य और सचेत प्रयास आवश्यक हैं। इसका अर्थ यह हुआ कि विचारधारा के साथ मनुष्य के संस्कार भी बदलने चाहिए। संस्कार न बदलने पर मध्यवर्ग का सामाजिक प्राणी—प्रगतिशील कवि—विषम परिस्थितियों में, अथवा विषमता का आभास मात्र होने पर अपनी क्रान्तिकारी विचारधारा को नमस्कार करके अरविन्द-दर्शन या ऐसी ही अन्य किसी अनुकूल भावधारा की शरण ले लेता है।

संस्कृति किसी समाज-व्यवस्था के आर्थिक सम्बन्धों का विचारधारागत प्रतिबिम्ब है, इस गलत स्थापना में 'विचारधारागत' वाला हिस्सा सबसे गलत है। कुछ लोग संस्कृति को विचारधारा मात्र मानते हैं; इसी धारणा के अनुरूप वे साहित्य को—कभी-कभी चित्रकला और संगीत को भी—विचारों का संकलन मात्र समझ बैठते हैं। उनकी आलोचना में विचारों की परख होती है, अन्य तत्त्व अछूते रह जाते हैं। लेखक की विचारधारा की खामियाँ दूर करने के बाद आशा करते हैं कि अब उच्चकोटि के साहित्य का सृजन होगा। जब नहीं होता या होने पर उन्हें दृष्टिगोचर नहीं होता तो वे फिर विचारधारा की खामियाँ तलाश करना आरम्भ करते हैं। हम हिन्दी आलोचना के अनुभव से भी यह बात जानते हैं। इस भ्रान्त दृष्टिकोण के कारण ही पंत जी के 'युगान्त-युगवाणी' पद्य को कविता की संज्ञा दी गई; यही नहीं, उसे आधुनिक हिन्दी काव्य का सिरमौर भी बताया गया है। आजकल भी प्रगतिशील कविता के उदाहरणों में आलोचकों द्वारा उद्धृत ऐसी पंक्तियाँ मिल जाती हैं जिन्हें पद्य कहना कठिन है, कविता तो दूर की बात है। इसका कारण कविता को विचारधारा मात्र समझना है; भावों, संस्कारों, सौन्दर्यबोध आदि से विचारधारा के सम्बन्ध को भुला देना है।

आधुनिक हिन्दी काव्य की यथार्थवादी धारा के विकास के लिए उपर्युक्त स्थापना प्रयोगवाद से अधिक घातक है। प्रयोगवाद पहचान में आ जाता है किन्तु उपर्युक्त अवैज्ञानिक स्थापना ऐतिहासिक भौतिकवाद के नाम पर प्रतिपादित की जाती है, इसलिए उसे पहचानने और निर्मूल करने में कठिनाई होती है।

ऐतिहासिक भौतिकवाद की इस गलत समझ को हम यांत्रिक भौतिकवाद कह सकते हैं। अनेक प्रगतिशील कवियों और आलोचकों पर इसका प्रभाव है। काव्य के अनेक तत्त्वों को भुलाकर विचारधारा-सम्बन्धी एक तत्त्व को ही महत्त्वपूर्ण समझना, विचारधारा को भी आर्थिक सम्बन्धों का प्रतिबिम्ब मात्र मानना, संस्कारों और कलात्मक सौन्दर्य की उपेक्षा करना—ये सब यांत्रिक भौतिकवाद के लक्षण हैं। इससे प्रभावित होनेवाले लेखक बहुत जल्दी प्रयोगवाद के असर में आ जाते हैं। उन्हें मनोवैज्ञानिक गहराई और कला का निरपेक्ष सौन्दर्य व्यक्तिवादी रचनाओं में ही दिखाई देता है। व्यक्तिवाद और यांत्रिक भौतिकवाद, दोनों ही साहित्य की मूल प्रकृति, कला के आधारभूत नियमों का उल्लंघन करते हैं। दोनों ही यथार्थवादी धारा के पथ की विषमता हैं। हिन्दी कविता की प्रगति का विश्लेषण करके, अपने अनुभवों से लाभ उठाकर हमें उस मुख्यधारा को पुष्ट करना चाहिए जिसकी ओर छायावादी कवि सहज ही बढ़े थे। वह धारा विभिन्न कवियों में विभिन्न शैलियों और रूपों में आज पुन: आगे बढ़ रही है।

भारत के स्वाधीन होने के बाद समाजवाद की ओर उन्मुख शक्तियाँ और दृढ़ हुई हैं। पूँजीवादी सत्ता के विरुद्ध जनता का असन्तोष बढ़ा है। भारत के नव-निर्माण का मार्ग पूँजीवादी न होकर समाजवादी होगा, यह स्थापना अनेक कवियों में देखी

जा सकती है। छायावाद के उत्तरकाल में सभी छायावादी कवियों ने जिस यथार्थवादी भावभूमि की ओर कदम उठाए थे, वह काव्य में और स्पष्ट होने लगी है। क्या इसका यह अर्थ है कि काव्य में निराशा और घुटन की अभिव्यक्ति नहीं होती है या उस अभिव्यक्ति पर रोक लगा देनी चाहिए? अक्सर यह देखा जाता है कि जिस कुंठा और घुटन की बात प्रयोगवादी प्रचारक करते हैं, उसकी सुन्दर अभिव्यक्ति, अप्रयोगवादी कवियों में मिलती दै और यथार्थवाद के लिए इस कुंठा का महत्त्व है :

मैं सोच रहा था, जाने क्या हो गया मुझे,
मन किन अनजानी डगरों में है भटक गया,
कितने अँधियारे कोने हैं मानव मन के?
कुछ किए नहीं बनता, दिन यों ही बीत रहे
पानी-सी बहती आयु कभी क्या लौटेगी?
इस निरुद्देश्य जीवन से किसको लाभ भला?
भूभार बने रहने से तो मरना अच्छा!

यह तीव्र अवसाद कठोर आत्मनिरीक्षण के प्रकाश में पाठक को निरुत्साहित न करके जीवन की विषम परिस्थितियों का सामना करना सिखाता है। प्रयोगवादी कुंठा जहाँ एक मानसिक रोग है, वहाँ ऊपर की पंक्तियों में हमें एक द्वंद्व के दर्शन होते हैं जिसमें मन की स्वस्थ वृत्तियाँ उस कुंठा को दूर करने में प्रयत्नशील दिखाई देती हैं। यदि कवि साहस से अपने अवसाद का सामना करे तो उसकी मानसिक स्थिति अवश्य बदल जाए। उपर्युक्त पंक्तियों के रचयिता श्री सुमित्रानन्दन पंत उसी कविता में (सन्देश—'अतिमा' संग्रह में) आगे कहते हैं :

मैं मन की कुंठित कुप्रवृत्ति से बाहर हो
चिन्ताओं के दुर्बोध भँवर से निकल शीघ्र
पाहुन प्रकाश के निरवधि क्षण में डूब गया।

यदि अन्य कवि भी इस कुप्रवृत्ति से बाहर निकलने का प्रयास करें तो काव्य में कुंठा की अभिव्यक्ति अप्रत्यक्ष रूप से समाज के लिए कल्याणकारी हो। अद्भुत उपमानों की टूटी पाँति रचे बिना, छन्द, लय और शब्द-योजना के नियमों का उल्लंघन किए बिना अवसाद व्यक्त किया जा सकता है, यह हम ऊपर के उदाहरण में देखते हैं।

यथार्थवाद एक व्यापक जीवन-दर्शन है। उसमें समाजवादी विचारधारा से लेकर प्रकृति के अनूठे दृश्यों तक का समावेश सम्भव है। उद्दीपन विभावों और रहस्यमय संकेतों से अलग सूक्ष्म संवेदन के बल पर सरल गीत भी रचे जा सकते हैं, जैसे :

आज कहाँ से फिर आ पहुँचा
फागुन में सावन!

सुबह उड़ी थी धूल
शाम को घिर आए बादल।
वासंती रातों में बरसा
किन आँखों का जल।
पतझर की नंगी डालों में
पुलक उठा यौवन।
आज कहाँ से फिर आ पहुँचा
फागुन में सावन!
सोंधी-सोंधी मिट्टी महकी
गमक उठा उपवन।
बिजली कौंधी आसमान में
धरती में सिहरन।
होली में कजली गाने का
फिर ललचाया मन।
आज कहाँ से फिर आ पहुँचा
फागुन में सावन!

ये पंक्तियाँ शिवमंगल सिंह 'सुमन' की हैं और यह साबित करती हैं कि जीवन के छोटे-मोटे अनुभवों को लययुक्त सरल शब्दावली में बाँधना उच्चकोटि का कवि-कौशल है जो हर किसी के बस की बात नहीं है।

यथार्थवादी कविता के लिए यह आवश्यक नहीं कि उसमें मुक्त छन्द का बहिष्कार हो। मुक्त छन्द भी आखिर छन्द है, मुक्त गद्य नहीं। उसमें लय का निर्वाह होना चाहिए। 'धूप के धान' में गिरिजाकुमार माथुर की रचना 'पहिये' का यह अंश देखिए :

अविरल जलते रजनी के दीपक मंद हुए
अब ब्राह्म घड़ी का ठंढा-सा आलोक जगा
भैरव के मंद स्वरों के पहले कंपन-सा
वे सात पहरुए उतर गए हैं पश्चिम में
ले अँधियारे का सिंहासन
हल्की हो गईं हवा की तिमिर दबी साँसें
भ्रम की स्वर्गंगा के निशान
जो लुप्तप्राय नक्षत्रों में हैं शेष रहे
प्रतिपल पीतल-से रंगहीन होते जाते।

'धूप के धान' संग्रह में काफी विविधता है। गीत हैं, मुक्त छन्द है, इतिहास-चर्चा है, प्रकृति-चित्रण है, मूर्तिविधान में अनूठापन है, शब्दों के प्रयोग में मौलिकता है लेकिन हिन्दी आलोचना में इस संग्रह की चर्चा नहीं के बराबर क्यों हुई है? इसलिए कि 'धूप के धान' का कवि आस्थाहीन नहीं है, कुंठा को लेकर झींकता नहीं है, कई जगह उदात्त स्वर में बोलता है, इसलिए नई कविता के खेत में धूप के धान की बाड़ नहीं लगी।

प्रयोगवादी विचारक कहते हैं—कविता कथन नहीं है, उसमें व्यंग्य होना चाहिए। कविता भावलोक की ही वस्तु नहीं; उसमें बौद्धिक चमत्कार भी होना चाहिए। ठीक है। बच्चन की—ऊपर से प्रयोगवादी-सी लगनेवाली—रचना 'बुद्ध और नाचघर' का यह अंश देखिए :

बुद्ध भगवान,
अमीरों के ड्राइंगरूम
रईसों के मकान
तुम्हारे विचारों से अनजान,
सपने में भी उन्हें इसका नहीं आता ध्यान।
शेर की खाल, हिरन की सींग
कला-कारीगरी के नमूना के साथ तुम भी हो आसीन
लोगों की सौन्दर्यप्रियता को
देते हुए तस्कीन
इसीलिए तुमने एक की थी आसमान—जमीन?

लेकिन इस तरह का व्यंग्य प्रयोगवादी मित्रों को पसन्द नहीं। व्यंग्य की परिणति होनी चाहिए निरुद्देश्यता में। यदि व्यंग्य से आप पूँजीवादी समाज-व्यवस्था का खोखलापन प्रकट करने लगे तो कविता प्रचार बन गई!

कविता में तरह-तरह के प्रयोग करने की बड़ी गुंजाइश है। अनेक प्रकार की शैलियों द्वारा कवि अपने भाव और विचार पाठकों तक पहुँचा सकता है। शैली की यह विविधता भावों की अभिव्यंजना में ही नहीं, भावानुभूति और संवेदन के प्रकारों में भी देखी जा सकती है। इस विविधता से हिन्दी कविता की मूल यथार्थवादी धारा समृद्ध होती है। 'नई कविता' और आधुनिक हिन्दी कविता एक ही वस्तु नहीं हैं। हमें संकुचित अर्थ में ग्रहण की जानेवाली 'नई कविता' के अलावा भी पिछले दस वर्षों में रची हुई आधुनिक हिन्दी कविता का विवेचन करना चाहिए। आलोचना का कोलाहल शान्त होने पर 'नई कविता' के कर्दम पर यथार्थवाद की निर्मल धारा बहती दिखाई देगी।

14

सामाजिक प्रेरणा : आज का भारतीय साहित्य

साहित्य अकादेमी की ओर से प्रकाशित 'आज का भारतीय साहित्य' पुस्तक की यथेष्ट चर्चा हिन्दी में हो चुकी है। हिन्दी संस्करण से अधिक पुस्तक के अंग्रेजी संस्करण की चर्चा हुई है। चर्चा का कारण श्री स. ही. वात्स्यायन का लेख रहा है और उसकी इतनी चर्चा हुई है कि अन्य भाषाओं और उनके साहित्य से सम्बन्धित लेखों की ओर आलोचकों का ध्यान कम गया है।

आज की परिस्थितियों में विभिन्न भाषाओं के बोलनेवालों का एक-दूसरे की साहित्यिक गतिविधि से परिचित होना एक राष्ट्रीय महत्त्व का कार्य हो गया है। देश में अन्ध-राष्ट्रवाद और विघटन की शक्तियों का सांस्कृतिक आधार बहुत कुछ अहंमन्यता और दूसरी भाषाओं का अज्ञान है। इस पुस्तक को पढ़कर कुछ अज्ञान तो दूर होगा ही और लोगों को यह अनुभव भी होगा कि सारे भारत की सामाजिक और सांस्कृतिक परिस्थितियों में बहुत अधिक समानता है, इसलिए हमारी विभिन्न भाषाओं के साहित्य में विविधता के अलावा बहुत-से मूलभूत तत्त्व समान हैं। इसलिए परस्पर स्पर्द्धा और अहंकार की भावनाएँ त्यागकर एक दूसरे से सीखकर अपने साहित्य द्वारा समग्र भारतीय वांग्मय को समृद्ध करने का प्रयास श्रेयस्कर होगा।

इस पुस्तक के अधिकांश लेखक साहित्य अकादेमी से सम्बन्धित हैं। लेखकों को चुनने में अकादेमी अधिक उदारता से काम ले सकती थी। विशेष कर हिन्दी साहित्य की रूपरेखा प्रस्तुत करने का दायित्व जिन सज्जन को सौंपा गया है, उनके कार्य से साधारण हिन्दी जगत को क्षोभ उत्पन्न हुआ है, यह निर्विवाद है।

यह प्रसन्नता की बात है कि पुस्तक में सिंधी और कश्मीरी भाषाओं के साहित्य को भी स्थान दिया गया है, यद्यपि कश्मीर में कश्मीरी राजभाषा नहीं है और सिंधी भाषा का प्रदेश भारत के बाहर है। शायद राजस्थानी आदि कुछ अन्य भाषाओं के प्रति भी यही उदारता वांछनीय होती। पुस्तक में साधारणत: प्रत्येक भाषा को बीस-तीस पृष्ठ मिले हैं—तेलगू को बीस पृष्ठ और हिन्दी को पैंतीस पृष्ठ दिये गए हैं। संस्कृत को सड़सठ पृष्ठ दिये गए हैं जो बहुत अधिक है। अन्त में अंग्रेजी का भारतीय साहित्य भी है।

इन लेखों को पढ़कर पहली सचाई यह उभरकर आती है कि देश के स्वाधीनता-आन्दोलन ने हमारी भाषाओं के साहित्य को सबसे अधिक प्रेरणा दी है। अंग्रेजी राज की प्रगतिशील भूमिका को चाहे जितना श्रेय दिया जाए, वास्तविकता यह है कि साहित्य को प्रेरणा अंग्रेजी राज का गुण गानेवालों ने नहीं, उसका विरोध करनेवालों ने दी है। कुछ साहित्यशास्त्री भले ही अव्यक्त कामवासना को साहित्य का स्रोत मानते रहें, भारतीय साहित्य के नवजागरण-युग की कहानी दूसरी ही है।

दूसरी सचाई यह उभरकर आती है कि राष्ट्रीयता के साथ मार्क्सवाद से प्रभावित प्रगतिशील साहित्यिक आन्दोलन सभी भाषाओं में अपना व्यापक प्रभाव डाल चुका है। साहित्य अकादेमी से सम्बन्धित लेखकों द्वारा इस तथ्य की स्वीकृति और भी महत्त्वपूर्ण है। यह तथ्य उन विद्वानों के मनन करने योग्य है जो समझते हैं कि प्रगतिशील साहित्यिक आन्दोलन राजनीतिक प्रचार मात्र था अथवा यह कि उसका प्रभाव साहित्य के इतिहास में क्षणिक सिद्ध हो चुका है। देश के सांस्कृतिक नव-निर्माण में समाजवादी विचारधारा की भूमिका दिनोंदिन निखरती जा रही है। साहित्य पर उसका प्रभाव पड़ना अनिवार्य है। अंग्रेजी के पतनशील और निराशावादी रचनाकारों का प्रभाव भी भारतीय भाषाओं पर पड़ा है किन्तु वह प्रभाव राष्ट्रीयता या समाजवादी विचारधारा के प्रभाव की तुलना में नगण्य है। समूचे भारतीय साहित्य के विकास की इस दिशा पर कुंठाप्रेमी मित्रों को ध्यान देना चाहिए।

कश्मीर से लेकर तमिलनाडु तक, बंगाल से लेकर गुजरात तक राष्ट्रीय स्वाधीनता-आन्दोलन ने एक भावना-सूत्र में देश की सभी जातियों और भाषाओं को बाँध दिया था। बहुजातीय राष्ट्रीयता का पाठ हमें अंग्रेजों ने नहीं पढ़ाया। यूनाइटेड किंगडम उर्फ ग्रेट ब्रिटेन में आइरिश, स्कॉट, वेल्स और अंग्रेज जातियों में काफी कशमकश रही है। इस यूनाइटेड किंगडम की 'यूनिटी' युद्धों और हिंसक दमन द्वारा प्राप्त की गई थी। आयरलैंड-जैसे भिन्न देश का विभाजन करके उसके एक खंड को नकली ढंग से 'यूनाइटेड किंगडम' का अंग बनाया गया है। स्कॉटलैंड अपेक्षाकृत पिछड़ा रहा है और उन्नीसवीं सदी तक अंग्रेज उसे दूसरा देश (प्रदेश नहीं) समझते थे। वेल्स की भाषा अंग्रेजी से भिन्न परिवार की है लेकिन उसे निर्मूल करने में अंग्रेजों ने कुछ उठा नहीं रखा। हमारी राष्ट्रीयता—जिसमें तमिल, कश्मीरी, सिंधी आदि फलती-फूलती हैं—यूनाइटेड किंगडम की राष्ट्रीयता से दूसरे ढंग की है। न हमने संयुक्त राष्ट्र अमरीका की तरह गृहयुद्ध द्वारा उत्तर-दक्षिण को संयुक्त किया है। हमारी बहुजातीय राष्ट्रीयता की नींव अंग्रेजी राज कायम होने से पहले डाली गई थी, यहाँ टीपू सुल्तान और माधव जी सिंधिया ने देश में एकता स्थापित करने का प्रयत्न किया था, यहाँ 1857 में दिल्ली के झंडे के नीचे फिर देश को स्वाधीन करने का प्रयत्न किया गया था और 1920 और उसके बाद के व्यापक जन-आन्दोलनों ने इस एकता को दृढ़ किया था। इसलिए भारत की विशाल मानवता

के ऐतिहासिक स्वाधीनता-आन्दोलन का प्रभाव विभिन्न भाषाओं के साहित्य पर पड़ना लाजमी था। साहित्य ने राष्ट्रीयता के प्रभाव को प्रतिबिम्बित किया—इतना ही सत्य नहीं है। सच तो यह है कि बहुधा राजनीतिक नेताओं से पहले और उनसे अधिक सुसंगत रूप में साहित्यकारों ने राष्ट्रीयता का प्रचार और प्रसार किया है।

असमिया भाषा को सौ-पचास साल पहले लोग बंगला की बोली समझते थे। राष्ट्रीयता-आन्दोलन ने असमिया लोगों की जातीय चेतना को विकसित और पुष्ट किया। बीसवीं सदी के असमिया साहित्यकारों की चर्चा करते हुए श्री बिरिंचिकुमार बरुआ ने लिखा है : "आधुनिक असमिया साहित्य के पुनर्जागरण की मूल उत्स वह राष्ट्रीय चेतना" इन लेखकों द्वारा अभिव्यंजना पाती रही। इन साहित्यकारों ने कोमल भावोंवाले गीत लिखे, साथ ही 'स्फूर्तिदायक देशभक्तिपूर्ण कविताएँ' भी कीं। दूसरे महायुद्ध के बाद असमिया साहित्य में परिवर्तन हुआ। "तब से हमारे कवि, विशेषत: नये कवि समाजवादी और मार्क्सवादी सिद्धान्तों से अधिकाधिक परिचित होने लगे हैं।" कुछ कवि इलियट आदि अंग्रेज कवियों से प्रभावित हैं; अन्य "अपनी रचनाओं में पूँजीवादी शोषण का उल्लेख करके, वर्ग-संघर्ष और समाज-व्यवस्था में शीघ्र ही आमूलचूल परिवर्तन करने की ओर संकेत करते हैं।" पूँजीवादी व्यवस्था का आधार व्यक्तिगत मुनाफा है। उस व्यवस्था में जनता की समस्याएँ हल नहीं होतीं। न तो सार्वजनिक चुनाव का अधिकार देने से, न लोक सभा में बहस करने से, न शुभकामनाओं से पूर्ण प्रस्ताव पास करने से सामाजिक विषमता कम होती है। वर्ग-संघर्ष दिन-पर-दिन तीखा होता जाता है और लगता है कि मुनाफे का आधार खत्म करके समाजवादी व्यवस्था की स्थापना के बाद ही यह संघर्ष बन्द होगा। इसीलिए असम जैसे छोटे प्रदेश की भाषा में भी इस वर्ग-संघर्ष को व्यक्त करनेवाली कविताएँ होती हैं। कविता ही नहीं, "स्वतंत्रता के बाद देशभक्ति की विशेष भावना से परिपूर्ण क्रान्तिकारी ढंग के ऐतिहासिक नाटक और भी लिखे गए।" राष्ट्रीयता की भावना और समाजवादी विचारधारा में परस्पर विरोध नहीं है। राष्ट्र में गरीबों की संख्या ही अधिक है और उनका उद्धार करनेवाली व्यवस्था का नाम ही समाजवाद है।

असमिया की तरह उड़िया को भी कुछ लोग बंगला की बोली समझते थे। आधुनिक उड़िया साहित्य के पितामह फकीर मोहन सेनापति "आधुनिक उड़िया साहित्य और राष्ट्रीयता के सेनापति बने।" कितना गहरा सम्बन्ध है साहित्य और समाज में! कितने जागरूक थे उड़िया के लेखक जिन्होंने अपने साहित्य को राष्ट्रीय आन्दोलन से अभिन्न रूप से सम्बद्ध कर दिया! फकीर मोहन में राष्ट्रीयता के साथ गहरी जनतांत्रिक भावना भी थी। "जनता के लेखक होने के नाते वे इसी क्षेत्र के (उपन्यास क्षेत्र के) अन्य कई लेखकों के स्फूर्तिदाता और अग्रदूत थे।" बहुत-से हिन्दी आलोचक भारत के हर सांस्कृतिक आन्दोलन को अंग्रेजी की देन मानते हैं।

उनकी समझ में हमारी मौलिक चिन्तन की क्षमता नष्ट हो गई है। लेकिन "फकीर मोहन को अंग्रेजी में कोई विधिवत् शिक्षा नहीं मिली थी। यह एक तरह से बड़ा लाभ हुआ। वह मुख्यत: जनता के आदमी थे। जनसाधारण की घरेलू सशक्त भाषा, जिसमें कि गाँवों की गलियों की सही गंध आती हो, धान के खेत और तालाब जहाँ कि गाँव की स्त्रियाँ अपने कपड़े लेकर धोने के लिए दैनिक गपशप के लिए आन जुटती हों, यह सब फकीर मोहन के स्वाभाविक विषय थे।"

फकीर मोहन का यह वर्णन पढ़कर हिन्दी पाठकों को स्वभावत: प्रेमचन्द का स्मरण हो आएगा। भारतीय साहित्य में लोकप्रिय और यथार्थवादी साहित्य की धारा ऐसे ही लेखकों ने बहाई और वह धारा ही हमारे साहित्य की भगीरथी है। इसी प्रकार कवि राधाकान्त ने अपनी रचनाओं में देश की गरिमा को प्रकट किया। उड़िया पर मार्क्सवाद का प्रभाव भी पड़ा। पहले शायद लोग समझते थे कि यह भी एक फैशन है जो कुछ दिन बाद खत्म हो जाएगा : "परन्तु अब तो वामपक्षी विचारधारा साहित्यिकों का सामान्य विषय हो गया है।" इसे कोई पसन्द करे, चाहे नापसन्द; सामाजिक जीवन से उत्पन्न होनेवाली इस विचारधारा के प्रभाव को कोई रोक नहीं सकता।

राष्ट्रीय जागरण के साथ कन्नड़ भाषा में स्वर्णयुग आरम्भ हुआ। श्री वि.कृ. गोकाक ने आधुनिक कन्नड़ साहित्य के परिचय में लिखा है : "1920 के बाद आधुनिक कन्नड़ साहित्य अपने स्वर्णयुग में प्रवेश कर रहा है।" नये कवियों ने इस स्वर्णयुग को अवतरित करने में अग्रदल का कार्य किया : "उन्होंने ऐसी कविताएँ लिखीं जिनमें कि धरती का प्रेम और जिस युग में वे थे, उसकी बढ़ती हुई राष्ट्रीयता का पूरा भावलोक व्यक्त हुआ है।" राष्ट्रीयता के साथ उसके सहज विकास के रूप में प्रगतिशील साहित्य की धारा अग्रसर हुई। श्री गोकाक ने लिखा है : "अगली धारा 1939 के लगभग शुरू हुई। उसी वर्ष दूसरा महायुद्ध भी छिड़ गया और सन् '30 में जिस 'प्रगतिशील' आन्दोलन का सूत्रपात हुआ था, इस समय तक वह और भी जोर पकड़ गया, और इस युग के साहित्य पर उसने गहरा प्रभाव डाला। वह मानो नवीन तरुण साहित्यिक पीढ़ी के उदय का एक धुरी-बिन्दु बन गया।" कन्नड़ साहित्य पर विश्व के फासिस्ट-विरोधी अभियान का गहरा असर पड़ा। कन्नड़ भाषा के जागरूक कवियों ने हिरोशिमा के नरसंहार के बारे में "बहुत ही तीखी करुणा से लिखा है।" उन्होंने गांधी जी की हत्या से आन्दोलित होकर "राष्ट्रपिता को अपनी श्रद्धांजलि एक मार्मिक गीत-संग्रह के रूप में अर्पित की।" प्रगतिशील साहित्यकारों के बारे में श्री गोकाक ने लिखा है कि उनमें "एक सशक्त सामाजिक चेतना राष्ट्रीय और अन्तरराष्ट्रीय रूप में है।"

तमिल भाषा को आधुनिक भारत के श्रेष्ठ देशभक्त गायक भारती के गीतों का माध्यम होने का श्रेय है। देश की अन्य भाषाओं में राष्ट्रीय चेतना की जो धाराएँ

बह रही थीं, वे भारती में मानो संयुक्त होकर अप्रतिहत वेग से आगे बढ़ चलीं। श्री ति.पी. मीनाक्षि सुन्दरम् पिल्लै ने बिलकुल ठीक लिखा है : "20 वीं सदी एशिया के जागरण की सदी है। राष्ट्रीय स्वतंत्रता का आन्दोलन और पुनर्जीवन इसकी विशेष घटनाएँ हैं। आधुनिक तमिल साहित्य की सर्वोत्तम कृतियाँ राष्ट्रीय गीत हैं।" तमिल साहित्यकारों ने अपनी भाषा के प्रति प्रेम के गीत गाए, उन्होंने प्राचीन संस्कृति के पुनरुत्थान का प्रयत्न किया; इन सब धाराओं का मूल प्रेरणास्रोत थी राष्ट्रीय चेतना। अन्य भाषाओं की तरह तमिल में भी "आधुनिक धारा जनतांत्रिक है। उसमें आधुनिकता पर आग्रह है। भारत के विभिन्न भागों और दुनिया के सम्पर्क से, विशेषत: पश्चिम के सम्पर्क से वैज्ञानिक और बुद्धिवादी धारा तमिल में बराबर विकसित हो रही है।"

आधुनिक तेलगू साहित्य ने काव्य में नये भाव-सौन्दर्य की प्रतिष्ठा की। श्री के. रामकोटीश्वर राव के अनुसार : "इस युग के कवियों के मुख्य विषय प्रेम और प्रकृति थे। परन्तु राष्ट्रीयता, विशेषत: विदेशी राज्य के विरुद्ध संघर्ष, के दिनों में, उनकी भावनात्मक मनोघटना एक महत्त्वपूर्ण तत्त्व थी।" फिर "1935 के बाद तेलगू कविता में वामपक्षी विचारों की ओर झुकाव हुआ। श्रीरंगम् श्रीनिवास राव (श्री श्री) ने रोमांटिक आन्दोलन के विरुद्ध विद्रोह शुरू किया, जिसका आरम्भ राय प्रोलु सुब्बाराव से हुआ था। श्रीनिवास राव अपनी कविता में लिखते हैं कि अब ऐसी नई दुनिया बन रही है जिसमें पसीने और मेहनत का फल यह होना चाहिए कि किसानों और मजदूरों के अधिकार उन्हें पूरी तरह प्राप्त हो जाएँ।" यह नई चेतना तेलगू साहित्य में निरन्तर विकसित हो रही है।

गांधी जी के प्रदेश गुजरात में साहित्य पर राष्ट्रीयता का प्रभाव पड़ना ही था। अंग्रेजों के दमन से गुजराती साहित्यकार क्षुब्ध हुए। उन्होंने जनता के प्रतिरोध तथा विदेश की साम्राज्य-विरोधी घटनाओं—जैसे रूसी क्रान्ति—से प्रेरणा और साहस ग्रहण किया। श्री मनसुखलाल झवेरी ने लिखा है : "गांधी जी, होमरूल आन्दोलन और जलियाँवाला बाग तथा देश के बाहर प्रथम महायुद्ध, उसके परिणाम और रूस की क्रान्ति इत्यादि घटनाओं ने गुजरात के भावजीवन के अन्तरतम को छू लिया। केवल राजनीतिक स्वतंत्रता ही नहीं परन्तु धार्मिक, आर्थिक, सामाजिक और साहित्यिक सभी क्षेत्रों में सारे गुजरात की आत्मा स्वतंत्रता की भावना से भर उठी। गुजरात नवीन जीवन से स्पन्दित हो उठा।" राष्ट्रीयता की भावना व्यक्त करने में कवियों ने पहल की। "उनकी कविता का मुख्य स्वर स्वतंत्रता था।" साथ ही गुजराती साहित्यकार ने अपने समाज के अन्तर्विरोधों को भी देखा। "आर्थिक विषमता के कारण समाज की जो असह्य स्थिति थी, वह उसे खटकती थी।" गांधी जी से प्रेरणा पाकर "धनिक वर्ग की ओर से उनकी दृष्टि हटकर गरीब और अशिक्षित देहाती जनता की ओर मुड़ गई।"

महाराष्ट्र में सामाजिक सुधारों से सन्तोष करनेवाला दल राष्ट्रीयता की लहर के सामने टिक न सका। श्री मंगेश विट्ठल राजाध्यक्ष ने लिखा है कि "बीसवीं शती के दूसरे दशक के उत्तरार्द्ध की निराशा, मजदूर-आन्दोलन का उत्थान और इससे भी अधिक 1930-1931 में गांधी जी के नेतृत्व में राष्ट्रीय संघर्ष ने ये अल्प-तुष्टि की दीवारें जड़ से हिला दीं।" इसके बाद अनेक लेखकों ने "साहित्य को सार्वत्रिक ह्रासोन्मुखता से बचाने का यत्न किया।" रवि-किरण-मंडल के कवियों का प्रयत्न था कि "कविता को सामान्य जीवन के निकट लाया जाए।" इसी प्रकार "1936 के करीब मलयालम कविता ने नया मोड़ लिया।" श्री सी. कुंजन राजा के अनुसार : 'वामपक्षी राजनीति' से प्रभावित "इस धारा ने जो कविता निर्मित की, वह बहुत उच्च नहीं थी, परन्तु कहानी और उपन्यास के क्षेत्र में उनकी सफलता निःसन्देह बहुत है। परन्तु यह मानना चाहिए कि प्राय: सभी प्रमुख लेखकों पर इस 'वाद' का प्रभाव पड़ा। उन्होंने उसे एक नया दृष्टिकोण दिया, विशेषत: वल्लत्तोल और शंकर कुरुप्प पर 'प्रगतिवादी' विचारों का प्रभाव बहुत स्पष्ट है।" मलयालम में प्रगतिशील साहित्य अपने प्रदेश की राष्ट्रीय और जनवादी परम्परा से विच्छिन्न होकर विकसित नहीं हुआ वरन् उससे उसने घनिष्ठ नाता जोड़ा। इस विषय में श्री कुंजन राजा के ये वाक्य ध्यान देने योग्य हैं : "यद्यपि यह सही तौर पर कहा जा सकता है कि गए 20 वर्षों में ऐसा कोई भी कवि नहीं है, जिसे कि 'प्रगतिवादी' विचारों ने अनजाने रूप से ही क्यों न हो, प्रभावित न किया हो। फिर भी मलयालम कविता का मूल प्रवाह उसकी प्रमुख धारा से अलग नहीं हुआ। तरुण पीढ़ी के तीन प्रसिद्ध कवियों के नाम हम दे सकते हैं। वैलोप्पल्ली श्रीधरा मेनन, वेणिकुलम् गोपाल कुरुप्प और पालाई नारायणन नायर। ये मलयालम कविता की सच्ची परम्परा में हैं, यद्यपि वे प्रगतिशील विचारों से अधिक प्रभावित हैं।" केरल में आज जो नवीन जन-जागरण दिखाई दे रहा है, उसके लिए बहुत कुछ श्रेय वहाँ के लेखकों को देना उचित होगा।

सुदूर उत्तर में "विगत ढाई दशकों की कश्मीरी कविता में कश्मीर के सामाजिक-राजनीतिक जागरण का प्रतिबिम्ब बहुत अच्छी तरह दिखाई देने लगा। इस कविता में सामन्ती जुल्मों के नीचे दबी हुई जनता की आजादी के लिए महान संघर्ष का भी चित्र मिलता है।" महजूर ने कश्मीरी कविता में युगान्तर उत्पन्न किया। श्री पृथ्वीनाथ 'पुष्प' के अनुसार : "उनकी देशभक्तिपूर्ण राष्ट्रीय कविता ने कश्मीरी कविता को नया स्वर ही नहीं, किन्तु एक नया दृष्टिकोण भी दिया।" नये कवियों में 'जनवादी विषयों के प्रति' विशेष आग्रह देखा जाता है। "विगत कुछ वर्षों में लोकसाहित्य की विधाओं के प्रति विशेष प्रेम प्रदर्शित करनेवाली एक और जो लोकप्रिय धारा प्रवाहित हुई, उससे फसल के सामूहिक गान, पालने और लोरी के गीत तथा मजदूरों के गाने इत्यादि का स्वर और भी तेजी से गूँजा। रोशन ने कश्मीर

की चित्रोपम ऋतुओं पर कई सुन्दर कविताएँ और कल्पना-चित्र लिखे हैं। इन चित्रों में जनसाधारण अपने सब तरह के काम करते हुए शान्ति और समृद्धि की ओर मजबूती से कदम उठाते हैं। प्रेमी ने भी मजदूरों की जिन्दगी के कई पहलू अपनी कविता में आँके हैं। विशेष आनन्ददायक तो वे गीत हैं, जिनमें कि उन किसानों के चित्र हैं, जो खेतों पर गोड़ाई, बुआई तथा निराई करते हैं, और जो घास-फूस उखाड़कर फेंकते हैं, जो फसल काटते हैं, जो केसर चुनते हैं।" कश्मीर से लेकर कन्याकुमारी तक भारतीय साहित्य की धारा जनसाधारण के जीवन के चित्रण की ओर बढ़ रही है। यह प्रवाह पसन्द हो चाहे नापसन्द, उसके अस्तित्व से इनकार करना असम्भव है।

पंजाबी कवि मोहनसिंह के बारे में श्री खुशवन्त सिंह ने लिखा है : "उनकी बाद की रचनाएँ विशेषतया 'कुछ सच', जो कि देश के विभाजन के बाद प्रकाशित हुई, ऐसी हैं कि उनमें वामपक्ष की ओर जबर्दस्त झुकाव है। इनमें राजनीतिक भावनाओं को काव्य रूप से भी अधिक महत्त्व दिया गया है और यह बीमारी ऐसे बहुत-से नौजवान लेखकों को लग गई है जो कि अपने-आपको 'प्रगतिवादी' कहते हैं।" लेखक के अनुसार मोहनसिंह में मार्क्सवाद के प्रति पहले-जैसा उत्साह नहीं है : "अब उनमें दलितों का नेतृत्व करने की इच्छा और कर्म के लिए प्रेरणा के रूप में ही यह मार्क्सवाद बाकी है।" किसी भी मार्क्सवादी लेखक को इस स्थिति से असन्तोष न होना चाहिए, विशेष कर इसलिए कि दलितों का नेतृत्व करने की इच्छा के बावजूद इसी रफ्तार से लिखने पर "वे हमारी भाषा के सर्वश्रेष्ठ कवि जरूर बन जाएँगे।" तथास्तु। वर्तमान पंजाबी के वे श्रेष्ठ कवि हैं, इसमें तो अभी भी सन्देह नहीं है। भारत के सिंधी-भाषियों का अपना प्रदेश छूट गया। वे विभिन्न नगरों में फैले हुए हैं।

सिंधी भाषा के शिक्षण आदि की समुचित व्यवस्था नहीं है। फिर भी "1947-57 के दशक के साहित्य के बारे में दो बातें प्रधान हैं : एक तो हरेक लेखक में अपनी भाषा और साहित्य (विशेषत: शाह) के बारे में गहरा प्रेम है और मनुष्य और वस्तुओं के प्रति यथार्थवादी 'प्रगतिवादी' दृष्टिकोण है।" श्री अजवाणी के उपर्युक्त वाक्य से सिंधी लेखकों के साहस और आत्मविश्वास का पता चलता है। इसके लिए वे हमारे आदर और बधाई के पात्र हैं। हमें विश्वास है कि सिंधी भाषा के शिक्षण की उचित व्यवस्था होने पर इस रोचक भाषा का साहित्य और भी तेजी से उन्नति करेगा।

बंगला-जैसी समृद्ध भाषा के साहित्य से हिन्दी-भाषी अपेक्षाकृत अधिक परिचित हैं। काजी अब्दुल वदूद ने रवीन्द्रनाथ ठाकुर के बारे में एक मार्के की बात लिखी है : "अब उनका हिन्दू या भारतीय राष्ट्रवाद सीमित न रहकर स्वदेशी आन्दोलन के निकट सम्पर्क में आने के बाद व्यापक बन गया।" इस प्रकार रहस्यवादी कवि भी राष्ट्रीयता से प्रभावित हुए और उनका दृष्टिकोण अधिक व्यापक बन गया। वामपक्षी लेखकों में वदूद ने मानिक वन्द्योपाध्याय, अमरेन्द्र घोष, समरेश बसु, गुलाम कुद्दूस,

गोपाल हालदार, सुकान्त भट्टाचार्य आदि का उल्लेख किया है। इनमें से अनेक के लिए श्री वदूद ने लिखा है कि वे वामपक्षी से अधिक मानवतावादी दिखाई देते हैं। इसमें कोई आश्चर्य नहीं। मार्क्सवादी विचारधारा मानवतावाद की धारा है—ऐसी धारा, जो मुनाफे के लिए व्यक्तिगत सम्पत्ति को आधार नहीं मानती वरन् शोषण-मुक्त समाज में सभी को विकास की सुविधाएँ देने का लक्ष्य सामने रखती है।

राष्ट्रीयता और मार्क्सवाद का प्रभाव हिन्दी के समान उर्दू पर भी पड़ा है। दोनों एक ही प्रदेश की सामान्य भाषा की दो साहित्यिक शैलियाँ हैं। श्री ख़्वाजा अहमद फारुकी के अनुसार प्रगतिशील आन्दोलन में पहले कट्टरपन था, फिर वह "उर्दू-साहित्य को एक नई प्रेरणा, संजीवन और स्वतंत्र चेतना दे गया।" उर्दू के प्रगतिशील कवियों में "एक चिरंतन सप्राणता और सशक्त यथार्थवाद है।" "गरीबी, गुलामी और शोषण के जमाने की एक उत्कट भावपूर्ण अभिव्यंजना" उर्दू की प्रगतिशील कविता में ही मिलती है।

राष्ट्रीय चेतना का प्रसार, उसका विकसित होकर व्यापक जनतांत्रिक रूप लेना, समाजवादी उद्देश्य के प्रति लेखकों का उन्मुख होना—यह रूपरेखा भारत की प्राय: हर भाषा की है। अंग्रेजी तो प्रगतिशील विश्वभाषा है ही; उसमें राष्ट्रीय और समाजवादी चेतना के उद्भव की बात ही क्या करना, संस्कृत में भी जिसका सम्बन्ध रूढ़िवाद से विशेष माना जाता है—साहित्यकार "राजनीतिक आन्दोलनों से प्रभावित हुए और इस युग के संस्कृत लेखन में नवयुग का प्रभाव स्पष्ट है। वस्तुत: इस नई भावना से अनुप्राणित साहित्य ही समकालीन संस्कृत का सबसे बड़ा भाग है।"

राष्ट्रीय आन्दोलन का यह प्रभाव देखकर अपने साहित्यकारों पर गर्व होता है। उन्होंने साहित्य-सेवा के साथ देश-सेवा भी की। हर भाषा और साहित्य में इस नई चेतना की लहरों ने प्रवेश करके हमारी संस्कृति को समृद्ध किया और राष्ट्रीय एकता को दृढ़ किया। स्थायी भावों के गढ़ संस्कृत साहित्य में भी वर्तमान युग में 'नई भावना' से अनुप्राणित साहित्य उस भाषा के वांग्मय का सबसे बड़ा भाग बन गया। इस अखिल भारतीय, देशी-विदेशी, जीवित-अजीवित भाषाओं की परिस्थितियों से भिन्न किसी भाषा की दशा है तो वह हिन्दी की। श्री. स.ही. वात्स्यायन 'अज्ञेय' ने इसके बारे में क्या लिखा और शमशेर बहादुर सिंह का नाम लिया या नहीं लिया, इससे अधिक महत्त्वपूर्ण प्रश्न यह है कि उन्होंने राष्ट्रीय आन्दोलन के प्रभाव को स्वीकार किया या नहीं किया। श्री वात्स्यायन के अनुसार, हिन्दी ने पहले महायुद्ध के बाद आधुनिक काल में प्रवेश किया। इस आधुनिक काल का जो भी अर्थ हो, लगता है, इस आधुनिकता की विशेषताओं में राष्ट्रीयता की गणना नहीं की जा सकती। पहले विद्वान लेखक ने अन्य देशों पर दृष्टि डालकर सूचित किया है कि आलोचकों ने वहाँ संभ्रान्ति-युग और चिन्ता के युग की चर्चा की है (भ्रान्ति-युग क्यों नहीं? और चिन्ता के साथ 'नदी के द्वीप' का युग भी हो सकता था! नहीं, उचित

नाम है कुंठा का युग!) सुनिए : "इतना ही नहीं, दोनों महायुद्धों के काल को हिन्दी के सन्दर्भ में एक और भी नाम दिया जा सकता है—यदि इससे भ्रम उत्पन्न होने की आशंका न होती (!!!)—कुंठा-युग।" भ्रम उत्पन्न न हो, इसलिए संभ्रान्ति-युग के प्रेमी ने कुंठित कंठ से दो महायुद्धों के बीच के हिन्दी साहित्य को—प्रेमचन्द, प्रसाद, निराला, रामचन्द्र शुक्ल के साहित्य को—कुंठा के युग का साहित्य कहा है। कहना चाहिए, युग कुंठा का है, साहित्य अकुंठित रहा, इसलिए वह युग का प्रतिनिधित्व न कर पाया। "भारतेन्दु हरिश्चन्द्र के रचनात्मक साहित्य को आज कदाचित् बहुत उच्चकोटि का नहीं समझा जाएगा।" भारतेन्दु जी अकुंठित निकल गए। वैसे भी बेचारे संभ्रान्ति-युग के पहले ही अवतरित हो गए थे।

छायावाद "रोमांटिकवाद और वेदान्तवाद का समन्वय था।" इसीलिए उसमें भी कुंठा, चिन्ता और संभ्रान्ति की उचित अभिव्यक्ति नहीं हुई। छायावाद और प्रगतिवाद में कौन ज्यादा गुस्ताख है, यह कहना कठिन है। दोनों में व्यक्तिपूजा की भरमार है। "अतएव हिन्दी में यह स्वाभाविक ही है कि छायावाद और प्रगतिवाद की नायक-पूजा का स्थान एक वैज्ञानिक मानववाद ले ले।" हैं निकम्मे दोनों। कुंठा के बदले नायकों का (नायिकाओं का भी नहीं!) चित्रण करते हैं। हिन्दी में "आधुनिक वैज्ञानिक सिद्धान्त स्वीकार और आत्मसात कर लिया गया है।" यह वैज्ञानिक सिद्धान्त जो भी हो, उसकी स्वीकृति का अर्थ है : व्यक्तित्व की खोज! और खोज का फल है कुंठा! जहाँ तक प्रगतिशील लेखकों का सम्बन्ध है, 'प्रगतिवादी पक्ष के अनेक लेखकों ने मानव-जाति के अपमान और उत्पीड़न के जो लोमहर्षक वर्णन किए, उनमें मूलत: उसी प्रकार की अस्वस्थ मनोवैज्ञानिक भावना का पर्याप्त अंश था जोकि पश्चिम के उत्तरकालीन रोमांटिकवादी (डिकेडेंट) में लक्षित होता था।

इस प्रकार स.ही. वात्स्यायन जी ने न तो राष्ट्रीय चेतना की भूमिका को स्वीकार किया है, न समाजवादी विचारधारा के प्रभाव को। अपने 'लोमहर्षक' निबन्ध में उन्होंने अस्वस्थ मनोवैज्ञानिक भावना की ओर संकेत करके एक महान चमत्कार अवश्य उत्पन्न किया है। मानो अस्वस्थ मनोवैज्ञानिक भावनाओं के लिए अज्ञेय-साहित्य के घेरे से बाहर जाना भी आवश्यक हो! इसके बाद उनका एक बहुत सुन्दर वाक्य है—पता नहीं, अंग्रेजी से उन्होंने स्वयं अनुवाद किया है या किसी दूसरे ने—इस प्रकार : "मार्क्सवाद की क्रमश: लम्बी होती हुई जो छाया पश्चिमी रोमांटिकवाद पर पड़ी थी, और जिसके कारण (उदाहरणतया) वड्र्सवर्थ और शेली, बायरन और स्विनबर्न—सभी के रोमांटिक होते हुए भी प्रथम दोनों और अन्तिम दोनों में एक मौलिक अन्तर आ गया था, उसका या उसी ढंग का प्रभाव हिन्दी में भी लक्षित हुआ।"

मार्क्सवाद की छाया पश्चिमी रोमांटिकवाद पर पड़ी। इन रोमांटिक कवियों में पहला जोड़ा वड्र्सवर्थ और शेली का, दूसरा जोड़ा बायरन और स्विनबर्न का।

दोनों में मौलिक अन्तर है। कारण? मार्क्सवाद की लम्बी होती हुई छाया! शायद यह छाया वड्सवर्थ के समय छोटी थी, बायरन के समय तक लम्बी हो गई। जिस समय मार्क्स का जन्म हुआ था (1818), उस समय तक अपने कवि-जीवन का श्रेष्ठ भाग बिताकर कविवर वड्सवर्थ 48 वर्ष के हो चुके थे। जिस समय शेली की मृत्यु हुई (1822), उस समय मार्क्स केवल चार वर्ष के थे और जब लॉर्ड बायरन स्वर्ग सिधारे (1824), उस समय मार्क्स चार से बढ़कर छह वर्ष के ही हुए थे। लेकिन प्रतिभाशाली पुरुष थे; उस उम्र में भी अंग्रेजी कवियों को प्रभावित कर डाला हो तो क्या आश्चर्य!

मार्क्स ने तीस वर्ष की अवस्था में एंगेल्स के साथ 1848 में अपनी ऐतिहासिक पुस्तक 'कम्यूनिस्ट घोषणापत्र' प्रकाशित की थी। उसमें उन्होंने यूरोप के उन दकियानूस राजनीतिज्ञों का जिक्र किया था, जिन्हें कम्यूनिज्म का भूत सताता था। संभ्रान्ति-युग के कलाकार श्री स.ही. वात्स्यायन 'अज्ञेय' इस भूत से आज भारतभूमि में बुरी तरह पीड़ित हैं। इसीलिए उन्हें इंग्लैंड के रोमांटिक कवि भी मार्क्सवाद की लम्बी छाया की लपेट में आते दिखाई देते हैं। फिर हिन्दी में प्रगतिवाद "एक कट्टर सिद्धान्तवादी कम्यूनिस्ट आन्दोलन" बन गया हो, तो आश्चर्य क्या!

आज का भारतीय साहित्य में पहली बार इतने बड़े पैमाने पर आधुनिक भारतीय साहित्य का विहंगावलोकन किया गया है। यह विहंगावलोकन काफी शिक्षाप्रद है। दरबारों की नायिकाभेदी-चमत्कारवादी परम्परा अब नष्ट हो गई है। राष्ट्रीय स्वाधीनता-आन्दोलन के साथ आगे बढ़नेवाले हमारे महान साहित्यकारों ने भारत की विभिन्न भाषाओं में व्यापक परिवर्तन उत्पन्न कर दिया है। उसी परम्परा को जनता के हित में विकसित करनेवाली प्रगतिशील विचारधारा भी अखिल भारतीय पैमाने पर दृढ़मूल हो चुकी है। आन्दोलन के असंगठित होने पर भी युग की माँग के अनुसार समाजवादी उद्देश्य से अनुप्राणित साहित्य तेजी से बढ़ रहा है। आज का भारतीय साहित्य में एकाध लेख विशेष मनोरंजक हैं। उनमें भारतीय साहित्य ही नहीं, विदेशी साहित्य के बारे में भी अभिनव तथ्य उद्घाटित किए गए हैं। इस मनोरंजक अनुसंधान का कारण भारतीय राष्ट्रीयता से परांगमुख होना है, कांग्रेस फॉर कल्चरल फ्रीडम के झंडे की सिकुड़ती हुई छाया में हिन्दी साहित्य के प्रकाश को समेटने का विफल प्रयास है। इस पुस्तक को पढ़कर भारतीय राष्ट्रीयता और जनतंत्र की शक्ति में हमारी आस्था दृढ़ होती है और यह पता चल जाता है कि साहित्य की प्रमुख जनहितैषी धारा का विरोध करनेवाले सज्जन कितने एकाकी हैं। उनके व्यक्तित्व की खोज का यथार्थ जीवन से अब कोई सम्बन्ध नहीं रह गया।

15

आस्था : फाँसी के तख्ते के साये में

प्रसिद्ध पत्रकार और सम्पादक श्री बनारसीदास चतुर्वेदी ने अपने उद्योग से क्रान्तिकारियों और शहीदों के सम्बन्ध में काफी सामग्री प्रकाशित कराई है। 'बालमुकुन्द गुप्त ग्रंथावली' और संस्मरणों से लेकर 'स्वामी केशवानन्द अभिनन्दन-ग्रंथ' तक उन्होंने हिन्दी साहित्य और भारतीय राजनीति से सम्बन्धित सामग्री के सम्पादन और प्रकाशन के लिए जो परिश्रम किया है, वह उनके 'विशाल भारत' के सम्पादन कार्य से कम गौरवशाली नहीं है। उनके समय में 'विशाल भारत' एक उत्कृष्ट पत्र था और द्विवेदी जी की 'सरस्वती', प्रेमचन्द और स्व. कृष्णबिहारी मिश्र 'माधुरी' और निराला की 'सुधा' (यानी जब निराला जी उसके सम्पादकीय विभाग में काम करते थे, यद्यपि उस पर सम्पादक रूप में उनका नाम न जाता था) के बाद 'विशाल भारत' का ही नाम आता था। फिर भी साहित्य, विशेष रूप काव्य, से कुछ अरुचि होने के कारण चतुर्वेदी जी कुछ भ्रामक प्रचार के निमित्त बने, यद्यपि उनका आशय स्वच्छ था और अपने कार्य के परिणाम को समझने में उनकी बुद्धि असमर्थ थी। राजनीति में भी वे सिद्धान्त रूप से अराजकतावादी थे, किन्तु व्यवहार में इस गलत दर्शन से सदा बचते थे और बचते-बचते कभी-कभी अराजकतावाद को भी छू आते थे।

किन्तु साठ वर्ष बाद उनकी कर्मठता देखकर हम दंग रह जाते हैं। वह पहले से उदार, संयत, स्पष्टवादी, निर्भीक और कर्मठ बन गए हैं। उन्हें सहज प्रसन्न मुद्रा में देखकर मन को स्फूर्ति मिलती है और ईश्वर से यह प्रार्थना करने की इच्छा होती है कि ऐसा ही बुढ़ापा सबको दे। कहने का तात्पर्य यह कि प्रौढ़ावस्था में कुछ विकार रहे भी हों तो शहीद-संस्मरण-साहित्य की भगीरथी में स्नान करके वे एकदम निर्विकार और स्वच्छ रूप में हमारे सामने उपस्थित हैं और उनके इस रूप को हम प्रणाम करते हैं।

चतुर्वेदी जी को एक भय अक्सर सताया करता है जिसे वे जब-तब बातचीत और पत्रों में ही नहीं, सार्वजनिक भाषणों में भी प्रकट कर देते हैं। भय यह है कि साम्यवादी शासन स्थापित होने पर उन्हें जेल न भेज दिया जाए। साम्यवादी शासन स्थापित होगा—इस बात पर उन्हें साम्यवादियों से भी अधिक आस्था है। इसीलिए

रह-रहकर जेल का भय सताता है। वैसे चौबे जी को अराजकतावाद के लिए जेल न भेजा जाए तो भी इसलिए उन्हें अवश्य जेल भेजना चाहिए कि उन्होंने जिन साहित्यकारों की जीवनी और पत्र प्रकाशित करने के वादे किए थे, वे पूरे नहीं किए और शायद जेल में ही उन्हें बातें कम और काम ज्यादा करने की फुर्सत मिल सकेगी। जो भी हो, इस कार्य के लिए—जेल के अन्दर या बाहर—उन्हें यदि एक सेवक की आवश्यकता हो तो इन पंक्तियों का लेखक हाजिर है।

शहीद-संस्मरण-साहित्य में यहाँ उल्लेखनीय 'विशाल भारत' का 'शहीद अंक' (मई, 1959) है। इसके सम्पादक श्रीराम शर्मा जी हैं किन्तु इस अंक के प्रकाशन में चतुर्वेदी जी का भी हाथ रहा है। उसमें उनके लेख भी हैं। इसके बाद 'स्वामी केशवानन्द अभिनन्दन-ग्रंथ' है जिसके वह प्रधान सम्पादक हैं। इसका मूल्य पन्द्रह रुपये है और प्राप्ति-स्थान ग्रामोत्थान विद्यापीठ, संगरिया, राजस्थान है। इसमें केशवानन्द जी से सम्बन्धित सामग्री के अलावा क्रान्तिकारियों की जीवनियाँ, संस्मरण आदि भी हैं। तीसरी महत्त्वपूर्ण कृति अमर शहीद रामप्रसाद 'बिस्मिल' की आत्मकथा है। इसके सम्पादक भी चतुर्वेदी जी हैं; प्रकाशक हैं आत्माराम एंड संस, दिल्ली। यह पुस्तक पहले भी छप चुकी थी किन्तु उसका पुनर्मुद्रण आवश्यक था। इस संस्करण में 'हिन्दी की सर्वश्रेष्ठ आत्मकथा' पर चतुर्वेदी जी का सम्पादकीय वक्तव्य है। श्री भगवानदास माहौर लिखित भूमिका है; अन्त में मन्मथनाथ गुप्त का एक वक्तव्य और बिस्मिल की माता जी से सम्बन्धित श्री शिववर्मा का संस्मरणात्मक 'मेरी डायरी का एक पृष्ठ' है।

इन सबमें 'विशाल भारत' अंक का 'शहीद अंक' अपेक्षाकृत कमजोर है। सामग्री बिखरी हुई है; उसमें वह आन्तरिक एकता नहीं है जो 'चाँद' के 'फाँसी अंक' में थी। इसका एक कारण है। शहीदों के संस्मरण सजीव और प्रेरणादायक ढंग से तभी लिखे जा सकते हैं जब लेखक के सामने उनकी शहादत का ऐतिहासिक महत्त्व साफ हो और भविष्य का रास्ता भी साफ-साफ दिखाई देता हो। इसके अभाव में जीवनी-लेखन या संस्मरण श्रद्धांजलि अधिक बन जाते हैं, सजीव इतिहास कम रहते हैं। सामग्री-चयन में 1857 के शहीदों की चर्चा बहुत ही कम है। अंग्रेजों के शासनकाल में शहादत पानेवाले कय्यूर के साम्यवादी वीरों और स्वाधीन भारत में शहीद होनेवाले अन्य राजनीतिक कार्यकर्ताओं का उल्लेख नहीं है। इससे देश के राजनीतिक इतिहास का सही चित्र सामने नहीं आता। फिर भी 'विशाल भारत' के अंक में जो सामग्री सुलभ कर दी गई है, हिन्दी पाठक उसके लिए कृतज्ञ होंगे। उसे पढ़कर उन्हें देश के इतिहास पर ही नहीं, वर्तमान राजनीतिक परिस्थिति और साहित्य पर भी बहुत कुछ सोचने-समझने की प्रेरणा मिलेगी।

'शहीद अंक' में उल्लेखनीय देशवासियों के नाम अशफ़ाकउल्ला का अन्तिम पत्र है, जिसकी चर्चा हम आगे करेंगे।

'स्वामी केशवानन्द अभिनन्दन-ग्रंथ' के 'स्वाधीनता खंड' में स्वाधीनता-आन्दोलन का अधिक विस्तृत और सन्तुलित चित्र मिलता है। इसमें सन् सत्तावन के स्वाधीनता-संग्राम को उचित महत्त्व दिया गया है। बीसवीं सदी में देश की स्वाधीनता के लिए अनके दलों और विचारधाराओं के लोगों ने प्रयत्न किया। इस पुस्तक में ठीक ही लिखा है : "भारत की अंग्रेज सरकार को अपने सामने अब खतरे दिखाई देने लगे। आतंकवादियों द्वारा सशस्त्र विप्लव की झलक तो उसके सामने सांडर्स हत्याकांड से आ ही गई थी। उधर कम्यूनिस्टों ने भी खुला संगठन खड़ा कर लिया और इधर कांग्रेस ने आन्दोलन की धमकी दे दी। अपने बचाव के लिए सरकारें, चाहे वे मृत्यु के निकट ही क्यों न हों—जो करती आ रही हैं, वही भारत की अंग्रेज सरकार ने भी किया। 20 मार्च, सन् 1929 को सरकार ने श्री डाँगे, शौक़त उस्मानी, मुजफ़्फ़र अहमद आदि कम्यूनिस्टों को बम्बई और बंगाल की मजदूर हड़तालों में भाग लेने के अपराध में गिरफ्तार करा लिया।" अंग्रेजों का दाँव यह था कि मजदूर-आन्दोलन के नेताओं को पकड़कर जेल में डाल दिया जाए। उसके बाद वह सत्याग्रह-आन्दोलन को सुविधा से कुचल सकेगी। भगतसिंह और बटुकेश्वर दत्त ने असेम्बली में जो बम फेंका था, वह इसी दमन के विरुद्ध था। 'स्वामी केशवानन्द अभिनन्दन-ग्रंथ' के लेखक के शब्दों में : "इसके बाद मजदूर-आन्दोलन को दबाने के लिए ट्रेड डिस्प्यूट बिल और सत्याग्रह तथा आतंकवाद को कुचलने के लिए पब्लिक सेफ्टी बिल नाम के दो बिल सरकार ने केन्द्रीय असेम्बली में पेश किए। इन बिलों के समाचार से सारे ही देश में बेचैनी की एक लहर फैल गई। सभी ओर से इन्हें वापस लेने की आवाजें आईं। किन्तु सरकार ने जनता की भावनाओं पर कोई ध्यान नहीं दिया। ट्रेड डिस्प्यूट बिल पास हो गया। पब्लिक सेफ्टी बिल पर बहस समाप्त हो चुकी थी। असेम्बली के अध्यक्ष श्री विट्ठलभाई पटेल अपनी रूलिंग देनेवाले थे कि जोर का धमाका हुआ और असेम्बली भवन धुओं से भर गया।"

असेम्बली में बम फेंकने का उद्देश्य किसी को मारना नहीं था, उसका उद्देश्य था : अंग्रेज सरकार के दमन के विरुद्ध जनता के रोष को प्रकट करना। यह दमन भगत सिंह जैसे क्रान्तिकारियों, डाँगे जैसे मजदूर नेताओं और कांग्रेसी कार्यकर्ताओं—सभी को कुचलने के लिए था। भगत सिंह के कार्य का प्रभाव देश की समग्र राजनीति पर पड़ा। "उनके इस दुस्साहसिक कार्य ने जागृति की और मर मिटने की भारत के नौजवानों में जो लहर पैदा की, वह शब्दों में साकार नहीं की जा सकती।" उनके बयान से पता चलता है कि जहाँ एक ओर क्रान्तिकारी अंग्रेजी शासन को खत्म करना चाहते थे, वहाँ वे स्वाधीन भारत का निर्माण भी एक नये ढंग से करना चाहते थे जिसमें पूँजीवादी और सामन्ती शोषण खत्म हो गया हो। इस बयान में उन्होंने अंग्रेजी राज के हिंसक रूप की व्याख्या करते हुए कहा था : "यह लोक-नेताओं की बातों की, भारतीय जनता की माँगों की शैतानियत के

साथ अवहेलना करती है। श्रमिकों और भूखे-नंगों के साथ इसकी कोई सहानुभूति नहीं है। भावनाओं को व्यक्त करनेवालों का गला घोंटने में इसे हिचक नहीं, तब हमने निश्चय किया कि देश में से इस सरकार को समाप्त किया जाए और एक ऐसी सरकार की स्थापना की जाए जो शोषण पर आधारित न हो, जिसमें सबको ऊँचा उठने का समान अवसर मिले। इसके लिए विप्लव की अथवा क्रान्ति की आवश्यकता को हमने महसूस किया।" जनतंत्र दो तरह के होते हैं : एक पूँजीवादी, दूसरा समाजवादी। पूँजीवादी जनतंत्र में कागजी अधिकार सारी जनता को प्राप्त होते हैं। किन्तु पूँजी और उत्पादन तथा वितरण के साधन सम्पत्तिशाली वर्ग के हाथ में ही रहते हैं। इसके विपरीत समाजवादी जनतंत्र में सत्ता श्रमिकजनों के हाथ में रहती है, पूँजीवादी और सामन्ती शोषण का खात्मा कर दिया जाता है। ऐसे शोषणहीन समाज में ही सबको ऊँचे उठने का समान अवसर मिल सकता है। स्वाधीन भारत में ऐसे ही शोषणहीन समाज का निर्माण हो, इसी आदर्श के लिए 'हिन्दुस्तान सोशलिस्ट रिपब्लिकन आर्मी' के नेता भगत सिंह और उनके अन्य साथी शहीद हुए थे।

'ग्रंथ' के 'यश की धरोहर' नामक अंश में, जो अलग से भी प्रकाशित हुआ है, श्री भगवानदास माहौर ने शहीद राजगुरु, भगत सिंह और चन्द्रशेखर आजाद के जो संस्मरण लिखे हैं, उनका शहीद-साहित्य में अन्यतम स्थान है। ये संस्मरण राजनीति-चर्चा या पत्रकारिता के साधारण स्तर से बहुत ऊँचे हैं। इनमें एक कलात्मक सौन्दर्य है जो उन्हें ललित साहित्य की श्रेणी में रखता है। हिन्दी भाषा में राजनीतिक या अराजनीतिक व्यक्तियों के ऐसे सजीव और मर्मस्पर्शी संस्मरण अभी तक नहीं लिखे गए। क्रान्तिकारियों ने भी जो संस्मरण लिखे हैं, उनमें या तो वे आत्मकेन्द्रित हो गए हैं और आजाद या भगत सिंह से ज्यादा अपना प्रचार करने लगे हैं या ऐतिहासिक दृष्टि से महत्त्वपूर्ण होते हुए भी उनके संस्मरण साहित्यिक महत्त्व के नहीं हो पाए। माहौर जी के लेखों का गुण यह है कि वे अपने को पृष्ठभूमि में रखते हैं और सारी शक्ति संस्मरणीय व्यक्ति का चित्र आँकने में ही खर्च करते हैं। अपने को सामने लाते भी हैं तो वैषम्य दिखाकर चरित नायक के रूप और गुण को उभारने के लिए। जैसे भगत सिंह ने इनकी शक्ल देखकर—घनी भौंहें और छोटी नाक के कारण—इन्हें डार्विन की 'मिसिंग लिंक' अर्थात् 'इनसान और बनमानुस के बीच की कड़ी' कहा था। एक बार जब माहौर जी गाना सुनाने लगे तो भगत सिंह पीठ फेरकर लेट गए और आपत्ति करने पर उन्होंने जवाब दिया : "यदि आपका गाना सुनने के साथ आपकी शक्ल मुबारक भी देखना पड़े तो ऐसा गाना मैंने छोड़ा।"

माहौर जी के संस्मरणों की सबसे बड़ी विशेषता उनकी यथार्थवादी शैली है। वे अपने भूतपूर्व साथियों का चित्रण अतिमानव के रूप में नहीं करते। उन्होंने इस ढंग से संस्मरण लिखे हैं कि श्रद्धा, प्रेम और उत्साह के साथ पाठक के मन में यह भाव भी उत्पन्न होता है कि ये वीर शहीद भारत की साधारण जनता से उत्पन्न हुए

थे। उनके गुण देश की जनता के गुणों के ही उदात्त रूप थे। भगत सिंह, राजगुरु और आजाद के रेखाचित्र पढ़कर उनका बहुत ही सजीव रूप हमारे सामने आता है। खान-पान, रहन-सहन, हँसी-मजाक, आर्थिक कठिनाइयों से संघर्ष, मानसिक द्वंद्व, जिन्दादिली, छेड़छाड़, संकट में धैर्य और प्रत्युत्पन्नमति सब—यह छोटी-छोटी घटनाओं के चयन और चित्रण से आँखों के सामने साकार हो उठता है।

शहीद राजगुरु को खड़े-खड़े सोने में कैसी महारत थी (पड़े-पड़े सोने की तो बात ही क्या!), खाना पकाते समय कैसे उन्होंने अपनी परीक्षा लेने के लिए जलती हुई सँड़सी को तीन जगह छाती पर लगा लिया, मजदूर वेश धारण करने पर किस तरह रेल में वह शिवाजी और छापेमार युद्ध की बातें करने लगे और आजाद से डाँट खाई, सांडर्स को मारने के बाद भी कैसे एक क्षण के लिए उनके मन में ग्लानि हुई और उनका कोमल हृदय कह उठा, "भाई, बड़ा सुन्दर नौजवान था; उसके घरवालों को कैसा लग रहा होगा?", भगत सिंह के साथ नौकर की भूमिका अदा करने में उन्होंने किस तरह भूलें कीं—यह सब इतना मानवीय है, इतना रोचक है कि हजार श्रद्धांजलियों की अपेक्षा इस एक रेखाचित्र से पाठक के मन में राजगुरु के प्रति अटूट श्रद्धा और अगाध आत्मीयता उत्पन्न हो जाती है। माहौर जी ने संस्मरण बहुत ही संयत शैली में लिखा है लेकिन शायद ही कोई पाठक ऐसा हो जिसकी आँखें उसे पढ़ते हुए भीग न जाएँ।

भगत सिंह के बारे में लिखते हुए उन्होंने आजाद और भगत सिंह सम्बन्धी अनेक मनोरंजक घटनाओं का उल्लेख किया है। इनसे भी अधिक महत्त्वपूर्ण यह है कि देश के राजनीतिक जीवन में भगत सिंह का ऐतिहासिक महत्त्व यहाँ खूब उभरकर आया है। "भगत सिंह के ही माध्यम से 'भारतमाता की जय' और 'वन्दे मातरम्' मंत्रों के स्थान में भारतीय गुप्त सशस्त्र क्रान्ति प्रयास ने 'क्रान्ति चिरंजीवी हो, इन्कलाब जिन्दाबाद, साम्राज्यवाद का नाश हो' आदि नारे लगाए और जहाँ क्रान्तिकारी लोग पुलिस की यंत्रणाओं और मृत्यु के भय से मुक्त होने के लिए शरीर की नश्वरता और आत्मा के नित्यत्व का निदिध्यासन, पद्मासन लगाए 'गीता' का पाठ करते हुए नजर आते थे, वहाँ वे अब मार्क्स के 'कैपिटल' का स्वाध्याय करते नजर आए।" समाजवादी विचारधारा के प्रभाव से ही काकोरी युग के क्रान्तिकारी संगठन 'दि हिन्दुस्तान रिपब्लिकन एसोसियेशन' की जगह भगत सिंह और आजाद ने 'दि हिन्दुस्तान सोशलिस्ट रिपब्लिकन आर्मी' नाम से उसी संगठन को आगे बढ़ाया।

चन्द्रशेखर आजाद का जन्म एक निर्धन परिवार में हुआ था। उनकी राजनीतिक सूझबूझ, साथियों के प्रति उनका उत्कट प्रेम, उनकी संगठन और नेतृत्व की क्षमता, हर संकट के समय उनकी अविचल सहज बुद्धि का चमत्कार, माहौर जी की माता से उनका स्नेहमय पुत्रवत् व्यवहार, उनका अदम्य शौर्य और प्रखर साम्राज्य-विरोधी चेतना—ये सब ऐसे अक्षय गुण हैं जिनसे समाजवादी नेता युगों तक शिक्षा और प्रेरणा

पा सकते हैं। भगवानदास जी के रेखाचित्र के बाद श्री सदाशिवराव मलकापुस्कर ने चन्द्रशेखर आजाद और उनकी माता के अन्तिम मिलन की जो कहानी लिखी है, वह अपने करुण रस में अपूर्व है। आजाद माँ से मिले, कई दिन रहे, सदाशिवराव जी के साथ माँ का पकाया भोजन किया, एक दिन पुलिस का सन्देह होने पर रात को जंगल के पास एक टूटी हुई मड़िया में विश्राम किया। सदाशिवराव पिस्तौल पर हाथ रखे जागते रहे लेकिन आजाद निश्चिन्त होकर सो गए। सड़क पर मोटरों का प्रकाश देखकर सदाशिवराव जी ने आजाद को जगाया तो उन्होंने कहा : "देखा जाएगा। रात में कोई यहाँ आने का नहीं, सुबह देखा जाएगा।' यह कहने के बाद 'हजरत फिर खर्राटे भरने लगे।"

दूसरे दिन आजाद माँ से मिले बिना ही वहाँ से चल दिये। सदाशिवराव जी ने लिखा है : "माता जी हमारे लिए खाना बनाए रखे रहीं और हमारी प्रतीक्षा करती रहीं। मुझे नहीं मालूम, आजाद को फिर कभी अम्मा के हाथ का बनाया खाना नसीब भी हुआ कि नहीं और आजाद के लिए अम्मा की यही प्रतीक्षा क्या चिरप्रतीक्षा रही? 21 वर्ष बाद मुझे तो फिर उसी कुटिया में माता जी की स्नेहसिक्त रोटियाँ मिलीं। और इसे सौभाग्य कहूँ कि दुर्भाग्य कि माता जी की अन्तिम पिंडोदक क्रिया भी मेरे हाथों से ही सम्पन्न हुई।"

देश की स्वाधीनता के लिए कितना कष्ट नहीं सहा है इन वीर शहीदों ने! और क्या उनकी शहादत से कम महत्त्व है उनकी वीर माताओं के त्याग और बलिदान का जिनका जीवन—जब तक पुत्र जिए—चिन्ता और संघर्ष का जीवन रहा और जब पुत्र नहीं रहे, तब जिनका शोक किसी भी मृत्युशोक से बढ़कर था? ये सब बलिदान, यह सब त्याग, यह दारुण व्यथा और कष्ट देश की जनता को सुखी और स्वाधीन देखने के लिए ही सहे गए थे। क्रान्तिकारियों से सम्बन्धित उस साहित्य का सबसे बड़ा मूल्य यह है कि हम उनके आदर्शों को भूलें नहीं, यह न भूलें कि देश से निर्धनता और शोषण अभी मिटा नहीं; हम शहीदों और उनकी माताओं के प्रति सच्ची श्रद्धांजलि तभी अर्पित करेंगे जब हम शोषण और गरीबी को मिटाकर नये समाजवादी भारत का निर्माण करेंगे।

श्री शिव वर्मा ने शहीद बिस्मिल की माता जी से मुलाकात का हाल लिखा है। गोरखपुर जेल में उन्हीं के साथ वह बिस्मिल से मिलने गए थे। याद आने पर "उनके ज्योतिहीन नेत्रों में पानी भर आया।" बिस्मिल की शहादत के बाद पुलिस के डर के मारे लोगों ने उनके घर आना छोड़ दिया था। उनका दूसरा लड़का—बिस्मिल का भाई—रमेश बीमार हो गया। "दवा-इलाज के अभाव में बीमारी जड़ पकड़ती गई। घर का सबकुछ बिक जाने पर भी रमेश का इलाज न हो पाया। पथ्य और उपचार के अभाव में तपेदिक के शिकार बनकर एक दिन वह माँ को निपूती छोड़कर चला गया। पिता को कोरी हमदर्दी दिखलानेवालों से चिढ़ हो गई। वे बेहद चिड़चिड़े हो

गए। घर का सबकुछ तो बिक ही चुका था। अस्तु, फाकों से तंग आकर एक दिन वे भी चले गए, माँ को संसार में अनाथ और अकेली छोड़कर!"

सचमुच इस माता का कष्ट बिस्मिल की शहादत से किसी तरह कम महत्त्वपूर्ण न था। अन्तिम समय जब वह पुत्र से मिलने जेल गईं तब बिस्मिल उन्हें देखकर रोने लगे। माता ने कहा : "मैं तो समझती थी कि मेरा बेटा बहादुर है, जिसके नाम से अंग्रेजी सरकार भी काँपती है। मुझे नहीं पता था कि वह मौत से डरता है। तुम्हें यदि रोकर ही मरना था तो व्यर्थ ही इस काम में आए।"

इस साहस का जवाब नहीं। सामन्ती वीरता की वे तमाम कहानियाँ, जिन पर कवियों ने जमीन-आसपास एक कर दिया, इस शूरता के सामने हेच साबित होती हैं। यह माँ इसलिए महान नहीं हैं कि वह शहीद रामप्रसाद बिस्मिल की माँ हैं वरन् बिस्मिल महान हैं, इसलिए कि वे ऐसी माँ के बेटे हैं।

और बिस्मिल मौत के डर से न रोए थे। शायद वे माँ का भविष्य देख रहे थे। अपने क्रान्तिकारी जीवन में उन्हें मानव-जीवन का काफी कटु अनुभव हुआ था।

गोरखपुर जेल में फाँसी पर झूलने के तीन दिन पहले उन्होंने यह आत्मकथा लिखी थी। चंबल नदी के किनारे उनके पितामह का जीवन, दुर्भिक्ष का प्रकोप, उनकी दादी का अनाज पीसकर पेट पालना, पिता का कचहरी में स्टांप बेचना, बचपन की पढ़ाई, आर्य कुमार सभा का काम, स्वामी सोमदेव से सम्पर्क, लोकमान्य का स्वागत, पं. गेंदालाल दीक्षित का रेखाचित्र, फिर क्रान्तिकारी जीवन का विश्लेषण—यह सब उन्होंने इतने तटस्थ और संयत ढंग से लिखा है कि मानो उन्होंने मृत्यु को जीत लिया हो! एक जगह उन्होंने अपने गुरु स्वामी सोमदेव के बारे में लिखा है कि जब उन्होंने योग की कुछ क्रियाएँ बताने की इच्छा की, तब वह (सोमदेव जी) इतने कमजोर हो गए थे कि जरा-सा परिश्रम करने पर बेहोश हो जाते थे। भले ही उन्होंने हठयोग की क्रियाएँ न सीखी हों लेकिन जहाँ तक चित्तवृत्तियों के निरोध का सम्बन्ध है, बिस्मिल की आत्मकथा पर सौ योगियों की समाधि निछावर है।

समूची आत्मकथा में उनका ध्यान अपने से अधिक दूसरों पर केन्द्रित है। देशवासी क्या करें जिससे उन्हें स्वाधीनता प्राप्त हो, सारा विवेचन इसी समस्या को ध्यान में रखकर प्रस्तुत किया गया है। इस आत्मकथा में भारतीय जीवन या अपने परिवार को उन्होंने मोहक रंगों से सजाकर पेश नहीं किया। उनका समूचा विवरण और खुद अपने जीवन का संघर्ष इस बात की ओर संकेत करता है कि विदेशी साम्राज्यवाद के अलावा हमारा एक शत्रु और है—वह है हमारा रूढ़िवाद, हमारे अन्धविश्वास, हमारे कुसंस्कार। जब उनका जन्म हुआ तब गंडे, तावीज और कवचों से उनकी शरीर-रक्षा का प्रयत्न किया गया। पिता को चरस पीने की आदत पड़ गई थी। बहुत दिनों बाद बिस्मिल के समझाने पर उन्होंने चरस पीना छोड़ा। जिस कुल में उन्होंने जन्म लिया था, उसमें कन्याएँ जन्मते ही मार डाली

जाती थीं। "माता जी ने इसका विरोध किया और कन्याओं की रक्षा की। मेरे कुल में यह पहला ही समय था कि कन्याओं का पोषण हुआ।" भारतीय संस्कृति में जहाँ वेद, उपनिषद्, षड्यंत्र, एलोरा, अजन्ता आदि हैं, वहाँ व्यवहार-क्षेत्र में इस तरह के जघन्य कुसंस्कार भी हैं जिन्हें हम भुला नहीं सकते। बिस्मिल की माता जी क्रान्तिकारी थीं जो उन्होंने इस कन्या-वध का सफलतापूर्वक विरोध किया। यही नहीं, "माता जी के प्रयत्नों से तीनों बहनों को अच्छी शिक्षा दी गई।" इसके सिवा माता जी ने खुद भी पढ़ने का अभ्यास किया था।

बचपन में बिस्मिल ने पिता से बहुत मार खाई थी। एक बार "उन्होंने मुझे बन्दूक के लोहे के गज से इतना पीटा कि गज टेढ़ा पड़ गया।" जब वह आर्यसमाजी हुए तब पिता ने कहा, "आर्यसमाज से त्यागपत्र न दोगे तो मैं रात में सोते समय मार दूँगा।" सिद्धान्तवादी बिस्मिल ने घर छोड़ दिया। उनके पिता जो लोहे के गज से भी सख्त थे, झुके। बिस्मिल फिर घर आए। आर्यकुमार-सभा में वह काम करते रहे, लेकिन यहाँ भी उन्हें दूसरे प्रकार के संघर्ष का सामना करना पड़ा। "आर्यसमाज के सदस्यों ने कुमार-सभा के प्रयत्न को देखकर उस पर अपना शासन जमाना चाहा, किन्तु कुमार किसी का अनुचित शासन कब माननेवाले थे! आर्यसमाज के मन्दिर में ताला डाल दिया गया कि कुमार-सभावाले आर्यसमाज मन्दिर में अधिवेशन न करें।" उन्होंने शाहजहाँपुर की सेवा-समिति में काम किया। पिता डाँटते थे; माता प्रोत्साहन देती थीं। लखनऊ में जब नरमदली नेताओं ने लोकमान्य तिलक का जुलूस निकालने से इनकार किया, तब वह एक अन्य विद्यार्थी के साथ मोटर के सामने लेट गए। अन्त में जुलूस निकाला गया और लोगों ने हाथ से उनकी गाड़ी खींची।

बिस्मिल ने खेती की। किसानों में रहे। जुलाहों से उन्होंने कपड़ा बुनना भी सीखा। इस प्रकार उन्हें देश की गरीब जनता के जीवन का अध्ययन करने का काफी मौका मिला। 'कैथराइन', 'स्वदेशी रंग' आदि पुस्तकें लिखने के अलावा उन्होंने पत्रिकाओं में 'राम' और 'अज्ञात' नाम से लेख लिखकर जनता में राजनीतिक प्रचार किया। क्रान्तिकारी जीवन में उन्हें सदा कार्यकर्ताओं की कठिनाइयों का ध्यान रहता था। नवयुवकों की भावुकता और नेतागीरी की इच्छा रखनेवाले लोगों की उन्होंने कड़ी आलोचना की है। जब वह पकड़े गए तब पुलिस ने सुझाया कि 'यदि मैं बंगाल का सम्बन्ध बताकर कुछ बोल्शेविक सम्बन्ध के विषय में अपना बयान दे दूँ' तो उनकी सजा कम हो जाएगी, उन्हें इंग्लैंड भेज दिया जाएगा और पन्द्रह हजार रुपये पारितोषिक के दिये जाएँगे। अंग्रेज सरकार इस तरह हिन्दुस्तान में रूस के एजेंट तलाश करती थी।

पुस्तक का सबसे महत्त्वपूर्ण अंश उसका अन्तिम भाग है, जिसमें उन्होंने क्रान्तिकारियों की राजनीति की आलोचना की है और भविष्य के लिए कार्यक्रम बनाया है। अपने उदात्त देश-प्रेम के कारण उन्होंने वीर-पूजा के लिए अपनी आदर्श

मूर्ति नहीं गढ़ी। उन्होंने तीव्र आत्मनिरीक्षण द्वारा पिछले जीवन की आलोचना की और जिस मार्ग पर वह स्वयं चले थे, उसे गलत कहते हुए जनता के संगठन द्वारा क्रान्तिकारी आन्दोलन चलाने का सही मार्ग देश के सामने रखा। उन्होंने सबसे पहले कार्यकर्ताओं का ऐसा संगठन बनाने पर जोर दिया जो हर तरह की कठिनाइयों में अटूट बना रहे। "राजनीतिक क्रान्ति के लिए सर्वप्रथम क्रान्तिकारियों का संगठन ऐसा होना चाहिए कि अनेक विघ्न तथा बाधाओं के उपस्थित होने पर भी संगठन में किसी प्रकार त्रुटि न आए।" इस तरह की पार्टी के बिना कोई भी क्रान्ति सफल नहीं हो सकती। जो बात लेनिन ने कुछ वर्ष पहले कहीं थी, उसी को रामप्रसाद बिस्मिल ने अपने अनुभव से सम्भवत: मार्क्स को पढ़े बिना सीखा था। दूसरी बात उन्होंने यह सीखी कि क्रान्ति के लिए जनता को शिक्षित करना आवश्यक है। "देशवासी इतने शिक्षित हों कि वे वर्तमान सरकार की नीति को समझकर अपने हानि-लाभ को जानने में समर्थ हो सकें।" दूसरे शब्दों में : क्रान्ति की वास्तविक शक्ति जनता है; क्रान्तिकारी उसका नेतृत्व-भर कर सकते हैं। इस तरह के नेतृत्व के लिए क्रान्तिकारियों और जनता में दृढ़ सम्पर्क होना चाहिए। "क्रान्तिकारी दल क्या है? वह क्या करना चाहता है? क्यों करना चाहता है?—इन सारी बातों को जनता की अधिक संख्या समझ सके, क्रान्तिकारियों के साथ जनता की पूर्ण सहानुभूति हो, तब कहीं क्रान्तिकारी दल को देश में पैर रखने का स्थान मिल सकता है।"

बिस्मिल ने राज्यसत्ता के वर्ग-आधार का सही विश्लेषण किया। उनके लिए सरकार वर्गों के परे न्याय की संरक्षक न थी। "प्रत्येक सरकार के सहायक अमीर और जमींदार होते हैं।" राज्यसत्ता अमीरों द्वारा गरीबों पर हुकूमत करने का साधन है। जनता की क्रान्तिकारी पार्टी के अभाव में क्रान्ति हो जाने पर भी उसका फल धनी वर्ग को ही मिलता है। उनके सामने स्पष्ट था कि यूरोप और अमरीका में जिस प्रजातंत्र का ढोल पीटा जाता है, उसमें सत्ता दरअसल अमीरों के हाथ में ही है। उन्होंने लिखा : "यदि फ्रांस तथा अमरीका की भाँति क्रान्ति द्वारा राजतंत्र को पलटकर प्रजातंत्र स्थापित भी कर लिया जाए तो बड़े-बड़े धनी पुरुष अपने धनबल से सब प्रकारों से अधिकारों को दबा बैठते हैं। कार्यकारिणी समितियों में बड़े-बड़े अधिकार धनियों को प्राप्त हो जाते हैं। देश के शासन में धनियों का मत ही उच्च आदर पाता है। धन-बल से देश के समाचार-पत्रों, कल-कारखानों तथा खानों पर उनका ही अधिकार हो जाता है।" यह है पूँजीवादी जनतंत्र की वास्तविकता।

जब रूस में ज़ारशाही के विरुद्ध क्रान्ति हुई, तब वहाँ भी धनी वर्ग ने सत्ता अपने हाथ में कर ली। लेकिन वहाँ लेनिन के नेतृत्व में क्रान्तिकारियों का संगठन मौजूद था। उसने पूँजीपतियों से सत्ता छीनकर समाजवादी प्रजातंत्र स्थापित किया। बिस्मिल ने लिखा है : "रूसी क्रान्ति के पश्चात् यही हुआ था। रूस के क्रान्तिकारी इस बात को पहले से ही जानते थे। अतएव उन्होंने राज्यसत्ता के विरुद्ध युद्ध

करके राजतंत्र की समाप्ति की। इसके बाद जैसे ही धनी तथा बुद्धिजीवियों ने रोड़ा अटकाना चाहा कि उसी समय उनसे भी युद्ध करके उन्होंने वास्तविक प्रजातंत्र की स्थापना की।" इस तरह अमर शहीद रामप्रसाद बिस्मिल ने कांग्रेस द्वारा पूर्ण स्वाधीनता का लक्ष्य घोषित किए जाने के पहले पूर्ण स्वाधीनता ही नहीं, भारत के लिए समाजवादी प्रजातंत्र का उद्‌देश्य भी सामने रखा। इस प्रकार वह उस समय के राजनीतिक विचारकों में सबसे दूरदर्शी और प्रगतिशील राजनीतिक सिद्ध होते हैं।

इस आदर्श की प्राप्ति के लिए उन्होंने नवयुवकों को नया रास्ता दिखाया। उन्होंने उनसे अपील की कि वे पुराना रास्ता छोड़कर "जनता की प्रवृत्ति को देशसेवा की ओर लगाने का प्रयत्न करें, और श्रमजीवी तथा कृषकों का संगठन करके उनको जमींदारों तथा रईसों के अत्याचारों से बचाएँ। भारतवर्ष के रईस तथा जमींदार सरकार के पक्षपाती हैं। मध्यश्रेणी के लोग किसी-न-किसी प्रकार इन्हीं तीनों के आश्रित हैं।" इस तरह उन्होंने मजदूरों और किसानों की अपने वर्गहितों की लड़ाई को आजादी की लड़ाई का हिस्सा माना। यदि किसान को यह आश्वासन हो कि वह जमींदार के अत्याचार से मुक्त होगा, तो वह आजादी के लिए और भी तत्परता से लड़ेगा। उन्होंने "ग्रामीण सगंठन करके कृषकों की दशा सुधारकर" उनके मन से भाग्य-निर्भरता हटाकर उन्हें उद्योगी बनाने पर जोर दिया। मजदूरों के लिए उन्होंने लिखा : "कल, कारखाने, रेलवे, जहाज तथा खानों में जहाँ कहीं श्रमजीवी हों, उनकी दशा को सुधारने के लिए श्रमजीवियों के संघ की स्थापना की जाए, ताकि उनको अपनी अवस्था का ज्ञान हो सके और कारखानों के मालिक मनमाने अत्याचार न कर सकें।" इसके साथ उन्होंने प्रभावशाली शब्दों में अछूतों और स्त्रियों की दशा सुधारने पर जोर दिया। इस तरह उन्होंने देश के सामने एक क्रान्तिकारी कार्यक्रम रखा जिसका महत्त्व आज भी किसी प्रकार कम नहीं हुआ है। उन्होंने कार्यकर्ताओं को वह कार्यनीति भी बताई जिससे वह किसानों को संगठित कर सकें। उन्होंने 'रामायण' और 'महाभारत' की कथा सुनाने का सुझाव दिया : "कथा कहने के अवसर पर बीच-बीच में चाहे कितनी राजनीति का समावेश कर जाएँ।" रात्रि-पाठशालाएँ खोलकर निर्धन और अछूत जातियों के बच्चों को पढ़ाएँ। श्रमजीवी-संघ स्थापित करें और रात्रि-पाठशालाएँ खोलकर उन्हें तथा उनके बच्चों को पढ़ाएँ। इस तरह रचनात्मक कार्यक्रम द्वारा जनता में राजनीतिक प्रचार और उसे संगठित करने की नीति उन्होंने निर्धारित की, जिस पर भारत के अनेक प्रदेशों में साम्यवादी कार्यकर्ताओं ने अमल किया है। पूँजीवादी नेता यह कहते नहीं थकते कि साम्यवादियों में देशप्रेम नहीं है, उनकी विचारधारा का स्रोत विदेशों में है, इत्यादि। रामप्रसाद बिस्मिल की विचारधारा का स्रोत भारत की इसी धरती में था या रूस में? यदि पूँजीवादी नेता उनकी शहादत से कुछ सीख सकते हों तो पूँजीवादी शोषण को खत्म क्यों नहीं करते? यदि ये नेता वास्तव में देशभक्त हैं तो उनके राज में धनी

और भी अमीर, और निर्धन और भी गरीब, क्यों बनते जाते हैं? या साम्यवादियों के विरुद्ध उनका प्रचार पूँजीपतियों के हितों की रक्षा करने का एक साधन मात्र है?

रामप्रसाद ने अपना लक्ष्य स्पष्ट घोषित करते हुए लिखा था : "नवयुवकों को मेरा अन्तिम सन्देश यही है कि वे रिवॉल्वर या पिस्तौल को अपने पास रखने की इच्छा को त्यागकर सच्चे देशभक्त बनें। पूर्ण स्वाधीनता उनका ध्येय हो और वे वास्तविक साम्यवादी बनने का प्रयत्न करते रहें।"

रामप्रसाद बिस्मिल के शिष्य और सहयोगी अशफ़ाकउल्ला खाँ थे। एक मुसलमान से आर्यसमाजी का प्रेम देखकर लोग चकित रह जाते थे। उनके लिए बिस्मिल ने लिखा है : "बहुधा मैंने-तुमने एक थाली में भोजन किए। मेरे हृदय से यह विचार ही जाता रहा कि हिन्दू-मुसलमान में कोई भेद है।"

देश के नाम अशफ़ाकउल्ला का अन्तिम सन्देश 'विशाल भारत' के 'शहीद अंक' में प्रकाशित है। इसमें उन्होंने हिन्दू-मुसलमान सम्प्रदायवादियों की कड़ी आलोचना की है। उन्होंने पूछा है : "क्या गुलाम कौम का कोई मजहब होता है?" उन्होंने कम्यूनिस्टों से विदेशी पोशाक वगैरह छोड़कर देश की जनता में घुल-मिलकर उसकी सेवा करने की अपील की है। अपने लिए लिखा है : "मेरा दिल हमेशा गरीब किसानों के लिए और दुखिया मजदूरों के लिए दुखी रहा है।" साम्यवाद के उद्‌देश्य को अपना उद्‌देश्य घोषित करते हुए उन्होंने लिखा : "मेरे दिल में तुम्हारी इज्जत है और मैं मरते हुए भी तुम्हारे सियासी मकसद से बिलकुल मुत्तफिक हूँ—मैं हिन्दुस्तान की ऐसी आजादी का ख्वाहिशमन्द था जिसमें गरीब खुश और आराम से रहते और बराबर सब होते—खुदा मेरे बाद वह दिन जल्द लाए, जबकि छतर मंजिल लखनऊ में अब्दुल्ला मिस्त्री लोको वर्कशॉप और धनिया चमार किसान भी मिस्टर खलीकुज्जमा और जगतनारायण व राजा महमूदाबाद के बराबर कुर्सी पर बैठे नजर पड़ें।"

बिस्मिल और अशफ़ाक ने भारत के भावी निर्माण के बारे में ये शब्द लिखे थे। इन शब्दों में वह पवित्र धरोहर है जिसकी रक्षा करना हर देशभक्त का कर्तव्य है। पूँजी की रक्षा के लिए दमन या झूठे प्रचार द्वारा जनता के संगठन और आन्दोलन को कुचला नहीं जा सकता। जिस उद्‌देश्य की घोषणा करते हुए बिस्मिल, अशफ़ाक और भगत सिंह शहीद हुए, वह उद्‌देश्य इस देश की धरती पर चरितार्थ होकर रहेगा।

16

फ्रांसीसी राज्यक्रान्ति और मानवजाति के सांस्कृतिक विकास की समस्या

फ्रांस की राज्यक्रान्ति का बहुत गहरा असर अनेक देशों पर पड़ा, विशेष रूप में यूरोप के देशों में जो जागरण हुआ, साहित्य में जो प्रगति हुई, उसका घनिष्ठ सम्बन्ध फ्रांस की राज्यक्रान्ति से है। यह क्रान्ति 18वीं सदी के अन्तिम चरण में हुई, उसके बाद इंग्लैंड में प्रसिद्ध साहित्यिक आन्दोलन चला जिसे हम रोमांटिक आन्दोलन के नाम में जानते हैं। फ्रांस में बादशाही और उसके समर्थक जमींदारों की सत्ता बलपूर्वक उलट दी गई। इस सत्ता का बहुत बड़ा समर्थक वहाँ का पादरी समुदाय था, उसका प्रभुत्व भी समाप्त किया गया। यूरोप में कोई ऐसा देश नहीं था जिसमें भूस्वामी और उसके साथ चर्च प्रभुसत्ता पर अधिकार न रहा हो। यूरोप के अन्य देशों की अपेक्षा इंग्लैंड आर्थिक विकास में आगे बढ़ा हुआ था। किन्तु 18वीं सदी के उत्तरार्द्ध में, औद्योगिक क्रान्ति के बावजूद, राज्यसत्ता पर अधिकार अभी वहाँ के बड़े जमींदारों का था। इंग्लैंड चर्च भी बहुत शक्तिशाली था। फौज में और नौकरशाही में अभिजात वर्ग का बोलबाला था। इंग्लैंड के बुद्धिजीवी और क्रान्तिकारी यह देखते थे कि जब तक इस अभिजात वर्ग को सत्ता से नहीं हटाया जाता, तब तक उनका देश प्रगति नहीं कर सकता। इसी सामाजिक सन्दर्भ में हमें रोमांटिक आन्दोलन और उस पर फ्रांसीसी राज्यक्रान्ति के प्रभाव का अध्ययन करना चाहिए।

इंग्लैंड के रोमांटिक कवियों की पहली पीढ़ी में प्रमुख थे वड्सर्वर्थ और कोलरिज। 1798 में इन दोनों ने मिलकर युगान्तरकारी पुस्तक निकाली थी जिसका नाम था 'लिरिकल बैलेड्स'। इंग्लैंड में शेक्सपियर के जमाने में और उसके पहले बहुत-सा बैलेड साहित्य रचा गया था। यह साहित्य अधिकतर मौखिक, लोकसाहित्य जैसा था। अभिजातवर्गीय साहित्य की भाषा जिस तरह की थी, उसमें बैलेड साहित्य की भाषा काफी भिन्न थी। उक्त कवियों ने अपनी पहली पुस्तक का नाम 'लिरिकल बैलेड्स' रखा, यह तथ्य ध्यान आकर्षित करता है। फ्रांसीसी राज्यक्रान्ति का प्रभाव सबसे पहले इसी में दिखाई देता है कि साहित्य को संवर्द्धित करने के लिए ये लोग लोकसाहित्य पर ध्यान देते हैं। वड्सर्वर्थ और कोलरिज, दोनों ने पुराने साहित्य का

गहराई से अध्ययन किया, खास तौर से कोलरिज ने पुरानी बैलेड कविताओं का अनुकरण किया। उनकी छन्द-योजना, उनकी भाषा, बहुत जगह उनके विषय का भी अनुकरण उन्होंने किया था। प्रसिद्ध है कि रोमांटिक कवियों ने लिरिक कविताएँ रचीं। आम तौर से माना जाता है कि लिरिक कविताओं में कवि अपनी व्यक्तिगत भावनाएँ व्यक्त करता है, इन कविताओं का सम्बन्ध अधिकतर उसके अपने सुख-दु:ख से होता है। किन्तु पुराना बैलेड साहित्य मुख्यत: वर्णनात्मक है, नाटकीय है। बहुत-सी रोमांटिक कविताएँ ऐसी हैं जिनका सम्बन्ध कवि के व्यक्तिगत जीवन से है परन्तु बहुत-सी लिरिक कविताएँ ऐसी भी हैं जो नाटकीय हैं, वर्णनात्मक हैं, राजनीतिक हैं। इनमें वस्तुगत स्थितियों का वर्णन किया गया है। लिरिक कह देने से यह न समझना चाहिए कि समस्त रोमांटिक कविता व्यक्ति-केन्द्रित है। वास्तव में अधिकांश रोमांटिक कविता नाटकीय है या वर्णनात्मक है। उसका एक अंश ही लिरिक का है। 'लिरिकल बैलेड्स' में वड्र्सवर्थ और कोलरिज एक ओर लिरिक कविता का विकास कर रहे थे, दूसरी ओर उसका सम्बन्ध पुराने ढंग के बैलेड साहित्य से जोड़ रहे थे।

वड्र्सवर्थ ने एक प्रसिद्ध निबन्ध लिखा था जिसमें उन्होंने 18वीं सदी की अभिजातवर्गीय काव्य-भाषा की आलोचना की थी। इस निबन्ध में उन्होंने कहा था कि कविता में ऐसी भाषा का व्यवहार करना चाहिए जो आम जनता की भाषा हो। अभिजातवर्गीय भाषा आज जनता की भाषा नहीं है, उसे कविता की भाषा बनाए रखना सही नहीं है। उनके इस निबन्ध पर बहुत बहस हुई है और अभी तक लोग वड्र्सवर्थ की आलोचना करते चले आ रहे हैं। 'लिरिकल बैलेड्स' के दौर के बाद वड्र्सवर्थ और कोलरिज की मित्रता टूट गई और कोलरिज ने भी वड्र्सवर्थ की आलोचना कर डाली। यह स्मरण रखना चाहिए कि वड्र्सवर्थ का सारा दृष्टिकोण अभिजात वर्ग के विरोध से सम्बन्धित है। वह केवल कविता की भाषा को नहीं, कविता की विषयवस्तु को भी सामान्य जनों तक, विशेष रूप से गाँव के किसानों तक ले जाना चाहते थे। जो कविता कुछ अपवादों को छोड़कर, अभिजात वर्ग तक सीमित थी, उसे वह अब एक नये धरातल पर विकसित करना चाहते थे। इंग्लैंड के एक राजनीतिज्ञ थे चार्ल्स जेम्स फॉक्स। जनवरी, 1801 में उन्हें अपनी दो कविताएँ भेजते हुए वड्र्सवर्थ ने लिखा था : "ये दो कविताएँ मैंने यह दिखाने के लिए लिखी थीं कि जो लोग सुन्दर कपड़े नहीं पहनते, वे भी गहराई से भावों का अनुभव कर सकते हैं।"

कविता में व्यक्त भाव ऐसी चीज नहीं है जिन पर अभिजात वर्ग का इजारा हो। वड्र्सवर्थ की धारणा है कि अभिजात वर्ग के भाव बहुत ही छिछले होते हैं। गहराई से चीजों को देखने, उनका अनुभव करने, उनके प्रति अपनी संवेदनाएँ प्रकट करने की क्षमता जितनी आम जनता में होती है, उतनी उच्च वर्गों में नहीं होती। जून, 1802

में वड्सवर्थ ने जॉन विल्सन को एक पत्र में लिखा : "जो लोग समाज में हमारे स्तर के हैं, वे बार-बार एक गलती करते हैं। वह यह कि वे समझते हैं कि जिनके साथ उनका उठना-बैठना होता है, वे लोग और मानव प्रकृति एक ही चीज हैं। हम लोग आखिर किसके साथ ज्यादा उठते-बैठते हैं? भद्र लोगों के साथ, भाग्यशाली लोगों के साथ, पेशेवर लोगों के साथ, महिलाओं के साथ—ऐसे लोगों के साथ जिनमें आधी अशरफी के मूल्यवाली पुस्तकें खरीदने या आसानी से प्राप्त करने की क्षमता है, जो किताबें लकदक बहुत ही नफीस कागज पर छपी हुई हों। यह सही है कि ये सब लोग भी मानव प्रकृति का एक हिस्सा हैं लेकिन यह दु:खदायी भूल होगी यदि हम समझ लें कि विशाल मानव-अस्तित्व के सही प्रतिनिधि यही हैं। फिर भी बहुत कम ऐसे लोग हैं जो पुस्तकों के बारे में इस तरह न सोचते हों कि ये जो उच्च स्तर के लोग हैं, इन्हीं को प्रसन्न करने की शक्ति उनमें होनी चाहिए। बहुत कम ऐसे लोग हैं जो नीचे उतरते हैं, जो झोंपड़ों और खेतों तक जाते हैं और बच्चों तक पहुँचते हैं।" इस उद्धरण से पाठक देखेंगे कि वड्सवर्थ बहुत साफ तरीके से आम जनता को अभिजात वर्ग से अलग करते हैं। वह समझते हैं कि पुस्तकें सिर्फ उन लोगों के लिए न लिखनी चाहिए जो धनी हैं, जो अच्छी-अच्छी किताबें खरीद सकते हैं। कवियों का यह कर्तव्य नहीं है कि वे इन्हें प्रसन्न करने को कविता रचें। उनको साधारण लोगों की तरफ ध्यान देना चाहिए और उन बच्चों की तरफ भी देना चाहिए जो अभी धनी वर्ग की बहुत-सी बुराइयों के शिकार नहीं हुए। बच्चोंवाली बात से रवीन्द्रनाथ की याद आ जाती है। उन्होंने बहुत-सी कहानियों में गाँव के लोगों का वर्णन किया है और बहुत-सी कहानियों और कविताओं में बच्चों के जीवन का चित्रण किया है। वड्सवर्थ और उनसे पहले ब्लेक ने बच्चों के ऊपर कविताएँ लिखी हैं। यह एक व्यापक धरातल है जो अभिजातवर्गीय संकीर्णता से साहित्य को ऊपर उठाता है।

वड्सवर्थ ने कविता और कविता की भाषा पर विचार करते हुए स्पष्ट लिखा था : "साधारण और देहात का जीवन आम तौर से इसलिए चुना गया था कि उस परिस्थिति में हृदय के मूल भावों को परिपक्व होने के लिए ज्यादा अच्छी जमीन मिलती है, वहाँ उनके ऊपर प्रतिबन्ध कम होता है और वे अधिक जोरदार और अधिक साफ भाषा बोल सकते हैं।" वड्सवर्थ को प्रकृति का कवि माना जाता है। वह हैं भी प्रकृति के बहुत अच्छे कवि परन्तु इस निबन्ध में उन्होंने जो सिद्धान्त प्रतिपादित किया है, उसमें जोर प्रकृति के ऊपर नहीं, मनुष्य के ऊपर है—गाँव के मनुष्य के ऊपर। प्रकृति की चर्चा सिर्फ इसलिए है कि उसके संसर्ग में गाँव का मनुष्य सारा जीवन बिताता है। आगे चलकर वड्सवर्थ के चिन्तन में यह मनुष्य पीछे रह गया, प्रकृति आगे आ गई। जिस समय फ्रांस की राज्यक्रान्ति का असर वड्सवर्थ पर गहरा था और ताजा था, वह सबसे पहले सामान्य जनों पर ध्यान

केन्द्रित किए थे। उनका एक वाक्य शिक्षाप्रद है—और इस तरह की बातें हमारे यहाँ के साहित्यक आन्दोलनों में अक्सर दोहराई गई हैं : But Poets do not write for poets alone, but for men. प्रश्न किया गया है कि साहित्य किसके लिए लिखा जाता है? कवियों का ध्यान अक्सर दूसरे कवियों पर रहता था। कवियों का एक छोटा-सा गुट काव्य रचता है, दूसरा गुट प्रशंसा या निन्दा करता है। बाकी समाज से कुछ लेना-देना नहीं होता। यहाँ वड्सवर्थ लोकसाहित्य की धारणा प्रस्तुत करते हैं। साहित्य केवल कवियों के लिए नहीं होता, वह मनुष्यों के लिए होता है। यहाँ 'मनुष्य' अभिजात वर्ग से बाहर कामकाजी मनुष्य हैं, खास तौर से किसान हैं। वे सब मानवजाति हैं, उसका मुख्य अंग हैं, और उनके लिए साहित्य रचा जाना चाहिए। फ्रांसीसी राज्यक्रान्ति ने मानव मात्र की समानता की घोषणा की थी। स्वाधीनता, समानता और भाईचारा—ये उसके तीन प्रसिद्ध नारे थे। वड्सवर्थ चाहते हैं कि न केवल एक भाषा बोलनेवाले कविता द्वारा सम्बद्ध हों, एक दूसरे से भाईचारे की भावना से मिलें और साथ रहें, वरन् समस्त मानवजाति एक ही भाईचारे में बँधकर नया जीवन बिताए। उनका वाक्य है : The Poet binds together by passion and knowledge the vast empire of human society, as it is spread over the whole earth; and over all time.

मानव जाति समस्त धरती पर फैली हुई है, समस्त काल में उसका प्रसार है। इस मानव समाज को आपस में बाँधनेवाला कौन है? वह कवि है। और कवि उसे बाँधता है भाव और ज्ञान के द्वारा। भाव और ज्ञान वड्सवर्थ के लिए परस्पर-विरोधी नहीं हैं। वे एक दूसरे के पूरक हैं, एक साथ चलते हैं। कविता के लिए भावशक्ति और ज्ञानशक्ति का संयोग दरकार है। फ्रांसीसी राज्यक्रान्ति ने जो भाईचारे का नारा दिया था, उसे हम वड्सवर्थ को अंग्रेजी कविता में लागू करते हुए देखते हैं।

वड्सवर्थ प्रकृति के उपासक थे। उन्होंने प्रकृति को लगभग वही स्थान दिया जो धार्मिक साहित्य में ईश्वर को दिया जाता है। चर्च के समर्थक वड्सवर्थ की प्रकृति-सम्बन्धी रचनाओं से प्रसन्न नहीं थे। वड्सवर्थ ने ईश्वर का सीधा विरोध न करके उसके स्थान पर प्रकृति को स्थापित किया था। प्रकृति से मनुष्य का जो सहज लगाव है, उसके साथ जो उसका चिरन्तन संसर्ग है, उस पर उन्होंने बल दिया था। उनकी प्रकृति कोई अमूर्त सत्ता नहीं है; वह इंग्लैंड की प्रकृति है, विशेष रूप से इंग्लैंड के ऊपरी भाग की प्रकृति है। यहाँ के पक्षियों, झीलों, पर्वतों पर, और इनके बीच रहनेवाले मनुष्यों पर वड्सवर्थ ने बहुत-सी कविताएँ लिखीं। चर्च का जो विरोध फ्रांसीसी राज्यक्रान्ति की विशेषता है, यहाँ वह इस ढंग से प्रकट होता है। आगे चलकर वड्सवर्थ के दृष्टिकोण में परिवर्तन हुआ। वह प्रकृति को छोड़कर सीधे चर्च और ईश्वर पर कविताएँ लिखने लगे। जो प्रारम्भिक क्रान्तिकारी उत्साह था, वह समाप्त हो गया। लेकिन आलोचक यह स्वीकार करते हैं कि जीवन के

उत्तरार्द्ध में उन्होंने जो कविताएँ लिखीं, वे निर्जीव-सी हैं। जहाँ-तहाँ पुराने वड्‌र्सवर्थ की झलक मिल जाती है किन्तु जिस आस्था से, जिस विश्वास से उन्होंने पहले रचनाएँ की थीं, और जिससे यह युगान्तरकारी परिवर्तन अंग्रेजी काव्य में हुआ, वह बाद में नहीं रहा। बाद में जो भी हुआ, उससे साबित यही होता है कि फ्रांसीसी राज्यक्रान्ति की सकारात्मक भूमिका के समाप्त हो जाने पर, शासक अभिजात वर्ग का साथ देने पर, वड्‌र्सवर्थ की प्रतिभा कुंठित हो गई। अधिकतर आलोचक सारी समस्याओं पर शुद्ध मनोविज्ञान के स्तर पर विचार करते हैं। अंग्रेजी साहित्य का एक प्रसिद्ध इतिहास है जो लेगुई और कज़ामियाँ, इन दो फ्रांसीसी विद्वानों ने लिखा था। इनमें कज़ामियाँ अक्सर मनोविज्ञान के स्तर पर साहित्यकारों के व्यक्तित्व और उनकी रचनाओं का विश्लेषण करते हैं। इसलिए वड्‌र्सवर्थ और कोलरिज के सम्बन्ध में उन्होंने जो कुछ कहा है, वह और भी महत्त्वपूर्ण है। इंग्लैंड में पहले धार्मिक जागरण हुआ, उसके बाद मनुष्य के चिन्तन को जो निर्णायक धक्का लगा, वह फ्रांसीसी राज्यक्रान्ति का था : The decisive shock to thought comes with the French Revolution. अंग्रेज साहित्यकारों के चिन्तन को जिस चीज ने निर्णायक रूप से झकझोरा, वह थी फ्रांस की राज्यक्रान्ति। आगे कहते हैं, वड्‌र्सवर्थ और कोलरिज को जिस क्रान्तिकारी आस्था ने अब तक आन्दोलित किया था, वह उनके कलात्मक और मानवीय कर्म का स्रोत है : The revolutionary faith which had chithar to animated them is the source of their artistic and human vacation.

मनुष्य के रूप में वे जो कुछ करते हैं और कलाकार के रूप में जो कुछ रचते हैं, वह क्रान्तिकारी आस्था से प्रेरित है। यह क्रान्तिकारी आस्था उन्होंने फ्रांसीसी राज्यक्रान्ति से प्राप्त की थी। कज़ामियाँ कहते हैं : वे एक आन्दोलन के सिद्धान्तकार हैं, उसके मसीहा हैं, भविष्यद्रष्टा हैं। बहुत दिनों से जैसे लोग उनकी बाट जोह रहे थे। वे इस रूप में स्थापित हुए, उनके सिद्धान्त स्थापित हुए तो उसी क्रान्तिकारी आस्था के कारण। उसी से उनको मान्यता प्राप्त हुई।[1]

इंग्लैंड के पाँच रोमांटिक कवियों ने साहित्य को संवर्द्धित किया, इसके बारे में सन्देह की गुंजाइश नहीं है। वड्‌र्सवर्थ, कोलरिज, शेली, बायरन, कीट्स—ये कवि किस हद तक फ्रांसीसी क्रान्ति से प्रभावित थे, यह प्रभाव अच्छा था या बुरा, इस पर आज तक बहस होती चली आ रही है। किन्तु किसी-न-किसी रूप में इन पाँचों कवियों पर राज्यक्रान्ति का प्रभाव पड़ा, इस बारे में किसी को दुविधा नहीं है। शेक्सपियर और मिल्टन के बाद अंग्रेजी कविता का यह सबसे महत्त्वपूर्ण युग था, इस बारे में भी किसी को सन्देह नहीं है। वड्‌र्सवर्थ के उदाहरण से देखा जा सकता है कि मानव जाति के सांस्कृतिक विकास में फ्रांसीसी राज्यक्रान्ति का महत्त्वपूर्ण योगदान था। फ्रांस की यह राज्यक्रान्ति फ्रांसीसी जनता की जातीय क्रान्ति भी थी।

फ्रांसीसी लोगों को जाति के रूप में संगठित करने का बहुत कुछ श्रेय उस प्रेरणा को है जो उन्हें इस क्रान्ति से प्राप्त हुई थी। इस क्रान्ति ने पड़ोसी देशों में भी इस जातीय भाव को जाग्रत् किया। इन पड़ोसी देशों में इंग्लैंड भी था। इंग्लैंड में जो पुनर्जागरण का युग कहलाता है, जिसके महान साहित्यकार शेक्सपियर और मिल्टन थे, उसकी उपलब्धियों को 18वीं सदी में अभिजातवर्गीय प्रभाव से बहुत कुछ नकारा गया था। उसके कुछ सतही रूपों को उभारा गया था। उसका जो वास्तविक मानवतावाद था, उसे दबा दिया गया था। फ्रांसीसी राज्यक्रान्ति के बाद इंग्लैंड में जो रोमांटिक आन्दोलन शुरू हुआ, उसके सूत्रधारों ने अपनी जातीय विरासत को फिर से पहचाना। इस विरासत में शेक्सपियर तो थे ही, मिल्टन का स्थान विशेष महत्त्वपूर्ण था। उन्होंने 17वीं सदी के उस गृहयुद्ध में भाग लिया था जिसमें बादशाही को ध्वस्त कर दिया गया था और इंग्लैंड में गणतंत्र की स्थापना हुई थी। रोमांटिक कवियों में प्राय: सभी मिल्टन को किसी-न-किसी सन्दर्भ में याद करते हैं। इनमें अग्रणी हैं वड्र्सवर्थ। 1802 में उन्होंने मिल्टन पर एक सॉनेट लिखा था। उसमें उन्होंने मिल्टन का आह्वान किया था कि देश को तत्कालीन स्थिति से उबारने के लिए उन्हें फिर आना चाहिए। अर्थात् मिल्टन के समय की क्रान्ति ने जो कार्य किए थे, वे अधूरे रह गए थे; उन्हें पूरा करने के लिए मिल्टन को फिर से अपने देश में आना चाहिए। इस सॉनेट में वड्र्सवर्थ ने अपने देश के लिए कहा है कि वह एक दलदल है जिसमें पानी बराबर सड़ रहा है : She is a fen of stagnant waters. पानी ठहरा हुआ है, और पानी सड़ रहा है। अलंकार योजना हटा दी जाए तो इसका अर्थ यह है कि अभिजात वर्ग के प्रभुत्व से इंग्लैंड अभी निकला नहीं है। औद्योगिक क्रान्ति हो चुकी है किन्तु अब भी अभिजात वर्ग शासक वर्ग बना हुआ है। उसके प्रभाव से जनता में अनेक प्रकार के अन्धविश्वास फैले हुए हैं। किसान अभी वास्तविक रूप में स्वतंत्र नहीं हुए। इसलिए जो व्यापक सांस्कृतिक विकास होना चाहिए था, वह नहीं हुआ। इस तरह अप्रत्यक्ष रूप से वड्र्सवर्थ ने मिल्टनयुगीन 17वीं सदी की क्रान्ति को समकालीन फ्रांस की राज्यक्रान्ति से जोड़ा।

पुरानी विरासत का फिर से मूल्यांकन करनेवालों में वड्र्सवर्थ के सहयोगी कोलरिज भी थे। अंग्रेजी आलोचना का विकास जैसा कोलरिज ने किया, वैसा उनसे पहले किसी ने न किया था। वैसे तो कोलरिज ने आलोचना बहुत लोगों पर लिखी है, अनेक सिद्धान्तों की चर्चा की है, पर दो बातें विशेष उल्लेखनीय हैं। उन्होंने शेक्सपियर के नाटकों की जो व्याख्या की, उससे शेक्सपियर का आधुनिक मूल्यांकन आरम्भ होता है। कोलरिज से पहले किसी ने इस बात पर ध्यान न दिया था कि उनके पात्रों में इतनी मनोवैज्ञानिक गहराई है। मनुष्य के मन का अध्ययन कुछ नाटकों में शेक्सपियर का केन्द्रीय विषय है। उन्होंने समाज का चित्रण किया है और उस समाज में रहनेवाले अनेक प्रकार के मनुष्यों का चित्रण किया है। उनके नाटकों

में जो शिखर पर हैं, उनके पात्रों का जैसा चरित्र-विश्लेषण कोलरिज ने किया, वैसा उनके पहले किसी ने न किया था। इस तरह उन्होंने शेक्सपियर के अध्ययन में एक नई मनोवैज्ञानिक दिशा की ओर संकेत किया। अधिकांश अंग्रेजी आलोचना कोलरिज के मार्ग पर ही बढ़ती दिखाई देती है। यह एक तरह से शेक्सपियर का उद्धार करना था जिसका श्रेय कोलरिज को है। उनसे पहले के आलोचक अरस्तू से बहुत ज्यादा प्रभावित थे। फ्रांस का अभिजात वर्ग और बहुत कुछ उसका अनुकरण करनेवाला इंग्लैंड का अभिजात वर्ग अरस्तू को गुरु मानता था। 16वीं सदी से पहले अरस्तू का प्रभाव चर्च के भीतर-बाहर था ही। इस दीर्घकालीन प्रभाव को समाप्त करने का श्रेय रोमांटिक कवियों को है। इनमें अग्रगण्य हैं कोलरिज। अरस्तू के प्रभाव से मुक्त होने के बाद ही शेक्सपियर तथा अंग्रेजी साहित्यकारों का नया मूल्यांकन सम्भव हुआ।

कोलरिज की सिद्धान्त-चर्चा में नई बात यह है कि वह काव्य-प्रक्रिया में दो पक्ष देखते हैं : एक है उसका स्वत:स्फूर्त पक्ष और दूसरा है उसका विवेक नियंत्रित पक्ष। भावबोध के साथ विवेक सक्रिय है। यह द्वंद्ववाद है, डायलेक्टिक्स को लागू करने का प्रयास है और शायद कोलरिज पहले आलोचक हैं जिन्होंने अंग्रेजी आलोचना में डायलेक्टिक्स के सिद्धान्त को लागू किया है। जो स्वत:स्फूर्त है, वह नियंत्रित नहीं है। जो नियंत्रित है, वह स्वत:स्फूर्त नहीं है। दो विरोधी चीजें हैं। साहित्य पूरी तरह नियंत्रित नहीं होता; होता तो उसके नियम सीख लिए जाते और कोई भी आदमी बहुत बड़ा साहित्यकार हो जाता। दूसरी तरफ वह विवेक से, नियमों से परे नहीं होता, आदमी उन नियमों को पूरी तरह जाने चाहे न जाने। इसलिए वह पूरी तरह स्वत:स्फूर्त नहीं होता। साहित्य स्वत:स्फूर्त होता है और नियमबद्ध भी होता है। इन दो पक्षों के मिलने से साहित्य-रचना सम्भव होती है।

कोलरिज ने मनुष्य की चेतना के नये स्तरों को टटोला। उन्होंने शेक्सपियर के नायकों के मन में पैठने की चेष्टा की थी; वैसे ही उन्होंने अपने मन के अन्दर पैठने का प्रयत्न भी किया था। शेक्सपियर के बाद शायद अन्तर्मन का वैसा कलात्मक चित्रण अंग्रेजी साहित्य में अन्यत्र नहीं है, जैसा कोलरिज में दिखाई देता है। जिन्हें लोग सुपरनेचुरल कहते हैं, प्रकृति से परे जो शक्तियाँ हैं, भूत-प्रेत आदि, उन पर जो उनकी कविताएँ हैं अथवा जहाँ मनुष्य फैंटेसी की दुनिया में रहता है, वह सब कोलरिज के अन्तर्मन का चित्रण है। उनका 'एन्शेंट मेरीनर' एक मल्लाह है; वह है तो मनुष्य, लेकिन लगता है, किसी दूसरी दुनिया से आया है। 'क्रिस्टाबेल' कविता का वातावरण मध्यकाल का है। एक अधूरी कविता है 'कुब्ला खान'। इसका नायक भी मनुष्य है। लेकिन जिस दुनिया में कोलरिज हमें ले जाते हैं, वह सामान्य जीवन की दुनिया नहीं है। इन तीन कविताओं में उन्होंने मानव-मन के नये स्तरों का उद्‌घाटन किया है। शेक्सपियर के अध्ययन से उन्हें इस दिशा में आगे बढ़ने की कितनी प्रेरणा मिली, यह कहना कठिन है। अभी मनोविज्ञान की पुस्तकें न लिखी

जा रही थीं। शेक्सपियर के समय में तो उनका और भी अभाव था। शेक्सपियर और कोलरिज, ये दोनों कवि मनुष्य के अन्तर्मन में पैठने का प्रयास करते हैं, मन की शास्त्रीय सीमाएँ तोड़ देते हैं। 18वीं सदी में सामान्यत: जो कविताएँ लिखी जाती थीं, उनमें मनुष्य की कल्पना के पर जैसे बाँध दिये गए थे। जिसे विवेक कहा जाता है, वह अभिजात वर्ग का सीमित सौन्दर्यबोध था। जो कुछ अभिजात वर्ग को अच्छा लगता है, वह विवेकपूर्ण है, उचित है; उससे परे जो कुछ भी है, वह अविवेकपूर्ण है, अशास्त्रीय है, अनुचित है। इसीलिए रोमांटिक कविता की तुलना में 18वीं सदी की कविता, ब्लेक या बर्न्स जैसे कवियों को छोड़कर, नीचे स्तर की मालूम होती है। रोमांटिक कवियों की यह बहुत बड़ी देन है कि उन्होंने मनुष्य की कल्पना को स्वाधीन किया। यह कल्पना वड्र्सवर्थ में एक ढंग की है, कोलरिज में दूसरे ढंग की। इस पर बहुत लिखा गया है कि कल्पना वास्तव में होती क्या है। यहाँ इतना ही कहना काफी है कि कोलरिज कल्पना के ऊपर कोई प्रतिबन्ध नहीं मानते, वह अपनी चेतना को मुक्त आगे बढ़ने, स्वप्न देखने की छूट देते हैं। इस तरह 19वीं सदी में अति यथार्थवाद तक जो भी कल्पनाशील रचनाएँ सामने आई हैं, वे किसी-न-किसी रूप में कोलरिज की ऋणी हैं। इन रचनाओं में कोलरिज ने बैलेड रूप को ग्रहण किया है। बैलेड रूप में छन्द इतना मुक्त है कि शेक्सपियर के बाद अंग्रेजी साहित्य में उतना मुक्त वह नहीं देखा गया। 18वीं सदी में छन्द बड़े नपे-तुले होते थे। पाठक जानता था, अब यति आनेवाली है, अब अन्त्यानुप्रास आनेवाला है। रोमांटिक कवियों ने शेक्सपियर के युग की बहुत-सी छन्द-शैलियों को फिर से प्रचारित किया, इनमें कोलरिज ने आगे बढ़कर काम किया। कोलरिज जहाँ अतियथार्थवादी दिखाई देते हैं, मध्यकालीनता का वातावरण रचते दिखाई देते हैं, वहाँ भी वे लोकसंस्कृति के नजदीक हैं। ऊपर से देखने में लगेगा कि ये सब बातें फ्रांसीसी राज्यक्रान्ति से बहुत दूर की हैं लेकिन उस क्रान्ति ने अंग्रेज कवियों के चिन्तन को झकझोरा था। उसका फल यह हुआ कि अभिजातवर्गीय विवेक की सीमाएँ टूटीं, अभिजातवर्गीय कल्पना की सीमाएँ भी टूटीं।

फ्रांस की राज्यक्रान्ति के बाद यूरोप के बादशाह, बड़े-बड़े जमींदार फ्रांस पर आक्रमण की तैयारी करने लगे। रूसी क्रान्ति के बाद जैसे साम्राज्यवादी देशों ने रूसी प्रजातंत्र को घेरकर उसका नाश करने का प्रयत्न किया था, वैसा ही प्रयत्न 18वीं सदी के अन्त में ब्रिटेन और यूरोप के अर्द्धसामन्ती शासकों ने किया था। इंग्लैंड ने फ्रांस से लड़ाई छेड़ दी। बहुत-से लेखकों के मन में अन्तर्द्वंद्व मचा कि किसका साथ दें। इंग्लैंड अपना देश है, वहाँ का शासक वर्ग लड़ रहा है; और फ्रांस एक क्रान्तिकारी देश है, वहाँ की जनता सामन्तवाद को खत्म करना चाहती है। किसके साथ सहानुभूति होनी चाहिए? कोलरिज ने 1798 में एक कविता लिखी थी : 'फ्रांस ऐन ओड'। इसमें उन्होंने अपनी स्थिति बहुत स्पष्ट कर दी है। "फ्रांस आजाद है।

उसके गीत चिरंजीवी हैं। जहाँ तक ब्रिटेन का सम्बन्ध है, वह नाम सुनकर मैंने शर्म से अपना सिर झुका लिया और ब्रिटेन के नाम पर आँसू गिराए।" And hung my head and wept at Britain's name. जो प्रबुद्ध साहित्यकार थे, वे समझ रहे थे कि यूरोप के प्रतिक्रियावादी मिलकर फ्रांसीसी राज्यक्रान्ति की उपलब्धियों का नाश करना चाहते हैं और वे अपने देश के शासक वर्ग की आलोचना करने में पीछे नहीं थे। फ्रांसीसी राज्यक्रान्ति ने घोषणा की थी कि मनुष्य मात्र समान हैं किन्तु फ्रांस अपने उपनिवेश बना रहा था और बिटेन ने भी साम्राज्य का प्रचार किया था। रोमांटिक कवियों ने इस उपनिवेशवाद का विरोध किया। इन कवियों में कोलरिज भी थे। जिस साल उन्होंने फ्रांस पर उपर्युक्त कविता लिखी थी, उसी साल उन्होंने एक दूसरी कविता लिखी थी : 'फियर्स इन सॉलीट्यूर्ड' (अकेलेपन के भय)। इसमें वह ब्रिटिश नीति की आलोचना करते हैं : "जिस तरह मिस्र के विषैले दलदल से बादल उठते हैं और हवा के साथ उड़ते चले जाते हैं, उसी तरह मेरे देशवासियो, हम लोग दूर-दूर के समाजों तक गए हैं, और अपने साथ गुलामी और मुसीबतें ले गए हैं। इनसे भी घातक हमारे दुर्गण हैं। इनका गहरा असर मनुष्य को धीरे-धीरे नारकीय यातना देकर सम्पूर्ण मनुष्य का, उसके शरीर और उसकी आत्मा का, नाश करता है।"

कोलरिज जैसे कवियों की सहानुभूति उन लोगों के साथ थी जो उत्पीड़ित थे, जो साम्राज्यवाद की गुलामी में फँस रहे थे। यह चेतना शेली और बायरन में और भी प्रखर है। शेली ईश्वर पर विश्वास न करते थे, कोलरिज ईश्वर पर विश्वास करते थे। वड्र्सवर्थ ईश्वर की जगह प्रकृति को प्रतिष्ठित कर रहे थे। चर्च के विरोधी ये सभी लोग थे। वड्र्सवर्थ और कोलरिज अपने रचनात्मक दौर में लगभग 1815 तक, साम्प्रदायिक ढंग से चर्च के साथ न बँधे थे। 'लाइंस' नाम की एक कविता में कोलरिज ने लिखा कि ईश्वर ने मनुष्य जाति को एक विशाल परिवार की तरह रहने को बनाया है, वह हमारा पिता है और यह सारा संसार हमारा घर है। यहाँ ईश्वर का नाम आने से यह न समझना कि फ्रांसीसी राज्यक्रान्ति से जो भाईचारे का सन्देश मिला था, वह खत्म हो गया। कोलरिज का ईश्वर हर जगह है। उसने सभी मनुष्यों को बनाया है। इसलिए संसार का नया रूप होना चाहिए, जहाँ सब लोग भाई-भाई की तरह मिलकर शान्ति से रह सकें।

कोलरिज की तरह कीट्स अत्यन्त कल्पनाशील कवि हैं। वह सघन इन्द्रियबोध के कवि हैं। चित्रकला की बहुत-सी प्रभावशाली विशेषताएँ उनकी कविता में दिखाई देती हैं। 19वीं सदी के परवर्ती कवियों पर जितना प्रभाव कीट्स का है, उतना शायद अन्य किसी कवि का न होगा। ऊपर से देखने में लगता है कि ऐसा कवि राजनीति से बहुत दूर होगा। दरअसल रोमांटिक कविता के साथ जो पलायनवाद की धारणा जुड़ी हुई है, उसमें सबसे पहले लोगों को कीट्स का नाम ही याद आता है। किन्तु

यदि कोलरिज के उदाहरण को सामने रखें और इस बात पर विचार करें कि किस नये साहित्यिक आन्दोलन ने मनुष्य की कल्पना को नई दिशाओं में विकसित होने का अवसर दिया तो उससे कीट्स की कविता में ऐसा कुछ आश्चर्यजनक न दिखाई देगा जिससे हम कहें कि उनकी कल्पनाशीलता का कोई भी सम्बन्ध फ्रांस की राज्यक्रान्ति अथवा उनके समकालीन सामाजिक आन्दोलनों से नहीं है। अंग्रेज कवियों में शायद वह सबसे अधिक शेक्सपियर-युगीन कवियों के समीप थे। उन पर उन्होंने अनेक सुन्दर कविताएँ लिखीं, उनसे अंग्रेजी भाषा सीखी। कीट्स के लिए प्रसिद्ध है कि वह ग्रीक भाषा न जानते थे, लैटिन भाषा का बहुत सामान्य ज्ञान था। शेक्सपियर के लिए भी कहा जाता है कि उन्हें ग्रीक-लैटिन का विशेष ज्ञान न था। जो भी हो, अंग्रेजी भाषा की जैसी विशेषताएँ शेक्सपियर में दिखाई देती हैं, वैसी ही अनेक विशेषताएँ कीट्स में भी हैं। अंग्रेज आलोचक मैथ्यू आर्नेल्ड शेली की रचनाओं से काफी क्षुब्ध थे पर वह कीट्स के बहुत बड़े प्रशंसक थे और उनका विचार था कि शेक्सपियर के बाद अगर किसी ने अच्छी अंग्रेजी लिखी है, तो कीट्स ने लिखी है।

रोमांटिक कवियों के बारे में लोग समझते हैं कि ये अधिकतर अपने बारे में लिखते हैं। कीट्स ने भी अपने बारे में काफी लिखा है किन्तु उनकी अधिकांश रचनाएँ वर्णनात्मक हैं। उन्होंने पद्य में कथाएँ लिखी हैं और बहुत अच्छी कथाएँ लिखी हैं; सम्भवत: बायरन के साथ रोमांटिक कवियों में वह सबसे अच्छे वर्णनात्मक कविता के लेखक हैं। वड्सर्वर्थ प्रकृति के कवि के रूप में प्रसिद्ध हैं, शेली ने भी बहुत अच्छी प्रकृति-सम्बन्धी कविताएँ की हैं। जैसी सघन ऐन्द्रियता कीट्स की प्रकृति-सम्बन्धी कविताओं में है, वैसी अन्य 19वीं सदी के कवियों में नहीं है। उन्हें प्रकृति के श्रेष्ठ कवियों में गिना जाना चाहिए। कोलरिज की तरह उन्होंने पुराने बैलेड साहित्य का अध्ययन किया था। वह फ्रांसीसी भाषा से परिचित थे। पुरानी फ्रांसीसी में जो बैलेड लिखे गए थे, उनसे भी परिचित थे। उनकी एक प्रसिद्ध कविता है : 'ला बेल दाम सांमूसी'। इसका यह शीर्षक उन्होंने एक पुरानी फ्रांसीसी बैलेड से लिया था। लोक-कविताओं की कला को आत्मसात करने का जो रुझान कोलरिज में दिखाई देता है, वही कीट्स में पुष्ट होता है।

बहुत समय तक लोग यह मानते रहे कि कीट्स केवल इन्द्रियबोध और किशोर कल्पनाओं के कवि हैं, उनमें कोई वैचारिक दृढ़ता नहीं है। किन्तु परवर्ती अनुसंधान और उनके काव्य के विवेचन ने यह सिद्ध कर दिया कि वह एक गम्भीर विचारक थे। उनके विचार जैसे कविता में व्यक्त हुए हैं, उससे भी स्पष्ट रूप में वे उनके गद्य में व्यक्त हुए हैं। कोलरिज ने बहुत गद्य लिखा है, कीट्स ने बहुत कम गद्य लिखा है। लेकिन कीट्स का गद्य कसा हुआ है और 19वीं सदी के श्रेष्ठ गद्यशिल्प का नमूना है। यह गद्य अधिकतर उनके पत्रों में है। इसमें उन्होंने कविता के बारे

में, अनेक कवियों के बारे में, अपने विचार व्यक्त किए हैं। कीट्स के समय में इस बात पर बहुत बहस होती थी कि मानव-जाति प्रगति कर सकती है या नहीं। फ्रांसीसी राज्यक्रान्ति के बाद बहुत-से लोग यह समझते कि मनुष्य की प्रकृति पूर्णत: बदल जाएगी। इनके विरोधी कहते थे कि मनुष्य की प्रकृति हमेशा एक-सी रही है, कभी न बदलेगी। इस विवाद से थोड़ा हटकर कीट्स ने 'हाइपीरियन' कविता लिखी जिसमें देवताओं का पुराना समूह हटा दिया जाता है और उसकी जगह नया समूह आता है।

सूर्य के पुराने देवता हाइपीरियन हैं, उन्हें हटा दिया जाता है, उनकी जगह सूर्य के नये देवता अपोलो आते हैं, वह उनसे अधिक सुन्दर हैं। कीट्स ने कविता इस तरह लिखी है कि हाइपीरियन के प्रति पाठक में गहरी सहानुभूति जाग्रत होती है, साथ ही वह अपोलो से भी आकर्षित होता है। यह कविता पूरी नहीं हुई। इसमें कीट्स ने जो सन्देश दिया है, वह यह है कि समाज बदलता है और जो नये मनुष्य आते हैं, वे पहलेवालों की अपेक्षा अधिक सुन्दर होते हैं और शक्तिशाली भी होते हैं। शक्ति और सौन्दर्य का सम्बन्ध जोड़नेवाले सम्भवत: अंग्रेजी के वह पहले कवि हैं। यह भी मनोरंजक तथ्य है कि इस कविता पर मिल्टन का बहुत अधिक प्रभाव है। इस प्रभाव से कीट्स को असन्तोष भी हुआ और उन्हें लगा कि इस कविता में भाषा की जैसी भव्यता है, वह बोलचाल की भाषा से दूर है। इसलिए उन्होंने उसे फिर से लिखना शुरू किया और फिर से लिखने में उन्होंने दांते का प्रभाव ग्रहण किया। दांते इटली के बहुत प्रसिद्ध कवि थे और उनकी भाषा बोलचाल भाषा के बहुत निकट है। कीट्स दांते की तरह सारी घटनाएँ स्वप्न में देखते हैं; इसके साथ भाषा में सरलता और शक्ति का सामंजस्य भी उन्होंने दांते से सीखा। यह कविता भी अधूरी है किन्तु वह कीट्स के नये विकास की ओर संकेत करती है। 20वीं सदी में ऐसे बहुत-से कवि हुए हैं जिन्होंने दांते का अनुकरण किया है। रचनात्मक ढंग से दांते का अनुसरण करते हुए, अंग्रेजी कविता और अंग्रेजी भाषा की जातीय विशेषताओं की रक्षा करते हुए, कीट्स ने इस दिशा में पहल की थी। यहाँ हम परवर्ती कवि रोसेत्ती का जिक्र कर सकते हैं। इटालियन उनकी मातृभाषा थी, वह अंग्रेजी के कवि थे और वह कीट्स से भी बहुत प्रभावित थे। उन्होंने दांते के ऊपर अनेक कविताएँ लिखी हैं। रोसेत्ती चित्रकार भी थे। उन्होंने और उनके सहयोगियों ने कीट्स की कविताओं पर अनेक चित्र बनाए हैं। दोनों की कल्पना ऐसी है कि वह काव्यकला को चित्रकला बना देती है।

सितम्बर, 1819 में कीट्स ने अमरीका में रहनेवाले अपने भाई जॉर्ज कीट्स को एक पत्र लिखा था। इसमें उन्होंने सामाजिक विकास के बारे में और यूरोप तथा ब्रिटेन के इतिहास के बारे में अनेक विचार व्यक्त किए थे। इन विचारों में एक महत्त्वपूर्ण धारणा यह है कि प्रगति अविच्छिन्न निरन्तरता के साथ नहीं होती। समाज आगे बढ़ता है, कभी-कभी वह पीछे हटता है और फिर आगे बढ़ता है। उन्होंने कहा

था कि मध्ययुग के बाद जो पहला परिवर्तन हुआ, वह अच्छा था। उसके बाद का परिवर्तन बुराई की दिशा में हुआ। और उसके बाद परिवर्तन फिर अच्छाई की ओर हुआ। पहला परिवर्तन यह था कि राजा ने सामन्तों के उत्पीड़न को दबाया और उस समय उसने आम जनता के साथ संयुक्त मोर्चा बनाया। अभी उसने स्थायी सेना संगठित न की थी। टैक्स भी थोड़े ही थे और इस तरह जनता शक्तिशाली हुई। राजा उस पर शासन करता था किन्तु जनता एक तरह से उसके ऊपर अपना प्रजा-दंड ताने हुए थी : and the people held a rod over kings. 'निरंकुश' राज्यसत्ता दरअसल जनता पर निर्भर थी, उसके कार्यक्रम की दिशा सामन्तों के विरुद्ध थी। उसके बाद जो दूसरा परिवर्तन हुआ, उससे समाज पीछे हटा। अब राजा सचमुच निरंकुश हो गया। उसने जनता को दबाना शुरू किया और जो बड़े सामन्त थे, उनसे उसने दोस्ती की। ये सामन्त उसके चाटुकार हो गए। इस तरह राजाओं ने एक लम्बा संघर्ष चलाया जिससे कि जनता के अधिकार नष्ट कर दिये जाएँ।

प्रजा के अधिकारों का नाश करने के लिए राजाओं ने दीर्घकाल तक संघर्ष किया। इसके बाद प्रतिक्रिया हुई। इंग्लैंड के लोगों ने राजा के विरुद्ध लड़ाई छेड़ दी। 17वीं सदी के जिस गृहयुद्ध की उपज क्रामवेल और मिल्टन थे, उसके बारे में कीट्स ने लिखा था : The English were the only people in Europe who made a grand kick at this. इंग्लैंड की जनता ने एक जबर्दस्त ठोकर मारी और बादशाही खत्म कर दी। कीट्स को अपने जातीय इतिहास पर गर्व है, यूरोप में सबसे पहली सामन्त-विरोधी क्रान्ति इंग्लैंड में हुई। वह क्रान्ति जनता ने की और बादशाही के विरुद्ध की। उसके बाद वह फ्रांसीसी राज्यक्रान्ति की ओर आते हैं और कहते हैं : The example of England, and the liberal writers of France and England sowed the seed of opposition to this Tyranny—and it was swelling in the ground till it burst out in the French Revolution. इंग्लैंड के उदाहरण ने फ्रांस की जनता को प्रेरित किया। इसके सिवा वहाँ के जो लेखक थे, वे अत्याचारों के विरुद्ध जनता को प्रेरित रहे थे। अन्तत: यह विद्रोह-भावना संगठित होकर फ्रांसीसी राज्यक्रान्ति के विस्फोट के रूप में लोगों के सामने आई। कीट्स सम्भवत: पहले इतिहास-विवेचक हैं, जिन्होंने इंग्लैंड के गृहयुद्ध का सम्बन्ध फ्रांस की राज्यक्रान्ति से जोड़ा और बताया कि दोनों में बादशाही अत्याचार के विरुद्ध जनता ने संघर्ष किया। यह तीसरा परिवर्तन था, और जनता फिर शक्तिशाली हुई। समाज इस तरह प्रगति करता है। किन्तु फ्रांस की राज्यक्रान्ति से डरकर इंग्लैंड के बादशाह ने अपनी निरंकुशता को और दृढ़ किया, जमींदार वर्ग ने अपनी शक्ति को और संगठित किया और उसने प्रयत्न किया कि समाज में हर तरह के विकास, हर तरह के सुधार का रास्ता बन्द कर दिया जाए। समकालीन राज्यसत्ता और समकालीन शासकवर्ग की तीखी आलोचना कीट्स के इस पत्र में है। उन्होंने लिखा कि फ्रांसीसी

राज्यक्रान्ति का एक दुभार्ग्यपूर्ण अन्त इंग्लैंड में हुआ। उसने इंग्लैंड में स्वाधीन चिन्तन की द्रुत प्रगति पर रोक लगा दी। It put a stop to the rapid progress of free sentiments. जो लोग इंग्लैंड के जनतंत्र का बहुत गुणगान करते हैं,उन्हें देखना चाहिए कि फ्रांस की राज्यक्रान्ति के बाद इंग्लैंड में जनतंत्र का विकास न हो रहा था, वरन् जो अधिकार जनता को पहले से प्राप्त थे, उनको भी समाप्त किया गया था। कीट्स ने आगे कहा : and (it) gave our Court hopes of turning back to the despotism of the 16th Century. राजदरबार को आशा हुई कि अब फ्रांसीसी राज्यक्रान्ति से भय उत्पन्न करके हम फिर 16वीं सदी की निरंकुशता की ओर लौट जाएँगे। They have made a handle of this event in every way to undermine our freedom. शासकवर्ग ने प्रयत्न किया है कि राज्यक्रान्ति का बहाना बनाकर, लोगों को क्रान्ति का भय दिखाकर, हर तरह से हमारी स्वाधीनता की जड़ें काट दे। शासकों ने जनता में एक भयानक अन्धविश्वास फैलाया कि किसी तरह का भी सुधार, किसी तरह की भी नई प्रगति हानिकारक है। They spread a horrid superstition against all innovation and improvement. इस समय स्थिति यह है कि इस अन्धविश्वास को मिटाने के लिए इंग्लैंड की जनता संघर्ष कर रही है। The present struggle in England of the people is to destroy this superstition. और यह केवल सोच-विचार की बात नहीं है; लोगों की दशा ऐसी है। वे ऐसी कठिनाई में जी रहे हैं कि वे विद्रोह करने पर आमादा हो गए हैं। What has roused them to do it is their distress. यदि वे विद्रोह करें तो मानना चाहिए कि कष्टों से भी लाभ हुआ है, जनता ने विद्रोह करना तो सीखा। यद्यपि यह अनुभव बहुत भयानक है, फिर भी उससे लाभ हो सकता है। Perhaps on this account the present distresses of this nation are a fortunate thing—tho' so horried in their experience.

19वीं सदी के पूर्वार्द्ध में, औद्योगिक क्रान्ति के बाद, इंग्लैंड की जनता अपार कष्टों का सामना कर रही थी। वह फ्रांसीसी राज्यक्रान्ति से प्रभावित होकर वहाँ दूसरी बार भी गृहयुद्ध छेड़ सकती थी। लेकिन फ्रांस आक्रमण करने आ रहा है, तुम्हारी प्रभुसत्ता का नाश हो जाएगा, तुम गुलाम हो जाओगे—इस तरह की धारणाओं का प्रचार करके शासक वर्ग ने जनता को दबाया। कीट्स को आशा थी कि अपनी कठिनाइयों से क्षुब्ध होकर जनता विद्रोह करेगी किन्तु ऐसा नहीं हुआ। उनके पत्र की थोड़ी-सी पँक्तियाँ देखकर पाठक समझ सकेंगे कि फ्रांसीसी राज्यक्रान्ति का उतना ही गहरा असर कीट्स पर था जितना वड्र्सवर्थ, कोलरिज अथवा अन्य किसी कवि के ऊपर था।

जिसे रोमांटिसिज्म (छायावाद, स्वच्छन्दतावाद) कहा जाता है, वह अनेक प्रकार का था। कभी-कभी एक ही कवि में कई तरह का रोमांटिसिज्म देखने को मिलता है।

इंग्लैंड के रोमांटिक कवियों में बायरन ने व्यंग्यपूर्ण कविताएँ सबसे अधिक लिखीं। उनसे पहले के युग में ड्राइडन और पोप बहुत शक्तिशाली व्यंग्यकार हुए थे। बायरन ने इनसे बहुत-सी बातें सीखीं किन्तु अपने युग के अनुरूप उन्होंने व्यंग्य कविता को नई दिशा में मोड़ा। छन्द की दृष्टि से, संरचना की दृष्टि से, विषयवस्तु की दृष्टि से, यह नई दिशा थी। पुराने व्यंग्यकार अधिकतर इस तरह व्यंग्य करते थे कि पाठक की सहानभूति शासक वर्ग के प्रति बनी रहे। बायरन शासक वर्ग को, और उसके साथ जो बुद्धिजीवी थे, उनको अपने प्रहार का लक्ष्य बनाते थे। उन्होंने एक बड़ा काव्य लिखा था : 'डॉनजुआन'। जैसे स्पेन के प्रसिद्ध लेखक सरवेंटीस का उपन्यास *दोन किखोते* बड़े आकार का है, पुराने महाकाव्यों की याद दिलाता है, फिर भी वह व्यंग्यप्रधान है, वैसे ही यह 'डॉनजुआन' महाकाव्य की तरह है, फिर भी व्यंग्य-प्रधान है। बायरन ने ब्रिटिश समाज के किसी स्तर को छोड़ा नहीं है। जितना भी रूढ़िवाद था, जितनी भी सड़ी-गली चीजें समाज के अन्दर थीं, पारिवारिक जीवन से लेकर राजनीति तक, सभी आडम्बरों पर तीव्र प्रहार बायरन ने इस काव्य में किया है। व्यंग्यपूर्ण कविताओं के अलावा उन्होंने भावुकतापूर्ण, कल्पनाशील रचनाएँ भी की हैं। प्रारम्भ में उन्होंने बहुत-सी पद्यकथाएँ लिखीं और ये बहुत लोकप्रिय हुईं। इनकी कल्पनाशीलता यथार्थ से दूर है, कुछ सनसनीखेज घटनाएँ होती हैं, नायक को अतिरंजित रूप में वीर और प्रेमी बनाकर चित्रित किया जाता है। बायरन को इससे बड़ी ख्याति मिली, यह बात सही है, किन्तु ये पद्य-कथाएँ उनकी श्रेष्ठ रचनाएँ नहीं हैं। इनसे मिलती-जुलती चीज उन्होंने यात्रा-काव्य के रूप में लिखी। इसमें 'चाइल्ड हैराल्ड्स पिल्ग्रिमेज' नामक उनका प्रसिद्ध काव्य है। इसके प्रारम्भिक अंश पहले लिखे गए और फिर कुछ वर्षों के अन्तराल के बाद दूसरे अंश लिखे गए। चाइल्ड हैराल्ड एक तरह से बायरन स्वयं हैं। वे यात्रा करते हैं और यात्रा के दौरान विभिन्न देशों की परिस्थितियाँ देखते हैं। यह काव्य इंग्लैंड के अलावा यूरोप में बहुत ही लोकप्रिय हुआ। इसका कारण यह था कि अनेक देशों से लोग अपने यहाँ की निरंकुश राज्यसत्ता के खिलाफ लड़ रहे थे। अपने यात्रा-काव्य द्वारा बायरन ने इन संघर्षों का समर्थन किया। अपने समय के वह ऐसे अंग्रेज कवि थे जिन्हें देश के अलावा यूरोप में जबरदस्त लोकप्रियता प्राप्त हुई थी। उस समय इटली में संघर्ष चल रहा था। यूनान में केवल आन्तरिक संघर्ष नहीं, बाहरी शत्रु के खिलाफ भी संघर्ष चल रहा था। तुर्कों ने यूनान पर अपना आधिपत्य जमा रखा था। वहाँ की जनता स्वाधीन नहीं थी। उसे अपने देश की निरंकुश सत्ता से नहीं लड़ना था बल्कि विदेशी सत्ता से लड़ना था। 19वीं सदी के जितने प्रगतिशील बुद्धिजीवी थे, वे सब तुर्कों के विरुद्ध यूनान के स्वाधीनता-संग्राम का समर्थन कर रहे थे। इनमें बायरन और शेली प्रमुख थे।

कुछ अत्यन्त उत्साहवर्द्धक राजनीतिक कविताएँ बायरन ने यूनान के बारे में लिखी थीं। यूनानियों ने प्राचीन काल में ईरान के आक्रमणकारियों को मैराथान नाम

के प्रसिद्ध मैदान में परास्त किया था। इस मैदान में खड़े होकर बायरन कहते हैं, मैं यहाँ के प्राचीन इतिहास को देख रहा हूँ। ये पर्वत उस समय से यहाँ खड़े हुए हैं, और मैं सोचता हूँ कि शायद यूनान के लोग फिर उठ खड़े होंगे और इन नये आततायी आक्रमणकारियों को निकाल बाहर करेंगे। वह कविता ऐसी है जिसे कोई निष्ठावान यूनानी देशभक्त लिख सकता था। विदेशी होते हुए भी दूसरे देश के स्वाधीनता-आन्दोलन से ऐसा आत्मीय सम्बन्ध स्थापित करना बायरन के उदार मानवतावाद का प्रमाण है। अपने जीवन के अन्तिम चरण में उन्होंने यूनान के स्वाधीनता-संग्राम में सक्रिय भाग लिया। उनकी मृत्यु भी वहीं यूनान में हुई। दिन-पर-दिन उनका राजनीतिक दृष्टिकोण परिपक्व होता गया, पहले की भावुकता कम होती गई; परिस्थितियों का वस्तुगत अध्ययन करना, उनसे सही निष्कर्ष निकालना, यह उनके विकास की दिशा थी। आलोचक मैथ्यू आरनॉल्ड बायरन के प्रशंसक थे; जिस तरह बायरन ब्रिटिश समाज से विक्षुब्ध थे, उसी तरह आरनॉल्ड अपने समकालीन समाज से क्षुब्ध थे। उन्होंने बायरन के राजनीतिक चिन्तन का मानो निचोड़ प्रस्तुत करते हुए उनके ये शब्द उद्धृत किए थे : Give me a republic. The king times are fast finishing, there will be blood shed like water and tears like mist, but the peoples will conquer in the end, I shall not live to see it, but I foresee it. बायरन का कहना था कि बादशाह नहीं, मुझे प्रजातंत्र चाहिए। बादशाहों के दिन लद गए। खून पानी की तरह बहेगा और आँसू कुहासे की तरह झरेंगे। लेकिन जनता अन्त में विजयी होगी। मैं यह सब देखने को जीवित न रहूँगा किन्तु भविष्य के गर्भ में मैं उसे देख रहा हूँ। बायरन को जनता की शक्ति में अटूट विश्वास था और वह समझते थे कि ब्रिटेन तथा यूरोप में क्रान्ति विजयी होगी। यह आस्था उनकी काव्य-शक्ति का स्रोत है।

बायरन की सहानुभूति यूरोप के देशों की स्वाधीनता की लड़ाई तक सीमित नहीं थी। वह भारत की ओर भी देख रहे थे। 1757 में पलासी की लड़ाई के बाद 1857 के स्वाधीनता-संग्राम तक अंग्रेज भारत में अपना राज्य बराबर बढ़ाते गए और उसे सुदृढ़ करते गए। ब्रिटेन और यूरोप के प्रबुद्ध विचारक और साहित्यकार इस सारे साम्राज्य-विस्तार से प्रसन्न नहीं थे। ये जानते थे कि अंग्रेज भारतवासियों की उन्नति के लिए वहाँ नहीं गए। वे उन्हें गुलाम बना रहे हैं और इससे एक सभ्य देश का विकास समाप्त हो जाएगा, वह सदियों पीछे ठेल दिया जाएगा। जिन अंग्रेज कवियों ने भारत के बारे में लिखा, उनमें बायरन अग्रगण्य हैं। 1811 में उन्होंने एक कविता लिखी जिसका शीर्षक है : 'द कर्स आफ मिनरवा'। मिनरवा नाम की देवी इंग्लैंड के निवासियों को शाप देती है। अंग्रेजों को स्वाधीनता प्राप्त हुई है लेकिन वे अपनी स्वाधीनता का दुरुपयोग कर रहे हैं, वे दूसरों को गुलाम बना रहे हैं। जिन्हें वे गुलाम बना रहे हैं, वे एक दिन अवश्य विद्रोह करेंगे और इन्हें अपने देश से

निकाल बाहर करेंगे। इस कविता के साथ 1857 के संग्राम को याद करें तो ऐसा लगेगा कि बायरन महान भविष्यद्रष्टा हैं; 1857 में जो कुछ घटित हुआ, उसका पूर्वाभास 1811 की इस कविता में है :

Look to the East, where Ganges' swarthy race
Shall shake your tyrant empire to its base;
Lo! there Rebellion rears her ghastly head,
And glares the Nemesis of native dead;
Till Indus rolls a deep purpureal flood
And claims his long arrear of northern blood,
So may ye perish! Pallas, when she gave
Your free born rights, forbade ye to enslave.

मिनरवा अंग्रेजों से कहती है : "पूरब की तरफ देखो। गंगा के किनारे ये जो काले आदमी हैं, वे तुम्हारे अत्याचारी साम्राज्य को उसकी जड़ सहित हिला देंगे। देखो, वह विद्रोह अपना भयावना सिर उठा रहा है। और देशीजनों की मृत्यु का प्रतिशोध दहक रहा है। सिंधु नदी लाल रक्त की धारा जैसी बह रही है। उत्तर के निवासियों का रक्त वह माँगती रही है, वह बहुत पुरानी माँग अब पूरी हो रही है। इसी तरह तुम्हारा नाश हो। पैलास देवी ने जब तुम्हें स्वाधीन नागरिकों के अधिकार दिये थे, तब उसने निषेध किया था कि दूसरों को दास मत बनाना।" बायरन की इन पंक्तियों से अंग्रेज शासक वर्ग के प्रति उनके तीव्र रोष का बोध होता है। केवल इंग्लैंड की जनता पर नहीं, भारत की जनता पर भी उनके विश्वास का बोध होता है। वह समझते हैं कि ये लोग सदा गुलाम न बने रहेंगे, वरन् एक दिन प्रतिशोध लेंगे और अंग्रेजों की दासता से स्वयं को मुक्त करेंगे।

शेली की एक बहुत अच्छी कविता है : 'ऐडोनिस', जो कीट्स की मृत्यु पर लिखी गई है। वह कविता केवल कीट्स पर नहीं है, सामाजिक जीवन में कवि की भूमिका पर भी है। शेली और कीट्स, दोनों ही कविता के प्रति जबरदस्त आस्था के धनी थे। कवि की रचना-प्रक्रिया किस तरह की होती है, किन चीजों से प्रेरित होकर वह लिखता है, उसके कार्य का प्रभाव समाज पर कैसा पड़ेगा—इन बातों के ऊपर इन्होंने बहुत गहराई से सोचा था। ये कविता रचते समय जैसे स्वयं का अध्ययन करते जाते थे। रचनात्मक आलोचना के क्षेत्र में शेली और कीट्स ने गद्य और पद्य में जो कुछ लिखा है, यह बहुत ही महत्त्वपूर्ण है। कवियों के प्रसंग में स्वभावत: शेली पुराने कवियों के बारे में सोचते हैं और इनमें मिल्टन का व्यक्तित्व उभरकर एक वीर नायक की तरह उनके सामने आता है। मिल्टन को याद करने का अर्थ है : 17वीं सदी के गृहयुद्ध में प्रजादल का समर्थन, मिल्टन और क्रामवेल जिस क्रान्ति से जुड़े थे, उसका समर्थन। क्रान्ति के बाद प्रजातंत्र कायम हुआ, फिर

वह समाप्त कर दिया गया, और जो पुराने क्रान्तिकारी थे, उनसे बदला लिया गया। इस दौर में मिल्टन को भी बहुत कष्ट सहने पड़े। उनकी आँखों की ज्योति चली गई, फिर भी उन्होंने जनता की शक्ति में अपना विश्वास नहीं खोया। इसी को लक्ष्य करके कीट्स के ऊपर अपनी 'ऐडोनिस' कविता में शेली ने लिखा था :

> Blind, old, and lonely, when his country's pride,
> the priest, the slave, and the liberticide,
> Trampled and mocked with many a loathed rite
> Of lust and blood; he went, unterrified,
> Into the gulf of death.

'अन्धे हो गए थे, बूढ़े थे, अकेले थे, और उस समय उनके देश के गर्व को पुरोहित, दास, स्वतंत्रता के हत्यारे पैरों के नीचे रौंद रहे थे और बीभत्स क्रियाओं द्वारा उनका मखौल उड़ाते थे। ऐसे समय वह निर्भय होकर मृत्यु के गह्वर में आगे बढ़े।' बादशाहत फिर कायम हुई। उसके प्रति शेली को कितना घृणा थी, वह इन पंक्तियों से प्रकट होती है।

शेली और कीट्स एक दूसरे से बहुत भिन्न कोटि के कलाकार माने जाते हैं। कीट्स की रचनाएँ चित्रकला की याद दिलाती हैं। शेली की कविताएँ संगीतमय हैं, संगीतकला के बहुत निकट हैं। रोमांटिक भावबोध से कविता के जिस रूप का सबसे गहरा सम्बन्ध है, वह लिरिक है। यह स्वत:स्फूर्त गेयता शेली की कविता में सर्वाधिक विकसित हुई। वैसे उन्होंने काव्य में अनेक रूपों का प्रयोग किया। उन्होंने काव्यात्मक नाटक लिखे, जैसे कीट्स और बायरन ने लिखे थे। उन्होंने वर्णनात्मक कविताएँ लिखीं। उन्होंने व्यंग्य रचनाएँ भी कीं। किन्तु जिस तरह की कविताओं के लिए वह प्रसिद्ध हुए, जिनका प्रभाव केवल इंग्लैंड, यूरोप पर ही नहीं बल्कि हमारे देश पर भी पड़ा, वे लिरिक थीं। यहाँ उल्लेखनीय यह है कि शेली की लिरिक कविता की विषयवस्तु उनके व्यक्तिगत तक सीमित नहीं है। वह अपने ऊपर लिखते हैं, वह प्रकृति के ऊपर लिखते हैं। वह राजनीतिक आन्दोलनों पर भी लिखते हैं और यहाँ स्वत:स्फूर्त गेयता का गुण ले आते हैं। कविता इतने सहज ढंग से प्रवाहित होती है कि लगता है, आदमी उमंग में आकर गा रहा है। उनकी कविता में प्रेम, प्रकृति और सामाजिक परिवर्तन, ये तीन विषय लौट-लौटकर अनेक प्रकार से आते हैं—एक संगीतकार की तरह, मानो वह अनेक रागों में इन विषयों पर रचना करते हैं।

बायरन की तरह शेली को यूनान के स्वाधीनता-संग्राम से गहरी दिलचस्पी थी और यूनान के नवजागरण पर उन्होंने 'हेलास' नाम का नाटक लिखा था। यूनान के स्वाधीनता-आन्दोलन को बढ़ावा देने के लिए उन्होंने यह नाटक लिखा था। गद्य में उन्होंने इसकी एक भूमिका लिखी, उसके कुछ अंशों को प्रकाशक ने छापने से इनकार किया। बाद को वे अंश प्रकाशित हुए। उस भूमिका से ज्ञात होता है कि शेली

हवाई सपने देखनेवाले कवि नहीं थे। वे मानते थे कि जैसे यूरोप के अत्याचारी शासक मिलकर अपना एक मोर्चा बना लेते हैं, वैसे ही इनका विरोध करनेवाले विभिन्न देशों के लोगों को अपना मोर्चा बनाना चाहिए। उन्होंने 'हेलास' की भूमिका में लिखा था : This is the age of the war of the oppressed against the oppressors, and everyone of those ring leaders of the privileged gangs of murderers and swindlers, called Sovereigns, look to each other for aid against the common enemy and suspend their mutual jealousies in the presence of a mightier feat. Of this holy alliance all the deapots of the earth are virtual members. But a new race has arisen throughout Europe nursed in the abhorrence of the opinions which are its chains, and she will continue to produce fresh generations to accomplish that destiny which tyrants foresee and dread.

'यह ऐसा युग है जब उत्पीड़ित जन उत्पीड़कों के विरुद्ध उठ खड़े हुए हैं और लड़ रहे हैं। ये जो विशेषाधिकारी हत्यारों और ठगों के गुट हैं, इनके नेता राजा-महाराजा कहलाते हैं। वे एक दूसरे की ओर देखते और सोचते हैं कि आज सामान्य शत्रु सामने है, हमें एक दूसरे की मदद करनी चाहिए। अधिक शक्तिशाली शत्रु के सामने वे आपसी ईर्ष्या-द्वेष को कुछ समय के लिए स्थगित कर देते हैं। यह जो उनका पवित्र गठबन्धन है, धरती के सभी तानाशाह उसके सदस्य-से ही हैं। किन्तु अब नई पीढ़ी का जन्म हो चुका है। समस्त यूरोप में यह नई पीढ़ी उन विचारों से घृणा करती है जो उसे अब तक जंजीरों से जकड़े हुए थे। नई-नई पीढ़ियाँ उत्पन्न होती रहेंगी जिससे जो चीज होनी ही है, जिससे अत्याचारी भय खाते हैं, जिसे वे भविष्य में देख रहे हैं, वह घटित होकर रहे।'[2]—शेली की इन पंक्तियों से पाठक देखेंगे कि औद्योगिक क्रान्ति के बाद 19वीं सदी के पूर्वार्द्ध में अभी जो मुख्य कार्य था, वह सामन्तवाद के अवशेषों और सामन्तवाद राजाओं की सत्ता को खत्म करना था। पूँजीवाद का विकास हुआ लेकिन पूँजीपतियों को जहाँ-तहाँ रिआयतें मिलीं, सत्ता उनके हाथ में नहीं थी, सत्ता पर अभिजात वर्ग हावी था। शेली की, और उनके बाद भी जो मजदूर आन्दोलन इंग्लैंड में चलाया गया, उसकी माँग मुख्यत: यही थी कि बादशाहत खत्म की जाए, बड़े जमींदारों के अधिकार खत्म किए जाएँ, चर्च का प्रभुत्व खत्म हो और लोकतंत्र कायम हो। एशिया की तरफ उँगली उठाकर तानाशाही और निरंकुशता की बात बहुत कही जाती है। यहाँ ध्यान में रखने की बात यह है कि इंग्लैंड की औद्योगिक क्रान्ति के बाद भी निरंकुश बादशाही यूरोप में जमी हुई थी और लोग इसी के विरुद्ध लड़ रहे थे। इस लड़ाई का समर्थन कर रहे थे शेली जैसे कवि, जो फ्रांसीसी राज्यक्रान्ति से प्रभावित थे।

बायरन ने 'द कर्स ऑफ मिनरवा' 1811 में लिखी। 1812 में शेली ने एक प्रसिद्ध निबन्ध लिखा : 'ऐन एड्रेस टु दि आइरिश पीपुल'। अंग्रेजों ने केवल एशिया

के लोगों को गुलाम न बनाया, अपने पड़ोसी देश आयरलैंड की गोरी जाति को भी गुलाम बनाया था। शेली यूनान की स्वाधीनता के समर्थक थे और वह आयरलैंड की स्वाधीनता के समर्थक थे। यह निबन्ध उन्होंने स्वयं आयरलैंड जाकर जनता के बीच बाँटा था। इसमें शेली ने कहा था : अंग्रेज साम्राज्य-विस्तार के लिए जो युद्ध कर रहे हैं, उससे इंग्लैंड की सामान्य जनता का कोई भला होनेवाला नहीं है। राष्ट्र की सीमाओं का विस्तार करने से या धन संग्रह करने से गरीब जनता के हितों को कोई लाभ न होगा। गौरव की प्राप्ति से गरीबों को कुछ नहीं मिलता। 'ग्लोरी' [गौरव] यह एक ऐसा शब्द है जो महत्त्वाकांक्षा अथवा राजनीतिज्ञों के लोभ को छिपाने के लिए लबादे का काम करता है। स्पेन ने विजय प्राप्त की, वह बंजर विजय है। वह ऐसी सरकार के लिए प्राप्त की गई है जो धर्मांध है और अत्याचारी है। गरीबों को इससे कुछ नहीं मिला। उसके बाद कहते हैं : The conquests in India, by which England has gained glory indeed, but a glory not more honourable than that of Buonaparte, are nothing to them. The poor purchase this glory and this wealth at the expense of their blood and labour and happiness and virtue.

'अंग्रेजों ने भारत पर विजय प्राप्त की, इससे अवश्य इंग्लैंड को गौरव प्राप्त हुआ। परन्तु यह गौरव वैसे ही सम्मानप्रद नहीं है, जैसे नेपोलियन बोनापार्ट ने यूरोप को जीता और उसका गौरव सम्मानप्रद नहीं है। यह विजय इंग्लैंड के गरीबों के लिए कुछ भी नहीं है। जो गरीब आदमी हैं, वे यह गौरव और यह सम्पत्ति अपना खून देकर, अपना श्रम देकर, अपने सुख और सद्‌गुणों की बलि देकर खरीदते हैं।'[3]—इन शब्दों में शेली ने साम्राज्य-विस्तार की निन्दा की और उनकी सहानुभूति केवल आयरलैंड के गोरे लोगों के प्रति नहीं है, वह भारतवासियों के प्रति भी है। स्पष्ट है कि वह भारत को भी स्वतंत्र देखना चाहते हैं।

भारत के दर्शन के बारे में, भारत के धर्मों के बारे में, यहाँ के रीति-रिवाजों के बारे में अंग्रेज बहुत दिनों से घृणित प्रचार करते आए थे और वे इंग्लैंड के लोगों को आश्वस्त करना चाहते थे कि वे भारत में ईसाई धर्म का प्रचार करने आए हैं। शेली यह मानते थे कि इंग्लैंड को ईसाई धर्म की जरूरत नहीं है। वे ईश्वर में विश्वास न करते थे। 'नास्तिकता की आवश्यकता' निबन्ध उनकी प्रारम्भिक रचनाओं में है। ईसा मसीह के व्यक्तित्व के प्रति पूर्ण श्रद्धा रखते हुए भी शेली ईसाई धर्म को अनावश्यक मानते थे। किन्तु भारत के बारे में उन्हें जो कुछ समझाया गया था, उससे यह सोचते थे कि वहाँ की परिस्थितियों में यदि ईसाई धर्म का प्रचार किया जाए तो भारत के लिए लाभदायक होगा। किन्तु उन्होंने इसके साथ यह भी लिखा कि यूरोप और इंग्लैंड में जैसे नवजागरण फैल रहा है और ईसाइयत से लोग मुक्त हो रहे हैं, वैसे ही आगे चलकर भारत में भी नवजागरण होगा। 1819 में उन्होंने

एक निबन्ध लिखा था : 'A Philosophical View of Reform' (सुधार के प्रति दार्शनिक दृष्टि)। इसमें उन्होंने भारत के बुद्धिजीवियों के बारे में लिखा था : ऐसा कहा जाता है कि भारत के बहुत-से लोग यूरोप की कलाओं और दर्शन से खूब परिचित हो गए हैं। वहाँ वे लॉक और ह्यूम और रूसो के बारे में वैसे ही सुपरिचित ढंग से बातें करते हैं, जैसे यहाँ। भारतीय समाज को यहाँ शेली ने 'ब्रह्मनीकल सोसाइटी' कहा है। उन्हें बताया गया था कि समाज पर ब्राह्मणों का ही वर्चस्व है। उस समाज में लोग अब लॉक, ह्यूम और रूसो की बातें करते हैं। इसके बाद वह बताते हैं कि भारतवासियों को यूरोप के दर्शन से तभी लाभ होगा जब वे स्वयं अपनी संस्कृति का विकास करेंगे और स्वाधीन होकर ही वे इस संस्कृति का विकास कर सकते हैं। उनके शब्द हैं : But the thing to be sought is that they should as they would if they were free attain to a system of arts and literature of their own.

'जो उनका अपना साहित्य है, जो उनकी अपनी कलाएँ हैं, उनका विकास यदि वे स्वाधीन होते तो कैसे करते, यह बात ध्यान में रखनी चाहिए।'[4] इसलिए यूरोप के दर्शन से और कलाओं से उन्हें लाभ तभी होगा जब वे स्वाधीन होकर अपनी संस्कृति का विकास करेंगे।

टॉल्स्टॉय की तरह शेली अहिंसावादी थे। वह चाहते थे कि लोग शान्तिपूर्ण प्रतिरोध करें, हिंसा का सहारा न लें। फ्रांसीसी राज्यक्रान्ति के बारे में उनकी धारणा थी कि उससे जो उपलब्धि होनी चाहिए थी, वह हिंसा के कारण नहीं हुई। किन्तु इस दिशा में उनके विचार हमेशा एक-से नहीं रहे। औद्योगिक क्रान्ति के बाद और उसके दौरान इंग्लैंड के मजदूर क्रमशः संगठित होने लगे। शेली के जीवनकाल में मैनचेस्टर नगर में मजदूरों ने सभा की और उस सभा को भंग करने के लिए शासक वर्ग ने उस पर निर्मम आक्रमण किया। सशस्त्र पुलिसदल ने घोड़ों पर सवार होकर भीड़ पर आक्रमण किया और उसमें बहुत-सी स्त्रियाँ, बच्चे और पुरुष मारे गए। शेली ने इसकी तीव्र भर्त्सना की और अपनी प्रसिद्ध कविता 'मास्क ऑफ अनार्की' लिखी। जैसे 'हेलास' नाटक की भूमिका का एक अंश शेली के जीवन में प्रकाशित न हुआ, वैसे ही यह कविता भी उनके जीवनकाल में प्रकाशित न हुई। प्रकाशकों ने और शासकों ने जो विचार-स्वाधीनता पर रोक लगा रखी थी, उसका प्रभाव शेली की रचनाओं पर भी पड़ा। इन रचनाओं को जनता तक पहुँचने से रोका गया। 'मास्क ऑफ अनार्की' में शेली ने मजदूरों को सम्बोधित करते हुए कहा—जो जंजीरें तुम्हें जकड़े हुए हैं, वे तुम्हारे अंगों पर उस समय आ गिरी थीं जब तुम सो रहे थे। जैसे आकाश से ओस टपकती है, वैसे ही ये जंजीरें तुम्हारे ऊपर गिरीं। अब तुम शेरों की तरह जागो और इन्हें झटककर फेंक दो, इसलिए कि तुम बहुसंख्यक हो और तुम्हारे उत्पीड़क थोड़े-से हैं। Ye are many—they are few. मजदूरों का इस तरह

आह्वान करनेवाली—उत्पीड़क मुट्ठी-भर हैं और तुम बहुसंख्यक हो—यह अपने ढंग की पहली कविता है। शेली ने जिस निबन्ध में भारतवासियों से स्वाधीन होने और उनके सांस्कृतिक विकास की चर्चा की थी, लॉक, ह्यूम और रूसी का उल्लेख किया था, उसी में उन्होंने इस प्रश्न पर विचार किया था कि जनता को विद्रोह करने का अधिकार है या नहीं। उन्होंने लिखा था कि प्रतिरोध में एक ऐसी सीमा आ सकती है जब लोगों को विद्रोह करना पड़े। विद्रोह करने का अधिकार इस स्थिति से पैदा होता है कि जाति की इच्छा को दबाने के लिए शासक शस्त्रबल का प्रयोग करते हैं। सरकार स्थायी सेना भंग कर दे तो प्रतिरोधक का जो उद्देश्य है, यह विवाद के मुद्दों पर निरन्तर आन्दोलन करने से सिद्ध हो जाएगा। जो सामान्य कानून के न्यायालय हैं, उनके सामने ये मसले हल हो जाएँगे। जनता की एकता, उसकी जो विशाल संख्या है, उसके असामयिक प्रदर्शन से वे मसले हल हो जाएँगे। लेकिन यहाँ शर्त यह है कि सरकार अपनी स्थायी सेना भंग करे। यदि सरकार अपनी स्थायी सेना भंग नहीं करती और उससे यह लोगों के आन्दोलन का दमन करती है, तब लोगों को क्या करना चाहिए? तब उन्हें विद्रोह करना चाहिए। शेली कहते हैं : The last resort of resistance is undoubtedly insurrection. The right of insurrection is derived from the employment of armed force to counteract the will of the nation. Let the government disband the standing army...[5]

शेली ने स्पष्ट कर दिया कि अहिंसात्मक आन्दोलन तभी सफल हो सकता है, जब शासक दल शस्त्रबल का प्रयोग न करे, जब शस्त्रबल का प्रयोग करने के साधन उसके पास न हों। जनता की विशाल संख्या, उसकी जातीय एकता शासक वर्ग को बाध्य कर सकती है कि वह सत्ता त्यागे और जनता के हाथ में प्रभुत्व सौंपे। किन्तु ऐसा होता नहीं है और इसलिए विद्रोह की नौबत आती है।

फ्रांस की राज्यक्रान्ति में जो हिंसा हुई, उसकी भर्त्सना से सन्तोष करने के बदले शेली ने उस क्रान्ति के कारणों को समझने का प्रयत्न किया; हिंसा क्यों हुई, यह समझने का प्रयत्न किया। 1812 में उन्होंने एक निबन्ध लिखा था : Proposals for an Association of Philanthropists (परोपकारियों के संगठन के बारे में प्रस्ताव)। इसमें उन्होंने कहा था : युगों की अबाध निरंकुशता ने फ्रांसीसी जाति को धूल में मिला दिया। फ्रांस के लोगों को लूटा गया, उन्हें अपमानित किया गया, एक के बाद दूसरे तानाशाहों का गुट उन पर शासन करता गया और इनमें प्रत्येक पहलेवाले से अधिक खूँखार, अधिक निर्दय था। "इस तरह की स्थिति में फ्रांस के सैनिकों ने स्वाधीनता के लिए अमरीका के मैदानों में लड़ना सीखा। और ठीक उसी समय विज्ञान का प्रकाश अन्धविश्वासों के बादलों के बीच से फूटा जिन बादलों ने यूरोप के नैतिक दिवस को ढँक लिया था। मनुष्य के पतन की जो पराकाष्ठा हो सकती थी, उसमें फ्रांसीसी जन पड़े हुए थे। और जब उन्होंने सत्य की घोषणा

सुनी, जिसे सुनने के कान आदी नहीं थे, कि वे मनुष्य हैं और दूसरों के बराबर हैं, तो सबसे पहले उठकर उन्होंने अपना आक्रोश उन लोगों पर उतारा जो धरती के इजारेदार बने हुए थे, इसलिए कि उन्हें खुले खजाने ठगा गया था, प्रकृति से उन्हें जो स्वाधीनता मिली थी, वह उनसे छीनी गई थी।"[6]

फ्रांस के लोगों ने विद्रोह इसलिए किया कि उन्हें दीर्घकाल तक सताया गया था। निरंकुश बादशाहों ने उन पर शासन किया और उन्हें अध:पतन की दशा में पहुँचा दिया। फ्रांस के लोग अमरीका में जाकर लड़े। अमरीका में ब्रिटेन के लोग आकर बसे थे। लेकिन ब्रिटेन के शासक अपने यहाँ के लोगों को सताते थे और अमरीकी उपनिवेशों में जो उनके भाई-बन्धु थे, उनको भी गुलाम बनाकर रखना चाहते थे। इसके विरुद्ध अमरीकियों ने विद्रोह किया। उनके इस विद्रोह में फ्रांसीसियों ने उनका साथ दिया। इसकी ओर शेली ने संकेत किया है कि अमरीका के मैदानों में फ्रांसीसियों ने स्वाधीनता के लिए लड़ना सीखा। स्वभावत: इसका असर फ्रांस के स्वाधीनता-आन्दोलन पर भी पड़ा; अर्थात् फ्रांस की राज्यक्रान्ति अमरीकी स्वाधीनता-संग्राम से प्रभावित हुई।

शेली ने उन दार्शनिकों, विचारकों का उल्लेख भी किया जो चर्च के आधिपत्य और साम्प्रदायिक अन्धविश्वासों से लड़ते रहे थे। इनकी विचारधारा ने क्रान्तिकारियों को प्रभावित किया। सभी मनुष्य समान हैं, यह सत्य फ्रांसीसी जाति ने सुना। जो लोग धरती के इजारेदार थे, सामन्ती विशेषाधिकारों के बल पर किसानों को भूमि से वंचित किए हुए थे, उन पर फ्रांसीसी जनता ने अपना क्रोध उतारा। दूसरे शब्दों में, फ्रांस की क्रान्ति सामन्त-विरोधी क्रान्ति थी, वह बादशाही सत्ता के विरुद्ध थी। उसे शासकवर्ग के उत्पीड़न ने अनिवार्य बना दिया था। उसमें महत्त्वपूर्ण भूमिका वहाँ के विचारकों ने निबाही थी। क्रान्ति के लिए जनमानस को तैयार करने में, विशेष रूप से शिक्षित वर्ग को तैयार करने में वहाँ के दाशनिकों और विचारकों का बहुत बड़ा योगदान था। कीट्स ने जैसे इंग्लैंड के गृहयुद्ध और फ्रांस की राज्यक्रान्ति के सम्बन्ध को पहचाना था, वैसे ही शेली ने अमरीकी स्वाधीनता-संग्राम और फ्रांस की राज्यक्रान्ति के सम्बन्ध को पहचाना। 1819 वाले सुधार-सम्बन्धी लेख में शेली ने कहा था : The just and successful revolt of America corresponds with a state of public opinion in Europe of which it was the first result. The French Revolution was the second.

अमरीका में विद्रोह सफल हुआ। यूरोप की जो प्रगतिशील विचारधारा थी, यह विद्रोह उसके अनुरूप था और उस विचारधारा का यह पहला प्रतिफलन था। उसका दूसरा प्रतिफलन फ्रांस की राज्यक्रान्ति थी।[7]

इस तरह शेली ने अमरीका और यूरोप के सम्बन्धों को प्रगतिशील विचारधारा की बुनियाद पर देखा। जिस विचारधारा ने अमरीकी उपनिवेशियों को आजादी के

लिए लड़ने को प्रेरित किया, वह उस विचारधारा से मिलती-जुलती थी जो फ्रांस में क्रान्तिकारियों को प्रेरित कर रही थी। अमरीकी स्वाधीनता-संग्राम संसार के क्रान्तिकारी आन्दोलन कोई अलग-थलग घटना नहीं थी। वह इसका महत्त्वपूर्ण अंग था। वह स्वयं यूरोप की विचारधारा से प्रभावित था, और फिर उसने यूरोप तथा एशिया के स्वाधीनता-आन्दोलन को प्रभावित किया।

जैसे शेली ने अमरीका और यूरोप के क्रान्तिकारी सम्बन्धों को देखा था, वैसे ही उन्होंने यूरोप और ब्रिटेन के सांस्कृतिक सम्बन्धों को भी देखा था। विशेष रूप से फ्रांस के दर्शन से समकालीन चिन्तन का सम्बन्ध जोड़ा था और पुराने अंग्रेजी साहित्य से समकालीन अंग्रेजी साहित्य के सम्बन्ध पर जोर दिया था। जैसे कीट्स अंग्रेजी भाषा सीखने के लिए शेक्सपियर के युग की ओर देखते थे, वैसे ही शेली चाहते थे कि ऐसी भाषा लिखी जाए जिसे सामान्य जनता समझे और कवि ऐसी भाषा अपने पूर्ववर्ती कवियों से सीख सकते हैं। शेली ने अपने नाटक 'चेंची' की भूमिका में लिखा था : "मैं उन आधुनिक आलोचकों से एकदम सहमत हूँ जो कहते हैं कि लोगों को आन्दोलित करने के लिए, उनमें वास्तविक सहानुभूति जगाने के लिए, हमें मनुष्यों की सुपरिचित भाषा का व्यवहार करना चाहिए। और यह कि हमारे महान पूर्वज प्राचीन अंग्रेज कवि ऐसे लेखक हैं जिनके अध्ययन से हम वैसा ही कुछ स्वयं अपने युग के लिए करने की प्रेरणा पा सकते हैं, जैसा कुछ उन्होंने अपने युग के लिए किया था।"[8]

शेली क्रान्तिकारी विचारक थे, नई दिशाओं में साहित्य का विकास कर रहे थे। इसका अर्थ यह नहीं था कि उन्होंने पुराने साहित्य के प्रति निषेध-भावना स्वीकार कर ली थी। जहाँ 18वीं सदी के अभिजातवर्गीय साहित्य को उन्होंने अलग रखा, वहाँ पुनर्जागरण के साहित्य से अपना सम्बन्ध जोड़ा। शेक्सपियर, मिल्टन और उस युग के अनेक कवियों ने जो साहित्य रचा था, उसमें जैसी भाषा का व्यवहार किया था, उससे बहुत कुछ सीखा जा सकता है—शेली यह मानते थे। यह कोई अपनी विरासत पर संकीर्ण जातीयतावाला गर्व नहीं था। यूरोप में जो नवजागरण हुआ था और इगलैंड से पहले हुआ था, उसका महत्त्व भी वह जानते थे। शेली के समय में कुछ लोग कहने लगे थे कि अब कविता की आवश्यकता नहीं है। उनके इस प्रचार से क्षुब्ध होकर शेली ने एक बहुत जोरदार निबन्ध लिखा था कविता के पक्ष में : 'ए डिफेंस ऑफ पोएट्री'। इसमें उन्होंने बहुत सूक्ष्म विवेक से अनेक कवियों का मूल्यांकन प्रस्तुत किया था। उन्होंने इटली के महान कवि दांते के बारे में लिखा था : The poetry of Dante may be considered as the bridge thrown over the stream of time, which unites the ancient and modern world.

'दांते की कविता एक पुल की तरह है जो समय की नदी के ऊपर बना दिया गया है। यह पुल आधुनिक संसार को प्राचीन संसार से जोड़ता है।'[9]

यही बात एंगेल्स ने 'कम्यूनिस्ट घोषणापत्र' के इटालियन संस्करण की भूमिका में दांते के बारे में कही थी। "दांते मध्यकाल के अन्तिम कवि हैं और आधुनिक युग के वह प्रथम कवि हैं।" इस तरह मानो वह दो संसारों को जोड़ रहे हैं। शेली ने उसी निबन्ध में आगे लिखा था : "यूरोप निद्रा में डूबा हुआ था, उसे सबसे पहले जगानेवाले दांते थे।"[10] इंग्लैंड का नवजागरण और इटली का पुनर्जागरण एक दूसरे से जुड़े हुए थे। वैसे ही अमरीकी स्वाधीनता-संग्राम और फ्रांस की राज्यक्रान्ति एक दूसरे से जुड़े हुए थे। इसी व्यापक दृष्टिकोण से शेली आयरलैंड की स्वाधीनता, भारत की स्वाधीनता, यूनान की स्वाधीनता—इन सबको एक ही विशाल क्रान्तिकारी आन्दोलन से जोड़ रहे थे। क्रमश: मजदूर वर्ग की भूमिका महत्त्वपूर्ण होने लगी थी। शेली के देहांत के बाद इंग्लैंड में जो शक्तिशाली चार्टिस्ट आन्दोलन चला, उसने शेली की इन स्थापनाओं को ग्रहण किया और सक्रिय रूप से भारत के स्वाधीनता-संग्राम का समर्थन किया।

[2]

1835 में बिटेन में एक जबरदस्त मजदूर-आन्दोलन शुरू हुआ। इसे 'चार्टिस्ट आन्दोलन' कहते हैं। यह आन्दोलन कितना जोरदार था, इसका पता यूरोप के लोगों को नहीं था। एंगेल्स ने 10 साल बाद लिखी हुई 'मजदूर वर्ग की अवस्था' पुस्तक में बताया था कि जर्मन लोग नहीं जानते, किस तरह यह आन्दोलन आगे बढ़ा था। जनता से कहा गया था कि वह सशस्त्र हो जाए। अक्सर उसे विद्रोह करने के लिए कहा जाता था। एंगेल्स ने फ्रांसीसी राज्यक्रान्ति को याद करते हुए लिखा था : "जैसा फ्रांसीसी राज्यक्रान्ति में किसानों ने अपने बल्लम-भाले इकट्ठे किए थे और लड़ने को तैयार हुए थे, वैसे ही ब्रिटेन में आम जनता से मजदूरों के नेता कहते थे—अपने हथियार इकट्ठे करो और लड़ने को तैयार हो जाओ।"[11] 1848 में जब फ्रांस और जर्मनी में क्रान्तिकारी उभार आया, तब इंग्लैंड में यह आन्दोलन लगभग ठंडा हो गया था। उसके ठंडा होने का मुख्य कारण यह था कि तब तक ब्रिटेन के चतुर पूँजीपति उपनिवेशों की लूट से, खास तौर से भारत की लूट से, एक हिस्सा मजदूरों में बाँटने लगे थे। 1835 में यह आन्दोलन शुरू हुआ, उसका कारण यह था कि उस समय मजदूरों की हालत बहुत खराब थी और उन्हें इस उपनिवेशी लूट में भागीदारी करने का अवसर न मिला था। 1848 तक यह परिस्थिति बदल गई थी। यही कारण है कि यूरोप के दो बड़े देशों—फ्रांस और जर्मनी—में जब क्रान्तिकारी उभार आया, तब इंग्लैंड में मजदूर-आन्दोलन ठंडा रहा। फिर भी पुराने आन्दोलन के क्रान्तिकारी नेता कोशिश कर रहे थे कि आन्दोलन को आगे बढ़ाएँ। इनसे भयभीत होकर अंग्रेज सरकार ने एक कवि और एक पत्रकार मजदूर नेता अर्नेस्ट जोन्स को जेल में डाल दिया। 1848 में जब वह जेल की

काल कोठरी में थे, तब उन्होंने एक कविता लिखी : 'द न्यू वर्ल्ड' (नया संसार)। उन्होंने मजदूरों को बताया कि उनकी लड़ाई समाप्त होने के बाद वे किस तरह का समाज रचेंगे। कविता पुस्तक 1851 में प्रकाशित हुई। जब 1857 में अंग्रेजों के विरुद्ध भारत में लड़ाई शुरू हुई, तब अर्नेस्ट जोन्स ने वह कविता फिर से प्रकाशित की। वह ब्रिटिश मजदूरों की लड़ाई और भारतीय जनता की लड़ाई को एक दूसरे से सम्बद्ध मानते थे। भारत की जनता अपनी आजादी के लिए लड़ती है तो इससे इंग्लैंड के मजदूरों को फायदा होगा। उन्हें अपने यहाँ के पूँजीपतियों की गुलामी से मुक्त होने में मदद मिलेगी। इसलिए उन्होंने अपनी कविता का नाम बदला और नया नाम रखा : "दि रिवोल्ट ऑफ हिन्दुस्तान ऑर द न्यू वर्ल्ड" (हिन्दुस्तान का विद्रोह अथवा नया संसार)। इस तरह इंग्लैंड के मजदूर वर्ग का जनवादी आन्दोलन भारत के स्वाधीनता-संग्राम से जुड़ गया। बायरन की तरह अर्नेस्ट जोन्स ने भी कल्पना की थी कि एक दिन आएगा, जब भारत के देशी सिपाही उठ खड़े होंगे और वे अंग्रेज फौज को भारत की सीमाओं से बाहर निकाल देंगे। इस दृश्य की कल्पना करते हुए कि अंग्रेज फौज भाग रही है और भारतीय सेना उसका पीछा कर रही है, उन्होंने लिखा था :

विजयी सैलाब, सैकड़ों पर्वतों से जनता के अधिकारों की दुर्धर्ष नदी बहती है।
और सिपाही जागते हैं, एक के बाद दूसरी पल्टन जागती है,
अन्त में उन्हें याद आ गया है कि उनकी भी एक मातृभूमि है।
तब वहाँ से भागते हैं पैसे के लोभी जज, ऐयाश लॉर्ड,
वे मुफलिस अंग्रेज जो यहाँ आकर नवाब बन गए थे,
अत्याचारी महाजन और घमंडी व्यापारी भागते हैं,
जब सारे देश में स्वतंत्रता का दुंदुभि-घोष फैल जाता है।

अर्नेस्ट जोन्स 1857 के विद्रोह को भारत का स्वाधीनता-संग्राम मानते थे। स्वतंत्रता का दुंदुभि-घोष फैल जाता है, यह कहने का आशय यही है कि भारत के लोग अपनी आजादी के लिए लड़ रहे हैं। अंग्रेजी राज के लिए कहा जाता था कि उसमें कभी सूर्यास्त नहीं होता। अर्नेस्ट जोन्स ने कहा कि यह तो सही है कि सूर्य नहीं डूबता, लेकिन ब्रिटिश साम्राज्य की धरती पर मनुष्य का रक्त भी कभी नहीं सूखता। अंग्रेजों ने अपना राज्य लोगों का खून बहाकर स्थापित किया और बिना खून बहाए वे उसकी रक्षा नहीं कर सकते। अर्नेस्ट जोन्स 'पीपुल्स पेपर' नामक एक पत्र निकालते थे। उसमें उन्होंने भारतीय जनता के प्रति सहानुभूति प्रकट करते हुए अंग्रेज मजदूरों से कहा : "हम हिन्दुस्तानी भाइयों के प्रति अंग्रेज जनता की सहानुभूति प्रकट करते हैं। उनका उद्‌देश्य आपका उद्‌देश्य है, उनकी सफलता अप्रत्यक्ष रूप से आपकी

सफलता भी है।" ये शब्द उन्होंने मजदूरों को लक्ष्य करके लिखे थे। उन्हें बताया था कि हिन्दुस्तान की जनता का लक्ष्य वही है जो आपका लक्ष्य है—ब्रिटिश जमींदारों और पूँजीपतियों की गुलामी से मुक्ति पाना। अर्नेस्ट जोन्स ने इस विद्रोह के राष्ट्रीय महत्त्व को पहचाना था। उन्होंने इसे : 'नेशनल इन्सरेक्शन' कहा था। इसी तरह की शब्दावली का प्रयोग मार्क्स ने किया था। उन्होंने उसे 'नेशनल रिवॉल्ट' कहा था। भारत में केवल सिपाही अंग्रेजों से न लड़ रहे थे, आम जनता लड़ रही थी। वह जन-संग्राम है, यह बात अर्नेस्ट जोन्स जानते थे। उन्होंने कहा था कि अंग्रेजों की ओर से यह 'वार विद द पीपुल' है, पूरी जनता के विरुद्ध संग्राम है। अर्नेस्ट जोन्स ने 'पीपुल्स पेपर' में भारत-समर्थक अनेक लेख लिखने के अलावा सार्वजनिक सभाओं में भाषण किए थे। वे काफी गरीबी की हालत में थे और बहुत-से उनके विरोधी थे। अंग्रेजों ने बहुत जबरदस्त भारत-विरोधी प्रचार किया था, वहाँ आततायीपन की, हत्याओं की बहुत-सी घटनाएँ लोगों को सुनाई थीं। फिर भी बड़ी वीरता से अर्नेस्ट जोन्स ने इनका मुकाबला किया और अंग्रेज मजदूरों के सामने वास्तविकता का सही चित्र पेश करने की कोशिश की।

मजदूरों के एक दूसरे नेता थे रिचार्ड कांग्रीव। नवम्बर, 1857 में उन्होंने एक छोटी-सी पुस्तिका प्रकाशित की थी जिसका नाम था : 'इंडिया'। इसमें उन्होंने भारत के स्वाधीनता-आन्दोलन का समर्थन किया और अंग्रेज मजदूरों का आह्वान किया कि वे भरसक प्रयत्न करें कि इस स्वाधीनता-संग्राम का दमन न किया जा सके। उन्होंने अंग्रेज मजदूरों को उनकी जातीय विरासत का स्मरण कराया : जिस जाति ने मिल्टन और क्रीमवेल पैदा किए थे और क्रीमवेल के सैनिक पैदा किए थे, वह किसी भी महान, गौरवपूर्ण या निष्ठायुक्त कर्म के योग्य है। काश, उस जाति को बलवान पुरुष की भाँति नींद से जागते मिल्टन के समान मैं भी देख पाता! काश, दो दु:खभरी शताब्दियों का अन्तराल पार करके मिल्टन का शक्तिशाली स्वर हमारे कंठ में गूँज उठता, और वह गूँज इतनी प्रबल होती कि उनकी उच्च भावना को व्यंजित कर पाती। पाठक देखेंगे कि जैसे शेली मिल्टन का स्मरण करते थे और क्रान्तिकारी आन्दोलन से उनका सम्बन्ध जोड़ते थे, वैसे ही कांग्रीव ने मिल्टन का स्मरण किया है, उनका सम्बन्ध क्रान्तिकारी आन्दोलन से जोड़ा है। वह सोचते हैं कि 1857 में यदि मिल्टन जीवित होते तो वे अंग्रेजों को बताते कि तुम्हारा जातीय गौरव किस बात में है। अभिजात वर्ग के लिए लड़ने में तुम्हारा गौरव नहीं है। अभिजात वर्ग को परास्त करके एक गणतंत्र कायम करने में तुम्हारा गौरव है। भारत पर अंग्रेजों ने जो अधिकार जमाया है, वह सरासर अन्यायपूर्ण है, इस बारे में कांग्रीव को कोई दुविधा नहीं थी। उन्होंने लिखा : मैं विश्वासपूर्वक कहता हूँ कि हमने भारत पर जो बलपूर्वक अधिकार जमा रखा है, उसे कोई भी अंग्रेज राजनीतिज्ञ युक्तिपूर्वक उचित नहीं सिद्ध कर सकता।

शासक वर्ग यही प्रचार करता था कि उसने न्यायोचित ढंग से भारत पर अधिकार किया है। पर वह सभी लोगों की आँखों में धूल नहीं झोंक पाया। उसके प्रचार का बहुत युक्तिपूर्ण खंडन कांग्रीव ने किया था। अंग्रेजों को समझाया जाता था कि तुम्हारा राज्य अब दिन-पर-दिन बड़ा होता जा रहा है, इस साम्राज्य से तुम्हारा गौरव बढ़ रहा है। जैसे शेली ने साम्राज्य-विस्तार से गौरव बढ़ने की धारणा का खंडन किया था, वैसे ही कांग्रीव ने लिखा : हम तब महान थे जब हिन्दुस्तान को हथियाने का सपना किसी एडवेंचरर (लुटेरे) की आँखों पर छाया हुआ न था। हम फिर महान होंगे जब राष्ट्र की शक्ति को एक महान शासन सही दिशा में प्रेरित करेगा, उचित रूप में व्यक्त करेगा। कांग्रीव मानते थे, इंग्लैंड का शासन राष्ट्र की शक्ति को सही दिशा में प्रेरित नहीं कर रहा है। इस दिशा को बदलना है और यह दिशा तभी बदली जा सकती है जब भारत के स्वाधीनता-संग्राम का समर्थन किया जाए। बहुत-से लोग समझते थे कि भारत पिछड़ा हुआ है और इसलिए वहाँ पर ईसाई धर्म का प्रचार करना उसको प्रगतिशील रास्ते पर आगे बढ़ाना है। यहाँ कांग्रीव के विचार शेली से आगे बढ़े हुए हैं। उन्होंने लिखा था : "मैं ईसाई धर्म पर विश्वास नहीं करता। मैं अपने व्यक्तिगत जीवन के लिए उसे निर्देशक नहीं मानता और न सामाजिक अथवा अन्तरराष्ट्रीय व्यवहार के लिए उसे निर्देशक मानता हूँ। उसे अन्य जातियों पर जबरदस्ती लादा जाए, इसका तो मैं तीव्र विरोध करता ही हूँ, वह समझा-बुझाकर उन पर लादा जाए, मैं इसका भी विरोध करता हूँ—भले ही उनका धार्मिक संगठन कितनी भी ह्रासग्रस्त दशा में हो।"

कांग्रीव जानते थे, ईसाइयत से कोई समस्या हल होनेवाली नहीं है। वह नये दर्शन, नये चिन्तन की दिशा में सोच रहे थे और समझते थे कि जैसे इंग्लैंड में कुछ मजदूर इस दर्शन को पहचान रहे हैं, वैसे ही भारत में इस नये दृष्टिकोण का प्रसार होगा। भारत में जो अंग्रेज सैनिक हैं, वे दूसरों को गुलाम बनाने का साधन हैं। मजदूरों को कोशिश करनी चाहिए कि वे फौज में रंगरूटों की भर्ती बन्द कराएँ। मजदूरों को लक्ष्य करके उन्होंने बहुत जोरदार शब्दों में कहा : "तुम और केवल तुम रंगरूटों की भर्ती रोक सकते हो।" इस तरह का प्रचार 1914-18 की लड़ाई में बहुत-से कम्यूनिस्टों ने किया था। लेकिन 1857 में इस तरह की बातें कहनेवाले बहुत थोड़े लोग थे और उनमें एक गौरवपूर्ण नाम है रिचार्ड कांग्रीव का। उन्होंने इंग्लैंड के मजदूरों और आम जनता से कहा : यदि कोई तुम्हें गुलाम बनाने आए तो क्या तुम उसका विरोध न करोगे? जैसे तुम उसका विरोध करोगे, वैसे ही समझो, भारत के लोग इस गुलामी का विरोध कर रहे हैं। जैसे अपने देश को विदेशी उत्पीड़न से बचाने के लिए तुममें एक-एक आदमी उठ खड़ा होगा, वैसे ही उसके उत्पीड़क बनने के विरोध में एकमत होकर अपनी आवाज बुलन्द करो।

फ्रांसीसी राज्यक्रान्ति, शेली की रचनाएँ, चार्टिस्ट आन्दोलन, अर्नेस्ट जोन्स और कांग्रीव द्वारा भारतीय स्वाधीनता-आन्दोलन का समर्थन—ये सब एक ही क्रान्तिकारी परम्परा के अन्तर्गत हैं। वे सब मनुष्य जाति के सामाजिक और सांस्कृतिक विकास की एक ही दिशा की सूचक हैं। इस दिशा से ब्रिटेन के शासक वर्ग को घृणा थी। स्वभावत: उसे शेली और बायरन जैसे कवियों से भी घृणा थी। इस बारे में एंगेल्स ने 1843 में लिखा था : सोशलिस्टों की, और अंशत: चार्टिस्टों की, अर्थतंत्र-सम्बन्धी जोरदार पुस्तिकाएँ लोग घृणा से एक ओर फेंक देते हैं। इन्हें अपने पाठक केवल निम्न वर्गों में मिलते हैं। "बायरन और शेली के प्राय: सभी पाठक अब निम्न वर्गों में रह गए हैं। इनमें शेली की रचनाएँ कोई भी 'शरीफ' आदमी भारी बदनामी मोल लिये बिना अपनी मेज पर नहीं रख सकता।"[12] शेली ने ब्रिटेन के मजदूरों का पक्ष लिया और भारत की स्वाधीनता का समर्थन किया। चार्टिस्ट नेताओं ने यही काम किया और इनका दमन किया ब्रिटेन की प्रतिक्रियावादी सरकार ने। ब्रिटेन में प्रगतिशील वहाँ के जमींदार और पूँजीपति नहीं थे, इनके विरोधी शेली और बायरन जैसे साहित्यकार थे।

1957 में 1857 की शताब्दी के अवसर पर भारत की कम्यूनिस्ट पार्टी ने एक निबन्ध संग्रह निकाला था। इसके सम्पादक पूरनचन्द जोशी थे। उसमें अंग्रेज लेखक जेम्स ब्राइन ने लिखा था : "विद्रोह की शताब्दी के इस साल यह स्मरण करने योग्य है कि दु:ख और पराजय की घड़ी में ब्रिटिश मजदूर वर्ग की आवाज खामोश नहीं थी।"[13] वह आवाज न्याय की आवाज थी, वह क्रान्तिकारियों की आवाज थी, वह मजदूर वर्ग के हित में थी, वह भारतीय जनता के हित में थी और वह मानव जाति के विकास के हित में थी।

प्रश्न यह है कि 1857 में अंग्रेजों से लड़नेवाले हिन्दुस्तानियों में भी क्या ऐसे कोई आदमी थे जो फ्रांसीसी राज्यक्रान्ति से परिचित थे, उससे प्रेरित थे अथवा जो समझते थे कि इंग्लैंड की आम जनता उनकी शत्रु नहीं है, वरन् वहाँ के शासक ही उनके शत्रु हैं? इस प्रश्न का उत्तर है—हाँ, ऐसे लोग थे। उनके बारे में हमें बहुत जानकारी नहीं है। फिर भी जितनी जानकारी है, उससे पता चलता है कि अंग्रेजों से लड़नेवाले हिन्दुस्तानियों में ऐसे आदमी थे जो यूरोप के इतिहास से, ब्रिटेन के इतिहास से, परिचित थे और वे भारतीय संग्राम का महत्त्व अच्छी तरह समझते थे। इनमें एक रुड़की के पढ़े हुए इंजीनियर मोहम्मद अली खाँ थे। इन्हें लखनऊ में पकड़ा गया था और इनका उल्लेख विलियम फोर्ब्स मिचेल नाम के सैनिक अफसर के संस्मरणों में है। विलियम फोर्ब्स मिचेल स्कॉटलैंड के निवासी थे। वह ब्रिटिश सेना में साधारण अफसर थे, लखनऊ की लड़ाई में वह मौजूद थे। उन्होंने 1893 में एक पुस्तक प्रकाशित की थी जिसका नाम था : 'रेमिनिसेन्सेज ऑफ द ग्रेट म्यूटिनी'। मोहम्मद अली ने उन्हें बताया था कि वह दिल्ली में किले की और

नगर की सुरक्षा की देखभाल करते थे। वहाँ जितने रक्षात्मक उपाए किए गए थे, वहाँ तोपें जिस तरह लगाई गई थीं, उस सबकी देखभाल मोहम्मद अली खाँ ने की थी। उसके बाद वह लखनऊ आए थे और लखनऊ में भी रक्षा-व्यवस्था उन्हीं के जिम्मे थी। वह अंग्रेजी फौज का भेद लेने के लिए वहाँ केक बेचते हुए आए थे। वह बहुत अच्छी अंग्रेजी बोलते थे। पकड़े जाने के बाद उन्होंने मिचेल को बताया कि कानपुर में वह और अजीमुल्ला एक ही स्कूल में पढ़ते थे और उन्हें अध्यापक गंगादीन ने अंग्रेजी सिखाई थी। अजीमुल्ला के साथ वह नाना साहब के आवेदन की पैरवी करने के लिए इंग्लैंड भी गए थे। इंग्लैंड से लौटते हुए वे क्राइनिया पहुँचे। वहाँ उस समय ब्रिटेन, फ्रांस और तुर्की मिलकर रूस से लड़ रहे थे। वहाँ उन्होंने रूसियों की गोलाबारी देखी और उससे बहुत प्रभावित हुए। इस सन्दर्भ में अजीमुल्ला का उल्लेख रसेल ने अपनी डायरी में किया है। मिचेल ने भी उस घटना का उल्लेख अपने संस्मरणों में किया है। मिचेल के अनुसार, उन्हें मोहम्मद अली ने बताया कि क्राइनिया से लौटते हुए वे लोग जब कुस्तुनतुनिया पहुँचे, तब वहाँ उन्हें कुछ रूसी मिले। उन रूसियों ने कहा कि यदि तुम भारत में अंग्रेजों के विरुद्ध विद्रोह करो तो हम तुम्हारी मदद को आ सकते हैं। फोर्ब्स मिचेल के अनुसार, मोहम्मद अली खाँ ने कहा था : It was then that I and Azeemoolla formed the resolution of attempting to overthrow the Company's Government.

"उससे मिलने के बाद मैंने और अजीमुल्ला ने यह दृढ़ निश्चय किया कि हम कम्पनी सरकार का तख्ता उलट देंगे"[14] —यह बात सही हो तो मानना चाहिए कि रूसी क्रान्तिकारियों और भारतीय क्रान्तिकारियों का यह प्रथम सम्पर्क था और रूसी क्रान्तिकारी चाहते थे कि भारत में अंग्रेजी राज्य समाप्त हो। अजीमुल्ला और मोहम्मद अली वहाँ रूसियों की तोप चलाने की कला देखकर आए थे, उससे प्रभावित हुए थे। उन्होंने लौटकर यहाँ विद्रोह का संगठन किया।

मोहम्मद अली ने कहा : हाँलाकि हम देश को अंग्रेजों के चंगुल से छुड़ा नहीं पाए : Although we have failed to wrest the country from the English. किसी को सन्देह न होना चाहिए, विद्रोह का लक्ष्य था देश को अंग्रेजों के चंगुल से छुड़ाना। मोहम्मद अली किस तरह के बुद्धिजीवी थे, इसका पता एक घटना से लगेगा। जैमी ग्रीन नाम धारण किए जब वह फोर्ब्स मिचेल से मिले, और अभी पकड़े न गए थे, तब उन्होंने सबसे पहले इंग्लैंड के अखबार देखने की फरमाइश की : asked to see the newspapers, and seemed anxious to know what the English press said about the mutiny...[15] वह जानना चाहते थे कि इंग्लैंड में भारतीय संग्राम के बारे में क्या लिखा जा रहा है, इंग्लैंड का जनमत कैसा है, हमारे यहाँ की खबरें वे किस तरह से दे रहे हैं, दुनिया में क्या हो रहा है, यह सब जानने के लिए मोहम्मद अली जैसे नेता उस समय बहुत उत्सुक थे। जैसे कांग्रीव और

अर्नेस्ट जोन्स को विश्वास था कि भारतीय जनता न्याय के लिए लड़ रही है, वैसे ही मोहम्मद अली को विश्वास था कि इंग्लैंड और स्कॉटलैंड के लोग आम तौर से न्यायप्रिय हैं। यदि उन्हें सच्ची बातों का पता चले तो वे यहाँ संग्राम का दमन करने के बदले भारतीय जनता की सहायता करेंगे। उन्होंने कहा था : The people of England—and by England I mean Scotland as well—are just.

"इंग्लैंड के लोग, और इंग्लैंड में यहाँ मैं स्कॉटलैंड को भी शामिल करता हूँ, न्यायप्रिय हैं।"[16]

उस समय अंग्रेज अनेक प्रकार के अत्याचार उन लोगों पर करते थे जिन्हें वे पकड़ लेते थे। मुसलमानों को सुअर का मांस खिलाते थे। जैसे ही पता चला कि मोहम्मद अली मुसलमान हैं, सैनिकों ने कहा कि हम सुअर का मांस लेने जाते हैं। मिचेल ने मना किया। इससे मोहम्मद अली बहुत प्रसन्न हुए। यद्यपि वह जानते थे कि अगले दिन उन्हें फाँसी दे दी जाएगी, लेकिन मिचेल के व्यवहार के प्रति कृतज्ञता प्रकट करते हुए उन्होंने एक सोने की अँगूठी उन्हें भेंट की। अँगूठी वह अपने घने बालों में छिपाए हुए थे। यह एक तरह का सौहार्द था जो उन्होंने सामान्य ब्रिटिश जनता के प्रति व्यक्त किया था। जब उन्हें फाँसी दी गई, तब वहाँ उपस्थित हाइलैंड पल्टन के सैनिक रो रहे थे। थोड़ी ही देर में उनके बीच मोहम्मद अली अत्यन्त लोकप्रिय हो गए थे।

विशेष बात यह है कि मिचेल ने जब उनसे पूछा कि आप यहाँ कैसे लड़ रहे हैं, इन विद्रोहियों का साथ क्यों दे रहे हैं, तो उन्होंने बताया कि हिन्दुस्तानियों पर कैसे अत्याचार किए जाते हैं, कैसे उनके साथ भेदभाव बरता जाता है, इसलिए हम अंग्रेजी राज को खत्म करना चाहते हैं। मिचेल ने उनके पारिवारिक जीवन के बारे में पूछा। जिस समय वह अपनी पत्नी और अपने दो लड़कों के बारे में बता रहे थे, उस समय अचानक वह भावुक हो गए किन्तु अपने को सँभालते हुए उन्होंने याद किया कि क्रान्तिकारियों को धैर्य न खोना चाहिए। उन्होंने इंग्लैंड के इतिहास और फ्रांस राज्यक्रान्ति के इतिहास को याद किया। फोर्ब्स मिचेल ने लिखा है : Once, and only once, did he show any weakness, in alluding to his wife and two boys in their far away home in Rohilcund, when he remarked that they would never know the fate of their unfortunate father. But he at once checked himself, saying, 'I have read French history as well as English; I must remember Danton and show no weakness. "एक बार, और केवल एक बार उन्होंने कोई कमजोरी दिखाई, जब वह अपनी पत्नी और दो लड़कों की बात कह रहे थे, जो बहुत दूर रूहेलखंड में अपने घर में थे। जब उन्होंने कहा कि उन्हें अपने अभागे बाप की किस्मत का पता कभी न चलेगा, लेकिन उन्होंने तुरन्त खुद को यह कहते हुए सँभाला, 'मैंने फ्रांसीसी इतिहास पढ़ा

है और अंग्रेजी भी (अंग्रेजों का इतिहास भी)।' मुझे दांतों को याद करना चाहिए और कोई कमजोरी न दिखानी चाहिए।"[17]

फ्रांसीसी राज्यक्रान्ति के एक प्रमुख नेता थे दांतो। 1848-49 की जर्मन क्रान्ति का विश्लेषण करते हुए एंगेल्स ने दांतों को "क्रान्तिकारी नीति का अद्यावधि ज्ञात सर्वश्रेष्ठ आचार्य" कहा था।[18] रूस के सशस्त्र विद्रोह की तैयारी करते हुए लेनिन ने अक्टूबर, 1917 में इन्हीं शब्दों के साथ दांतों का हवाला दिया था।[19] 1857 में भारतीय क्रान्तिकारी मोहम्मद अली को दांतों से प्रेरणा मिली थी, यह तथ्य उस स्वाधीनता-संग्राम के उदार अन्तरराष्ट्रीयतावादी पक्ष को उजागर करता है।

मोहम्मद अली के मित्र और सहयोगी थे अजीमुल्ला। अंग्रेजी के अलावा फ्रांसीसी भाषा पर भी उनका अधिकार था। आगरे के एक सर्जन वजीर खाँ ने अजीमुल्ला के लिए कहा था : He spoke French fluently (फ्रेंच वह धाराप्रवाह बोलते थे)।[20] यह बहुत सम्भव है कि मोहम्मद अली को फ्रांसीसी राज्यक्रान्ति के इतिहास की जानकारी फ्रांसीसी भाषा में प्राप्त साहित्य से हुई हो, वह स्वयं उस भाषा से परिचित रहे हों, अथवा न रहे हों तो अजीमुल्ला से उन्हें सहायता मिली हो। 1857 तक फ्रांसीसी राज्यक्रान्ति का वस्तुगत इतिहास प्रस्तुत करनेवाले ग्रंथ अंग्रेजी में बहुत कम थे। अजीमुल्ला अनेक कार्यों में मोहम्मद अली के घनिष्ठ सहयोगी थे। इन कार्यों में किलेबन्दी और तोपों के उपयोग की विद्या शामिल थी। क्राइमिया के युद्ध में रूसियों की गोलाबारी दोनों मित्रों ने एक साथ देखी थी। अजीमुल्ला की भेंट लन्दन के 'टाइम्स' पत्र के संवाददाता रसेल से हुई थी। रसेल ने उनके लिए लिखा है कि वह इकहरे बदन के खूबसूरत नौजवान थे, फ्रेंच और अंग्रेजी बोलते थे : He spoke French and English.[21] वह क्राइमिया जाने को बहुत उत्सुक थे। रूस के जिन रुस्तमों ने अंग्रेजों और फ्रांसीसियों, दोनों की ठुकाई कर दी थी, उन्हें वह देखना चाहते थे। सूर्यास्त से कुछ पहले रूसी तोपों की गोलाबारी देखते रहे : was looking with marked interest at the fire of Russian guns. रसेल से उन्होंने कहा था : मेरा खयाल है, तुम वह सुदृढ़ स्थान कभी न ले पाओगे।[22]

मार्क्स और एंगेल्स ने क्राइमिया के युद्ध पर, युद्ध के दौरान, एक लेखमाला प्रकाशित की थी। इसी तरह उन्होंने 1857 के संग्राम पर लेखमाला निकाली थी। सेवास्तोपोल की सुरक्षा-व्यवस्था और तोपों के उपयोग की पद्धति पर एंगेल्स ने विशेष ध्यान दिया था। उन्होंने दिल्ली की सुरक्षा-व्यवस्था पर भी लिखा था। सुरक्षा की योजना पूरी तरह अमल में नहीं लाई गई पर "अमल में खामी के बावजूद मूल योजना सेवास्तोपोल की सक्रिय सुरक्षा से बहुत मिलती-जुलती थी।"[23] मोहम्मद अली सेवास्तोपोल की सुरक्षात्मक कार्यवाही से परिचित थे। दिल्ली की सुरक्षा के लिए योजना बनाते हुए उन्होंने अपनी जानकारी का उपयोग अवश्य किया होगा।

फ्रांसीसी राज्यक्रान्ति से पहले फ्रांस के दार्शनिकों ने चर्च और धार्मिक अन्धविश्वासों के विरुद्ध जबर्दस्त संघर्ष किया था। शेली इस संघर्ष से परिचित थे। अपने लेखों में उन्होंने इन दार्शनिकों की प्रशंसा की थी। रोमांटिक कवियों में उन्होंने सबसे अधिक चर्च और धार्मिक अन्धविश्वासों का लगातार खुलकर विरोध किया था। ऐसा लगता है अजीमुल्ला फ्रांसीसी दार्शनिकों के साहित्य से परिचित थे। वह अपने चिन्तन और आचरण में मजहबी कट्टरपन से बहुत दूर थे। उन्होंने रसेल से कहा था : I am of no religion (मेरा कोई मजहब नहीं है)।[24] यह स्थिति उन्हें फ्रांस के दाशनिकों से जोड़ती है।

यहाँ यह याद रखना चाहिए कि इंग्लैंड का मजदूर-आन्दोलन अभी समाजवाद के लिए न लड़ रहा था; उसकी मुख्य माँग यह थी कि पार्लियामेंट में जनता को प्रतिनिधित्व मिले। पार्लियामेंट कहने के लिए पार्लियामेंट थी लेकिन उसके अधिकांश सदस्य जमींदार थे। वे जमींदार वर्ग के प्रतिनिधि थे। उसमें पूँजीपतियों को भी प्रतिनिधित्व न मिला था। जमींदार बहुत दबाव पड़ने पर पूँजीपतियों को कुछ रिआयतें दे देते थे, बाकी सत्ता उन्होंने अपने हाथ में रखी थी। 1857 में भी इंग्लैंड का जमींदार वर्ग अभी सत्तारूढ़ बना हुआ था। सोचने की बात है कि जो लोग अपने देश में अभी पूँजीवादी जनतंत्र कायम न कर पाए थे, वे भारत में जनतंत्र कैसे कायम कर सकते थे। कहने को एशिया के राजा अपनी निरंकुशता के लिए बदनाम हैं, वास्तव में ईस्ट इंडिया कम्पनी ने भारत में जिस तरह की निरंकुशता कायम की थी, उससे भारतवासी और एशिया के लोग अपने इतिहास में कभी परिचित न हुए थे। इसके विपरीत जब सैनिकों ने दिल्ली में अपनी राज्यसत्ता कायम की, तो वह न केवल सामन्तवादी सत्ता से अलग थी, वरन् इंग्लैंड की पार्लियामेंटशाही से भी अलग थी। उन्होंने दिल्ली में एक कोर्ट कायम किया था। यह फौजी पंचायत न केवल फौजी मामले देखती थी वरन् वह दीवानी मामले भी निपटाती थी। जितने भी आवेदन-पत्र बादशाह के पास आते थे, उन पर निर्णय इसी फौजी पंचायत द्वारा होते थे। वास्तविक सत्ता इस फौजी पंचायत के हाथ में थी। और यह फौजी पंचायत अचानक नहीं प्रकट हो गई। बहुत दिनों से अंग्रेजों को ज्यादा तनख्वाह, देशी सिपाहियों को कम तनख्वाह, कम भत्ता आदि-आदि बातों को लेकर फौज के लोग आन्दोलन चलाते रहे थे। शान्तिपूर्ण आन्दोलन करने पर भी उनको कड़ी सजाएँ मिलती थीं। जहाँ विद्रोह की झलक भी अंग्रेजों को दिखाई दी, तुरन्त तोप से बाँधकर उनको उड़ा देते थे। इस तरह आतंक के द्वारा वे देशी सिपाहियों को अपने नियंत्रण में रखना चाहते थे।

अनेक अंग्रेज अफसर इस बात से परिचित थे कि फौज के अन्दर एक नया आन्दोलन शुरू हो गया है और वह ट्रेड यूनियनों जैसा आन्दोलन है। इसके लिए 1853 में कैंपबेल ने एक बहुत अच्छा शब्द इस्तेमाल किया था : 'मिलटरी ट्रेड

यूनियनिज्म'।[25] देशी फौज के अन्दर एक तरह का फौजी मजदूर सभापन जाग रहा है। 1858 में जे.सी. विल्सन विशेष कमिश्नर नियुक्त किए गए। उन्होंने अपनी रिपोर्ट में लिखा कि बंगाल-सेना की हर पल्टन में तीन-चार आदमियों की एक कमेटी होती थी और वही विद्रोह की तैयारी कर रही थी। कहाँ पर क्या करना है, क्या योजना बनानी है, आदि-आदि सारी बातें ये तीन-चार सदस्य निश्चित करते थे।[26] इसका मतलब यह है कि जिन पंचायतों के जरिये सिपाहियों ने फौज के भीतर अपना ट्रेड यूनियन आन्दोलन चलाया था, उन्हीं के जरिये उन्होंने विद्रोह का संगठन और संचालन किया था और उन्हीं के द्वारा उन्होंने स्वाधीन भारत की सरकार का संचालन किया था।

सिपाही अपने किसान-जीवन के अनुभवों को फौज के भीतर और बाहर नई राजनीतिक कार्यवाही के लिए इस्तेमाल कर रहे थे। इन पंचायतों को क्रान्ति और सत्ता का माध्यम केवल किसान बना सकते थे; नवाब, राजा और बादशाह नहीं। अठारह सौ सत्तावन के स्वाधीनता-संग्राम पर किसानों के अमिट हस्ताक्षर इन पंचायतों की कार्यवाही में देखें। यह स्वाधीनता-संग्राम क्रान्ति था या नहीं, इस प्रश्न का उत्तर भी इन पंचायतों की कार्यवाही का अध्ययन करके दें। सामन्तों की भूमिका नगण्य नहीं थी पर वह निर्णायक नहीं थी। सारे देश के बड़े सामन्त अंग्रेजों का साथ दे रहे थे, उनके विरुद्ध हिन्दी प्रदेश के छुटभैये सामन्त लड़े तो वह सिपाहियों की कुशल राजनीति के कारण। इन्हीं छुटभैयों के साथ हो गए थे दिल्ली के मुफलिस बादशाह बहादुरशाह। अंग्रेज सेना जब दिल्ली के भीतर घुस आई, तब प्रधान सेनापति बख्त खाँ ने उन्हें आश्वासन दिया कि सेना का बड़ा भाग लखनऊ में है, वह साथ चलें, पर बहादुरशाह बेगम की बात सुनते थे, बख्त खाँ की नहीं। क्रान्तिकारी सेनानायक और उनके ढुलमुल सामन्त सहयोगी, दोनों में यही अन्तर था। मान लीजिए, दिल्ली गई तो सबकुछ गया, यह मानकर बख्त खाँ हथियार डाल देते तो डेढ़ साल तक दिल्ली के बाहर चलनेवाली लड़ाई की नौबत ही न आती; पर बख्त खाँ ने वैसा नहीं किया। अंग्रेजों ने दिल्ली का घेरा डाला और अपनी समझ में सारा प्रबन्ध कर लिया कि बची हुई फौज के साथ बख्त खाँ दिल्ली से निकलने न पाए। लेकिन बख्त खाँ फौज के साथ अंग्रेजों की नाक के नीचे से निकल गए और लखनऊ पहुँचकर उन्होंने वहाँ का मोर्चा सँभाला। अंग्रेजों ने दिल्ली के निहत्थे शहरियों का कत्लेआम रचाया, करोड़ों की सम्पदा लूटी, शहजादों का वध किया, लेकिन बख्त खाँ और उनके वीर सैनिकों के पैरों की धूल भी उनके हाथ न लगी।

1911 में पंजाब सरकार ने 'गदरसम्बन्धी कागजात' नाम से एक पुस्तक प्रकाशित की थी। इसमें अनेक ऐसे दस्तावेज हैं जिनसे प्रमाणित होता है कि बादशाह के नाम जो आवेदन-पत्र आते थे, उन पर जो भी कार्यवाही करनी हो,

उसका फैसला करती थी वह पंचायत। फौजी मामले ही नहीं, दीवानी मामले भी वही निपटाती थी। वह सेनापति के अधीन नहीं है, सेनापति उसके अधीन हैं, यह बख्त खाँ को लिखे पत्र से जाहिर हो जाता है। उसमें उन्हें बताया गया है हम एक राज्य का संगठन कर रहे हैं, और यह काम तभी हो सकता है जब हम सारा प्रबन्ध राजनीति के अनुसार करें।[27]

वास्तव में फौजी पंचायत के सदस्य नई राजनीति का निर्माण कर रहे थे और उसके अनुसार काम कर रहे थे। जो काम पूँजीवादी राजनीति आज तक नहीं कर पाई, उसे उन्होंने जरा-सी देर में बेझिझक कर डाला। पंचायत में सदस्य साम्प्रदायिक आधार पर चुने जाएँ : एक हिन्दू हो तो दूसरा मुसलमान हो, यह प्रस्ताव संविधान के मसौदे में दर्ज था। पंचायत ने इसे रद्द कर दिया और तै किया कि उसके सदस्य फौज में वरीयता और योग्यता के आधार पर ही चुने जाएँगे। यदि कोई व्यक्ति योग्य हो लेकिन वरीयता में पीछे हो तो इस बिना पर उसे चुने जाने से रोका न जाएगा।[28] 1906 में मुस्लिम लीग का जन्म, मैन्टेग्यू चेम्सफोर्ड सुधार, 1935 का काला कानून, कांग्रेसी मंत्रिमंडल, दूसरा महायुद्ध, क्रिप्स मिशन, कैबिनेट मिशन, वेवल, फिर माउंटबैटन, अन्त में साम्प्रदायिक हिंसा से रक्तरंजित भारत और पाकिस्तान की स्वाधीनता—यह प्रक्रिया है पूँजीवादी राजनीति की। सम्प्रदाय के आधार पर नहीं, योग्यता के आधार पर शासन समिति के सदस्य चुने जाएँगे—यह थी नई क्रान्तिकारी राजनीति, जिसे स्वीकृति के लिए किसी लाट गवर्नर के सामने पेश न किया गया था।

1857 में ईद के अवसर पर अंग्रेजों के एजेंटों ने बड़ी कोशिश की, गोकुशी के सवाल पर शहर में दंगा करा दिया जाए, पर बख्त खाँ ने उनकी सभी कोशिशें बेकार कर दीं। अंग्रेज दंगा कराने के लिए कैसे रुपया बाँटते थे, यह उन्हीं के दस्तावेजों से जाहिर हो जाता है। 14 सितम्बर, 1857 को अवध के चीफ कमिश्नर ने तै किया कि "बरेली की हिन्दू आबादी को मुसलमान बागियों के खिलाफ लड़ने को आमादा करने के लिए पचास हजार रुपयों की धनराशि खर्च की जाए।" लेकिन ढाई महीने के लगातार प्रयत्न के बाद जब कोई एक टका भी लेने को तैयार न हुआ, तब चीफ कमिश्नर ने भारत सरकार को सूचना भेजी : "कोशिश बिलकुल बेकार हुई। उल्लिखित धनराशि का कोई भी अंश खर्च किए बिना वह कोशिश छोड़ दी गई है।"[29]

दिल्ली की तरह लखनऊ में भी फौजी पंचायत थी। उसी ने अवध में विद्रोह का संगठन और युद्ध का संचालन किया था। इन पंचायतों ने एक बहुत बड़ा काम यह किया कि उन्होंने सामन्ती अलगाव खत्म करने और देश की एकता को मजबूत करने की ओर पूरा ध्यान दिया। बिरजिस कदर को अवध की राजगद्दी पर बिठाने के पहले फौज के अफसरों ने हजरत महल से एक शर्तनामे पर हस्ताक्षर कराए

थे जिसकी पहली शर्त यह थी कि "दिल्ली से जो भी हुक्म आएगा, वह माना जाएगा, और जैसा भी हुक्म होगा, वह आखिरी होगा" अर्थात् वह उसी रूप में माना जाएगा।[30] अवध के बादशाह दिल्ली से अलग अपना स्वतंत्र राज्य बनाए हुए थे। सामन्तों की यह स्वतंत्रता फौजी पंचायतों ने खत्म की। जहाँ भी उनके नेतृत्व में लोग लड़े, वे दिल्ली के झंडे के नीचे लड़े।

निशान सिंह नाम के एक जमींदार कुँवर सिंह के साथ अंग्रेजों से लड़े थे। कुँवर सिंह के साथ वह बाँदा, वहाँ से काल्पी, फिर लखनऊ पहुँचे थे। उनके बयान के अनुसार, लखनऊ में कुँवर सिंह को खिलअत देकर सम्मानित किया गया था, इसके साथ ही उन्हें यह फर्मान मिला था कि वह अपने देश जाएँ और उस पर अधिकार करें। उन्हें आजमगढ़ जिले के लिए भी फर्मान दिया गया था और खर्च के लिए बारह हजार रुपये नगद दिये गए थे, सोलह हजार रुपयों का चेक भी दिया गया था कि वह रकम राजा मानसिंह से प्राप्त करें।[31] निशान सिंह का यह बयान इतिहासकार कालीकिंकर दत्त लिखित कुँवर सिंह और अमर सिंह की जीवनी में दिया हुआ है। बिरजिस कदर से फर्मान पाने का अर्थ है, कुँवर सिंह लखनऊ की फौजी पंचायत के नेतृत्व में लड़ रहे थे।

जिस दिन झाँसी में विद्रोह शुरू हुआ, उस दिन शहर में डुग्गी पीटी गई : खल्क खुदा का, मुल्क बादशाह का, राज रानी लक्ष्मीबाई का। उसके बाद विद्रोही सैनिक दिल्ली चले गए। इस सिलसिले में इतिहासकार मजूमदार ने कमिश्नर पिंकने की रिपोर्ट का हवाला दिया है, जिसके अनुसार झाँसी राज्य के दो दावेदार थे—रानी लक्ष्मीबाई और सदाशिवराव। रानी के पक्ष में फैसला सैनिकों ने किया : The mutineers made it over to her.[32]

झाँसी के बारे में सुरेन्द्रनाथ सेन ने अपने गदर के इतिहास में एक दिलचस्प बात लिखी है : "पेशवा के जमाने में वह सूबेदार के अधीन एक सूबा थी। ईस्ट इंडिया कम्पनी की सरकार ने उसे ऊँचा उठाकर राज्य का दर्जा दिया।"[33] अंग्रेज मराठा राज्य को विघटित करके उसे अपने अधीन करने की नीति पर चल रहे थे। इसके विपरीत सैनिक झाँसी को दिल्ली के अधीन करके राष्ट्रीय एकता को सुदृढ़ करने की नीति पर चल रहे थे। राष्ट्रीय विघटन और राष्ट्रीय एकीकरण—दो तरह की नीतियों का भेद यहाँ स्पष्ट है। विघटन के सूत्रधार अंग्रेज थे, एकीकरण के सूत्रधार सैनिक थे। कुछ ऐसा ही भेद अवध की बादशाहत के सन्दर्भ में भी दिखाई देता है। सुरेन्द्रनाथ सेन का सारगर्भित वाक्य है : "अवध पुराना सूबा था और नया राज्य था।"[34] वह सूबा था, दिल्ली की बादशाही के अधीन था। 1764 में शाहआलम, दिल्ली के बादशाह, के साथ शुजाउद्दौला, अवध के नवाब, बक्सर में अंग्रेजों से लड़े थे। अंग्रेज जीते, बादशाह और नवाब की फौजें हारीं। संधि के अनुसार बादशाह ने ईस्ट इंडिया कम्पनी को बंगाल, बिहार और उड़ीसा का दीवान बनाया।

किसी व्यक्ति को नहीं, एक कम्पनी को दीवान बनाया। यह नई किस्म का अंग्रेजी सामन्तवाद था। उधर वजीर ने, अर्थात् अवध के नवाब ने, मंजूर किया कि वह अंग्रेजों को छोड़कर किसी भी विदेशी ताकत से राजनीतिक गठजोड़ न करेंगे। इस तरह अवध के नवाब स्वतंत्र बादशाह बने। नवाबी पनपी अंग्रेजों की छत्रच्छाया में। इससे उन्होंने सामूहिक रूप में कम्पनी के माध्यम से धन कमाया और निजी तौर पर इतनी सम्पदा बटोरी कि भारत से विलायत तक कम्पनी के अधिकारी नवाब कहे जाने लगे। इधर अवध के राज्य की मूल भूमि सिकुड़ते-सिकुड़ते आधी रह गई और उसके शासक का दर्जा एक पराधीन सामन्त का हो गया। सुरेन्द्रनाथ सेन ने 'फ्यूडेटरी' शब्द इस्तेमाल करके अंग्रेजों को महासामन्त घोषित कर दिया है। इस अवध को विद्रोही सैनिकों ने फिर से दिल्ली के अधीन करके राजनीतिक रूप से उसे राष्ट्र का अंग बनाया था।

क्या सेन, क्या मजूमदार, क्या और दर्जनों इतिहासकार, वे बार-बार यह कहते नहीं थकते कि 1857 में भारत के सामन्त अपनी रियासतों के लिए लड़े। इसलिए यह संग्राम राष्ट्रीय तो हो ही न सकता था। पर ये सामन्त दिल्ली के अधीन होकर लड़े, अंग्रेजों की दी हुई 'स्वतंत्रता' त्यागकर राष्ट्र के अंग बनकर लड़े, यह बात ये विद्वान नहीं कहते। अंग्रेजों की नीति और सैनिकों की नीति में वे भेद नहीं करते, स्वभावत: विद्रोह के संचालन में सैनिकों की भूमिका वे अस्वीकार करते हैं। बहुत-से तथ्य वे छोड़ जाते हैं, पर जो तथ्य देते हैं, उनसे भी अंग्रेजों की प्रतिक्रियावादी, तथा किसान-सिपाहियों की प्रगतिशील भूमिका स्पष्ट हो जाती है।

किसानों और जमींदारों के हितों में विरोध होता है। राजाओं, नवाबों बादशाहों की शान-शौकत का आधार किसानों की पैदा की हुई अतिरिक्त उपज होती है। जमींदारों के हितों को कायम रखने के लिए किसान लड़े तो वे अपने शोषण को बनाए रखने के लिए लड़ेंगे। यह कोई प्रगतिशील बात न हुई। लेकिन अंग्रेज पुराने सामन्तवाद की जगह नया सामन्तवाद कायम कर रहे थे। भूमि पर किसानों का सामूहिक अधिकार हो चाहे व्यक्तिगत अधिकार हो, मूलत: अधिकार उन्हीं का था। वे शासक को कर देते थे (बलि मिस देखे देवता, कर मिस मानव देव—तुलसीदास), भाड़ा या लगान न देते थे। महासामन्त अंग्रेजों ने किसानों से उनका भूमि पर मूल अधिकार छीन लिया। भारतीय इतिहास पर अपनी टिप्पणियों में मार्क्स ने और 'आज का भारत' में रजनी पाम दत्त ने यह बात बहुत स्पष्ट कर दी थी। अत: यदि किसान अंग्रेजों के नये सामन्तवाद के विरुद्ध पुराने सामन्तवाद की बहाली के लिए लड़ते, तो भी उनका यह काम प्रगतिशील होता। पर यहाँ मुख्य राजनीतिक कार्य अंग्रेजों के प्रभुत्व को खत्म करना था। महाप्रभुओं से निपटने के लिए छोटे प्रभुओं को साथ लेकर लड़ना सर्वथा उचित राजनीति था। 1857 के किसान-सिपाही मार्क्सवाद-लेनिनवाद न पढ़े थे पर 1937 में चीन की

जनवादी क्रान्ति के नेता माओ ज़े दुंग यह सब पढ़े थे। उनका कहना था : हमारे शत्रु जापानी साम्राज्यवादी और उनके चीनी सहयोगी हैं। इसलिए पूँजीपति ही नहीं, जमींदार भी जापान का विरोध करें तो वे कम्यूनिस्टों के सहयोगी हो सकते हैं। उन्होंने च्याङ्काई शेक की पार्टी को आश्वस्त किया था : "जमींदारों से जमीन छीनना बन्द कर दिया जाएगा।"[35] साम्राज्यवाद के विरुद्ध किसानों और जमींदारों का संयुक्त मोर्चा बनाने की नीति पर सबसे पहले 1857 में अमल किया गया था और इस मोर्चे में पूँजीपति भी थे। लखनऊ में विद्रोह शुरू होने से पहले ही अंग्रेज अधिकारियों ने नौकरों से शिकायतें सुनीं कि गल्ले के व्यापारियों और दुकानदारों ने उन्हें उधार देना बन्द कर दिया है। कैप्टेन एंडरसन का विचार था : "यह बात इस बात का प्रत्यक्ष प्रमाण थी कि दुकानदारों को, जो कुछ होने जा रहा था, उसका पता था।"[36] अंग्रेज अधिकारी शेरर ने कालिंजर पहुँचकर देखा, महाजनों और व्यापारियों ने कुछ आदमियों के रक्षक दल बनाए हैं। "उन्होंने हमारे सामने उनकी परेड कराई। उन्होंने कुछ कहा नहीं। इसलिए स्पष्ट ही उद्देश्य हमें इस बात पर उलाहना देना था कि हमारा अधिकार खत्म हो गया है।"[37] पंजाब में अंग्रेजों को शिकायत थी कि जमींदारों से तो उन्हें सहायता मिल रही थी पर महाजनों और व्यापारियों से उन्हें उधार पर बहुत कम पैसा मिला था।[38] अंग्रेजों द्वारा पकड़े गए एक विद्रोही के अनुसार, लखनऊ के साहूकार नाना साहब का समर्थन कर रहे थे।[39] पटना में कमिश्नर टैलर को विश्वास था कि साहूकार लुत्फ अली से बागियों को पैसा मिलता है।[40]

सामन्तों की तरह महाजन भी किसानों के ढुल-मूल सहयोगी थे पर जैसे नये-पुराने सामन्तों में भेद था, वैसे ही नये-पुराने महाजनों में भी भेद था। नये जमींदारों की तरह नये महाजन अंग्रेजों के मुख्य सहयोगी थे। ईस्ट इंडिया कम्पनी जैसे जमींदार बनी थी, वैसे ही वह सामन्तों को कर्ज देकर उनकी रियासतें हड़पनेवाला महाजन भी बनी थी। जमींदारों और किसानों की जमीन-जायदाद हड़पने का यह धंधा बड़े पैमाने पर नये महाजनों ने चालू किया था। यही कारण है कि मुजफ्फरनगर, सहारनपुर, रोहतक आदि स्थानों में महाजनों की कोठियों पर किसानों ने आक्रमण किए और उनके बहीखाते नष्ट कर दिये। शशिभूषण चौधरी ने 1857-59 के गैर-फौजी विद्रोहों का विस्तृत विवरण प्रस्तुत किया है। इन विद्रोहों में किसानों ने आम तौर से नये महाजनों के ठिकानों पर ही आक्रमण किया था। बिहार में नील की खेती करानेवाले गोरे जमींदारों के गोदाम जला दिये गए थे। निलहे गोरों और नये महाजनों के खिलाफ किसानों का संघर्ष स्वाधीनता-संग्राम के सामन्त-विरोधी पक्ष को उजागर करता है। कई जगह, यथा मुजफ्फरनगर में, किसान-विद्रोह पहले शुरू हुआ, सिपाहियों ने बगावत उसके बाद की।[41] वैसे आम तौर से सिपाहियों की बगावत पहले शुरू हुई, किसानों ने विद्रोह उसके बाद किया। शशिभूषण चौधरी

ने बगावत और विद्रोह में भेद करते हुए लिखा है कि "दोनों असन्दिग्ध रूप से संयुक्त थे, बगावत के फलस्वरूप जन विद्रोह फूट पड़ते थे" : the mutiny resulting in popular disturbances.[42] किसानों के संघर्षों को क्रान्तिकारी रूप देने में निर्णायक भूमिका सैनिकों की थी। बगावत से सम्बन्धित इतिहासकारों के सिद्धान्तों पर अपनी पुस्तक 'Theories of the Indian Mutiny' (1965) शशि भूषण चौधरी ने इस वाक्य से आरम्भ की है : "1857 की गर्मियों में समूचे उत्तर भारत में सिपाहियों और नागरिकों ने अपने ब्रिटिश फौजी अफसरों तथा सरकारी अधिकारियों को मारना शुरू कर दिया।" किसानों की शिकायतें तो बहुत पुरानी थीं, 1857 की गर्मियों में ही वे विद्रोह करने पर क्यों उतर आए? उन्हें अवश्य मालूम था कि सेना बगावत करनेवाली है या कर रही है। इसलिए उन्होंने भी अपना काम शुरू कर दिया।

जहाँ भी हथियारबन्द लड़ाई हुई, किसान और सिपाही मिलकर लड़े। अक्सर रंगरूटों की तरह सैनिक-जत्थों में भर्ती होकर किसान सिपाहियों के साथ एक ही नेतृत्व में लड़े। 1858 की गर्मियों में पटना कमिश्नर के अनुसार, जो लगभग एक हजार आदमी अमर सिंह के नेतृत्व में लड़ रहे थे, उनमें "अंशत: सिपाही थे, अंशत: गाँव के लोग थे।"[43] छापामार युद्ध जहाँ भी चलाया गया, उसका आधार किसानों का सहयोग था। अगस्त, 1857 में ही मार्क्स ने नोट किया था कि अंग्रेजों को परिवहन और रसद की प्राप्ति में भारी कठिनाई होती थी और वे अपने सैन्यदल केन्द्रित न कर पाते थे। "इससे यह नहीं लगता कि उनके प्रति किसानों के मन में अच्छे भाव हैं।"[44] और सितम्बर, 1857 में मार्क्स ने उत्तर भारत में अंग्रेज सैन्यदलों की तुलना उन छोटी-छोटी चौकियों से की जो मानो "क्रान्ति के समुद्र के बीच इक्का-दुक्का चट्टानों पर कायम कर दी गई हों।"[45] यह क्रान्ति का समुद्र—a See of revolation—राजनीति में सक्रिय उत्तर भारत का विशाल किसान समुदाय था।

किसानों का असन्तोष भारतव्यापी था किन्तु विद्रोह वहीं हुआ, जहाँ सेना ने अपनी भूमिका निबाही। शशिभूषण चौधरी का कहना है कि महाराष्ट्र के दक्षिणी भाग में बड़े पैमाने पर कोई फौजी बगावत नहीं हुई, फिर भी इनाम कमीशन ने जमींदारों को और भी बुरी तरह प्रभावित किया था और उन्होंने 'हलचल पैदा कर दी।'[46] यह हलचल—commotions—विद्रोह का रूप न ले सकी, इसका कारण सिपाहियों की बगावत का अभाव था। नवम्बर, 1905 में लेनिन ने लिखा था, रूस की फौजी बारिकें कैदखानों से बदतर हैं : "और ये बारिकें क्रान्ति की सुलगती भट्ठियाँ बन रही हैं।'"[47] जारशाही रूस की फौज प्रजा के दमन का अस्त्र थी, वह उसी दमन को खत्म करने का साधन बन रही थी। भारत में देशी फौज अंग्रेजी राज को कायम करने और उसे बनाए रखने का साधन थी, वह उस राज को खत्म

करने का साधन भी बन सकती थी। गाँवों के किसान और फौजी वर्दी पहने हुए पल्टनों के किसान—ये दोनों एक ही शक्ति के दो रूप थे।

किसानों के साथ देहात और शहरों के कारीगर जन मोर्चे का एक महत्त्वपूर्ण अंग थे। इनमें विशेष भूमिका हथियार बनानेवाले कारीगरों की थी। भारत में औद्योगिक क्रान्ति न हुई थी, ब्रिटेन में हो चुकी थी। ब्रिटिश फौज के अस्त्र-शस्त्रों का मुकाबला करने के लिए भारतीय कारीगरों को हथियार जुटाने थे। इनमें तोपें, और उनके गोले, बन्दूकें और उनके कारतूस बनाने का काम मुख्य था और इन्हें बर्छी-भाले बनानेवाले पुराने ढंग के कारीगर तैयार न कर सकते थे। वैसे यह धंधा बहुत पुराना था। तोपें बनाना बाबर के समय से यहाँ चालू था। बारूद का प्रयोग और पहले से हो रहा था। 'न्यू अमरीकन एनसाइक्लोपीडिया' के लिए तोपों पर अपने लेख में एंगेल्स ने भारत की चर्चा करते हुए लिखा था : "1258 के लगभग हम दिल्ली के बादशाह की गाड़ियों पर आतिशबाजी की बात पढ़ते हैं। सौ साल बाद भारत में तोपों का व्यवहार आम हो गया था और जब 1498 में पुर्तगाली वहाँ पहुँचे तो उन्होंने देखा कि बारूदी हथियारों (fire arms) के व्यवहार में भारत के लोग उतना ही आगे बढ़े हुए हैं जितना वे स्वयं हैं।"[48]

यदि पन्द्रहवीं सदी में पुर्तगाल आधुनिक युग में प्रवेश कर चुका था, तो निस्सन्देह उस युग में तब तक भारत का प्रवेश भी हो चुका था। तोपें, बन्दूकें, उनके लिए आवश्यक गोली-गोले, पुराने ढंग के कारीगर न बना सकते थे। इनके उत्पादन के लिए नये ढंग का श्रम संगठन, कारीगरों के नये ढंग का सहयोग आवश्यक था। फ्रांसीसी राज्यक्रान्ति के समय बिटेन उद्योग-धंधों में अधिक विकसित था। फ्रांस में रेलों का चलन न हुआ था। इसी पिछड़े हुए फ्रांस के नेपोलियन ने यूरोप की बड़ी-बड़ी फौजों के छक्के छुड़ा दिये थे। 1857 में भारत की पराजय अनिवार्य नहीं थी। सवाल यह है कि औद्योगिक क्रान्ति से पहले, मध्यकाल के बाद, सत्रहवीं सदी के ब्रिटेन में मजदूर वर्ग था या नहीं। जाहिर है, था, और केवल सूत कातने और कपड़ा बुननेवाला वर्ग नहीं, हथियार बनानेवाला मजदूर वर्ग भी था। उन हथियारों के मुकाबले के हथियार बनानेवाले भारतीय कारीगरी को भी मजदूर वर्ग की संज्ञा देना उचित होगा। और चीजों का उत्पादन दरकिनार, युद्ध-सामग्री का उत्पादन अवश्य ही यहाँ छोटे-बड़े कारखानों में होता था।

मई, 1857 में मेरठ से दिल्ली आनेवाले सैनिकों के सामने पहली बड़ी समस्या गोली-बारूद और हथियारों का प्रबन्ध करने की थी। अंग्रेजों ने दिल्ली के अपने अस्त्रागार को बारूद से उड़ा दिया था, इसलिए गोली-बारूद की शीघ्र व्यवस्था करना और भी जरूरी हो गया था। 7 अगस्त, 1857 को अंग्रेजों के भेदियों ने देशी सेना के जिस अस्त्रागार को बारूद में आग लगाकर उड़ा दिया था,[49] उसमें इस नई व्यवस्था के फलस्वरूप तैयार की हुई सामग्री थी। बहराइच

में युद्ध-सामग्री बनाने के एक कारखाने का उल्लेख रसेल ने इस प्रकार किया है : "जहाँ नाना साहिब के भाई बालाराव बहुत दिन तक रहे थे, वहाँ सराय के भीतर बड़े सायबानों की एक कतार थी। इनमें धौंकनियाँ, भट्ठियाँ, साँचे, तोपें ढालने के कुंड, गोलियाँ, और छर्रेदार गोले (ग्रेपशॉट) बनाने के विचित्र उपकरण थे।"[50] इस स्थान का उपयोग अनेक कारीगरों के एक साथ काम करने के लिए होता था, यह रसेल के विवरण से समझा जा सकता है। युद्ध-सामग्री तैयार करने के ऐसे बहुत-से स्थान अंग्रेजों को युद्ध के दौरान मिले थे। दिल्ली, झाँसी, अवध और बिहार में ऐसे स्थानों के उल्लेख से पता चलता है कि देश में युद्ध-सामग्री तैयार करनेवाले कुशल कारीगरों का बहुत बड़ा समुदाय था। उनकी कुशलता के नमूने देखकर कभी-कभी अंग्रेज चकित रह जाते थे। रसेल ने एक जगह पीतल के नये ढले हुए गोले देखे, वे "बहुत अच्छे बने हुए (very well made) थे।"[51] बिहार में एक फौजी अफसर ने हाल की बनी एक तोप देखी। वह लकड़ी की थी और उसकी ताँबे की नली "अत्यन्त कुशलता से बनाई गई (most skilfully made) थी।" वह बहुत दिन चलनेवाली न थी। लेकिन थोड़े समय के लिए "प्रभावशाली ढंग से (effectually) आत्मरक्षा के काम आ सकती थी।"[52] इसके साथ दो अधबनी तोपें थीं जो मानो इस बात का सबूत थीं कि विद्रोही दल लड़ते जाते थे और हथियार भी बनाते जाते थे। रसेल ने जहाँ पीतल के बहुत अच्छे बने हुए गोले देखे थे, वहाँ उन्होंने अगिन-बान (rockets) भी देखे थे। इनमें "बड़ी चतुराई से (most ingeniously)" एक ऐसा उपकरण लगाया गया था कि बान उल्टा पीछे को न उड़े, "हमारे इंजीनियरों ने इसे नोट कर लिया।"[53] कुछ इंजीनियर इधर भी थे। यह अनुमान असंगत न होगा कि देशभक्त इंजीनियरों और कारीगरों ने परस्पर सहयोग से आत्मरक्षा के साधन जुटाए थे। और भी महत्त्वपूर्ण बात यह कि एक स्थान छोड़कर कुशल कारीगर युद्ध-सामग्री बनाने दूसरे स्थान पर पहुँच जाते थे। नवम्बर, 1857 में युद्ध-सामग्री बनानेवाले कारीगर दिल्ली से लखनऊ आ गए थे। बहादुरशाह लखनऊ न आए पर दिल्ली के कारीगर आए। किसानों और कारीगरों का एका किसानों और सामन्तों की एकता से ज्यादा मजबूत था। कारीगरों के सहयोग के बिना, युद्ध-सामग्री के लगातार निर्माण के बिना, यह लड़ाई एक बहुत बड़े क्षेत्र में, इतने दिनों तक न चल सकती थी। रमेशचन्द्र मजूमदार ने अमर सिंह का साथ देनेवाले, बाद को पकड़े जानेवाले, एक सैनिक का बयान उद्धृत किया है। उसके अनुसार, अमर सिंह की तोपें एक मिस्त्री ने बनाई थीं। और यह मिस्त्री कलकत्ते से लाया गया था—(a mechanic brought from Calcutta)। अवश्य ही बंगाल के जमींदारों और उनके अनुयायियों से इस मिस्त्री के विचार भिन्न थे। उस सैनिक के अनुसार : "गंगा में अंग्रेजी नावों से ढेरों राँगा उठा लिया गया था और उससे तोपों के गोले जगदीशपुर में भी बनाए गए थे।"[54]

तोपें और गोले बनानेवाले बहुत-से कारीगर थे। जो काम ये कारीगर कर रहे थे, वही काम कलकत्ते से आनेवाला मिस्त्री कर रहा था। इस सहयोग को बीजरूप में बंगाली-हिन्दी मजदूरों की एकता का प्रतीक मानना चाहिए।

अनेक वर्ग सन् सत्तावन के विद्रोह में भाग ले रहे थे, इनमें सबसे बड़ा वर्ग किसानों का था। इस परिस्थिति से विद्रोह का राष्ट्रीय और लोकप्रिय स्वरूप निर्धारित हुआ था। अनेक अंग्रेज राजनीतिज्ञों ने विद्रोह का यह स्वरूप तुरन्त पहचान लिया था। मजदूर-आन्दोलन से सम्बद्ध चार्टिस्ट नेताओं ने तो उसे पहचाना ही था, डिजरेली जैसे पुरातनवादी राजनीतिज्ञ ने भी प्रश्न किया था : "भारत की यह उथल-पुथल फौजी बगावत है या राष्ट्रीय विद्रोह है?"[55] विद्रोह में सामन्तों के शामिल होने का उल्लेख करते हुए मार्क्स ने जुलाई, 1857 में डिजरेली के प्रश्न में निहित धारणा को पुष्ट किया था : "क्रमशः और तथ्य भी सामने आएँगे जो स्वयं जॉन बुल को भी विश्वास करा देंगे कि जिसे वह फौजी बगावत समझता है, वह वास्तव में राष्ट्रीय विद्रोह है।"[56] जो लोग इस विद्रोह को प्रतिक्रियावादी सिद्ध करने के लिए मार्क्स का हवाला देते हैं, वे मार्क्स के प्रति भारी अन्याय करते हैं।

दिसम्बर, 1857 में एक अंग्रेज फौजी अफसर ने लिखा था : "संकट आ गया। पहले लगता था कि यह फौजी बगावत मात्र है लेकिन बहुत जल्दी उसका स्वरूप बदल गया और वह राष्ट्रीय विद्रोह बन गया।"[57] बंगाल के बुद्धिजीवियों के लिए कहा जाता है कि वे अंग्रेजी राज की प्रगतिशील भूमिका पहचानते थे, इसलिए उन्होंने विद्रोह का समर्थन न किया था। इन बुद्धिजीवियों के एक श्रेष्ठ प्रतिनिधि थे अर्थशास्त्री रमेशचन्द्र दत्त। उन्होंने लिखा था : "इसमें जरा भी सन्देह नहीं है कि जो सिपाहियों की बगावत मात्र थी, उसे राजनीतिक कारणों ने उत्तरी और मध्य भारत की जनता के बड़े-बड़े वर्गों में फैला दिया और उसे राजनीतिक विद्रोह में बदल दिया।"[58] अंग्रेजों ने विद्रोह को धार्मिक अन्धविश्वासों से प्रेरित कहा था, इसके विपरीत रमेशचन्द्र दत्त ने उसके राजनीतिक कारणों पर जोर दिया था।

विद्रोह उत्तर और मध्य भारत के बहुत बड़े क्षेत्र में फैला, सारा भारत उसमें नहीं सिमट आया। इस कारण कुछ लेखक उसका राष्ट्रीय स्वरूप अस्वीकार करते हैं। 1905 की असफल रूसी क्रान्ति के रूसी होने में किसी को सन्देह नहीं है, किन्तु पूरे रूस में उसका प्रसार भी न हुआ था। लेनिन के शब्दों में : "पश्चिम और उत्तर पश्चिम तो जागा, पर मध्य पूर्व और दक्षिण अब भी आधी नींद में थे।"[59] अधिकांश देश सोता रहा, क्रान्ति का राष्ट्रीय स्वरूप निर्धारित हुआ था उस भाग द्वारा, जो जाग रहा था। 1905 की रूसी क्रान्ति राष्ट्रीय तो थी ही, वह एक अन्तरराष्ट्रीय महत्त्व की घटना भी थी। उसने यूरोप ही नहीं, एशिया को भी प्रभावित किया था। लेनिन ने इस प्रसंग में लिखा था : "रूसी क्रान्ति ने पूरे एशिया में एक आन्दोलन को जन्म दिया। तुर्की, ईरान और चीन की क्रान्तियाँ साबित करती हैं कि 1905

के शक्तिशाली विकल्प ने गहरी छाप लगाई और यह जो प्रभाव लाखों-करोड़ों आदमियों के आगे बढ़ने में देखा जाता है, वह मेटा नहीं जा सकता।"[60] आन्दोलन की लहरें इस तरह एक सीमित केन्द्र से आरम्भ होकर दूर-दूर तक फैलती जाती हैं। वे हमेशा सतह पर नहीं दिखाई देतीं।

1857 में भारत ही नहीं, एशिया जाग रहा था। सन् 1857 में मार्क्स ने नोट किया था कि भारत में देशी सेना ने उसी समय विद्रोह किया था जिस समय "महान एशियाई जातियों में अंग्रेजों की प्रभुता के विरुद्ध व्यापक क्षोभ फैल रहा था, और इसमें जरा भी सन्देह नहीं कि बंगाल सेना का विद्रोह ईरानी और चीनी युद्धों से घनिष्ठ रूप में जुड़ा हुआ था।"[61] इस तरह 1857 का जनसंग्राम एशिया के साम्राज्य-विरोधी जागरण का एक हिस्सा था। ब्रिटिश साम्राज्य संसार का सबसे बड़ा साम्राज्य था। भारत इस साम्राज्य की धुरी था। धुरी के हिलने से साम्राज्य के सभी अंग हिल जाएँ, यह अनिवार्य था। ब्रिटेन और यूरोप के जो मजदूर अपने पूँजीपतियों और जमींदारों की गुलामी से छुटकारा पाना चाहते थे, वे उस जनसंग्राम का स्वागत करें, यह भी अनिवार्य था। 1957 में उन्नीसवीं सदी के हिन्दी-चीनी जनसंग्रामों को याद करते हुए यू शेंग-वू तथा चांग चेन-कुन ने लिखा था : "जनक्रान्ति के इस ज्वार में विदेशी आक्रमण और उत्पीड़न के विरुद्ध चीनी और हिन्दी जनों के संघर्ष सबसे ज्यादा व्यापक थे। एशियाई जातियों के बाद वाले मुक्ति-आन्दोलनों पर उन्होंने गहरा असर डाला।"[62]

दिलचस्प बात यह है कि चीन में रूसी साम्राज्य के प्रसार की तीव्र निन्दा करते हुए लेनिन ने 1857 के विद्रोह को याद किया था। जहाँ-जहाँ साम्राज्यवादी पहुँचते हैं, वहाँ लोगों के सामने दो ही रास्ते रह जाते हैं : "मरता क्या न करता की हालत में या तो वे विद्रोह करें या भूख से जान दें। भारत में अंग्रेजों के विरुद्ध देशी लोगों के विद्रोह और वहाँ फैली हुई भुखमरी को याद कर लेना काफी होगा।"[63] भारत, ईरान, चीन—इन तीनों के स्वाधीनता-संग्राम मार्क्स की निगाह में परस्पर सम्बद्ध थे। यही विचार लेनिन का था। रूसी क्रान्ति से थोड़ा ही पहले दिसम्बर, 1916 में लेनिन रूस और यूरोप के मजदूरों को समझा रहे थे कि देश की रक्षा के नाम पर उन्हें स्वाधीनता-आन्दोलन के विरुद्ध अपने पूँजीपतियों का साथ न देना चाहिए। पहला महायुद्ध अभी चालू था। रूस और इंग्लैंड एक ही शिविर में थे और जर्मनी से मार खा रहे थे। ऐसे में भारत, चीन, ईरान इनके खिलाफ लड़ाई छेड़ दें, तो क्या उनका यह काम अनुचित होगा? अनुचित होना दरकिनार, लेनिन ने कहा, ऐसी लड़ाई का स्वागत करना चाहिए क्योंकि एशिया की जातियाँ, फ्रांस की राज्यक्रान्ति के दौर से गुजरती होंगी। उन्होंने प्रश्न किया : "यदि रूस और इंग्लैंड को जर्मनी सबक सिखा दे, फिर भारत, चीन तथा एशिया की अन्य क्रान्तिकारी जातियों के साथ जो अपने-अपने 1789 और 1793 पूरे कर रही हैं,

गठबन्धन करके ईरान उन पर हमला करे, तो क्या हम कल उनके लिए पितृभूमि की रक्षा के अधिकार को मान्यता दे देंगे?"[64]

एशिया की जातियाँ अपने यहाँ 1789 और 1793 पूरे कर रही थीं। 1789 में फ्रांस की राज्यक्रान्ति शुरू हुई, 1793 में वह पूरे उभार पर थी। भारत में अंग्रेजों के मुख्य सहायक यहाँ के बड़े-बड़े सामन्त थे। अंग्रेजों से लड़ने का मतलब था, इन सामन्तों से भी लड़ना। इसके सिवा अंग्रेजों के पाले-पोसे महाजनों से भी किसान क्रान्तिकारी ढंग से निपट रहे थे। स्वाधीनता-संग्राम का यह सामन्त-विरोधी पक्ष था। सबसे बड़ी बात यह थी कि सैनिकों ने जहाँ भी नई राज्यसत्ता कायम की, वहाँ उन्होंने प्रभुत्व सामन्तों का न होने दिया—चाहे वे उनके सहयोगी ही रहे हों। उन्नीसवीं सदी में कम-से-कम एक लेखक फ्रांस में ऐसा था जो 1857 की जन-पंचायतों का महत्त्व समझता था। पूरनचन्द जोशी के संकलन में एक लेख 'समकालीन फ्रांसीसी पत्रकारिता' पर है। इसमें एक जनवादी पत्रकार आंतोमेल पर यह टिप्पणी है : "जोंकिएर आंतोमेल इस धारणा पर जोर देते हैं कि भारत में जो लोकतांत्रिक शक्तियाँ 1857 में थीं, वे मूलत: कम्यून (पंचायत), म्युनिसिपलिटी थीं, जो सामन्ती शासन तंत्र में बरकरार रही थीं, बड़े मुगलों के युग से जो विरासत में मिली थीं और अंग्रेजों द्वारा बनी रहने दी गई थीं। उनके (आंतोमेल के) अनुसार : "यही शक्तियाँ विद्रोहियों को विजय की आशा देती हैं।"[65] बात बहुत सही है। फ्रांसीसी राज्यक्रान्ति के दौरान जनसत्ता के नये रूप उभरकर आए थे। उनमें ये अतिशय महत्त्वपूर्ण जन-पंचायतें थीं। लेनिन का कहना था, क्रान्ति जिस नये ढंग की सरकार बनाती है, उसकी मिसालें "उच्चतम क्रान्तिकारी उभार के समय में ही जैसे 1792 और 1871 के फ्रांस में अथवा 1905 के रूस में देखने को मिलती हैं।"[66]

पूरनचन्द जोशी के संकलन में उर्दू-फारसी जाननेवाले किसी मार्क्सवादी शोधकर्ता ने तल्मीज़ ख़ाल्दून नाम से एक निबन्ध लिखा है। उसमें जनपंचायतों को उन्होंने गदर की असफलता का कारण माना है। असफलता के कारण गिनाते हुए उन्होंने लिखा है : "सुगठित संगठन (अर्थात् नेतृत्व) के बिना ऐसा विद्रोह सफल न हो सकता था? विद्रोह के नेता एक बहुरुपिया मंडली थे—बेदखल जमींदार, उखड़े हुए कारीगर, असन्तुष्ट सिपाही और कट्टर धर्मांध पुरोहित। स्वाधीन भारत के बारे में इनके अलग-अलग विचार थे। नेताओं की असम्बद्ध आकांक्षाएँ प्रशासनिक पंचायत और शासन-व्यवस्था में मूर्तिमान हुईं। ग्राम पंचायत के परिवर्द्धित रूप के अलावा वह और कुछ नहीं था। (आखिर राजनीतिक विरासत के तौर पर यही एक चीज तो उनके पास थी।) यह सच है कि नई राज्यसत्ता की सामाजिक-आर्थिक विषयवस्तु किसान स्वामित्व स्थापित करने की ओर उन्मुख थी। लेकिन विद्रोही यदि सफल भी हो जाते तो भी, अपनी निर्वाचित प्रशासनिक

पंचायत के बावजूद, नई राज्यसत्ता पुराने बादशाही तंत्र में फिर से तब्दील हो जाती।"[67] स्वयं तल्मीज़ ख़ाल्दून ने जो तथ्य दिये हैं, उनसे उनकी अटकलों की पुष्टि नहीं होती। मिर्जा मुगल चाहते थे, पंचायत के कारिंदों के बदले शाही घराने के लोग धन संग्रह करें। लेकिन बादशाह ने "मिर्जा को याद दिलाया कि इस मामले में एकमात्र अधिकार पंचायत को है।" यह मामला फौजी नहीं है, चन्दा वसूलने का है। लेकिन यह भी एकाधिकार पंचायत का है। ख़ाल्दून का कहना है, पंचायत चन्दा वसूलने में असफल हुई, धनी वर्ग डरा हुआ था। पर इससे यह भी साबित होता है कि शासन में या विद्रोह के नेतृत्व में इस धनी वर्ग की कोई भूमिका न थी। ख़ाल्दून ने बादशाह का वक्तव्य उद्धृत किया है। उसका पहला वाक्य यह है : "बागी सिपाहियों ने एक कोर्ट कायम किया था। उसी में सब बातों पर सोच-विचार होता था और फैसले किए जाते थे। लेकिन मैंने कभी उनकी मजलिसों में भाग नहीं लिया।"[68] इस कोर्ट के बारे में ख़ाल्दून ने जॉर्ज कैंपबेल की पुस्तक से उद्धरण दिया है। बादशाह संवैधानिक बादशाह जैसा था : "लेकिन पार्लियामेंट के बदले उसके पास एक और सैनिक समिति थी जिसके हाथ में सत्ता थी और जिसका वह किसी भी हद तक सेनापति नहीं था।" सत्ता न बादशाह के हाथ में थी, न रईसों और जमींदारों के—सत्ता सैनिक पंचायत के हाथ में थी। यह पंचायत निर्वाचित थी। और सुगठित नेतृत्व कैसा होता है?

कैंपबेल ने इस पंचायत के कागजात देखे थे और उन्होंने लिखा : "ऐसा प्रतीत होता है कि सभी अर्जियाँ बादशाह के सामने पेश की जाती थीं' पर वे प्राय: सब-की-सब, फौजी और गैर-फौजी, दोनों तरह के मामलों से सम्बन्धित (अर्जी पर हुक्म की ताईद के साथ) जिस बड़े अधिकारी के हवाले की जाती थीं, वह 'कोर्ट' था। इस संस्था में कई कर्नल, एक बिग्रेड मेजर और एक सिकट्टर (या सेक्रेटरी) होता था। यह अन्तिम कार्यकर्ता, लगता है, दिल्ली का सबसे महत्त्वपूर्ण व्यक्ति था। ये सभी कर्नल इत्यादि सिपाही थे जो निशानी लगाते थे या बहुत हुआ तो अनगढ़ हिन्दू (अर्थात् हिन्दी) अक्षरों में दस्तखत करते थे। पल्टनों की हाजिरी बहुत नियमित ढंग से ली जाती थी और कर्नल, एजुटेंट, और क्वार्टर मास्टर उसकी बाकायदा तस्दीक करते थे।"[69] इस विवरण से इस बात की पुष्टि होती है कि सत्ता का वास्तविक अधिष्ठान पंचायत थी, बादशाह से अधिक शक्तिशाली पंचायत का सचिव था और पंचायत फौजी और गैर-फौजी, दोनों तरह के मामले निपटाती थी। पल्टनों की हाजिरी लेना, उसकी तस्दीक करना आदि ऐसे काम थे जिन्हें अपढ़ आदमी न कर सकते थे। पंचायत के सदस्यों ने अनुभव से बहुत कुछ सीखा था पर उनमें पढ़े-लिखे लोग भी थे।

कैंपबेल ने लिखा है : "विभिन्न कागज-पत्र पढ़ने का समय मुझे नहीं मिला", वर्ना एक उपयोगी और मजेदार संकलन तैयार किया जा सकता था। (कागज-पत्रों

का अस्तित्व ही सिद्ध करता है कि नये शासक अपढ़ नहीं थे। ये लोग भारत के राजनीतिक भविष्य के बारे में भी सोचते थे।) कैंपबेल के अनुसार : "लगता है कि एक सिपाही-कर्नल ने बादशाह के सामने एक तरह का ज्ञापन पेश किया था जिसमें बताया गया था, फिरंगियों से छुटकारा पाने के बाद देश का शासन चलाने की सबसे अच्छी पद्धति कौन-सी होगी। उसने बादशाह सलामत को सलाह दी थी कि सबसे पहले वह जहाँ से भी हो, जैसे भी हो, जितना पैसा बन पड़े, शुरुआती पूँजी के तौर पर—as a capital to start upon—इकट्ठा करें। इसके बाद उसका कहना है कि अंग्रेजों के तमाम दोषों के बावजूद हिन्दुस्तान ने जो सबसे अच्छी सरकार देखी है, वह उन्हीं की है, और भावी शासन के लिए वही नमूना रहना चाहिए। फिर अनेक शीर्षकों में वह विस्तृत ब्यौरा देता है और उससे काफी बुद्धिमत्ता और चतुराई जाहिर होती है।"[70] 1857 में एक हिन्दुस्तानी सिपाही अपने देश की भावी शासन-व्यवस्था के बारे में सोच रहा है, यह ऐतिहासिक महत्त्व का तथ्य है। वह न पुरानी बादशाही के बारे में सोचता है, न राजाओं और सम्राटों के बारे में। पंडितों और मौलवियों की बात उससे कोसों दूर है। वह अंग्रेजी शासन की खामियाँ जानता है पर उस शासन-पद्धति को नवाबी और बादशाही से अच्छा समझता है। जो इतिहासकार मान बैठे हैं कि विद्रोही जीत जाते तो भारत पुराने जमाने की ओर लौट पड़ता, वे आश्वस्त हो जाएँ। आखिर नेहरू और अंबेडकर ने अंग्रेजी नमूना ही सामने रखकर भारत का संविधान बनाया था। लेकिन वह सिपाही-कर्नल जहाँ से भी हो, जैसे भी हो, जितना पैसा बन पड़े, शुरुआती पूँजी के तौर पर इकट्ठा करने पर जोर दे रहा था। यह बात अंग्रेजी संविधान के विपरीत थी और पूँजीवादी नेताओं के सोच-विचार के भी विपरीत थी। 1857 के क्रान्तिकारी सैनिक ऐसे उपायों के बारे में सोच रहे थे जो किसी संविधान के अनुरूप नहीं थे और निस्सन्देह ग्राम पंचायतों की परिधि के बाहर थे।

1857 में तो ब्रिटिश पार्लियामेंट पूँजीवादी पार्लियामेंट भी नहीं थी, उसमें जमींदार भरे हुए थे। भारत की नई राज्यसत्ता उसके मुकाबले कहीं अधिक लोकतांत्रिक थी। तल्मीज़ ख़ाल्दून को परेशानी है कि "विद्रोहियों की कार्यपद्धति किसी आधुनिक राज्य के पार्लियामेंट्री नियमों के अनुरूप नहीं थी।"[71] सौभाग्य से यही स्थिति फ्रांस और रूस के क्रान्तिकारियों की कार्यपद्धति की भी थी। ख़ाल्दून का मत है कि दिल्ली का धनी वर्ग इस जनसत्ता से परेशान था क्योंकि वह 'नई-नई चालें' सोच लेती थी, जैसेकि जमींदारी खत्म करना।[72] और भी : कोर्ट ने अमीरों पर भारी टैक्स लगाया, आम आदमी को बिलकुल छोड़ दिया। यही नहीं, कोर्ट ने उसे राहत देने की कोशिश की। "उसने जमींदारी प्रथा को खत्म करने, वास्तविक खेतिहर को मालिकाना अधिकार देने के आदेश जारी किए।"[72] तल्मीज़ ख़ाल्दून ने यह बात गदर-सम्बन्धी बस्तों में सुरक्षित अप्रकाशित दस्तावेजों के आधार पर कही है। उसकी

पुष्टि हेनरी टकर के इस वाक्य से होती है : "सभी बड़े जमींदारों और नीलामी में जायदाद खरीदनेवालों को लकवा मार गया है। उनका मालमत्ता छिन गया है। उनके कारिंदे अक्सर मौत के घाट उतार दिये जाते हैं और उनकी जायदाद तबाह कर दी जाती है।"[73] जमींदारियाँ खत्म करने का यह क्रान्तिकारी तरीका था और ऐसे तरीके 1857 से पहले फ्रांस में अपनाए गए थे।

किसान पंचायतों की भूमिका गदर को फ्रांसीसी राज्यक्रान्ति से ही नहीं, 1905 और 1917 की रूसी क्रान्तियों से भी जोड़ती है। मजदूरों, सैनिकों और किसानों की सोवियतें (अर्थात् पंचायतें) बोल्शेविक पार्टी के किसी प्रस्ताव के अनुसार न बनाई गई थीं। लेनिन ने उन्हें 'जनता की देशज प्रतिभा की उपज' कहा था। और वे 'क्रान्तिकारी अधिकार की नई संस्थाएँ' थीं और उनका निर्माण "जनता के केवल क्रान्तिकारी अंशों ने किया था।"[74] सोवियत सत्ता पर मुख्य आरोप यह लगाया जाता था कि उसने जनतंत्र को खत्म कर दिया था। जनतंत्र का अर्थ पूँजीवादी पार्लियामेंट तक सीमित कर दिया गया था। फ्रांसीसी राज्यक्रान्ति, 1905 और 1917 की रूसी क्रान्तियाँ जनता की व्यापक राजनीतिक कार्यवाही की श्रेष्ठ मिसालें हैं। इन्हीं में कम्यून और सोवियत जैसी जनसंस्थाओं का निर्माण हुआ था। ये जनतंत्र का संकोचन नहीं, उसका प्रसार थीं और यह प्रसार पार्लियामेंटशाही से बहुत ऊँचे स्तर पर हुआ था। जमींदार और पूँजीपति जनता को अधिकार देते हैं, आर्थिक शक्ति अपने हाथ में रखते हैं, अधिकार कागज पर लिखे रह जाते हैं। क्रान्ति के दौरान अपनी पंचायतों के जरिये आम जनता अधिकार अपने हाथ में ले लेती है और उन्हें अमली रूप देना शुरू कर देती है।

1857 में दिल्ली की फौजी पंचायत ग्राम पंचायत का परिवर्द्धित रूप थी—यह बात उसकी प्रशंसा में कही जानी चाहिए। उसके सैनिक वेशधारी किसानों ने बादशाहों, राजाओं, अमीरों, को झुका दिया, उन्हें देशभक्ति के रास्ते पर चलने को विवश किया; उन्होंने ऐसा किया इसीलिए वे संसार के सबसे शक्तिशाली साम्राज्य से टक्कर ले सके। जमींदारी का खात्मा, मालिकाना हक जमीन जोतनेवाले को, गरीबों को छूट, अमीरों पर भारी टैक्स—उनके ये काम चाहे जितने थोड़े समय के लिए हुए हों, वे यह दिखाने के लिए काफी हैं कि असली और नकली जनतंत्र में किस तरह का फर्क होता है। पंचायत के भीतर फौजी नेतृत्व सुगठित था; बादशाह, जमींदार, महाजन—कोई भी इस नेतृत्व के अंश न थे। यह नेतृत्व पल्टन के सिपाहियों द्वारा चुना गया था, उन पर किसी राजा की आज्ञा से लादा न गया था। यह नेतृत्व ब्रिटिश फौज के सभी कायदे-कानून तोड़कर कायम किया गया था। अंग्रेजी फौज के बड़े अफसर ऊँचे अभिजातवंश के होते थे, वेलिंगटन से लेकर माउंटबैटन तक यह परम्परा चली आई है। देशी फौज में किसान सिपाहियों ने यह परम्परा तोड़ दी थी। अनुभव की कसौटी पर जो खरा उतरे, उसी के अफसर बनने की सम्भावना

अधिक थी। फौजी अनुशासन और जनतंत्र, दो परस्पर-विरोधी चीजें मानी जाती हैं। यहाँ अनुशासन का आधार जनतंत्र था : जो चुना जाए, उसी की आज्ञा मानी जाए। कैंपबेल ने सिपाहियों के कर्नल बनने की बात कहकर अनुशासन के इस जनतांत्रिक आधार की पुष्टि कर दी।

अनुशासन पुराने फौजी ढंग का नहीं था, इसलिए नेतृत्व में मतभेद होना स्वाभाविक था। बड़ी से बड़ी क्रान्तिकारी पार्टी में इस तरह के मतभेद उभर आते हैं। रूसी क्रान्ति से एक पखवारा पहले बोल्शेविक पार्टी की केन्द्रीय समिति के दो सदस्यों ने समिति के भीतर तो चुप्पी साधी, बाहर गैरपार्टी प्रेस में सशस्त्र विद्रोह का विरोध किया। लेनिन ने कहा, इस तरह के अपराध बर्दाश्त किए गए तो 'पार्टी का नाश हो जाएगा।' उन्होंने केन्द्रीय समिति से माँग की कि उन दोनों नेताओं को पार्टी से निकाल दिया जाए।[75] उन्हें पार्टी से न निकाला गया और पार्टी का नाश भी न हुआ। बख्त खाँ और मिर्जा मुगल के मतभेद फौजी पंचायत और बख्त खाँ के मतभेद बहुत साधारण स्तर के थे। इन मतभेदों से नेतृत्व के टूटने की सम्भावना बहुत कम थी। तल्मीज़ खाल्दून ने जब गदर के नेताओं को बहरुपिया मंडली—a motley crowd—कहा था, तब उन्हें सपने में भी गुमान न था कि भारत की कम्यूनिस्ट पार्टी का नेतृत्व भीतर से टूट जाएगा और एक पार्टी की जगह दो पार्टियाँ खड़ी हो जाएँगी। शायद भारत पर चीन के हमले से (या चीन पर भारत के हमले से) इस घटना का कुछ सम्बन्ध रहा हो। लेकिन दिल्ली से चीनी फौजें अभी दूर थीं, पेकिंग से भारतीय फौजें और भी दूर थीं। नेतृत्व की परख संकट और पराजय की घड़ी में होती है। दिल्ली पर अंग्रेजों का अधिकार हो गया पर गदर का नेतृत्व बिखरा नहीं। लखनऊ में दूसरी पंचायत शासन और क्रान्ति का संचालन कर रही थी और वह दिल्ली की पंचायत के अधीन थी। सुरेन्द्रनाथ सेन ने लिखा : सितम्बर के आरम्भ में बख्त खाँ शिकायत कर रहे थे कि उनके आदेशों का पालन नहीं होता और "कुछ ही समय बाद वह प्रधान सेनापति न रह गए।" इसके कुछ ही पृष्ठों के बाद सेन ने लिखा है : "बख्त खाँ ने बादशाह को सलाह दी कि वह फौज के साथ अवध चलें और वहाँ से लड़ाई जारी रखें।"[76] फौज बरकरार थी, उसका नेतृत्व बरकरार था, और बख्त खाँ इस नेतृत्व का अंग थे। तभी वह बादशाह से फौज के साथ चलने और अवध से लड़ाई जारी रखने की बात कह सके थे। और भी : "दिल्ली के पतन के बाद बख्त खाँ लखनऊ पहुँच गए थे। लखनऊ की रक्षा और उसके बाद के अभियान में उनकी भूमिका क्या थी, हम ठीक-ठीक नहीं जानते।" पर अवध के क्रान्तिकारी दिल्ली के झंडे के नीचे लड़ रहे थे, यह तो सेन को मालूम है। दिल्ली अंग्रेजों के अधिकार में है, फिर भी अवध के लोग दिल्ली का झंडा उठाए लड़ रहे हैं। इससे अधिक नेतृत्व के सुगठित होने का प्रमाण और क्या होगा? 1927 में प्रकाशित गदर पर अपनी पुस्तक में लेफ्टिनेंट-कर्नल गिमलेट ने लिखा था : "1858

के अभियान में बख्त खाँ विद्रोही सेनाओं की कमान नाम मात्र को करते रहे। वह नवाबगंज की लड़ाई में मौजूद थे।"[77] इसका अर्थ यही हो सकता है कि अवध की लड़ाइयों में सेना अब भी बख्त खाँ के नेतृत्व में थी, भले ही उन्हें फौजी पंचायत के अधीन काम करना पड़ता रहा हो।

तल्मीज़ ख़ाल्दून के विचार से विद्रोही जीत जाते, तो भी बादशाहत फिर कायम हो जाती। सबूत यह कि बख्त खाँ 'लॉर्ड गवर्नर बहादुर' कहवाने लगे थे। खैर, बादशाह बनने से पहले ही सेन के अनुसार वह 13 मई, 1859 को लड़ते हुए मारे गए, ऐसा सुना गया।[78] लेकिन अवध के चीफ कमिश्नर को नेपाली सेनानायक बीरभंजन माझी से प्रमुख विद्रोहियों की जो सूची प्राप्त हुई थी, उसमें अवध की बेगम, बिरजिस कदर, मम्मू खाँ के बाद चौथा नाम 'लॉर्ड बख्त खाँ' का है और दस्तावेज में ठीक ही माना गया है कि यह बख्त खाँ थे। चीफ कमिश्नर के दफ्तर से यह दस्तावेज 22 अप्रैल, 1859 को भारत सरकार के पास भेजा गया था। बख्त खाँ मारे न गए थे, यह अन्य नेताओं के साथ नेपाल में सकुशल पहुँच गए थे। उनके साथ औसान सिंह, उमराव सिंह और रघुनाथ सिंह—ये तीन फौजी अफसर भी नेपाल में थे और ये तीनों लखनऊ 'कोर्ट' के सदस्य थे।[79] इस तरह अवध की लड़ाइयों के दौरान, और इनके बाद नेपाल पहुँचने तक, फौज का केन्द्रीय नेतृत्व कायम रहा था। यह नेतृत्व वास्तविक था, नाम मात्र को नहीं था, इसका प्रमाण नेपाली सेना के एक अफसर कर्नल बलभद्र माझी से हजरत महल की बातचीत है। 28 फरवरी, 1859 को इसका विवरण कर्नल माझी ने राणा जंगबहादुर को भेजा था। अवध की बेगम ने कहा था : "मेरा बेटा बादशाह होता तो फौज पर उसका हुक्म चलता लेकिन उस पर हुक्म चलता है फौज का।"[80] क्रान्तिकारी सेना का नेतृत्व देश के बाहर भी संगठित बना हुआ था।

बख्त खाँ लॉर्ड गवर्नर बहादुर बने। विद्रोही जीत जाते तो बादशाहत कायम हो जाती। सत्रहवीं सदी में इंग्लैंड में गृहयुद्ध हुआ। क्रामवेल ने बादशाहत खत्म की, फिर लॉर्ड प्रोटेक्टर ऑफ द कामनवेल्थ बने। उनके मरने के कुछ समय बाद इंग्लैंड में बादशाहत बहाल कर दी गई। इससे गृहयुद्ध का महत्त्व कम नहीं हो गया। फ्रांस में राज्यक्रान्ति हुई, बादशाहत खत्म हुई, क्रान्तिकारी फ्रांस का रक्षक नेपोलियन स्वयं बादशाह बन बैठा। इससे फ्रांस की राज्यक्रान्ति का महत्त्व कम नहीं हो गया। तल्मीज़ ख़ाल्दून का दिलचस्प तर्क यह है : "उत्पादन के साधनों में क्रान्तिकारी प्रौद्योगिक परिवर्तन इस विद्रोह का कारण न थे जिससे पहले से चले आते सामाजिक सम्बन्धों में नया सामंजस्य कायम करना आवश्यक हो जाता और एक नई शासन-व्यवस्था की माँग पैदा होती। केवल पुरानी समाज-व्यवस्था का विघटन, नई व्यवस्था के जन्म के बिना, हो गया।" यह स्थापना यांत्रिक भौतिकवाद का बहुत अच्छा नमूना है। यांत्रिक भौतिकवाद सभी तरह के क्रान्ति-विरोधियों,

साम्राज्यवादियों और प्रतिक्रियावादियों का समर्थक बन जाता है, यह प्रस्तुत सन्दर्भ में देखा जा सकता है।

पहले उत्पादन के साधनों में परिवर्तन हो जाएँ, उसके बाद जनता को क्रान्ति की बात सोचनी चाहिए। इस तरह न तो सत्रहवीं सदी के इंग्लैंड में और न अठारहवीं सदी के फ्रांस में सामन्त-विरोधी क्रान्तियाँ हो सकती थीं। जिस समय फ्रांस में राज्यक्रान्ति हुई, उस समय वहाँ, लेनिन के शब्दों में : "न बैंक थे, न पूँजीवादी संघ थे, न मशीनी उद्योग था, न रेलें थी।"[81] यदि फ्रांस की जनता प्रौद्योगिक परिवर्तनों की राह देखती रहती तो क्रान्ति की नौबत ही न आती और सामन्ती शोषण कायम रहता। खाल्दून की स्थापना में यह धारणा निहित है कि प्रौद्योगिक परिवर्तनों वाले देश की सरकार प्रगतिशील होगी और पुरानी व्यवस्थावाली सरकार, क्रान्ति के बावजूद, पिछड़ी हुई होगी। ऐसी दो सरकारें टकराएँ तो जीतेगी प्रौद्योगिक परिवर्तनों वाले देश की सरकार। प्रौद्योगिक परिवर्तन फ्रांस में न हुए थे, अमरीकी उपनिवेशों में भी न हुए थे। उक्त स्थापना के अनुसार अमरीकियों की हार अनिवार्य थी और उनके यहाँ बादशाही का चलन भी अनिवार्य था। आखिर जहाँ से आकर लोग उपनिवेशों में बसे थे, वहाँ बादशाहतें कायम थीं। अमरीकी जीते और जीतने के बाद उन्होंने गणतंत्र कायम किया और इस बार उनके यहाँ क्रामवेल जैसा कोई लॉर्ड प्रोटेक्टर भी नहीं था। फ्रांस में नेपोलियन ने सत्ता अपने हाथ में केन्द्रित कर ली पर ऐसा होना अनिवार्य नहीं था। वाशिंगटन और नेपोलियन में बड़ा फर्क था। 1857 में न तो भारतीय पक्ष की पराजय अनिवार्य थी, न बादशाही का फिर से कायम होना अनिवार्य था। यांत्रिक भौतिकवाद की स्थापना मानकर चलें तो भारत, फ्रांस, अमरीका—कहीं भी जनता के लिए क्रान्तिकारी संघर्ष चलाने का समय आया ही न था। संघर्ष न चलाने से लाभ किसे होता, आप सोच लें।

प्रौद्योगिक परिवर्तन इंग्लैंड में हो चुके थे। वहाँ की प्रगतिशील सरकार अमरीकी उपनिवेशों के स्वाधीनता-संग्राम का दमन कर रही थी। उसका यह कार्य मानव जाति के हित में था, यह कहने का साहस किसी यांत्रिक भौतिकवादी को नहीं है। ऐतिहासिक तथ्य यह है कि अमरीकी उपनिवेशों के लोग स्वाधीनता के लिए लड़े तो उनका शत्रु था इंग्लैंड और फ्रांस के लोग अपने गणराज्य की रक्षा के लिए लड़े तो उनका भी मुख्य शत्रु था इंग्लैंड। अमरीका और भारत का वह शत्रु था, यह तो प्रत्यक्ष ही है। यूरोप के जितने प्रतिक्रियावादी थे, वे सब फ्रांसीसी राज्यक्रान्ति की उपज, वहाँ के नये गणराज्य को खत्म कर देना चाहते थे। इनका सरगना था इंग्लैंड। फ्रांस के क्रान्तिकारी अकेले पड़ गए। "सभी यूरोपियन राज्य उनके विरुद्ध खड़े हो गए, और इनमें मुख्य था इंग्लैंड, यद्यपि वह आगे बढ़ा हुआ देश था।"[82] यह विश्लेषण लेनिन का है। इंग्लैंड आगे बढ़ा हुआ देश था और वह यूरोप के प्रतिक्रियावादियों के साथ मिलकर फ्रांस के क्रान्तिकारियों के विरुद्ध लड़ रहा था। 1776 से लेकर

1859 तक तीन महाद्वीपों—अमरीका, यूरोप, एशिया—में तीन क्रान्तियाँ हुईं। तीनों के विरुद्ध लड़ा इंग्लैंड। इस आगे बढ़े हुए देश को विश्व-प्रतिक्रियावाद का गढ़ कहा जाए तो इसमें बेजा क्या है?

और यांत्रिक भौतिकवाद के अनुसार मजदूरों को क्रान्ति करनी चाहिए थी आगे बढ़े हुए इंग्लैंड में, पर उन्होंने कर डाली पिछड़े हुए रूस में। यांत्रिक भौतिकवाद के अनुयायी आज तक नहीं समझ पाए कि इंग्लैंड के मजदूरों ने क्रान्ति क्यों नहीं की और रूस के मजदूरों ने क्यों की। इंग्लैंड नये रूसी गणराज्य को खत्म करने के लिए फिर प्रतिक्रियावादियों का सरगना बना। यांत्रिक भौतिकवाद के अनुसार : प्रौद्योगिकी में आगे बढ़े हुए अमरीका, इंग्लैंड, फ्रांस जैसे देशों की विजय, रूसी गणराज्य की पराजय अनिवार्य थी। पर हुआ इसका उल्टा। यदि रूस में यांत्रिक भौतिकवाद का बोलबाला होता तो वहाँ क्रान्ति की नौबत ही न आती, किसी तरह क्रान्ति हो जाती तो आगे बढ़े हुए देशों से युद्ध में विजय पाने की सम्भावना अवश्य न रह जाती।

आगे बढ़ा हुआ इंग्लैंड जब क्रान्ति-विरोधी रास्ते पर चलता है, तब वह क्रान्तिकारियों को दम लिए बिना सालों तक कोसता रहता है : उनकी क्रूरता की भयानक कहानियों का, विशेष रूप से स्त्रियों और बच्चों की हत्याओं का, खूब प्रचार करता है। यह कार्य और देश भी करते हैं पर इंग्लैंड इस काम में माहिर है। फ्रांसीसी राज्यक्रान्ति के खूनी आतंक के चित्र खींचकर वह देश-विदेश की जनता को बराबर डराता है, अपने साम्राज्य को वह शान्ति और जनतंत्र की आदर्श व्यवस्था कहता है। इसी तरह वह रूसी क्रान्ति के खूनी आतंक का प्रचार करता है। जो बात रूसी-फ्रांसीसी क्रान्तियों और हमारे गदर में सामान्य है, वह इंग्लैंड द्वारा इनसे सम्बन्धित खूनी आतंक का प्रचार है। रूस और फ्रांस की क्रान्तियाँ तो अंग्रेज दूर से देखते रहे थे, गदर में वे उसकी सीधी चपेट में आ गए थे। इसलिए खूनी आतंक का जैसा प्रचार उन्होंने गदर के बारे में किया है, वैसा उन क्रान्तियों के बारे में भी नहीं किया।

तल्मीज़ ख़ाल्दून की स्थापना में एक अन्तर्विरोध है, उस पर ध्यान देना आवश्यक है। उनके अनुसार : विद्रोह का कारण उत्पादन के साधनों में प्रौद्योगिक परिवर्तन नहीं था वरन् पुरानी समाज-व्यवस्था का विघटन था। यह विघटन कैसे हुआ और वह व्यवस्था किस तरह की थी, जिसमें विघटन हुआ? अंग्रेजी राज कायम हुआ, पुराने स्वायत्त ग्राम समाजों का अर्थतंत्र टूट गया, नई व्यवस्था का जन्म नहीं हुआ। 1853 में मार्क्स ने कहा था : "इंग्लैंड ने भारतीय समाज का पूरा तानाबाना छिन्न-भिन्न कर दिया है, और पुनर्निर्माण के कोई लक्षण अभी तक प्रकट नहीं हुए।"[83] यही धारणा ख़ाल्दून ने दोहराई है। लेकिन उनका यह कहना भी है कि दिल्ली की पंचायत ने वास्तविक खेतिहर को 'मालिकाना अधिकार' देने के आदेश जारी किए।

पुरानी ग्राम-समाज-व्यवस्था में जमीन पर पूरे गाँव का अधिकार होगा, किसी एक किसान का नहीं। इंग्लैंड की क्रान्तिकारी भूमिका इसी बिना पर स्वीकार की गई थी कि उसने सामूहिक भूसम्पत्ति का चलन खत्म किया था। यदि 1857-58 में कहीं एक भी गाँव में विद्रोही सैनिक या किसान जमीन पर पूरे गाँव का स्वामित्व कायम करते तो हम मान लेते कि वे पुरानी व्यवस्था को बहाल कर रहे हैं। पर ऐसा नहीं हुआ, न किसी ने इसका उदाहरण दिया है। इसके विपरीत मिर्जा मुगल और बख्त खाँ के बीच जो झगड़ा शुरू हुआ, वह तल्मीज़ ख़ाल्दून के अनुसार : "दम तोड़ते अभिजात वर्ग और किसान मालिकों की नई शक्ति के बीच संघर्ष था।"[84] नई शक्ति थी तो यह किसान मालिकों की शक्ति थी, अर्थात् व्यक्तिगत भूसम्पत्ति पुरानी सामन्ती सम्पत्ति से लड़ रह थी। यह नई शक्ति जीत जाती तो पुरानी सामन्ती सम्पत्ति बहाल कैसे होती? तल्मीज़ ख़ाल्दून ने ग्राम समाजों के तोड़े जाने की कल्पना मार्क्स से उधार ली और उसमें व्यक्तिगत भूसम्पत्ति की अपनी धारणा फिट कर दी। फ्रांस की राज्यक्रान्ति में किसान व्यक्तिगत भूसम्पत्ति के लिए लड़े थे, यही उसका प्रगतिशील पक्ष था। 1917 के रूस में भी किसान निजी सम्पत्ति के लिए लड़े थे, इसीलिए लेनिन ने कहा था : रूस में क्रान्ति का तात्कालिक उद्देश्य "पूँजीवादी जनवादी था अर्थात् मध्यकालीनता के अवशेषों का खात्मा।"[85] और लेनिन ने इस बात पर उचित ही गर्व किया था कि रूस में यह काम ज्यादा गहराई और भरे-पूरे ढंग से सम्पन्न किया गया है। भारत की परिस्थितियाँ भिन्न थीं। यहाँ साम्राज्यवादी प्रभुत्व को, उसके नये सामन्ती-महाजनी आधार को खत्म करना था। हर तरह के सामन्तवाद को खत्म करके निजी भूसम्पत्ति कायम करना उसका लक्ष्य न था। यदि भारतीय पक्ष जीत जाता तो यहाँ पूँजीवादी विकास तेजी से होता, अंग्रेजों की अधीनता में नहीं, स्वतंत्र रूप से। 1857 में क्रान्ति के नेता इस सम्भावना से बेखबर नहीं थे।

अगस्त, 1857 में बहादुरशाह के नाम से जो घोषणापत्र निकाला गया था, उसमें कहा गया था कि व्यापार पर अंग्रेजों ने जो इजारा कायम किया है, वह तोड़ दिया जाएगा, सौदागर भाप से चलनेवाले सरकारी जहाज और भाप से चलनेवाली सरकारी गाड़ियाँ इस्तेमाल कर सकेंगे, "और जिन व्यापारियों के पास अपनी पूँजी न होगी, उनकी सहायता सार्वजनिक कोष से की जाएगी।"[86] नई सरकार रेलें चलाएगी, भाप के जहाज चलाएगी, व्यापारियों को इनके व्यवहार की सुविधा देगी, सरकारी कोष से पूँजी देकर उनकी मदद करेगी। व्यापार और मशीनी उद्योग के विकास का लक्ष्य स्पष्ट है। यह लक्ष्य नये-पुराने, दोनों तरह के सामन्तवाद को देखते हुए प्रगतिशील था।

क्रान्ति में किस वर्ग का नेतृत्व है, यह प्रश्न महत्त्वपूर्ण होता है। फ्रांस में पूँजीवादी नेतृत्व था, रूस में मजदूर वर्ग का नेतृत्व था, भारत में सैनिक-किसानों का नेतृत्व था। फ्रांस में यूरोप के प्रतिक्रियावादियों ने "जमींदारों को फिर से बहाल

कर दिया।"[87] रूस में यह करना उनके लिए सम्भव न था। इस तरह लेनिन ने दोनों क्रान्तियों की परिस्थितियों का भेद बताया। रूस में समाज का सबसे क्रान्तिकारी वर्ग, मजदूर वर्ग, क्रान्ति का नेतृत्व कर रहा था। उसने देशी विदेशी-प्रतिक्रियावाद को हराया, जमींदारों की बहाली को असम्भव बना दिया।

इंग्लैंड, जर्मनी, फ्रांस को देखते रूस आर्थिक विकास में पिछड़ा हुआ था। इन तीन देशों में भी मजदूर, आबादी का बहुसंख्यक भाग न थे, रूस में वे और भी अल्पसंख्यक थे। आबादी का बहुसंख्यक भाग थे किसान। इनका सक्रिय होना बहुत जरूरी था। क्रान्ति तभी सुगम हो सकती है और उसकी उपलब्धियों की तभी रक्षा की जा सकती है जब आबादी का बहुसंख्यक भाग सक्रिय हो। क्रान्ति के साल-भर बाद लेनिन ने कहा था : "जमीन की प्राप्ति, श्रमिक जनों की अन्य किसी भी प्राप्ति की तरह, तभी सुरक्षित रह सकती है, जब वह स्वयं श्रमिक जनों की स्वतंत्र कार्यवाही पर, स्वयं उनके संगठन पर, उनकी सहनशक्ति और क्रान्तिकारी दृढ़ता पर आधारित हो। क्या किसानों के पास यह संगठन था? दुर्भाग्य से नहीं। और यही कष्ट की बात है, यही कारण है कि संघर्ष इतना कठिन है।"[88]

फौज के भीतर और बाहर उत्तर भारत के बहुत बड़े भाग में किसानों की स्वतंत्र कार्यवाही—पूँजीवादी नेतृत्व के बिना, मजदूर वर्ग के नेतृत्व के बिना—सन् सत्तावन की राज्यक्रान्ति की ऐतिहासिक विशेषता है। भारतीय सामन्तों का बहुसंख्यक भाग अंग्रेजों के साथ था। यह निश्चित है कि अंग्रेजों के पराजित होने पर इन सामन्तों की शक्ति नष्ट कर दी जाती। 1857 में भारत की जो दशा थी—अंग्रेजों के सामने भारतीय सामन्तों की असमर्थता—उसे देखते यह बहुत बड़ी प्रगति होती। 1857 के बाद अंग्रेजों ने भारतीय सामन्तवाद को अपने अधीन अपना सहयोगी बनाकर रखा, यह स्थिति उत्पन्न न होती। भारत के जिन प्रदेशों में शान्ति बनी हुई थी, वहाँ क्रान्ति का विस्तार होता, विद्रोहियों के प्रति आम जनता में वहाँ गहरी सहानुभूति थी, केवल असन्तोष अभी संगठित विस्फोट का रूप न ले सका था। यह सहानुभूति नेपाल जैसे भारत के पड़ोसी देशों में विद्यमान थी। अंग्रेज चाहते थे कि नेपाल का राजा वहाँ से विद्रोहियों को निकालकर उनके हवाले कर दे पर ऐसा करने का साहस राणा जंगबहादुर में नहीं था। नेपाल स्थित अंग्रेज रेजिडेंट ने भारत सरकार को मार्च, 1859 में सूचित किया था कि "उसे (जंगबहादुर को) भरोसा नहीं है कि वह उन्हें (विद्रोहियों को) नीचे जाने का हुक्म दे तो उसकी फौज उसका हुक्म मानेगी, और यदि तीन-चार पल्टनों ने आगे बढ़ने से इनकार किया तो—there would probably be a revolution—सम्भव है, क्रान्ति हो जाए।"[89]

कल्पना कीजिए, 1859 में नेपाल, कश्मीर, हैदराबाद में अंग्रेजों के पिट्ठू सामन्त नहीं हैं। कितना बड़ा परिवर्तन इस देश के लिए और एशिया के अन्य देशों के लिए होता। मार्क्स ने एशिया की महान जाति के जिस सहयोग की बात कही थी, वह

सुदृढ़ होकर साम्राज्यवाद को ध्वस्त कर देता। दुनिया का सबसे बड़ा साम्राज्य था ब्रिटिश साम्राज्य। उस साम्राज्य की आधारशिला था भारत। उस शिला के खिसकने पर सारी इमारत चरमराकर ढह जाती, दुनिया का नक्शा ही बदल जाता। साम्राज्यवाद के हिमायती ही कह सकते हैं कि गदर में विद्रोहियों के जीतने से भारत की प्रगति रुक जाती और वह अन्धकार-युग की ओर लौट जाता।

[3]

बनारस मंडल में स्कूलों के इंस्पेक्टर शिवप्रसाद (भावी राजा और सितारेहिन्द) ने गदर के दौरान 1858 में एक पुस्तक लिखी थी : 'Thoughts of a Native of Northern India on the Rebellion, its Causes and Remedies' (विद्रोह, उसके कारणों और समाधान पर एक उत्तर भारतीय देशी जन के विचार)। मौंटगोमरी मार्टिन ने भारतीय साम्राज्य पर अपने ग्रंथ में गदर के कारणों पर विचार करते हुए इस पुस्तक का हवाला दिया है। शिवप्रसाद के लिए गदर फौजियों की बगावत-भर नहीं है, यह पुस्तक के नाम से ही स्पष्ट है। वह विद्रोह है और उसका मुख्य कारण है जनता का असन्तोष। देश की दुर्दशा और सरकार की अलोकप्रियता का एक कारण है : भारत की भाषाओं के प्रति अधिकारियों का उपेक्षाभाव, उनका अज्ञान। कानून को अमल में लाते हैं मजिस्ट्रेट; कानून बहुत हों, मजिस्ट्रेट बुरे हों तो इससे क्या लाभ होगा? कानून चाहे अच्छे न हों, मजिस्ट्रेट बुरे हों तो इससे लाभ होगा? पंजाब में कुछ भले अधिकारी हैं। "इस तरह के थोड़े भले अधिकारी जब-तब कुछ जिलों को भाग्य से मिल जाते हैं। उन्हीं के कारण जनता हताश नहीं हुई और एक साथ नहीं उठ खड़ी हुई—बेशक बगावत का दमन कर लेने के बाद सरकार महसूस करेगी कि वह पहले से ज्यादा मजबूत हो गई है। शक्ति के बढ़ने के साथ-साथ उसी अनुपात में यदि देशीजनों के प्रति उनके देशवासियों (अर्थात् अंग्रेजों) की घृणा बढ़ेगी, जैसाकि अब तक हुआ है, तो उसी अनुपात में जनता का क्षोभ बढ़ेगा, सरकार की अलोकप्रियता बढ़ेगी। इसके परिणाम स्पष्ट हैं; और विश्वास कीजिए, देश वीरान हो जाएगा, तबाह हो जाएगा।"[90]

शिवप्रसाद का जोर अंग्रेजों की नीति और जनता के असन्तोष पर है। भारत की भाषाओं की उपेक्षा, जनता के प्रति घृणा, कानून लागू करनेवाले दुष्ट अधिकारी उस असन्तोष का कारण हैं। दमनचक्र चलाकर अंग्रेज अपना राज बरकरार रख सकते हैं पर उनके प्रति जनता का असन्तोष बढ़ता जाएगा। यदि 1857 के विद्रोह का कारण जनता का असन्तोष था तो उस असन्तोष के बढ़ने पर विद्रोह दुबारा भी हो सकता है। उस हालत में देश वीरान हो जाएगा, तबाह हो जाएगा। शिवप्रसाद की पुस्तक में अंग्रेजों को अपना रंग-ढंग बदलने की सलाह दी गई है, साथ ही उन्हें चेतावनी भी दी गई है।

इसी समय सैयद अहमद खाँ (भावी सर सैयद) भी गदर के कारणों की छानबीन कर रहे थे। सैयद एहतिशाम हुसेन के शब्दों में उनके प्रयत्नों का सारतत्त्व यह था : "वह मुसलमानों के मस्तक से वह कलंक मिटा देना चाहते थे जो उनके विचार में गदर से लग गया था।"[91] पूँजीवादी उदारपंथ के अनेक रूप थे। सैयद अहमद खाँ और शिवप्रसाद, दोनों उदारपंथी थे, अंग्रेजी राज के शुभचिन्तक थे, फिर भी दोनों के उदारपंथ में भेद था। सैयद अहमद खाँ ने उर्दू गद्य के विकास में महत्त्वपूर्ण योगदान किया पर उनसे पहले उदारपंथ से हटकर, उर्दू गद्य की एक क्रान्तिकारी परम्परा भी थी और वह सीधे गदर से जुड़ी हुई थी। लैंग जॉन भारत में काफी दिन रहे थे और उर्दू जानते थे। उन्होंने उस समय के उर्दू पत्रों से अनेक उदाहरण दिये हैं। जेल से एक कैदी भाग निकला था। मजिस्ट्रेट साहब पुलिस दल लेकर आधी रात को एक गाँव में पहुँचे। गाँववालों को उन्होंने आधे घंटे का समय दिया कि कैदी को हाजिर करें। समय बीतने पर कैदी हाजिर न किया गया तब साहब ने गाँव में आग लगा देने का हुक्म दिया। उस आग में तीन मर्द, चार औरतें और छह बच्चे जल मरे। छह सौ आदमी बेघर हो गए। पत्र ने लिखा : इससे क्या इन्साफ का रास्ता कहीं रोका जा सकता है? कुछ शरारती कहते हैं, साहब पागल हो गया है, लेफिटनेंट गवर्नर ऐसी बातों पर ध्यान न देंगे।[92]

एक दूसरे अखबार ने लिखा : लेफिटनेंट गवर्नर साहब एक सरकारी स्कूल में इम्तहानों का मुआयना करने गए। एक लड़के से उन्होंने पूछा, दुनिया कैसे घूमती है? लड़के ने किताब में जो पढ़ा था, कह दिया। पत्र ने लिखा : उसे दोनों हाथ बाँधकर सिर झुकाकर कहना चाहिए था—हुजूर, यह दुनिया आपके इकबाल से घूमती है। लैंग जॉन ने इस गद्य की विशेषता बताई है कि तीखा से तीखा व्यंग्य तारीफ की चाशनी में लपेटकर पेश किया जाता था। लैंग जॉन ने पेरिस और लन्दन के व्यंग्य पत्रों का उल्लेख करते हुए कहा है कि ऐसा कौशल उनमें भी नहीं है। अंग्रेजी में अनुवाद करने पर लगे कि तारीफ हो रही है, उर्दू पढ़नेवाले समझ लें कि मजाक उड़ाया जा रहा है। एक पत्रकार ने ऐसे गद्य का अंग्रेजी अनुवाद पेश करके भारत सरकार की सेवा में डेढ़ सौ रुपये माहवार की नौकरी भी पा ली![93]

उर्दू गद्य की इस परम्परा के वारिस सैयद अहमद खाँ नहीं थे, भारतेन्दु हरिश्चन्द्र और बालमुकुन्द गुप्त थे। वे उन्नीसवीं सदी के पूँजीवादी उदारपंथ से बहुत आगे बढ़े हुए थे। वे और उस युग के दूसरे बहुत-से लेखक उर्दू साहित्य से अच्छी तरह परिचित थे। उर्दू हिन्दी के क्रियापद एक हैं, सर्वनाम एक हैं। यह उनकी बुनियादी एकता है। इसके साथ उनके साहित्य की एक समान साम्राज्य-विरोधी परम्परा है। भारतेन्दु-युग के लेखकों की जिन्दादिली प्रसिद्ध है। इसका स्रोत क्या है? इसका स्रोत है यह विश्वास कि भारत की जनता लड़ सकती है, वह स्वाधीनता प्राप्त

कर सकती है। 1874 में 'कविवचन-सुधा' ने लिखा था : "जिस प्रकार अमरीका उपनिवेशित होकर स्वाधीन हुआ, वैसे ही भारतवर्ष भी स्वाधीनता लाभ कर सकता है।' भारतेन्दु हरिश्चन्द्र सीधे जनता से लोकगीतों के स्तर पर अंग्रेजी राज के बारे में कह सकते थे :

भीतर-भीतर सब रस चूसै, हँसि-हँसि कै तन-मन-धन मूसै।
जाहिर बातन में अति तेज, क्यों सखि सज्जन वहि अंगरेज।

यह दृष्टिकोण स्वाधीनता-प्रेमी जनता का है, अंग्रेज-भक्त अमीरों का नहीं। इनके बारे में भारतेन्दु हरिश्चन्द्र की राय यह थी :

अमीर सब झूठे और निंदक करैं घात विश्वासी।
सिपारिसी डरपुकने सिट्टू बोलैं बात अकासी।

शिवप्रसाद सितारेहिन्द को पता था, अंग्रेज जनता पर बलपूर्वक शासन कर रहे हैं और भारतेन्दु हरिश्चन्द्र को पता था, अंग्रेज यहाँ हिंसा के द्वारा जनता को त्रस्त किए हैं :

कठिन सिपाही द्रोह अनल जा जलबल नासी।
जिन भय सिर न हिलाय सकत कहुँ भारतवासी।

भारतेन्दु-युग के लेखकों ने इस आतंक राज में अपनी जिन्दादिली कायम रखी। उस युग में यह भी लिखा गया था : पूरी अमी की कटोरियासी चिर जीवौ सदा विक्टोरिया रानी। यह समस्या-पूर्तिवाली, अलंकारशास्त्र की परम्परा थी जो निरन्तर क्षीण होती जा रही थी। इंग्लैंड और फ्रांस, दोनों देशों में फ्रांसीसी राज्यक्रान्ति के बाद भी निओक्लासिकल (रीतिवादी) परम्परा काफी दिन तक जीवित रही, पर वह क्षीण होती गई। युग की पहचान नई मानवतावादी धारा से होती है। फ्रांस की राज्यक्रान्ति ने जितना यूरोप के बुद्धिजीवियों को प्रभावित किया था, उससे कुछ अधिक ही गदर ने यहाँ के लोकमानस को प्रभावित किया था। जो भी लेखक इस लोकमानस से तादात्म्य स्थापित करेंगे, ये गदर का महत्त्व पहचानेंगे। तमाम अहिंसावादी प्रचार के बावजूद स्वाधीनता-आन्दोलन के दौरान गाई जानेवाली सुभद्रा कुमारी चौहान की प्रसिद्ध कविता 'झाँसी की रानी' पर थी और स्वाधीनता-प्राप्ति की पूर्ववेला में इसी रानी पर वृन्दावनलाल वर्मा का ऐतिहासिक उपन्यास प्रकाशित हुआ था। समकालीन इतिहास को हम जितना समझते हैं, उसी अनुपात में हम पुराकालीन इतिहास को समझते हैं। जितना ही साम्राज्यवाद की वर्तमान स्थिति को हम पहचानेंगे, उतना ही अपने पिछले इतिहास को, उस इतिहास से अपने साहित्य के सम्बन्ध को हम पहचानेंगे।

मानव जाति के सांस्कृतिक विकास के लिए जैसे अमरीकी उपनिवेशों का स्वाधीनता-संग्राम आवश्यक था, जैसे फ्रांस की राज्यक्रान्ति आवश्यक थी, वैसे ही सन् सत्तावन का स्वाधीनता-संग्राम आवश्यक था। उसके इस स्वरूप के बारे में सजग हिन्दी लेखकों को कभी दुविधा नहीं थी। शिवपूजन सहाय, निराला और उग्र के घनिष्ठ सहयोगी ईश्वरी प्रसाद शर्मा ने 1922 में लिखा था : "हम विद्रोह को स्वाधीनताभिलाषी भारत का स्वातंत्र्य युद्ध कहने को विवश हैं और यदि कदाचित् वह सफल हो जाता, तो संसार का इतिहास भी इसे उसी नाम से अभिहित करता।"[94]

सत्रहवीं सदी के इंग्लैंड में, अठारहवीं सदी के अमरीका और फ्रांस में जो क्रान्तियाँ हुईं, उनमें नेतृत्व पूँजीपतियों का था। इंग्लैंड में पूँजीपतियों के साथ बहुत-से जमींदार भी थे। क्रान्ति के दौरान और उसके बाद भी जमींदारियाँ कायम रहीं। अमरीका में दास-प्रथा थी। वहाँ अफ्रीका से लाए गए दासों को बेचकर अंग्रेज पूँजीपति काफी धन कमा रहे थे। अमरीकी स्वाधीनता-संग्राम के बाद भी दास-प्रथा कायम रही, वे जमींदारियाँ कायम रहीं जिनमें बलपूर्वक दासों से काम कराया जाता था। जमींदारियाँ खत्म की गई थीं केवल फ्रांस में। महाजनों ने वहाँ किसानों को कर्ज देकर अपने चंगुल में किया, वह बात अलग है। फ्रांस और इंग्लैंड, दोनों के पास उपनिवेश थे। क्रान्तियों के बाद उपनिवेश कायम रहे। सत्रहवीं सदी में इंग्लैंड के लोग बादशाही के विरुद्ध लड़े, आयरलैंड के लोग अपनी आजादी के लिए लड़े। क्रान्ति के नेता क्रामवेल ने उनके स्वाधीनता-संग्राम का दमन बड़ी क्रूरता से किया। साम्प्रदायिकता का रंग देकर इस क्रूरता को उचित ठहराया गया। आयरलैंड की अधिकांश जनता कैथोलिक थी, इंग्लैंड का शासक वर्ग प्रोटेस्टेंट था। दोनों ईसाई थे। आयरलैंड को गुलाम बनाए रखने में प्रोटेस्टेंट साम्प्रदायिकता को उभारा जाता था। एंगेल्स ने लिखा था : "क्रामवेल के नेतृत्व में अंग्रेज प्रोटेस्टेंटों ने कम-से-कम तीस हजार आइरिश लोगों को मौत के घाट उतार दिया। अपनी पशुता को ढाँकने के लिए उन्होंने कहानी गढ़ी—invented—आइरिश कैथोलिकों ने तीन हजार प्रोटेस्टेंटों को मारा था, उसी का यह बदला लिया गया था।"[95]

इंग्लैंड गणराज्य बना, आइरिश जनता का दमन जारी रहा। अंग्रेजों ने द्रोगेदा का किला घेर लिया। क्रामवेल के आदेश के अनुसार : उसकी रक्षा करनेवाले तीन हजार आइरिश लोग कत्लेआम में मारे गए।[96] एंगेल्स ने आयरलैंड-सम्बन्धी सामग्री में इतिहासकार लेलैंड का विवरण शामिल किया था। उसके अनुसार अंग्रेजों ने वादा किया था कि जो सैनिक हथियार डाल देंगे, उन्हें मारा न जाएगा। जब प्रतिरोध शान्त हो गया, तब क्रामवेल ने हुक्म दिया कि सभी कैदियों को मार डाला जाए। पाँच दिन तक यह कत्लेआम जारी रहा। "केवल तीस आदमी बचे जो मारे न गए थे,

और इन्हें तुरन्त गुलाम बनाकर बारबैडोज (वेस्ट इंडीज का एक द्वीप) पहुँचा दिया गया।"[97] ये काले नहीं, गोरे थे। रानी एलिजाबेथ के युग में कुछ ब्रिटिश नागरिक आइरिश धरती पर बसाए गए थे। मार्क्स ने लिखा था : "क्रामवेल के समय में इन उपनिवेशियों के वंशज आइरिश लोगों के साथ अंग्रेजों से लड़े थे। क्रामवेल ने इनमें बहुतों को वेस्ट इंडीज में दास बनाकर बेच दिया।"[98] अमरीकी जमींदारों की तरह क्रामवेल को दास-प्रथा पर आपत्ति न थी। गोरे भी दास हो सकते थे, काले तो होते ही थे।

फ्रांसीसी राज्यक्रान्ति के दौरान और उसके बाद इंग्लैंड से फ्रांस की औपनिवेशिक प्रतिद्वंद्विता कायम रही। 1794 में फ्रांस की क्रान्तिकारी सभा ने दास-प्रथा खत्म करने की घोषणा की। इतिहासकार लफेब्रूव का मत है कि घोषणा का उद्देश्य गणराज्य के लिए नीग्रो समर्थन पाना और ब्रिटिश उपनिवेशों में दासों को विद्रोह के लिए उकसाना था। सांतों दोमिंगो नाम के द्वीप में नीग्रो नेता तूसैं लूवर्त्यूर ने फ्रांसीसी सेनापति का साथ दिया, वह उस द्वीप के स्वामी बने और "नाम मात्र को फ्रांस का अधिकार मानते रहे।" लूवर्त्यूर तथा उनके से अन्य नेताओं ने "दासों को कभी पूरी तरह मुक्त नहीं किया क्योंकि वे उनसे जबरिया मेहनत कराते थे।"[99] नेपोलियन यूरोप के बाहर तो साम्राज्य विस्तार करना ही चाहता था, वह यूरोप को भी अपने साम्राज्य के अन्तर्गत रखना चाहता था। प्रथम विश्वयुद्ध के जर्मन साम्राज्यवादियों से नेपोलियन की तुलना करते हुए लेनिन ने कहा था : "होहेनत्सोलेर्न या हिंडेनबुर्ग की तरह वह एक और लुटेरा था।"[100]

पूँजीवादी क्रान्तियों से पराधीन जातियों की समस्या हल न हुई। बीसवीं सदी में फ्रांस अपने उपनिवेशों के लिए वैसे ही लड़ता रहा, जैसे अन्य साम्राज्यवादी देश। नवम्बर, 1917 की रूसी क्रान्ति इस सबसे गुणात्मक रूप में भिन्न थी। इस क्रान्ति ने किसान-मजदूर एकता के आधार पर जातीय असमानता को खत्म किया, सामन्तवाद के सामाजिक-सांस्कृतिक अवशेष खत्म किए, पूँजीपतियों को सत्ता के आसन से हटाया, समाजवादी निर्माण के लिए रास्ता साफ किया। इस क्रान्ति का नेतृत्व मजदूर वर्ग और उसकी पार्टी बोल्शेविक पार्टी, के हाथ में था। यह पार्टी न होती तो रूस में क्रान्ति न होती, पराधीन देशों के मुक्ति आन्दोलनों को जो नई शक्ति मिली, वह न मिलती। यूरोप में मजदूर वर्ग की और पार्टियाँ भी थीं। इन सोशलिस्ट पार्टियों की विशेषता यह थी कि वे उपनिवेशों की जनता को गुलाम बनाए रखने में अपने देश के पूँजीपतियों का साथ देती थीं। उपनिवेशों के लिए जब साम्राज्यवादी गुट युद्ध छेड़ते, तो वे इन गुटों में किसी गुट विशेष का साथ देतीं। मजदूरों की एकता मजबूत करने के बदले वे उन्हें आपस में लड़ा देतीं। उन्हें साम्राज्यवाद का पिछलगुआ बना देतीं। बोल्शेविक पार्टी इनसे अलग किस्म की पार्टी थी।

पूँजीवाद की शुरुआत सूदखोरी से हुई थी। उधार, उद्योग, व्यापार—इन तीन क्रियाओं के बिना पूँजीवाद का न तो जन्म हो सकता है, न वह जीवित रह सकता है। सत्रहवीं सदी के इंग्लैंड में, अठारहवीं सदी के फ्रांस में, जो क्रान्तियाँ हुईं, वे व्यापारिक पूँजीवाद की परिस्थितियों में हुईं। व्यापार सबसे ऊपर, उद्योग और उधार उसके नीचे—यह इन परिस्थितियों की विशेषता हुईं। अठारहवीं सदी के इंग्लैंड में जो औद्योगिक क्रान्ति हुई, उससे नई आर्थिक व्यवस्था में उद्योग ऊपर, उधार और व्यापार नीचे हुए। पूँजीवादी विकास का नियम है : आर्थिक शक्ति का केन्द्रीकरण। उन्नीसवीं सदी के अन्तिम चरण में उद्योग-धंधों का केन्द्रीकरण हुआ। उत्पादन और वितरण को नियंत्रण में रखने के लिए राष्ट्रीय और अन्तरराष्ट्रीय स्तर पर बड़े-बड़े पूँजीवादी संघ कायम हुए। इनसे भी ज्यादा आर्थिक शक्ति का केन्द्रीकरण वित्त पूँजी के रूप में हुआ। बैंकों के जरिये बड़े-बड़े महाजन उद्योगपतियों को व्यवसाय के लिए रकमें उधार देकर भारी मुनाफा कमाने लगे। केवल औद्योगिक माल के निर्यात से नहीं, पूँजी के निर्यात से अमरीका, ब्रिटेन और यूरोप के पूँजीपति धन बटोरने लगे। यह पूँजीवादी व्यवस्था का तीसरा रूप था; इसमें उधार सबसे ऊपर, उद्योग और व्यापार उसके नीचे हुए।

दूसरे महायुद्ध के बाद पूँजी का अभूतपूर्व पैमाने पर केन्द्रीकरण हुआ। विश्व बैंक और अन्तरराष्ट्रीय मुद्राकोष के द्वारा थोड़े-से धनी देशों ने नई विश्वव्यापी उधार-व्यवस्था कायम की, उन दो संस्थाओं के जरिये वे संसार के प्राय: सभी देशों के उत्पादन और वितरण को अपने नियंत्रण में ले आए। नवस्वाधीन देश उनकी चपेट में पहले आए, फिर बहुत धीरे-धीरे, बड़ी सावधानी से, उन्होंने समाजवादी देशों में घुसना शुरू किया। इस दौर में इस सिद्धान्त का निरन्तर प्रचार किया गया कि क्रान्तियों की अब कोई आवश्यकता नहीं रह गई है। पूँजीवादी देशों में समाजवाद की ओर संक्रमण शान्तिपूर्ण ढंग से होगा। पिछड़े हुए देशों में अहिंसात्मक उपायों द्वारा साम्राज्यवादियों का हृदय परिवर्तन होगा, वे स्वयं सत्ता छोड़कर बिदा हो जाएँगे। किन्तु इसके बाद वियतनाम में लम्बे समय तक युद्ध चला और अन्त में साम्राज्यवाद परास्त हुआ। तब से एशिया, अफ्रीका और लातीनी अमरीकी के अनेक देशों में क्रान्तियाँ हुईं या क्रान्तिकारी आन्दोलन चलाए गए। इनमें अधिकांश का नेतृत्व कम्यूनिस्ट पार्टियों ने किया। इन देशों में क्रान्तियाँ इसलिए हुईं कि साम्राज्यवादी शोषण की चक्की में धनी देशों के मजदूर नहीं, इन देशों के किसान और मजदूर तथा मध्यवर्ग के लोग पिस रहे थे। इस पिसाई से वे क्रान्ति द्वारा ही बच सकते थे।

क्रान्ति की व्यर्थता सिद्ध करने के लिए एक अन्य सिद्धान्त का प्रचार किया गया कि दुनिया के छोटे-बड़े देश अब परस्पर निर्भर हैं। उन्हें संघर्ष का रास्ता छोड़कर सहयोग के रास्ते पर चलना चाहिए। सहयोग का अर्थ है सूद लेनेवाले

महाजन और सूद देनेवाले कर्जदार के बीच सहयोग। लेनिन बहुत पहले कह गए थे कि दुनिया दो तरह की जातियाँ में बँटी हुई है : कर्ज देनेवाली जातियाँ और कर्ज लेनेवाली जातियाँ। अमरीका, ब्रिटेन, फ्रांस, पश्चिम जर्मनी, जापान आदि महाजन देश हैं। सभी महाद्वीपों के अधिकांश देश इनके कर्जदार हैं। दूसरे महायुद्ध के बाद जो देश स्वाधीन हुए, वहाँ साम्राज्यवादियों ने ध्यान रखा कि उनके आर्थिक हित सुरक्षित रहें। उपनिवेश समाप्त हो गए, लेकिन जो इनके मालिक थे, वे अब भी धनी हैं। इनमें रहनेवाले लोग पहले गरीब थे, अब भी गरीब हैं। इसका रहस्य यही है कि साम्राज्यवादियों के आर्थिक हित सुरक्षित रहे, उन्हें और भी सुदृढ़ करने का अवसर बना रहा। आर्थिक संकट पैदा होना चाहिए था धनी देशों में, वहाँ उसकी झलक-भर मिलती है, वह गहराता जाता है पिछड़े हुए देशों में। जापान, जर्मनी जैसे देश दूसरे महायुद्ध में हारने के बाद भी अपनी साहूकारी के बल पर नये धन्ना सेठ बन गए। तीसरी दुनिया की अधिकांश आबादी गरीबी की रेखा के नीचे है। बहुराष्ट्रीय कंपनियों का माल खरीदना, माल खरीदने के लिए कर्ज लेना, उद्योग लगाने के लिए कर्ज लेना, जो कमाना वह सूद के रूप में विदेशी महाजनों को देते जाना—यह इस समय तीसरी दुनिया की नियति है।

फ्रांसीसी राज्यक्रान्ति को कुचलने के लिए आगे बढ़े हुए ब्रिटेन ने यूरोप के तमाम प्रतिक्रियावादी शासकों से गँठबन्धन किया था। गदर के दमन के लिए उसी ब्रिटेन ने नेपाल, कश्मीर, हैदराबाद के सामन्तों का सहारा लिया था। चीन और वियतनाम से लेकर क्यूबा और निकारागुआ तक जो क्रान्तियाँ हुईं, उनमें अमरीका देशी सामन्तवाद का सहायक रहा है। पूँजीवाद की हर मंजिल में साम्राज्यवाद पराधीन देशों के सबसे पिछड़े हुए वर्गों और सामाजिक स्तरों को सहारा देता रहा है। उनके सहारे अपने अस्तित्व को बनाए रखने के लिए प्रयत्न करता रहा है। फ्रांसीसी राज्यक्रान्ति ने जिस सामन्तवाद को करारा धक्का दिया था, बीसवीं सदी में उसका सबसे बड़ा संरक्षक है साम्राज्यवाद और दूसरे महायुद्ध के बाद इसका नेता है अमरीका। इसका अर्थ यह भी है कि संसार की बहुसंख्यक जनता के आर्थिक और सांस्कृतिक पिछड़ेपन को बनाए रखने के लिए जिम्मेदार है साम्राज्यवाद और उसका नेता।

मार्क्स ने कहा था : दुनिया के मजदूरो, एक हो। पूँजी के अन्तरराष्ट्रीकरण से, उसके केन्द्रीकरण से दुनिया के मजदूरों की एकता अनिवार्य हो गई थी। रूसी कान्ति से अब तक कोई क्रान्ति ऐसी नहीं हुई जिसका स्वरूप अन्तरराष्ट्रीय न हो। साम्राज्यवाद को जिस चीज से बेहद नफरत है, वह मजदूरों की अन्तरराष्ट्रीय एकता है। दूसरे महायुद्ध के बाद जो नये जनवादी राज्य कायम हुए, उनकी एकता उसके लिए और भी बड़ा खतरा थी। इस एकता को तोड़ने में उसे काफी सफलता मिली। इस सबका प्रभाव नवस्वाधीन देशों पर भी पड़ता है। रूसी क्रान्ति से, रूस-

समाजवाद के निर्माण से स्वाधीनता-आन्दोलनों को बल मिला; उसी तरह समाजवादी व्यवस्था डगमगाती है, तो इन आन्दोलनों की, नवस्वाधीन देशों की शक्ति क्षीण होगी। एक समाजवादी देश दूसरे समाजवादी देश के मामले में दखल न दे, यह सही है; दो समाजवादी देश मिलकर एक साम्राज्य-विरोधी नीति पर न चलें, यह गलत है। दक्षिण अफ्रीका में रंगभेद के मसले पर कामनवेल्थ जैसे संगठन में सारे नवस्वाधीन देश एक तरफ हो गए, मिसेज थैचर अकेली पड़ गईं। कनाडा और आस्ट्रेलिया जैसे देशों तक ने उन्हें आड़े हाथों लिया। तब समाजवादी देश एक सामान्य साम्राज्य-विरोधी नीति पर क्यों नहीं चल सकते? चीन और सोवियत संघ की कम्यूनिस्ट पार्टियाँ दुश्मनी छोड़कर दोस्त हो जाएँ, बड़ी अच्छी बात है। लेकिन यह दोस्ती सार्थक तभी मानी जाएगी जब उसका आधार साम्राज्यवाद का विरोध होगा। दूसरे महायुद्ध के बाद यूरोप के मजदूर आन्दोलन के सामने मुख्य सवाल यह था कि अर्थतंत्र को बहाल करने के लिए अमरीका से कर्ज लिया जाए या नहीं। कर्ज के साथ राजनीतिक शर्तें—कभी खुले, कभी गुप्त रूप से—जुड़ी रहती थीं। सोशलिस्ट पार्टियाँ ये शर्तें मानती थीं, कर्ज लेने के पक्ष में थीं। समाजवादी देशों में जिन पार्टियों ने महाजनी पूँजी के प्रवेश के लिए द्वार खोले, उन्होंने अनिवार्यत: सोशलिस्ट पार्टियों की रीति-नीति अपनाई। इस रीति-नीति का अनिवार्य परिणाम था समाजवाद का विघटन और विसर्जन।

जैसे क्रान्ति की व्यर्थता का प्रचार किया जाता है, वैसे ही समाजवाद की व्यर्थता का प्रचार भी किया जाता है। समाजवाद का अर्थ है : मुनाफाखोरी पर रोक, केन्द्रबद्ध का विकास पर जोर, इसलिए व्यक्ति की आजादी खत्म हो गई, लौट चलो पूँजीवाद की ओर! यद्यपि केन्द्रबद्धता की सबसे बड़ी मिसाल है विश्वबैंक, पर उसके सूत्रधार दूसरों को उपदेश देते हैं विकेन्द्रीकरण का! विकेन्द्रीकरण का अर्थ है समाजवादी व्यवस्था का विघटन, महाजनी पूँजी का प्रवेश और उसका प्रभुत्व। जहाँ-जहाँ इस पूँजी का प्रवेश हुआ है, वहाँ-वहाँ अर्थतंत्र सँभलने के बदले डगमगाया है, मुद्रास्फीति बढ़ी है। महँगाई, बेकारी, भ्रष्टाचार जैसी न्यामतें सामने आई हैं। जातीय विद्वेष और साम्प्रदायिक हत्याकांड तीसरी दुनिया में सीमित न रहकर समाजवादी देशों में प्रकट हुए हैं। राष्ट्र के विघटन की समस्या केवल भारत के सामने नहीं है, सोवियत संघ के सामने भी है। रूस का औद्योगिकीकरण साम्राज्यवाद को कभी पसन्द नहीं था। यह औद्योगिकीकरण समाजवादी ढंग से हुआ था, यह उसे और भी पसन्द न था। यह अकाट्य ऐतिहासिक तथ्य है कि पिछड़ा हुआ अर्द्ध-एशियाई देश रूस सुपर पावर हुआ समाजवाद के कारण। समस्त यूरोपीय औद्योगिक शक्ति के स्वामी जर्मनी को वह परास्त कर सका अपनी समाजवादी व्यवस्था के कारण। यह व्यवस्था भीतर से टूट जाए, तो अमरीकी साम्राज्यवाद के लिए विश्व-प्रभुत्व कायम करने

का रास्ता साफ हो जाए। न हो जाए तो रास्ते की, और सारी दुनिया की, सफाई के लिए उसके पास एटमी हथियार हैं। इनका परिष्कार जारी है। जल, थल, आकाश में नये-नये अस्त्रों का आविष्कार जारी है। जो अस्त्र पुराने पड़ जाते हैं, वे नि:शस्त्रीकरण को भेंट कर दिये जाते हैं।

एटमी युद्ध की विभीषिका एक चीज है, जल और वायु का प्रदूषण दूसरी चीज है। इस प्रदूषण से करोड़ों आदमियों का जीना दूभर हो गया है। प्रकृति की जीवनीशक्ति दिन-पर-दिन नष्ट होती जा रही है। मानव-जाति के सांस्कृतिक विकास की समस्या तो बाद में सामने आएगी, पहले तो उसके जीवित रहने की समस्या है। साम्राज्यवाद यदि यह समझ ले कि मुनाफे से मनुष्यता बड़ी है तो यह साम्राज्यवाद न रह जाएगा। कर्जदार देश आपस में लड़ें, यह उसका एक दाँव है; हर देश के भीतर जनता आपस में लड़े, यह उसका दूसरा दाँव है। अपने लिए टेक्नोलॉजी, पिछड़े हुए देशों के लिए फंडामेंटलिज्म—यह उसकी रणनीति है। ईसाई धर्मगुरु पोप विश्वमंच पर कभी इतने सक्रिय न हुए थे जितने आज हैं। यहूदी फंडामेंटलिज्म का गढ़ इस्राइल अमरीकी सहायता के बल पर अरबों को त्रस्त किए है। उधर अमरीका-बिटेन का मित्र सऊदी अरब संसार में इस्लाम की रक्षा का झंडा उठाए है। दूसरा झंडा ईरान के हाथ में है। ऊपर से विरोध, छिपकर सहायता—इस अमरीकी नीति का भंडाफोड़ हुआ 'ईरान गेट' से! भारत में साम्प्रदायिक समस्या उसकी स्वाधीनता-प्राप्ति के समय से ही विषम होती गई है। शासकवर्ग बराबर कहता रहा है कि हत्याकांड में विदेशी ताकतों का हाथ है पर उन्हीं विदेशी ताकतों को वह भीतर घुसने का मौका देता है, उन्हीं के भरोसे आर्थिक विकास के सपने देखता है। जितना ही विदेशी पूँजी पर निर्भरता बढ़ती है, उतना ही सम्प्रदायवाद का प्रसार होता है। इसीलिए वर्तमान व्यवस्था को कायम रखते हुए सम्प्रदायवाद को खत्म करने के जितने प्रयास हुए हैं, सब व्यर्थ हुए हैं।

साम्राज्यवाद दुनिया-भर के प्रतिक्रियावादियों को आर्थिक सहायता देता है, उन्हें सैनिक सहायता भी देता है। पाकिस्तान में शक्ति का केन्द्र है फौज। इस फौज को अमरीका निरन्तर नये हथियारों से लैस करता रहा है। अमरीकी सहायता के बल पर इस्राइल अरबों की जमीन दबाए बैठा है। अमरीका और उसके सहयोगियों की सहायता से दक्षिण अफ्रीका की अल्पमत सरकार रंगभेद की नीति पर कायम है। अफगानिस्तान, कंबोडिया, अंगोला, निकारागुआ की जनवादी सरकारों के विरुद्ध अमरीका और उसके सहयोगी हथियारबन्द लड़ाई चला रहे हैं। इसके सिवा ताइवान, दक्खिनी कोरिया, पश्चिमी जर्मनी, फिलिपाइन्स—दुनिया के हर कोने में अमरीकी फौजी अड्डे हैं। साम्राज्यवाद की आक्रामक कार्यवाही थमने का नाम नहीं लेती, वह निरन्तर जारी है। महाजनी पूँजी शान्तिपूर्ण ढंग से प्रवेश करती है, वह हथियारबन्द लड़ाई का सहारा भी लेती है। समाजवादी देशों में जितना ही वह

प्रवेश कर पाती है, उतना ही उसे प्रवेश की अनुमति देनेवाले नेता अपनी जनता से अलग-थलग पड़ जाते हैं। उतना ही साम्राज्यवाद और समाजवाद का शान्तिपूर्ण सह-अस्तित्व असम्भव हो जाता है। साम्राज्यवाद जितना ही समाजवादी देशों की 'सहायता' करता है, उतना ही उन देशों की जनता से उसका अन्तर्विरोध गहरा होता है। ऐसा ही उसका अन्तर्विरोध पिछड़े हुए या विकासशील देशों की जनता से है। ये अन्तर्विरोध बुनियादी हैं। महाजनी पूँजी के प्रभुत्व के खात्मे के बिना वे दूर होनेवाले नहीं हैं। इनके दूर हुए बिना मानव जाति के सांस्कृतिक विकास की सम्भावना नहीं है।

फ्रांस की राज्यक्रान्ति रूढ़ियों और अन्धविश्वासों के बीच विवेक की मशाल की तरह थी। उससे पहले और उसके बाद फ्रांस के लेखकों ने सदियों से चली आती मान्यताओं को छिन्न-भिन्न कर दिया था। इंग्लैंड में मिल्टन जैसे लेखकों ने राजाओं के इस दावे का खंडन किया था कि वे दैवी अधिकार से शासन करते हैं। किन्तु वे एक नई तरह की कट्टरता भी साथ लिए हुए थे। उनकी राजनीति धर्मनिरपेक्ष नहीं थी। धर्मनिरपेक्षता की विजय फ्रांसीसी क्रान्ति से हुई और इसने परकालीन संसार के सभी जन-आन्दोलनों को प्रभावित किया। मानव जाति के सांस्कृतिक विकास में इस क्रान्ति का यह बहुत बड़ा योगदान था। इस कार्य को उन्नीसवीं सदी के रूसी लेखकों ने आगे बढ़ाया, फिर रूसी क्रान्ति ने उसके प्रसार के लिए आवश्यक साधन जुटाए। सामन्ती और प्राक्सामन्ती समाजों के लाखों स्त्रियों और पुरुषों की निरक्षरता दूर हुई। उन्हें ज्ञान-विज्ञान से परिचित होने का अवसर मिला। फ्रांसीसी और रूसी, दोनों क्रान्तियों से सम्बद्ध और उनसे प्रभावित लेखक बड़े आस्थावान व्यक्ति थे। उनकी आस्था विवेकसम्मत थी। यह विवेक विकासमान था। अन्धविश्वासोंवाली आस्था के युग को मध्यकाल कहा जाता है। उस मध्यकालीनता से लोहा लिया; मनुष्य को अपने संगठन, अपने कर्म, अपने सामर्थ्य पर विश्वास करना सिखाया। विक्तर ह्यूगो और शोलोखोव जैसे लेखक इस आस्था से प्रेरित थे।

साम्राज्यवाद ने संसार की करोड़ों जनता को अज्ञान और निरक्षरता के अन्धकार में ढकेल दिया है। वह इस अन्धकार को पालता है, अन्धविश्वासों को उभारता है, अपने कारिंदों के जरिये हत्याकांड नियोजित कराता है। राजा राममोहन राय और सर सैयद अहमद खाँ फिर भी बहस करते थे, तर्क से काम लेते थे। अब तर्क और बहस की गुंजाइश नहीं है। अन्धविश्वास उभारकर जनता को गोलबन्द करके उसे लड़ाने का कार्यक्रम मुख्य है। 1857 में अंग्रेज बहुत अच्छी तरह समझ गए थे कि हिन्दू-मुसलमान मिलकर लड़े तो उनका खेल खत्म हो जाएगा। उनका यह प्रयत्न बराबर रहा कि अंग्रेजों को अपना शत्रु समझने के बदले हिन्दू और मुसलमान एक दूसरे को अपना शत्रु समझें। इसमें उन्हें सफलता मिली।

1857 में हिन्दू और मुसलमान मिलकर अंग्रेज़ों से लड़े, 1947 में वे एक दूसरे से लड़े। मानवता का सांस्कृतिक विकास इनमें किससे अधिक हुआ या हो सकता था, आप सोच लें।

1793 (फ्रांस), 1917 (रूस) के साथ 1857 का नाम लेना उचित है। उसके साथ वैसे दार्शनिक और साहित्यकार न जुड़े हुए थे, जैसे फ्रांस और रूस की क्रान्तियों से जुड़े थे। पर इस क्रान्ति की अपनी विशेषताएँ थीं। पूँजीपति वर्ग और मजदूर वर्ग के नेतृत्व के बिना उसे सिपाही किसानों ने सम्पन्न किया था। सामन्तों को एक तरफ हटाकर पंचायतों को सत्ता का वास्तविक अधिष्ठान बनाने में उन्होंने अपनी रचनात्मक क्षमता का परिचय दिया था। आज भारत में बहुत बड़ा मजदूर वर्ग है और जहाँ-तहाँ संगठित भी है पर उसका बहुसंख्यक भाग अभी सो रहा है, वैसे ही, जैसे 1905 में रूसी मजदूरों का बहुसंख्यक भाग सो रहा था। 1946 में वह बहुसंख्यक भाग काफी सक्रिय था। उसके साथ अनेक प्रदेशों में किसान भी सक्रिय थे। भारतीय स्वाधीनता-आन्दोलन की क्रान्तिकारी परम्पराएँ भी हैं—ऐसी परम्पराएँ, जिनमें जनता के काफी बड़े हिस्सों ने आगे बढ़कर भाग लिया। इन सबका अनुभव अत्यन्त मूल्यवान है। साम्राज्यवाद और उसके छोटे-बड़े सहयोगियों ने जनता को निरक्षरता, अज्ञान और साम्प्रदायिक हिंसा के नरक में बन्द कर रखा है। केवल क्रान्तिकारी आन्दोलन द्वारा जनता सक्रिय होकर इस स्थिति को बदल सकती है, उसे बदलकर ही वह अपना सांस्कृतिक विकास सुनिश्चित कर सकती है। यह परिवर्तन केवल भारत में नहीं, पाकिस्तान, नेपाल, बांग्लादेश, और श्रीलंका में भी सम्भव है। इस परिवर्तन के लिए इन देशों की जनता को केवल साम्राज्यवाद-विरोधी, सामन्त-विरोधी कार्यक्रम के आधार पर गोलबन्द किया जा सकता है। सामन्ती अवशेषों का खात्मा, विदेशी कर्ज और बहुराष्ट्रीय कंपनियों के माल पर रोक, बाहर से हथियार खरीदना बन्द—इस आधार पर यह कार्यक्रम बनाया जा सकता है। छोटे पैमाने पर भी इस कार्यक्रम को इन देशों की जनता अमल में लाए तो दक्षिण एशिया के राजनीतिक पर्यावरण में बुनियादी परिवर्तन हो सकता है, साम्प्रदायिक प्रदूषण को नष्ट किया जा सकता है। इस दिशा में आगे न बढ़ने पर यह सोचना भ्रम होगा कि वर्तमान स्थिति ऐसी ही बनी रहेगी या उसमें सुधार होगा। 1947 से 1989 तक एक के बाद दूसरा संकट, संकटों की एक श्रृंखला, हर संकट के समय आशा कि अब उबरे, अब उबरे, दुबारा संकट न आएगा, हुआ इसका उल्टा। इस बीच इस क्षेत्र में हथियार बेचकर, बहुराष्ट्रीय कंपनियों का माल बेचकर विदेशी महाजन मुनाफा कमाते रहे, कर्ज पर सूद बटोरते रहे।

यदि इस स्थिति को हम बदल सकें तो इसका असर सारी दुनिया के मुक्ति-आन्दोलनों पर पड़ेगा, साम्राज्यवाद कमजोर होगा, उससे लड़नेवाली जनता को

बल मिलेगा। यूरोप, अमरीका और जापान के पूँजीपति पिछड़े हुए देशों की लूट का हिस्सा मजदूरों में बाँटते हैं; यह हिस्सा न मिलने पर वहाँ के मजदूरों का क्रान्तिकारी आन्दोलन मजबूत होगा। समाजवादी देशों के जो नेता विदेशी पूँजी को आमंत्रित कर रहे हैं, वे क्रान्ति की उपलब्धियों की रक्षा करने में समर्थ होंगे। मानव जाति के सांस्कृतिक विकास का यही एक मार्ग है और 1789, 1857 और 1917 की क्रान्तियाँ इसी मार्ग की ओर संकेत करती हैं।

सन्दर्भ-सूची

1. Leqouis and Cazamian, A History of English Literature, पृ. 995
2. David Lee Clark, Shelley's Prose, Albuquerque, 1954, पृ. 332
3. उप., पृ. 55
4. उप., पृ. 238
5. उप., पृ. 259
6. उप., पृ. 67
7. उप., पृ. 235
8. उप., पृ. 324
9. उप., पृ. 289
10. उप., पृ. 291
11. Marx Engels, Collected works, खंड-4, पृ. 518
12. उप., खंड 3, पृ. 380
13. P.C. Joshi, Rebellion, 1857; [1957, पृ. 311
14. William Forbes Mitchell, Reminiscences of the Great Mutiny, London, 1893, पृ. 186
15. उप., पृ. 175
16. उप., पृ. 183
17. उप., पृ. [192
18. Marx Engels, Selected works, खंड-1, पृ. 377
19. Lenin, Collected works, खंड-26, पृ. 132
20. Freedom Struggle in Uttar Pradesh, खंड-2, पृ. 149
21. उप., खंड-1, पृ. 8
22. उप., पृ. 309
23. Marx Engels, The First Indian War of Independence, पृ. 122
24. Freedom Struggle in Uttar Pradesh, खंड-1. पृ. 309
25. George Campbell, Memoirs of my Indian Career, London, 1893, खड-1, पृ. 213
26. Freedom Struggle in Uttar Pradesh, खंड-1. पृ. 403
27. Mutiny Records, Correspondence, Lahore, 1911 पृ. 117
28. Freedom Struggle in Uttar Pradesh, खंड-1, पृ. 420
29. उप., पृ. 472-73
30. उप., खंड-2, पृ. 85
31. K.K. Datta, Biography of Kunwar Singh and Amar Singh, Patna, 1957, पृ. 210
32. R.C. Majumdar, The Sepoy Mutiny & Revolt of 1857, Calcutta, 1957, पृ. 145
33. S.N. Sen, Eighteen Fifty-Seven, 1957, पृ. 267
34. उप. पृ. 172

35. माओ-त्से-तुंग, चुनी हुई कृतियाँ, पहला ग्रंथ, पृ. 330
36. Freedom Struggle in Uttar Pradesh, खंड-2, पृ. 8
37. I.W. Sherer, Daily Life During the Indian Mutiny, London, 1910, पृ. 41
38. T.R. Holwes, A History of the Indian Mutiny, 1898, पृ. 334
39. T.W. Kaye, A History of Sepoy war in Indian, खंड-1, पृ. 579
40. W. Taylor, the Patna Crisis, London, 1882, पृ. 75
41. S.B. Chaudhuri, Civil Rebellion in the Indian Mutinies, Calcutta, 1957, पृ. 75
42. उप., पृ. XVI
43. K.K. Datta, Biography, पृ. 172
44. Marx Engels, The First Indian War, पृ. 65
45. उप., पृ. 85
46. S.B. Chaudhuri, Civil Rebellion, पृ. XIX
47. Lenin, Collected Works, खंड-10, पृ. 55
48. Marx Engels, Collected Works, खंड-18, पृ. 189
49. S.N. Sen, Eighteen Fifty-Seven, पृ. 94
50. W.S. Russell, My Indian Mutiny Diary, London, 1957, पृ. 254
51. उप., पृ. 268
52. K.K. Datta, Biography, पृ. 164
53. Freedom Struggle in Uttar Pradesh, खंड-2., पृ. 242
54. R.C. Majumdar, The Sepoy Mutiny, पृ. 84
55. Marx Engels, The First Indian War, पृ. 50
56. उप., पृ. 56
57. K.K. Datta, Biography, पृ. 108
58. P.C., Joshi, Rebellion, 1857; पृ. 3
59. Lenin, Collected Works, खंड-16, पृ. 400
60. उप., खंड-23, पृ. 252
61. Marx Engels, The First Indian War, पृ. 40
62. P.C., Joshi, Rebellion, 1857; पृ. 337
63. Lenin, Collected Works, खंड-4, पृ. 373
64. उप., खंड, 23, पृ. 198
65. P.C., Joshi, Rebellion, 1857; पृ. 318
66. Lenin, Collected Works, खंड-25, पृ. 18
67. P.C., Joshi, Rebellion, 1857; पृ. 54
68. उप., पृ. 39
69. G. Campbell, Memoirs, खंड-1, पृ. 356
70. उप., पृ. 356-57
71. P.C., Joshi, Rebellion, 1857; पृ. 40
72. उप., पृ. 43
73. उप., पृ. 44
74. Lenin, Collected Works, खंड-10, पृ. 243
75. उप., खंड-26. पृ. 225
76. S.N. Sen, Eighteen Fifty-Seven, पृ. 109
77. G.H.D. Gimlette, A postscript to the Records of the Indian Mutiny, London, 1927, पृ. 13
78. S.N. Sen, Eighteen Fifty-Seven, पृ. 371
79. Freedom Struggle in Uttar Pradesh, खंड-2, पृ. 113, 599
80. Hope Grant, Incidents in the Sepoy War, 1873, पृ. 371
81. Lenin, Collected Works, खंड-25, पृ. 121

82. Lenin, Collected Works, खंड-29, पृ. 372
83. Marx Engels, The First Indian War, पृ. 16
84. P.C. Joshi, Rebellion, 1857, पृ. 41
85. Lenin, Collected Works, खंड-33, पृ. 51
86. Freedom Struggle in Uttar Pradesh, खंड-1, पृ. 456
87. Lenin, Collected Works, खंड-29, पृ. 372
88. उप., खंड-28, पृ. 172
89. Hope Grant, Incidents, पृ. 369
90. R. Montgomery Martin, The History of the Indian Empire, खंड-2, पृ. 10
91. सैयद एहतिशाम हुसैन, उर्दू साहित्य का इतिहास, अलीगढ़, 1954, पृ. 260
92. Freedom Struggle in Uttar Pradesh, खंड-1, पृ. 410
93. उप., पृ. 412
94. ईश्वरीप्रसाद शर्मा, सिपाही विद्रोह, कलकत्ता, सं. 1979, पृ. 517-18
95. Marx Engels, Ireland and the Irish Question, 1978, पृ. 443
96. उप., पृ. 600, सम्पादकीय टिप्पणी
97. उप., पृ. 379
98. उप., पृ. 150
99. Georges Lefebvre, The French Revolution from 1793 to 1799, London, 1964, पृ. 358
100. Lenin, Collected Works, खंड-27, पृ. 187

●●●